思与行

中国科学技术大学学位与研究生教育创新发展的探索与实践

主　编　张淑林
副主编　陈　伟　裴　旭
编　委　朱玉春　王　伟　万　明
　　　　燕京晶　杨　凌　林　梅
　　　　檀　晔　李燕华　曹晔华
　　　　夏清泉

中国科学技术大学出版社

内 容 简 介

本书在总结、梳理中国科学技术大学过去30年学位与研究生教育工作成果的基础上，从编者独特的视角对学位与研究生教育进行了多方位的思考和理性的审视。书中共收录了50篇编著者们自20世纪90年代以来在国内核心期刊上发表的学术论文，其中既包含有关学位与研究生教育管理体制和机制建立的理念和探讨的阐述，也有关于学科建设、人才培养、学位授予、专业学位及教育评估等方面的理论研究和实践探索的内容。根据这些论文内容的特点，将其按"理念篇"、"实践篇"、"探思篇"和"启示篇"分类编排，每篇配有篇首语对该篇内容进行总结和概括。

全书融实践经验与理论探讨、深度思考与理念创新于一体，对于总结中国科大学位与研究生教育工作经验，增进各界对中国科大学位与研究生教育改革举措的了解，推动研究生教育战线的改革探索将起到积极的作用。

图书在版编目(CIP)数据

思与行：中国科学技术大学学位与研究生教育创新发展的探索与实践/张淑林主编.—合肥：中国科学技术大学出版社，2011.1
ISBN 978-7-312-02771-0

Ⅰ.思… Ⅱ.张… Ⅲ.研究生教育—中国—文集 Ⅳ.G643-53

中国版本图书馆 CIP 数据核字(2010)第244897号

出版	中国科学技术大学出版社
	安徽省合肥市金寨路96号,230026
	网址：http://www.press.ustc.edu.cn
印刷	中国科学技术大学印刷厂
发行	中国科学技术大学出版社
经销	全国新华书店
开本	710 mm×1000 mm 1/16
印张	19.5
字数	400千
版次	2011年1月第1版
印次	2011年1月第1次印刷
定价	38.00元

序

改革开放三十余年来,我国各个领域都发生了翻天覆地的变化,各项事业都取得了斐然的成果,令世界瞩目和惊叹。自 1980 年《中华人民共和国学位条例》颁布实施以来,我国的研究生教育更是实现了历史性跨越。从 1980 年到 2009 年,全日制研究生年招生规模从 1.07 万人增加到 51.09 万人,在校研究生总数从 2.1 万人增加到 140.49 万人。1982 年开始授予博士学位以来,我国博士学位获得者逐年增加,2009 年授予博士学位约 6 万人。可以说,自学位条例实施以来,我国已然迈入世界研究生教育大国的行列。

30 年来,中国科学技术大学(以下简称"中国科大")在研究生教育发展过程中,秉承"精品办学、英才教育"的理念,坚持"学术优先、追求卓越"的原则,不断引进国外研究生教育的先进理念,吸收他们的成功经验,并结合我校实际,积极开展改革与实践。学校面向国际学术前沿,不断推动学科交叉,注重学生创新能力的培养,积极建立研究生质量保障体系,努力提高研究生特别是博士生培养质量。如首建研究生院,推出学位论文量化评审改革,开展把"博导"作为工作岗位的导师遴选机制改革,设立研究生"三助"(助学、助研、助管)岗位,探索"本科-硕士-博士"、"直接攻博"、"硕博连读"等一体化人才培养模式,成立国内高校首个研究生教育的独立评估机构"学位与研究生教育评估中心",首倡建立服务型研究生院并开发了学位与研究生教育的全程信息化管理系统等。在研究生规模不断增长的情况下,中国科大的这些改革创新举措,保证了研究生培养的较高质量,毕业的研究生得到了国内外各界的高度认可。

2010 年正值《中华人民共和国学位条例》颁布 30 周年,又适逢《国家中长期教育改革和发展规划纲要(2010~2020 年)》正式颁布。《纲要》中明确提出要大力推进研究生培养机制改革,实施研究生教育创新计划以及优化研究生教育结构,加速我国由研究生教育大国向研究生教育强国的转变。这些都促使我们对我国学位与研究生教育 30 年的发展历程进行回顾、审视、反思,并对未来的发展进行思考。《思与行——中国科学技术大学学位与研究生教育创新发展的探索与实践》在此时出版,无疑对于研究生教育战线内的经验交流、思路拓展、实践探索都将起到有益的作用。

该书的主要编著者张淑林、陈伟、裴旭同志均为中国科大的校友,自毕业后就留校专职从事学位与研究生教育管理工作。他们在中国科大这块创新人才培养的"试验田"上,以践行者的身份亲历了学校学位与研究生教育的创新改革与发展。作为学位与研究生教育的一线管理工作者,张淑林及她带领的团队一直默默耕耘、锐意进取,在冷静观察和理性审视我国学位与研究生教育发展进程的同时,也在实践中坚持不断总结与思考。正是基于此,才有了《思与行》一书的出版。

书稿甫成,张淑林同志请我作序。仔细拜读后,我认为本书内容融实践经验与理论探讨、深度思考与理念创新于一体,在总结、梳理中国科大过去30年学位与研究生教育工作成果的基础上,从编著者独特的视角对学位与研究生教育进行了多方位的思考和理性的审视。书中所收录的文章,既有对中国科大学位与研究生教育探索实践的心得体会,也有对我国学位与研究生教育发展的客观思考;既有条分缕析的深入研究,也有着眼国内国外的全局展望。

回首过去30年,我国学位与研究生教育取得了长足的发展,但与发达国家相比还存在一定的差距。国家中长期教育改革和发展规划的颁布与实施,科教兴国战略的深入落实,全球科教资源的重新布局,都为我国的学位与研究生教育提供了新的发展机遇,同时也提出了严峻的挑战。在《中华人民共和国学位条例》颁布30周年这一有历史纪念意义的时机,《思与行》的出版,对于总结我校学位与研究生教育工作经验,增进各界对我校学位与研究生教育改革举措的了解,促进我校学位与研究生教育的进一步发展具有积极意义,同时也为学位与研究生教育战线的同志们提供了参考和借鉴。

是以为序。

中国科学技术大学校长
中国科学院院士 侯建国

2010年12月

前言

2010年适逢《中华人民共和国学位条例》(以下简称《学位条例》)颁布实施30周年,回首30年的改革和发展,我国学位与研究生教育从无到有,从小到大,几乎可以说走过了相当于发达国家研究生教育上百年的历程,使我国在短时间内一跃迈入世界研究生教育大国的行列。

我国的学位与研究生教育能在最近几十年里得到飞速发展,原因是多方面的,既得益于我国经济、科技、社会的持续快速发展,也和广大学位与研究生教育工作者的不懈努力、坚持探索密不可分。但也应该看到,尽管取得了令人瞩目的成就,我国的学位与研究生教育还是有着较大的提升空间。尤其是近年来,社会对研究生培养质量提高的期待、国家创新体系建设对研究生教育的更高要求、自主创新引领国家发展对研究生教育的殷切希望、迎接新一轮科技革命对研究生教育的需求等,都使得我国的学位与研究生教育依然任重而道远。如何不断提高我国研究生教育质量,实现从研究生教育大国向研究生教育强国的转变,是新时期我国学位与研究生教育发展不得不面对的一个新课题。

30年发展,成就斐然

基本形成具有中国特色的、完整的研究生教育和学位授予体系。目前我国已经建立起包括学士、硕士和博士3个层次、12大学科门类的学位与研究生培养体系。全国有博士学位授予单位346个(其中高校291所),硕士学位授予单位697个(其中高校530所),一级学科博士学位授权点1378个(其中高校1293个),硕士学位授权点3459个(其中高校3337个);二级学科博士点1739个(其中高校1626个),硕士点10008个(其中高校9352个)。研究生培养能力大大提高,各个学科领域的高级专门人才基本上可以立足国内培养。尤其是通过重点学科建设以及"211工程"和"985工程"等高等教育重大专项工程的建设,我国研究生培养环境和条件得到了极大的改善,为研究生教育质量的提高打下了坚实的基础。

学位与研究生教育规模不断扩大。改革开放以来,我国各项事业蓬勃发展,各条战线急需大量高层次专门人才,学位与研究生教育得到了很大的发展,不论是年招生人数,还是在校生总人数、授予学位人数都大大增长。经过30年的发展,我国研究生年招生人数由1980年的1.07万人增加到2009年的51.09万人;全日制在校研究生总人数由1980年的2.1万人增加到2009年的140余万人,其中博士研究生约25万人,硕士研究生约116万人。截至2009年底,我国共培养出200余万名硕士、30万名博士,已迈入了研究生教育大国行列。

学位与研究生教育类型不断丰富。自1991年以来,针对经济建设和社会发展对不同行业背景、不同类型、不同规格高级专门人才的需要,我国先后设置了工商管理硕士学位(MBA)等38种专业学位类型。专业学位的设置,是我国学位制度改革的一项重要内容,它改变了我国学位类型、规格单一的状况,推动了复合型、应用型高层次专门人才的培养工作,发展了我国的学位制度。

学位与研究生教育质量稳步上升。注重质量、追求效益已经成为我国学位与研究生教育工作者的共识。我国在扩大研究生教育规模的同时,始终把质量作为研究生教育的生命线。据不完全统计,目前我国各研究生培养单位中有75%以上的科研项目都是由在读研究生参与完成的。30年来,我国自己培养的研究生已成为各行各业、各条战线的骨干,他们锐意进取、勇于开拓,在科技创新、学术研究、组织管理等方面都显示出卓越的才能。

学位与研究生教育管理水平日益提高。目前已形成了国家、地方、学位授予单位相结合的三级学位管理体制,在招生与考试、学位管理、学位点授权审核、重点学科建设、质量检查和评估、教育过程的监督等方面积累了丰富的经验,在研究生招生、培养、学位授予等各个环节形成了一套完整的培养制度。

探索不止的先行者——中国科学技术大学

提及中国的学位与研究生教育,自然要说到中国科学技术大学(以下简称"中国科大")。中国科大的情况很特殊,因当时肩负有发展"两弹一星"的国家战略使命,由中国科学院于1958年在北京创建。"科教结合"、"所系结合"是中国科大研究生培养的传统与特色,在中国研究生教育史上独树一帜,书写了辉煌篇章。1978年,经国务院批准,中国科大在全国率先创建了第一个研究生院;1981年,中国科大被国务院批准为首批博士、硕士学位授予单位;1983年,国家在人民大会堂为我国首批获得博士学位的18名博士举行学位授予仪式,这其中就有6名是中国科大培养的;"九五"期间,中国科大成为国家"211工程"首批重点建设高校;1999年,中国科大又成为国家首批重点建设的9所"985工程"高水平大学之一。在2008年学校建校50周年之际,胡锦涛总书记发来贺信,高度评价了中国科大的办学成就,并希望"中国科学技术大学进一步增强使命感和责任感,瞄准世界科技前沿,服务国家发展战略,创造性地做好教学和科研工作,努力办成世界一流的研究型大学,培养造就更多更好的创新人才"。

围绕这一战略目标,学校结合学位与研究生教育发展的新形势,以研究生培养质量为中心,坚持改革创新,在学位与研究生教育领域始终走在前列。

在学科建设方面,中国科大目前拥有一级学科国家重点学科 8 个,理学国家重点学科涵盖率达 100%,居全国高校第一。在 2007~2009 年全国第二轮学科整体水平排名评估中,中国科大有 10 个一级学科排名进入全国前五。另外,在部分领域培育出了一批顺应科学发展趋势、符合国家中长期科技发展需求、具有国际竞争力的新兴交叉学科,如量子信息、单分子科学、纳米材料、蛋白质科学、低温超导等。

在研究生创新生态环境营造方面,中国科大建设了面向全校研究生的开放、共用、共享、集约的公共教学科研实验平台,构建了面向师生的全过程的学位与研究生教育信息化服务系统,为研究生创新意识、创新能力的培养提供了支撑和保障。

在研究生培养和管理模式构建方面,中国科大也进行了诸多探索和创新:从论文量化指标考核研究生学术水平到弹性学制的设立;从设置研究生"三助"岗位到深入推进研究生培养资助体系改革;从"4-2-3 分流"到"本、硕、博一体化"人才培养模式的建立;从第一个研究生院设立到"服务型研究生院"理念的率先提出……中国科大的研究生教育者们进行了一系列具有开拓意义的创新工作,而这种创新仍在继续。

未来发展,任重而道远

总的看来,经过 30 年的快速发展,我国的研究生教育正在进入一个极其重要的发展和转型阶段。当前,全面提高研究生培养质量、主动调整研究生教育结构、大力推进研究生教育管理体制与培养机制改革、建设研究生教育强国,是适应国家创新体系建设战略、增强国家科教核心竞争力的重大课题。

近年来,我国学位与研究生教育形势和环境发生了显著变化,在迎接时代发展机遇的同时,也面临着新的挑战。比如,随着研究生招生规模的不断扩大,专业类型的不断丰富,现行单一、集中的研究生管理体制必将对学位与研究生教育发展产生制约;信息技术的加速发展对学位与研究生教育管理提出了更高的要求,而传统的金字塔型管理流程和工作方式也难以满足用户的需求;知识经济背景下,国家和社会对创新型人才的需求不断扩大,而研究生教育办学资源和投入的不足仍是制约我国学位与研究生教育发展的瓶颈等。在这样的新形势下,要实现我国研究生培养的质量、规模和效益的协调发展,就要求我们更加开拓思路,找准抓手,在创新的基础上构筑学位与研究生教育发展的新战略,不断探索新举措。

"观今宜鉴古",虽然我国学位与研究生教育发展的历史很短,快速发展时期更短,但正是这段时期的努力发展,奠定了我国研究生教育大国的地位和基础;丰富了发展的理念、积累了发展的经验,形成了具有中国特色的学位与研究生教育体制和运行机制。在国家中长期教育发展规划纲要颁布,迎接研究生教育未来十年的创新发展之际,对我校学位与研究生教育过去30年的发展理念、探索实践进行全面回顾和理性总结,并在此基础上对未来的发展方向、发展模式等加以思考,为我国的学位与研究生教育发展建言献策,就显得尤为必要了,这也是本书编辑出版的初衷。

本书共收录了50篇编著者们自20世纪90年代以来在国内核心期刊上发表的文章,其中既包含有关学位与研究生教育管理体制和机制建立的理念的阐述,也有关于学科建设、人才培养、学位授予、专业学位及教育评估等方面的理论研究和实践探索的内容。

文中所述的有些体制、机制曾经促进了中国科大研究生教育的发展,但今天看来却已经不适应新时期研究生教育发展的需要,必须革新;有些举措、制度创新虽已展示强大的推动力,但尚未形成理论体系加以推广。我们把这些文章进行分类,整理成册,不奢望能成一家之言,但求读者能从中一窥中国科大学位与研究生教育的发展轨迹,了解中国科大曾经进行的探索和思考。能让广大同仁有所借鉴、有所获益,在研究生教育领域里少走弯路,则是编者所最希望的。

编 者
2010年12月

目录

序 ………………………………………………………………………………… i
前言 ……………………………………………………………………………… iii

理 念 篇

学位与研究生教育管理的理念嬗变与实践创新 ………………………………… 3
我国研究生教育发展现状与问题研究 …………………………………………… 9
理性面对争议，坚定走研究生教育发展创新之路 …………………………… 17
浅析收费对研究生教育中责任主体角色转换和运行机制变革的影响 ……… 22
我国研究生教育质量保障体系构建的有关探讨 ……………………………… 28
重点学科建设与高质量人才培养 ……………………………………………… 39
研究型大学中重点学科的评价探析 …………………………………………… 42
基于"校所结合"的创新型研究生培养模式探讨 …………………………… 49
以重大科技项目为牵引 创新研究生培养机制 ……………………………… 56
营造创新生态环境 培养高层次创新型人才 ………………………………… 61
我国硕士研究生培养模式转变的有关探讨 …………………………………… 67
研究生学术越轨行为及对研究生的论文"量化"要求 ……………………… 72
理科主导型大学工程硕士教育发展影响因素分析及对策探讨 ……………… 78
对我国开展工程博士专业学位研究生教育有关问题的探讨 ………………… 84
对我国学位与研究生教育评估制度的若干思考 ……………………………… 88
大学排行榜如何从不成熟走向成熟 …………………………………………… 95
非线性评估方法探讨 …………………………………………………………… 100
评估专家的作用、信度及素质分析 …………………………………………… 106

实　践　篇

服务型研究生院模式初探
　　——以中国科学技术大学积极构建服务型研究生院为例 …………… 115
中国科学技术大学：主动服务融入"五大信息平台" ………………………… 118
集中有限资源选准突破口促进学科交叉 ……………………………………… 123
依托大跨度、多学科交叉的科技平台培养高层次创新型人才
　　——研究生创新中心建设的实践、理念、定位 ……………………… 128
营造创新学术生态环境，构筑博士生培养质量保证体系 …………………… 133
研究生英语学位课程的教学改革与实践 ……………………………………… 138
立足学校特色和优势打造全国研究生暑期学校品牌 ………………………… 143
研究生学位论文评审与答辩的改革 …………………………………………… 146
以优博论文评选为动力，促进博士学位论文质量的提升 …………………… 151

探　思　篇

自行审定博士生导师工作的改革与探索 ……………………………………… 159
博士生指导教师选聘制度的改革与实践 ……………………………………… 164
遏制异化　推进"博导"选拔机制创新 ……………………………………… 168
我国研究生导师聘任制的历史沿革和未来走向
　　——以中国科大博士生导师聘任制改革探索为例 …………………… 172
关于我校学科点建设与发展的分析与思考 …………………………………… 180
高校集约性学科平台建设的探索与思考 ……………………………………… 187
基于创造学理论的研究生知识结构完善问题的探讨 ………………………… 194
学士学位授予评定工作规范化管理探索 ……………………………………… 198
加强博士学位授予质量管理的若干探讨 ……………………………………… 202
高级人才培养的新模式
　　——谈在职人员申请学位工作 …………………………………………… 207
学位与研究生教育质量评估的几个问题探讨 ………………………………… 211
基于"任务导向"的高校分类评价方法初探 ………………………………… 218
关于大学排名有关问题的讨论 ………………………………………………… 224
工科全国优秀博士学位论文获奖者情况的统计分析 ………………………… 229
提高博士生科研绩效的途径探析 ……………………………………………… 241

经济危机背景下理工科大学女研究生就业观调查与分析
　　——以合肥地区理工科高校为例 …………………………………………… 247

启 示 篇

从国际研究生教育改革与发展的若干趋势评析当前我国研究生教育中的某些
　新变化 ……………………………………………………………………… 259
多人口发展中国家研究生教育比较研究及启示
　　——以印度、巴西、墨西哥研究生教育改革发展为例 ………………… 265
与国外联合培养博士生是立足于国内培养的重要补充 ……………………… 272
创造力战略下台湾高校通识教育的发展及启示 ……………………………… 275
国外大学评估及其对我国的借鉴意义 ………………………………………… 280
美国高等教育认证制度及其对我国的启示 …………………………………… 285
中外"跨学科学"研究进展评析 ……………………………………………… 294

理念篇

学位与研究生教育改革的推进和培养模式的转变,都是以理念的更新为突破口的。学位与研究生教育管理理念是学位与研究生教育工作的思想先导,为教育实践活动指引方向。

《中华人民共和国学位条例》颁布30年来,中国科大根据学位与研究生教育发展形势的变化,积极探索研究生培养创新模式,形成了一套具有中国科大特色的学位与研究生教育改革与发展的新理念。

历史地看,我国学位与研究生教育制度有很多直接从别国借鉴的成分,尤其是在计划经济时代,研究生教育一度实行统一专业设置、培养目标、教学计划、课程设置和教学大纲等。这种刚性的管理体制和评价体系在特定的历史时期发挥过重要作用,但随着学位与研究生教育形势的变化,传统的管理模式已经越来越不能适应人才培养目标的要求。《学位与研究生教育管理的理念嬗变与实践创新》创造性地提出,要转变学位与研究生教育管理理念,在导师本位、研究生本位思想指导下,通过合理放权、有效授权,实现学位与研究生教育由"有形"管理向"无形"服务的转轨,完成刚性管理向柔性管理的转变。文章认为,创建服务型学位与研究生教育管理体系是促进高等教育发展、深化研究生培养机制改革和参与国际教育竞争的必然要求。构建服务型学位与研究生教育管理平台,就是要把握信息时代的历史机遇,利用现代网络技术,集中优势资源,建设集中、开放、公用、共享的研究生实验平台,为培养创新人才培育土壤。

《研究生学术越轨行为及对研究生的论文"量化"要求》一文认为,研究生发表论文"量化"标准在特定的历史时期对研究生质量把关有积极作用,但也在某种程度上引发了学术越轨行为,有必要进行理性的审视和科学的改革。

针对我国研究生教育如何完成从数量大国向质量强国的转变这一重大课题,《我国研究生教育质量保障体系构建的有关探讨》阐述了研究生教育质量保障的有关概念,分析了研究生教育质量保障体系的相关特征,提出了在我国应构建政府、高校与社会共同参与的多元复合型研究生教育质量保障的模式。

当前,我国硕士研究生教育正在经历结构与模式的战略转型。《我国硕士研究生培养模式转变的有关探讨》前瞻性地指出,我国研究生培养模式特别是硕士生培养模式与社会需求存在差距,必须打破传统单一的学术型硕士培养模式,使硕士生培养向多样化方向发展。

研究生教育评估是实现学位与研究生教育质量保障和监督的重要内容和有效手段。中国科大早在1997年就成立了国内高校第一家独立评估机构"学位与研究生教育评估中心"。评估中心按照科学、求实、公正、保密的原则开展学校学位与研究生教育质量的各类自我评估,并承担国务院学位办、中国科学院、安徽省下达和委托的各类评估任务。评估中心除进行各类评估实践工作外,还积极进行评估理论的研究。

《大学排行榜如何从不成熟走向成熟》介绍了目前国内一些社会中介机构所发布的知名度及影响力较大的大学排行榜,对如何正确看待这些排行榜进行了阐述;指出了目前大学综合排名存在的问题;提出了对大学进行科学评价应考虑的若干指标和因素。

中国科大在探索与实践的基础上形成的这些管理理念在高等教育界产生了重要影响和良好的示范作用,成为引领我国学位与研究生教育发展的一面旗帜。站在新的历史起点上,我们对未来充满信心。只有坚持不懈地总结经验、更新理念、与时俱进、改革创新,才能推进我国学位与研究生教育奔向更加灿烂辉煌的明天。

学位与研究生教育管理的理念嬗变与实践创新

1980年2月12日,中华人民共和国第五届全国人民代表大会常务委员会第13次会议审议通过了新中国建立后的第一部学位法律文件——《中华人民共和国学位条例》(以下简称《学位条例》),并于1981年1月1日起正式颁布实施。30年来,我国的学位制度紧随着国家的改革开放步伐从无到有,研究生培养能力从弱到强,研究生培养规模从小到大,为我国高层次人才培养、科技进步、经济建设和社会发展做出了巨大贡献。作为一名在学位与研究生教育战线奋战了二十多年的"老兵",在我国开启首批博士学位授予工作时,笔者就有幸大学毕业留校从事学位与研究生教育管理工作,在中国科大这块创新人才培养的试验田上,不仅亲历了中国科大学位与研究生教育发展的每一步,也见证了中国学位与研究生教育的沧桑巨变。正是经过这二十多年的工作磨炼,我对学位与研究生教育管理工作有了自己的理解与体会。

一、《学位条例》实施30年来我国学位与研究生教育的环境与形势的巨大变化

30年来,中国的学位与研究生教育发生了巨变,这些变化是有目共睹的。记得1982年我刚毕业留校到研究生院工作时,中国科大的学位与研究生教育状况几乎是一片空白。当时学校只有几个"国批"博导,学科点也少得可怜,只有8个博士学位授权点,21个硕士学位授权点。研究生招生规模也很小,硕士生只招了156人,博士生招生才刚刚起步。春秋交替间30年过去了,科大学位与研究生教育的整体环境发生了质的转变和跨越:目前学校拥有博士学位授权一级学科点18个,博士学位授权二级学科点98个,硕士学位授权二级学科点133个,专业学位授权种类10个。2010年各类研究生招生近4000人,其中博士研究生782人。目前,学校在读博士研究生2741人,全日制学术型硕士研究生4622人,全日制专业学位硕士研究生3347人,非全日制专业学位研究生1430人。研究生与本科生的比例达到1.64:1。

再从国家整体来看这种变化就更明显了:1980年我国研究生招生只有10706人,而到2010年已达53万人,是1980年的近50倍,研究生招生年均增长率为12.4%。特别是1999年之后,研究生扩招的比例连续几年保持在26%以上,其中

博士生年增长率在 15% 左右。博士生导师由 1981 年的不足百人发展到 2009 年的 15446 人,在博士生导师队伍中有近三分之一具有海外留学背景,有开阔的学术视野。截至 2009 年底,我国累计授予博士学位近 30 万人,硕士学位 200 万人。目前,全国有博士学位授予单位 346 个(其中高校 291 个),硕士学位授予单位 697 个,博士学位一级学科授权点 1378 个(其中高校 1293 个),硕士点 3459 个(其中高校 3337 个);博士学位二级学科授权点 1739 个(其中高校 1626 个),硕士点 10008 个(其中高校 9352 个)。在校研究生已有 140.49 万人,其中博士生 24.63 万人。经过 30 年的发展,我国已经成为研究生教育大国。

这些变化折射在学位与研究生教育管理工作中的一个变化就是:管理特点逐渐由计划经济时代以行政命令为主的刚性管理模式向市场经济时代以服务为主导的柔性管理模式转变。作为一名在学位与研究生教育一线的管理工作者,回顾我国学位与研究生教育 30 年走过的历程,我对这种沧桑巨变有着深刻的体会。

30 年前,我国还处在计划经济时代,改革开放刚刚起步,百废待兴。为了多快好省地实现赶超目标,及时建立起我国自己的学位与研究生教育体系,国家建立了由政府行政控制为主的刚性学位与研究生教育体制。有关学位与研究生教育的专业设置、培养目标、教学计划、课程设置、教学大纲等均由国家教育管理部门统一规定。这种管理制度的实行是由当时特定的社会政治经济制度、管理制度和教育管理思想所决定的。当时国家教育投入资金短缺,高层次人才匮乏,有计划按比例培养各类社会急需的高级专门人才已成为首要任务,因而各高校的研究生招生规模大小、学科专业设置、培养计划和培养目标全部按照国家计划的要求进行是适宜的。这种刚性的管理体制以及当时的评价体系,为学位与研究生教育提供了明确的方针、规范和标准,最大限度地保证了教育资源的有效分配,确实为我国学位与研究生教育的坚实建立、统筹发展提供了保障。在这种管理体制下培养的人才大多能达到国家制定的培养目标和学位标准的要求。

在研究生培养单位内部,研究生院作为学校学位与研究生教育的行政管理部门,对研究生的招生、培养、学位授予等各个环节都制定了许多相应的规章制度。比如,中国科大在 20 世纪 90 年代推出的学位论文量化评审改革、博士生导师遴选机制改革,要求研究生申请相应的学位时要发表一定数量的学术论文,教授申请博导岗位要承担一定数量的科研课题且有相应的科研经费等,当时这些定量化的管理举措对于保证研究生培养质量可以说起到了很大的作用。但是,《学位条例》已实施了 30 年,随着学位与研究生教育整体环境以及国家经济建设、科技发展环境的不断变化,对研究型大学来说,这些改革措施和一些硬性指标是否还能继续发挥作用,这是近年来我一直在认真思考的问题,也是中国科大近年来一直在探索的问题。我们得出的结论是:必须构建新时期服务型学位与研究生教育管理体系。

二、构建新时期服务型学位与研究生教育管理体系是时代的呼唤

近年来,中国科大研究生院在研究生教育管理方式上不断探索、改革创新,逐步改变过去以"管"为主的模式。管理理念的转变就是放权、授权,由"有形"管理向"无形"监控转轨,坚持走"服务型"管理之路。所谓服务型学位与研究生教育管理模式是相对于过去行政权力型、命令型管理模式而言的,它是在导师本位、研究生本位的思想指导下,以服务师生为宗旨,在整个学术范式的框架内,通过有效体制、机制的重构形成的全新理念的管理平台。构建服务型学位与研究生教育管理体系主要是基于以下的一些考虑。

1. 创建服务型学位与研究生教育管理体系是高等教育大众化阶段的时代要求

随着我国高等教育步入大众化、多样化、国际化的发展阶段,导师和学生的主体意识进一步增强,群体需求和个人思想行为日益多样化,这对高校研究生管理工作提出了新要求、新挑战。而以显性的刚性管理为主的传统工作模式,由于忽视了院系、学科、导师在研究生教育中的主体地位,忽视了学生的发展需求,从而导致教育功能弱化、管理权威削弱、服务质量不高等问题,很难满足社会发展、教育发展和师生主观能动性发展的需要。以制定研究生培养方案为例,目前大多数研究生院均制定了详细的研究生培养方案,并要求在全校范围内实行,但是不同院系、不同学科的特点不同,统一的培养方案不可能适合所有院系和所有学科的特点,有时候甚至会成为研究生具体培养工作的障碍。因此研究生院如何转变观念,改变相对僵化的管理模式,坚持以科学发展观为指导,正确处理好教育、管理与服务之间的辩证关系,不断创新工作模式,突出服务功能,提高教育工作水平,促进学生全面发展,已成为高校面临的一个重大课题。

2. 创建服务型学位与研究生教育管理体系是深化研究生培养机制改革的现实需要

随着研究生培养机制改革的进一步深入,研究生院与师生之间的关系发生了深刻的变化,导师、研究生的主体地位进一步明确,研究生院和导师、研究生之间已不完全是一种管理与被管理的关系,在很大程度上是一种服务与被服务的关系。目前,导师、研究生的自主意识和权益意识已普遍增强,研究生培养工作的特殊性、探索性、创新性使他们感到必须取得对教育资源的使用权和消费权、对研究生培养的自主权,而且逐渐习惯于根据其合理要求来评价研究生院的各项工作。研究生院作为研究生教育管理的职能部门,是学校的一面窗口,最能体现服务质量和水平,研究生院能否在培养环境的营造、服务等方面满足导师和研究生的需要,为他们提供优质服务,已成为研究生院能否获得信赖和支持的重要因素。因此,研究生院必须进一步深化改革,突出面向师生工作的服务职能。

3. 创建服务型学位与研究生教育管理体系是高素质人才培养的客观要求

在全面素质培养的基础上重视人的个性化培养,是真正重视人才全面发展的

正确观念。高校培养创新型高素质人才,必须创造良好的外部生态环境以便为学生创造力的发挥提供保证,使不同层次、水平、志趣、性格特征的学生都能够充分地展示自己,发现并发展自己。这就要求研究生教育管理工作必须从学生全面发展的实际需求出发,将服务功能放在学生工作的首要地位,通过加强服务平台建设、服务机制建设和服务能力建设,营造有利于创新型高素质人才培养的良好氛围,为学生的全面发展提供尽可能大的空间和尽可能好的条件,促进学生全面、协调与科学的成长和发展。

4. 创建服务型学位与研究生教育管理体系是高校参与国际教育竞争的现实需要

我国高等教育要与国际接轨、参与国际竞争,必须借鉴国外先进的教育管理理念和经验。西方发达国家大学的研究生教育管理机构的基本职能主要是向师生提供一系列专业化的服务,以满足其多样化的需求。如美国的大学就一直十分强调"以学生为中心"、"服务至上"的理念,把"一切为了学生,为了学生的一切,为了一切学生"作为研究生管理工作的指导思想,其目的就是通过全面、细致、优良的服务以促进学生的全面发展和学校办学水平的提升。

三、中国科大学位与研究生教育服务型管理的创新实践

近几年来,在学校领导的大力支持下,学校研究生院及时把握信息时代的历史机遇,坚持创建服务型学位与研究生教育管理体系,在国内高校中率先构建了学位与研究生教育管理与服务的"五大网络信息平台",以及以培养研究生创新能力为主要目标的"五大公共教学实验中心",逐步实现了由"有形"管理向"无形"监控以及营造服务环境的转轨。

1. 利用现代网络技术,构建信息化网络服务平台

传统的研究生教育管理模式不仅给工作人员造成了较大的工作压力,而且容易造成人力和物力的浪费,难以保证工作效率和质量,加之受到时间、空间和资源的诸多制约,很多服务无法展开,一定程度上影响了研究生的培养质量。以计算机和网络为代表的现代信息技术为研究生教育管理打破时空限制、拓展服务功能提供了契机。科大研究生院开发了基于互联网的从研究生入学、学籍及培养、导师、论文监控到离校的"五大网络信息平台",依托这些平台充分发挥信息管理的优势,实现了信息集中管理、分散操作、共享共用,使传统的管理模式向数字化、无纸化、智能化、综合化的方向转变。基于网络的信息平台系统,把管理人员从繁琐的日常劳作中解放出来,有更多的精力进行信息统计、整理和分析,提高了工作的主动性和创造性,直接推动了研究生教育管理工作从"被动管理"向"主动服务"的转变。

基于"五大网络信息平台"的服务将研究生培养的各项业务流程串联起来,实现了各种应用系统的互联、互通,为研究生和导师提供了统一的、一站式的服务渠

道。平台的数据之间具备很强的互补性,相互之间可以进行实时的数据共享和交换。通过"五大网络信息平台"的无缝连接,学校的管理层可以便捷、准确地获得学校整体的数据视图。

目前,"五大网络信息平台"尚未覆盖到研究生教学管理的各个方面和层次,通过对其进一步的研发和完善,使子系统在数据仓库、决策管理方面有所突破,可以为全校研究生学习,导师的教学、科研和管理做出更多、更大的贡献,为学校创建世界一流研究型大学提供有力的支撑。

2. 集中优势资源建设公共教学实验平台,为研究生培养提供肥沃土壤

诺贝尔奖被公认为科研领域最高级别的奖项和原创成果最显著的标志。对世界文明曾做出过重大贡献的中国,近代以来还未实现该奖项上"零"的突破,这不能不说是一种伤痛和遗憾,应当引起我们的警示和思索。当然造成目前我国原始科技创新能力不足的因素很多,但研究条件的落后或滞后却是一个不争的事实。综观世界各国可以发现,重大科技成果的产生往往集中在一些拥有一流硬件条件和研究手段的实验室。这些大型科研基地,拥有先进的仪器设备、研究条件和高水平的学术大师和创新团队,承担着众多的国家重大科技项目。在这里,学生和老师可以借助先进的研究技术和手段,相互交流、自由探索,从而产生出新的学术思想、观点和成果,萌发出新的研究内容和方向,做出高水平的创新成果。可以说,高水平的实验平台是培养高层次创新型人才的理想阵地。基于此认识,学校在研究生培养中非常重视多学科交叉的教学科研实验平台建设。通过"211工程"和"985工程"的专项重点建设,学校集中财力组建了理化科学、生命科学、工程与材料科学、信息科学、超级运算等五个研究生公共教学科研实验中心,购置了一批相关学科领域急需、通用但靠单个学科无力购买的大中型先进仪器设备。公共实验中心的设立是学校建设世界一流研究型大学的创新举措。中心建设的目标即是按照"集中投入、统一管理、开放公用、资源共享"的原则,为培养创新人才和开展高水平科学研究工作提供支撑和保障。

以"理化科学实验中心"为例,由于该中心配置了先进的仪器设备和实验条件,近年来学校的物理、化学、生命、材料等学科的相当一部分博士生以该实验平台为依托,开展原创性研究,取得了突出的科研成果,有的在国际顶级学术期刊《Science》、《Nature》上发表了论文,还有8篇博士论文获得全国优秀博士学位论文奖。

3. 充分认识到导师是研究生培养质量的终极把关者

研究生培养质量的保证最终靠什么?在不少人看来研究生培养质量是"管"出来的。的确,管理部门的管理措施对于保证研究生培养质量无疑是有重要意义的。但是,在国外大学做过研究的学者都清楚,导师选到好苗子,把研究生招进来以后,能否取得成功很大程度上取决于导师。前段时间,科大研究生院专门做了一个有关科大研究生培养现状的调研,其中一项问卷结果值得我们思考,即认为影响研究生培养质量的因素中,91%的研究生认为"最重要"的影响因素是研究生导师;而对导师的问卷结果也是如此。在国外,导师对所指导的研究生负责全面的质量把关工作,因为他们所培养的研究生质量反过来会对导师的声誉产生重要影响。我们的导师也应该对自己指导的研究生的学习进程、学术水平、科研能力负责。要当一个好导师,前提是要当一个"严"导师。放眼整个科大学位与研究生教育就会发现,学校的学位与研究生教育之所以能成为中国研究生教育的标杆,运转健康、良好,确实与科大每一个导师的付出是分不开的,与科大长期以来"学术优先、追求卓越"的校风是分不开的。在科大,每一个导师都有自己的"事业园地",他们对研究生培养质量的诉求已远远走在我们管理部门的前面,确保研究生的培养质量已成为每个导师自觉的行为,他们对研究生科研的要求、学位论文的把关、学术规范的要求等都有自己的"一揽子"计划。

四、结束语

在我接任中国科大研究生院常务副院长以来,我们就研究生院在新形势下的功能、定位等问题进行了多次研讨,并进行了一些初步探索。我们认为:随着研究生教育规模的扩大,研究生教育管理工作仅靠研究生院自身是不够的,要推动研究生院工作由过去的行政计划型向服务管理型转变。在现阶段这个"服务管理"概念,我个人认为就是要充分利用信息化手段与平台,服务好导师和研究生这两个研究生教育工作中最核心的主体。

《学位条例》颁布实施30年了,中国的学位与研究生教育事业已取得了辉煌的成就。但放眼世界,和发达国家的研究生教育相比,我国的研究生教育无论在办学理念还是在办学硬件条件等方面都还存在不小的差距,发展之路还艰难漫长、任重道远。但我坚信,只要我们这些奋斗在学位与研究生教育第一线的践行者去不断探索、锐意进取、创新求变,我国的学位与研究生教育事业一定会取得更大的成功,一定会创造更多的奇迹。

作者:张淑林
原载于《学位与研究生教育》2010年第12期

我国研究生教育发展现状与问题研究

一、新中国研究生教育发展历程回顾

在中国,现代意义上的学位制度和研究生教育,是西方高等教育与中国传统教育相互影响、相互融合的产物。20世纪上半叶,新式教育刚刚起步,到1949年新中国成立前,仅有232人获得硕士学位。但大量在西方留学并获得博士、硕士学位的归国人员,为中国引入了全新的现代研究生教育理念。新中国成立后,研究生教育继续向前发展,改革开放以来,我国学位与研究生教育逐步进入空前繁荣的发展阶段。回顾建国后的学位与研究生教育,大体经历了五个历史时期。

1. 探索期(1950~1965年)

新中国成立之初,研究生教育即被列入议事日程,1950年开始招生。1958年,由于"左"的思想影响,招收研究生改为推荐入学,只重视政治条件,忽视了业务能力,结果是研究生质量明显下降,培养工作受到很大影响。1961年9月,中共中央印发《中华人民共和国教育部直属高等学校暂行工作条例(草案)》。1963年1月,教育部召开第一次全国性研究生教育工作会议,讨论并通过了《高等学校培养研究生工作暂行条例(草案)》,这是新中国在研究生培养制度建设方面迈开的重要一步,对研究生教育走向规范化有重要意义。由于前苏联计划教育体制的影响,当时我国的研究生教育还没有形成自己的特色,也尚未实施学位制度。

2. 挫折期(1966~1977年)

这一时期由于"文化大革命"的影响,刚刚起步的研究生教育受到了严重冲击,长达12年之久未招生。研究生教育的中断,使高层次人才在一段时间内青黄不接,同时也使我国的研究生教育与国际间的差距进一步加大。

3. 恢复期(1978~1981年)

1977年10月,国务院批转教育部《关于高等学校招收研究生的意见》,研究生教育得以恢复。十一届三中全会以后,我国研究生教育的发展获得了大好契机。1978年恢复招收研究生,当年全国报考研究生的人数达6.3万人,经过考试,录取1万余人。1979年11月,邓小平明确提出我国"要建立学位制度"。到1980年,全国在学研究生已达2.1万人。1980年,全国人大常委会审议通过了《中华人民共和国学位条例》。1981年,国务院批准了《中华人民共和国学位条例暂行实施办法》。至此,新中国的学位制度正式建立。

4. 稳定发展期(1982年~20世纪90年代末)

学位制度建立以后,研究生教育进入规范发展的新阶段。从1982年起,国家出台了诸如试办研究生院、评选重点学科、颁发专业目录、召开培养工作会议、成立省级学位委员会、开展学位质量评估等一系列的配套管理措施,全面规范了学位与研究生教育的管理,使之逐渐进入持续、稳定、健康发展的轨道。

5. 快速增长期(20世纪90年代末至今)

20世纪90年代中期以来,随着社会对高层次人才需求的迅速增长和对研究生教育需求的日益增强,国家调整了研究生招生政策,研究生规模迅速扩大。1999年以后的增长更是迅猛:与上一年相比,1999年增长了27.2%,2000年增长了39.3%,2001年增长了28.6%,2002年增长了22.6%,2003年增长了34.5%。1999年以来,我国研究生招生增长率已经连续5年超过20%,2004年全国招收33万名研究生,增长率依然维持在20%以上。可以说我国研究生教育已进入快速增长期。和中国经济腾飞相适应,中国研究生教育也进入一个快速发展的时期。

二、我国研究生教育基本状况分析

1. 成绩述评

实施学位制度二十多年来,为适应研究生教育事业的发展和高层次人才培养的需要,研究生教育主管部门在学位与研究生教育方面开展了一系列建设性的工作,取得了显著的成绩。如:坚持标准,认真进行学位授权审核及其改革工作,基本建成学科门类相对齐全的研究生教育体系;适应复合型、应用型人才培养的需要,设置了专业学位,开辟在职人员以同等学力申请硕士、博士学位的渠道,为构建学习型社会和终身教育体系做出了积极探索;采取措施,建设了一批既是教学中心、又是科研中心的高层次专门人才的培养基地,初步形成了层次较为分明的研究生教育体系;认真实践,坚持全面提高学位授予质量的方针,逐步建立起了基本符合国际惯例的学位和研究生教育质量保证机制;从我国的实际出发初步建成了一套比较完善的学位与研究生教育法规体系和管理工作体系,管理水平日益提高;适应高等教育国际化的要求,积极推进学位与研究生教育的国际交流与合作等等。

上述努力有效推动了学位与研究生教育事业的蓬勃发展,目前,无论是研究生招生人数、报考人数,还是在学人数,都有了迅速增长。目前,研究生,特别是博士生已成为中国科研队伍中的一支重要力量。据不完全统计,培养单位中约有75%以上的科研项目是由在学研究生参与完成的,博士生更是重要的科研攻坚力量,有的还做出了突破性的成果。在一些名牌大学,全校半数以上的SCI论文是以博士生为第一、第二作者撰写发表的。

当前,已有相当一批国内培养的硕士、博士成为各条战线特别是高教和科技战线的重要力量,有的已成为新一代的学术带头人,甚至成长为两院院士。研究生教育的大发展,不仅大大缓解了十年动乱造成的人才断层,推动了高等学校和科研机构的科研工作,而且从根本上改变了我国高等教育的层次结构,充实了各级各类师资力量,为我国探索建立现代意义上系统规范的高等教育体系做出了重要贡献。目前,我国高等教育已形成专科、本科和研究生三个层次教育相互促进、协调发展的新局面。

2. 问题分析

研究生教育的迅速发展,也带来很多需要克服的困难和问题,认识、研究并最终解决好这些问题,是未来研究生教育继续发展的前提和基础。

(1) 体制与机制问题

随着社会变革进程的加快,原有研究生教育管理体制的局限性日趋突出,如研究生招生仍实行统一的国家考试和计划招生;培养单位不能根据社会需求的变化主动进行迅速及时的调整,在生源的多样性、学制的弹性、学科方向调整的灵活性,以及课程设置的即时性上自主权不够,缺乏相关法律法规的支撑和授权,一些高校根据人才培养需要进行的各项改革和调整常常会受到不适当的行政干预等等。

此外,随着研究生教育规模的急剧扩大,研究生教育的国有办学体制和一元投资体制的弊端也日益凸显。与国外发达国家公私并举的办学格局相比,我国的研究生教育办学体制较为单一,民办研究生教育没有立足空间。国有办学体制,决定了研究生教育的经费来源主要是政府的财政拨款,企业社团、民间机构以及社会个人等投资研究生教育的热情还不很高。与此同时,研究生教育规模却在迅速扩大,如果不改变单一经费来源渠道的现状,必将限制研究生教育的进一步发展。

在机制方面,尚未形成政府宏观调控、市场配置资源的调节机制,政府调控不到位,生源市场、技术市场、资金市场、人才市场的发育不尽成熟,研究生培养单位对市场的反应也不够敏捷。

(2) 培养制度与模式问题

与发达国家多样化的培养模式相比,我国的研究生培养模式缺乏差异,大多强调理论创建,过于强调发表论文,忽视其他能力培育,各类研究生培养标准整齐划一,缺乏个性,从课程设置到论文要求,区别甚小,致使硕士研究生教育结构中的应用型人才培养相对薄弱,不能满足社会对各类人才的需求。

各培养单位制定的研究生培养方案和培养计划往往口径过窄,不能体现学科交叉的发展趋势;课程设置只讲形式上的规范,忽视发掘特色资源,新的教学方式很难展开;缺乏充足的参考资料、必要的阅读文献和完备的教学文件;课程内容老化,不能反映最新学术成果、研究进展;如何设计硕士、博士不同的培养方案,合理安排教学内容、教学方式等,均处于探索阶段,学制过于僵化,往往成为束缚研究生创新能力形成和发挥的制约性因素,远远不能适应研究生的创业要求和终身教育的发展趋势。

(3) 办学条件与环境问题

一方面,研究生教育规模在不断扩大,另一方面,研究生的教学、教材、实验等硬件条件却严重滞后,一些重大基础科学研究和新兴学科发展的研究条件、研究手段十分缺乏。许多学科研究生人均科研经费明显不足;在许多研究生培养单位,导师平均指导研究生人数逐年增加;在部分热门专业,导师少、研究生多的结构性矛盾日益突出。

在研究生教育法规建设方面,与《中华人民共和国教育法》和《中华人民共和国高等教育法》相比,《中华人民共和国学位条例》还有进一步完善的空间,重实体、轻程序,责、权、利失衡,开放度和相关法规配套等问题亟待解决。

在研究生教育的决策理论与实践方面,至今仍然是以经验和探索为主,高水平的研究生教育管理队伍和理论研究队伍尚待建设,研究生教育的重大决策缺乏科学的理论研究基础,不仅无法提供有效的理论工具,而且对改革实践中出现的新情况、新问题也难以及时做出理论的概括和解释。

(4) 国际竞争力问题

经过近年来的努力,我国接受研究生教育的人数年均增长率在世界上已处于领先地位,我国已成为研究生教育的数量"大国",但显然还不是质量"强国"。研究生教育缺乏精品意识,缺乏特色,缺乏产生精品和特色的机制和手段,因而培养的人才多表现为创新动力缺乏、创新能力不足,远不能适应国际市场竞争的需要。我国博士生教育20年,尚未出现在国际上有重大影响的发现,也未出现对国民经济有重大影响的技术发明,这表明博士生创新不足是一个大的问题,在目前博士生的招生规模下,这一问题会更加突出。

博士生导师队伍学历结构整体偏低、年龄偏大,有国际一线学术研究背景或经验的导师比例偏低,相当数量的导师经费不足、外语能力偏弱,在推进研究生教学与科研国际化方面也因此而很难有所作为。

在建设高水平学科方面,由于各学科领域之间在人才培养上的相对封闭,不同学科领域之间在优秀研究生教育资源(包括导师资源、课程资源、科学研究实验条件、优秀生源等)方面的交流不够,影响学科间的交叉、融合,使学科缺乏优势和特色,水平难以与国际一流学科相比。

三、研究生教育事业发展面临的新形势

在跨入新世纪之际,我国研究生教育又发生很多新的重大变化,主要表现在以下几个方面。

1. 研究生规模进一步膨胀

20世纪90年代末以来,我国的研究生招生规模以每年约30%的速度增长,从1995年的年招生规模5.1万人增长到2004年的33万人,增长了5.4倍,再加上同等学力人员,以及攻读专业学位的人员,我国目前在校研究生规模已近100万人,基本上是20世纪末期的两倍。这个规模已接近美国的年招生规模。可以预见,随

着研究生教育收费制度的实行,研究生规模还将进一步扩大。

应该说,硕士生教育规模的扩大是整个世界范围内的大趋势,但由于国内高等教育生态系统存在的诸如定位不明、争上层次等问题,扩张数量已经成为许多学校研究生教育的主要趋势。值得关注的是,最近几年,不仅我国硕士研究生教育在大幅度扩大,博士生教育规模也有了一个大的增长。一般来说,博士生规模增长应滞后于硕士生规模增长,研究生教育发达国家的博士生与硕士生的比例一般为1:10,而我国已达到1:6左右,这一超常增长值得深思。在我国目前的科技水平和教育资源条件下,博士生教育还应坚持质量第一的原则,简单模仿西方学位制度,批量制造博士学位,最终并不能真正培养出大批具有真才实学的学术精英。目前一些重点院校主动减少规模,把重点放在质量上,应予提倡。

2. 研究生教育区域发展不平衡加剧

在我国经济连年增长的同时,各区域间经济的差距也越来越大,由此带来的是研究生教育不平衡趋势越来越突出。经济欠发达地区人才流失,研究生教育的困难日益显现,许多非常强的优势学科和博士点人员基本流失。尽管经济欠发达地区的少数高等院校得到了国家支持,研究生教育保持了一定的规模和质量,但整体来说欠发达地区缺乏培养研究生的优良环境与条件,使不同地区研究生教育的差距越来越大。以优秀博士学位论文为例,全国6年间共评选出593篇优秀博士学位论文,西北、西南、东北三个地区共68篇,不到全国的12%,而这68篇也主要集中在国家重点支持的研究生院单位(共有43篇,占63%);在新增设的一级学科授权点中,这种差距更突出,东部一级学科授权点数占全国的2/3,而西部连东部的1/4都不到。直到现在,西部的贵州、青海、西藏、广西、宁夏、新疆六个省区还没有一级学科授权点,青海、宁夏、西藏连二级学科博士学位授权点都没有。与此同时,中部地区学位授权点数亦处于相对下降状态。到目前为止,国家批准建立和试办研究生院的高校共56所,其中东部36所,中部有11所,西部有9所,中、西部的数字相加,只是东部地区的55.56%。

3. 研究生教育理念日益多元化,单一培养模式的"坚冰"开始被打破

经典意义上的大学,崇尚学术至上。然而随着我国就业市场对人才需求的变化,大学的理念与研究生价值观的多元化正在形成尖锐的矛盾。在这种矛盾的碰撞中,研究生教育的理念也呈现出多元化倾向。培养单位、研究生、管理者、导师之间的关系正在发生变化,以个性培养为核心的多元教育理念已初现雏形,研究生教育理念面临挑战的同时也正在发生变革。

伴随着研究生教育理念的悄然变革,研究生教育目标也呈现出多样化趋势,专业学位及各种应用型学位比例上升,科学学位数量相对下降;僵硬的专业设置、刚性的学制已开始松动;培养工作与社会需求的联系已越来越紧密。

4. 研究生教育经费相对数量仍然不足,教育资源投向的"马太效应"越发明显

近几年来,随着科教兴国战略的实施,我国教育投入保持了较快增长,教育经费投入总量有了较大的增加。1997年至2002年,教育投入平均每年增幅达16.7%。但对大多数学校来说,目前国家拨付的研究生教育经费只能覆盖实际在校研究生培养费用的50%左右,远远不能满足需要。

在有限的教育经费中,各个学校获得的经费差异明显,一般来说,研究生教育水平高的大学获得的经费支持远远多于其他学校,教育资源投向呈现出明显的"马太效应"。最近几年实施的重点建设工程,如创新工程、"211工程"、"985工程",基本上都用于建设部分高水平大学。应该说,在目前资源总量非常有限的条件下,重点支持部分学校以及部分学校的部分学科对我国学位与研究生教育培养拔尖人才无疑有着重要意义。但是,从完整的学术生态环境考虑,还有不少学校得不到支持,即使在重点大学里也还有不少学科得不到支持,如果要求这些学科建立科研、教学、学习相结合的创新型研究生培养制度显然困难很大。从当前研究生教育资金筹措的渠道来看,只靠政府拨款确实难以满足研究生教育发展的需要,需要广开财源。

5. 教育工程项目对研究生教育的影响作用日益凸显

在当前资源有限的条件下,通过重点教育建设工程,对一些学术水平高、研究生教育基础好的高校进行重点建设,对发展中国家建设高水平大学具有重要的探索意义。"211工程"、"985工程"等重点建设项目的实施,大大提高了项目建设学校研究生教育的水平,使这些学校成为我国研究生教育的主要基地。

以"211工程"建设为例,据统计,"211工程"学校数量占全国高等学校比例虽然不到10%,但目前在校硕士生、博士生占全国的比例分别为69%和84%,科研经费、仪器设备值占全国高校的72%和54%,"211工程"学校中有博士学位的教师占全国高校中有博士学位教师的87%,覆盖了全国96%的国家重点实验室和85%的国家重点学科,在我国高等教育发展中具有举足轻重的地位。通过重点建设,这些学校已成为国家重点学科的聚集地,成为国际或国内本学科领域的研究中心,成为与国际人才培养机制接轨的桥梁,成为研究型大学的重要主体,成为名副其实的高层次人才的重要培养基地,在我国研究生教育中发挥重要的骨干和示范作用。

6. 行政手段管理学科布局的模式面临科学快速发展的新挑战

长期以来,我国研究生教育中基础学科、传统学科所占比重偏大,新兴学科、交叉学科、应用性学科所占比重偏小,应用性学科、高技术学科、基础性学科未能形成相互联系的有机整体,学科、专业结构调整与经济、科技和社会发展的要求不相适应,特别是不能集中有限力量支持一批优势明显的基础学科,高新技术学科以及新兴交叉学科和边缘学科等等。鉴于此,国家自20世纪90年代以来对学科授权审核制度进行了持续的改革,通过遴选重点学科、建设"211工程"学科项目等手段,对我国学科结构布局进行了不间断的调整。目前,学科结构布局得到了初步改善:基础学科、传统学科的比重开始下降,学科建设与国家经济建设、社会发展的联系进一步加强,一批交叉学科和边缘学科得到了重点建设。特别是"211工程"建设中一些交叉学科建设项目,突破了原有的学科目录分类和学校内部的院系设置,促进了学科的开放,对于学科重组和结构调整起到了十分积极的作用,同时也推动了校内管理体制的改革。在学科的交叉和融合中,培育、扶植和形成了一批面向 21 世纪、处于学科前沿或是解决国民经济和社会发展重大问题的新兴学科,特别是使一批高科技和应用领域的新兴学科得到了重点发展,如生命科学、信息科学、环境科学等。

然而,我们也应看到,依靠行政手段来管理处于不断变化和发展中的学科,从管理机制上就需要重新加以检讨,面对发达国家新学科、交叉学科发展日新月异的新局面,简单地模仿跟随而设置新学科,将永远无法迈出原始创新的第一步,对此,我们还需要积极探索新的研究生学科设置与管理方案。

7. 行政拨款成为重要的宏观调控手段,研究生教育对政府的依赖性进一步增强

直到 20 世纪末,我国的研究生教育基本上还是国家控制。应当说,在研究生教育发展初期,国家控制对于研究生教育的健康发展有着非常重要的意义,但随着研究生教育的蓬勃发展,考虑到中国地域广阔、经济文化发展不平衡的情况,在学术性决策方面,大一统的中央集权未必能够达到效益最优,因此政府控制过多与学校办学的主动性的矛盾越来越突出,淡化这种控制也是大势所趋。

值得关注的是,最近几年,政府拨款已经成为中央宏观调控的主要手段。政府对教育拨款的增加与拨款方式的改变,不断地影响着学校的办学体系,如最近几年实施的重点学科建设、创新工程、"211 工程"、"985 工程"等等,都是政府控制的主要手段。但是这些经费只是支持了部分学校或部分学校的部分学科,因此研究生教育还应该更多地考虑扩大学校与社会的直接联系,使学校得到社会的更多支持。与此同时,政府方面也应适度考虑以评估监督作为调控手段而不仅仅依靠直接的投资调节,高等学校也应积极争取更多的教育资源,逐步改变单一依靠政府投入的依赖型办学模式。

四、结语

通过总结我国学位与研究生教育的历史经验可看出,要使我国学位与研究生教育在未来发展中再创辉煌,就应该继续把质量作为研究生教育的生命线,把研究生教育放在我国教育事业发展的重要战略地位常抓不懈,在借鉴发达国家研究生教育先进经验的同时,积极探索适合中国研究生教育发展的新途径,既要锐意改革,又要遵循规律,更要坚持不懈。

参 考 文 献

[1] 吴镇柔,等. 中华人民共和国研究生教育和学位制度史[M]. 北京:北京理工大学出版

社,2001.
- [2] 中国学位与研究生教育发展战略报告(2002~2010)(征求意见稿)[J].学位与研究生教育,2001(6).
- [3] 赵沁平.第四届国务院学位委员会工作报告[J].学位与研究生教育,2003(9).
- [4] 张文修,王琳.对我国学位与研究生教育的思考[J].学位与研究生教育,2002(2).
- [5] 我国教育投入的相关情况.http://www.yanpen.com,2003-10-23.
- [6] 为科教兴国战略奠定坚实的基础:"211工程""九五"建设取得重大成效[N].中国教育报,2002-09-03:1.

作者:张淑林　裴　旭　陈　伟
原载于《学位与研究生教育》2005年第6期

理性面对争议,坚定走研究生教育发展创新之路

自 1978 年恢复研究生招生以来,我国的研究生教育走过了 30 年的历程。30 年来,中国研究生教育取得了丰硕的成果,积累了宝贵的经验,为国家、区域经济建设、特别是科技进步和社会发展做出了重要贡献,目前我国自主培养的研究生已在教育、科研、国民经济建设和社会发展的各个领域施展才能、担纲顶梁,为中华民族赢得了荣誉。作为多年从事研究生教育工作的管理者,谈起研究生教育这个话题有很多感触,既为取得的瞩目成绩而自豪,也为当前社会对研究生教育产生的一些非议感到忧虑,同时对未来我国研究生教育的改革发展之路有些思考。

一、我国学位与研究生教育工作成果斐然

我国的学位与研究生教育从无到有、从小到大,经过短短 30 年的发展成为了世界研究生教育的大国,取得了令世人瞩目的重大成就。

1. 中国特色的学位与研究生教育体系已经建成

我国的研究生教育立足国内,自主建设,经历了从无到有、逐步完善的过程,目前已经建立了具有中国特色的学位制度,形成了学士、硕士、博士三级学位相互衔接,中央、地方政府和培养单位三级管理的具有中国特色的高等教育体系,为立足国内培养高层次人才构建了制度平台。到 2008 年底,我国的博士、硕士授予单位分别达到 347 个、697 个,学科授予点覆盖了全部学科门类,还大力发展面向国民经济建设和世界科技前沿的应用学科、交叉学科以及边缘学科,扭转了我国研究生教育不能适应社会经济发展需要的过窄的专业教育的格局。

2. 教育环境持续改善

30 年来,国家对研究生教育的投入不断上升,研究生教育的支撑条件和办学硬件取得了跨越式的发展。今天,高校中的各级实验室、科研平台的建设远非 30 年前可比。以中国科技大学为例,学校目前已经建成包括同步辐射实验室、微尺度物质科学实验室两大国家实验室在内的 5 个国家级大科学平台,省部级科研机构 28 个,并投入近两亿的资金打造了五大研究生教学科研平台。

3. 培养规模不断扩大

改革开放以来,各项事业蓬勃发展,各条战线急需大量高层次专门人才,我国学位与研究生教育得到了大发展,不论是年招生人数,还是在校总人数和授予学位

人数都大大增长。以博士教育为例,我国博士学位的授予人数在1996年超过韩国,2000年超过印度,2002年超过英国和日本,2005年超过德国,仅次于美国,这是一个不简单的成就。经过30年发展,我国研究生年招生人数由1978年的1万人增加到2007年的40多万人;全日制在校研究生总人数由1980年的2.1万人增加到2007年的110余万人;30年来,授予博士、硕士学位的人数分别达24万和187万,其数量在世界名列前茅。从根本上结束了我国不能自主培养高层次人才的历史。

4. 培养质量、管理水平持续上升

在研究生教育规模的不断扩大的同时,尤其注重把培养质量作为研究生教育生命线的原则。从全国范围来看,截至2008年,国家自然科学基金委员和青年科学基金资助的项目负责人中,我国自主培养的硕士、博士约占90%。许多国家重大工程和中长期科技发展规划项目,比如嫦娥工程、神舟七号载人航天工程任务的技术骨干基本都是我们自己培养的硕士和博士。最近完成的《中国博士质量报告》也表明:30年来,我国自主培养的博士占"国家百千万人才工程"入选人数的70%以上。在研究生教育管理方面,国务院从1991年起设立学位委员会,先后在25个省市建立了省级学位委员会。它们在博士、硕士点评审、学科建设、质量评估、在职人员申请学位质量的监督等方面做了大量工作,取得了不小的成绩,积累了相当的经验,并且在研究生的招生、培养、学位授予等各个环节均逐步形成了规范化、科学化的规章制度。

二、理性面对学位与研究生教育的有关争议

虽然我国的学位与研究生教育经过30年的发展,取得了长足进步,但近年来,关于研究生教育、研究生培养质量的争议颇多,在这里,拟对时下较为流行的几种观点进行剖析,谈些看法。

1. 争议之一:研究生培养质量是否下降

2000年以来,社会上关于研究生质量下降的说法不断,我以为看待这个问题应当具有历史的眼光和辩证的思维。在学位与研究生教育方面,我国用30年的时间走完了国外约200年的历程,飞速发展,难免会产生这样那样的问题。比如,极少数办学条件不足的高校采取人为拔高的做法,勉强开办研究生教育,这样的学校培养出来的研究生质量的确存在部分质量不高的现象。但如果就此否认整个学位与研究生教育,则显然以偏概全。大部分高校对研究生培养质量都是十分重视并有制度明确保障的。尤其是国家"985工程"、"211工程"支持的大学,研究生培养质量在国际范围来看也是经得住考验的。比如,成立了研究生院的56所高校,在校研究生数量占全国高校的48%,科研经费占58%,获全国科技三大奖占68%,人文社科研究基地占67%,显然,这些学校的研究生质量是完全有保证的。以中国

科大为例,"九五"以来,在连续取得的近 20 项"国内十大科技进展"、"中国高校十大科技进展"、"中国基础研究十大新闻"研究成果中,在校研究生起到了重要作用,其中大都是由研究生作为主要承担者完成的。

此外,高校培养目标和社会评价标准的偏差也是导致社会对研究生质量产生误解的一个重要原因。用人单位期望研究生应该是更高层次的应用型人才,而目前多数高校的研究生培养目标还是学术型人才。众所周知,与发达国家多样化的培养模式相比,我国高层次人才培养的模式,基本上都是采用研究型模式,以学术型、理论型人才为取向,培养模式单一,从课程设置到论文的要求方式相差甚小,把强调理论深度和理论突破,反映学术研究特点的硕士学位标准作为各类研究生培养中唯一的学位标准,致使硕士研究生教育结构中的应用型人才培养相对薄弱,不能满足社会对各类人才的需求。但是,我们相信这种偏差将会很快消失。为了拓展人才培养的类型和规格,加快培养社会急需的复合型、应用型高层次专门人才,国家已经针对经济建设和社会发展对不同行业背景、不同类型、不同规格高级专门人才的需要,设置了工商管理硕士学位、法律硕士学位、工程硕士学位等多种专业学位。

2. 争议之二:研究生人才是否过剩

最近几年,就业难已经波及到研究生群体,因此引发了一些人认为我国的研究生教育规模过度膨胀,目前研究生人才已经过剩。对这个问题也应当从我们的研究生培养模式和培养定位来分析。前些年,因为教育资源所限,博士研究生的培养远不能满足我国科研和教学的需要,只能由硕士生来填补本来应该由博士生充任的职位,因而硕士研究生教育主要培养目标是高级科研和教学人才。但是,随着我国博士研究生培养能力的提高和机制的成熟,已经可以培养出满足我国科研和教学需要的高级专业人才了,而部分硕士研究生在就业时尚未做好迎接这个转变的心理准备,于是即表现为就业难。

其实,与许多发展中国家相比,我国的研究生占从业人口比例还很低,更不要说与发达国家相比。所谓"过剩",主要还是一个结构性的过剩。我国目前的产业结构层次尚不够高,尚未能真正承担起自主创新主体的职能,决定了对高端人才需求不旺。如果企业能加大研发投入,整个产业结构实现了由中低端为主向高端为主的转变,将会创造出更多的高级技术和管理岗位,留给研究生的空间无疑是巨大的。

3. 争议之三:研究生综合素质是否降低

当前的确有许多研究生在合作、诚信等许多方面存在问题,但如果就此上升到认为我国的研究生的综合素质走低、研究生教育制度有问题,也是有失公允的。

从一个人的成长过程来看,合作意识欠缺、道德观念淡薄、过度自我等问题应该是一个长期形成的过程,尤其最近 10 年毕业的研究生中,许多是我国第一代的独生子女,他们的人格形成,既与其成长的家庭、社会环境有关,也与其整个受教育过程有关,不能简单地将之归咎到研究生教育这个最后的环节。简言之,如果一个人在成长过程中,在小学、中学甚至大学的教育过程中因为某些原因,没有塑造出良好的品格,而这个隐患却在研究生毕业、走上社会后显现出来,由此就简单地认为是研究生教育导致的缺陷,显然是不公平的。

三、对学位与研究生教育创新发展的几点思考

回顾我国30年的研究生教育历程,可以说这是一条充满坎坷、遍布荆棘之路,也是一条进取至上、创新不已之路。当前,我国的研究生教育者再次面临一个重要的任务,那就是要继续解放思想、创新发展,实现我国的研究生教育由大到强的转变。如何实现这个转变?我们想结合自己从事研究生教育工作多年的体会,谈几点自己的思考:

在国家层面应进一步放权,积极引导各个高校办出特色。经过30年的发展,我国研究生教育办学条件已经得到明显改善,特别在硬件条件方面与国际一流研究型大学的差距越来越小,这是个不争的事实,但在管理体制上还有很大的改进空间。比如在国外,大学根据社会需求,形成了不同层次的高校生态体系,既有研究型大学,又有教学型大学、教学研究型大学、职业社区学院;而在国内,由于评价体系的一元化,高校争上层次,争硕士、博士授权就不足为奇了。因此,从教育主管部门层面,创新管理体制,建立分类分层的教育评价体系,对于引导各个高校办出特色,引导高校将工作重心转移到提高培养质量的轨道上意义重大。当前,教育主管部门应给予研究生培养单位在招生规模、招生办法、学科设置、培养计划、人才模式选择等方面充分的自主权,特别是要有一些好的政策鼓励不同的高校办出不同的特色。

在人才培养模式上,应走多元发展之路。目前,我国现代化建设正在进入大规模的工业化和城镇化阶段,迎来了信息化、市场化和全球化浪潮,当前又遭遇着历史罕见的国际金融危机,面临着既要渡难关、保增长,又要上水平、提质量的特殊发展形势,这个形势决定了各行各业需要的人才数量是庞大的,结构是非常复杂的,并处于快速调整变动之中,这要求学位与研究生教育工作必须紧紧围绕现代化建设的需要,做到分类培养、多元发展。这个"分类"应该包括两个方面的含义,一是研究生教育应突破单一的学术型模式,面向社会需求,走学术型和职业型教育并举之路;二是在评价标准体系中,也应有学术型和职业型两个标准。当前,教育部在全国研究生院高校启动的研究生培养机制改革,应该是推动研究生分类培养的一个好的突破口和契机,在这个过程中通过引入全成本核算办学理念,从而实现科学学位和职业学位的分类,促进研究生教育结构的优化。

在高校内部,研究生院应做好职能转变工作,要切实为研究生教育发展营造良性空间,研究生教育有其自身发展规律,研究生院作为特殊的管理组织,对于保证

研究生教育质量起到了重要作用,但如何发挥研究生院这个组织的调控作用,把握管理的"度"值得探讨。我们知道,研究生院作为特殊的教育组织管理形式是研究生教育发展到一定阶段的产物,从一定程度上集中了高校的各项人力、物力,协调和管理了各种关系,使得研究生教育能够按照既定的路线稳步进行,它完善了研究生教育的过程管理,保证了研究生培养计划的顺利实施,促使研究生教育不断制度化、规范化。但是,随着我国的学位与研究生教育事业的快速发展,研究生教育管理也逐步复杂化,如果继续按照传统的计划集约性管理模式,研究生院统揽一切的做法,不仅效率低下,而且容易忽视院系在研究生教育方面的自主权,阻碍研究生教育的进一步提高。因此,如何既有效保证研究生院教学管理活动的顺利、高效进行,又能最大限度地发挥院系的积极性是研究生教育管理改革的主要目标之一,以中国科大为例,我们就研究生院在新形势下的功能定位等问题进行了多次研讨,并进行了一些初步探索,努力推动研究生院由过去的行政计划型向服务型转变,进行了一系列的改革创新,例如简化办事程序,建立与导师、研究生沟通的长效机制,成立了学院研究生教育中心,赋予院(系)在研究生的选拔、师资的遴选、经费的分配等方面有实质性的权力。

　　研究生培养质量的保证最终靠什么?这已是老生常谈的问题,也是颇有争议的问题,在不少人看来研究生培养质量是靠"招优管好"得到的。严格地说,"招优管好"只是决定研究生培养质量的次要因素,导师的作用才是主要因素。最近,我们专门做了一个针对中国科大研究生教育现状的调研,其中"你认为影响研究生培养质量因素"这一项的反馈结果引人深思:针对学生的调查结果是91%的研究生认为"最重要"影响因素是研究生导师;而对于导师的问卷,结果也是如此,超过90%的导师认为保证研究生培养质量的主要因素是导师。实际上,在国外很多高校一直采取导师负责制,导师对所指导研究生的质量负全面责任。我们在这方面也进行了一些具有开拓性的改革,比如具有导师资格并不等于就能进入导师岗位,还必须有科研项目和科研经费才能招生;对一些特别优秀的青年教师实行激励机制,具有副教授职称、博士学位、学术成果突出、研究经费充足的,也可以进入博导岗位。

　　我国的研究生教育事业已取得了辉煌成绩,但放眼世界,我们与发达国家的研究生教育相比,无论在办学理念还是在办学硬件条件方面都有不小的差距,发展之路还任重道远,需要我们这些研究生教育工作者去探索,去创新求变。只要我们有锲而不舍的韧劲,有尊重教育规律的睿智,我们的研究生教育事业一定会取得更大成功。

作者:张淑林　裴　旭
原载于《中国高等教育》2009年第7期

浅析收费对研究生教育中责任主体角色转换和运行机制变革的影响

教育成本分担与补偿的理论已经获得社会认可,支付学费以接受高等教育已成为社会的共识。从目前看,本专科教育阶段的学费改革已经基本到位,为出台研究生学费政策奠定了良好的基础与舆论准备。在研究生招生工作中大量采用的委托培养、自筹经费等方式收取学费已经被社会舆论认可和接纳,社会心理对于研究生教育收费已经有所预期,政策准备也基本就绪。可以预见,一旦实行收费,必将对研究生、导师及研究生培养单位等研究生教育中的直接责任主体的角色转换和运行机制变革产生重要的影响。

一、收费对研究生教育中责任主体角色转换的影响

长期以来,在国家实行单一的财政拨款和培养单位能够控制研究生在学期间一切利益的情况下,研究生教育中的几个直接责任主体:研究生、导师、培养单位,在研究生教育的责任、权利与义务间存在着明显的信息不对称以及构架的失衡,具体表现为:培养单位的行政约束过紧,凌驾于导师与研究生之上;研究生的"投资"、"消费"意识以及导师的参与和责任意识不强,在研究生教育的整个过程中始终处于被动的"旁观者"地位;研究生的主观能动性、创造性得不到真正彰显;各主体间的"平等对话"很难实现;"以学生为中心"的办学理念流于形式等。如果实行收费,研究生教育中的几个直接责任主体间的依存环境将发生重大变化,他们的角色定位将发生转换,相互间的契约关系将真正形成,信息不对称、权利不对等的关系将得到根本改变。

1. 研究生将由单一的消费者向"二元"的投资和消费者角色转化,"消费"和"监督"意识将显著提高

现代管理学认为,监督质量的动力来自于消费者,提高质量的动力来自于投资和生产者,他们应当是互相独立的个体。实际上,在研究生教育实行免费就读的情况下,国家既是研究生教育的投资生产者,也是最大消费者,这种身兼二职的角色使其难以真正做好监督自己的工作。而研究生个人虽然是消费者,可是由于个人没有进行投资,很难真正地履行教育"消费者"角色的使命,因而,"消费"意识较弱,对教育质量的关心程度有限。另一方面,由于不用负担学费,学生也不会特别珍惜

就学机会,混学位者大有人在。

而在研究生教育实行成本补偿以后,研究生具有受教育者和教育消费者的双重身份,因此会激发他们去关心和监督教育质量,关注培养单位是否能使他们提高文化知识素质和自我发展能力,获取参与就业市场竞争的优势;关注他们是否能受到合理的、优质的服务;关注他们是否能得到安全保障;关注他们是否能在认识和适应社会生活方面更具有思想性和心理承受力,等等。可见,收费政策的实行将带来研究生"消费"和"监督"意识的提高,大大促进研究生由单一的消费者向"二元"的投资和消费者角色的转化。

2. 研究生导师将由被动的参与者向积极的"导航者"角色转化,责任意识将进一步增强

导师是保证研究生培养质量的责任人,是研究生前进路上的"导航人"。但在研究生教育实行免费就读的情况下,导师在研究生教育中基本处于被动的参与状态。首先,由于研究生的招生是学校按全国统一的标准录取的,所以导师既不了解所招学生的实际情况,也没有办法去挑选自己中意和本学科专业中有培养前途的学生。其次,导师所带学生多少,与导师个人收入基本无关,这也影响了导师带研究生的积极性。反映在研究生培养过程中,有些导师责任心不强,要么要求学生为其完成科研任务充当劳动力,要么放任自流,很少对学生进行学业指导。如果实行成本分担与补偿,导师就要从自己的科研经费里拿出一部分作为研究生的奖学金,或是设置"三助"岗位,掌握着奖学金的发放,因此,导师必然要认真、负责地选拔和培养学生。如果导师因为自身科研能力不强,课题数量少、层次不高,不能给研究生提供充足的奖助学金,那就会招不到学生;与此相反,如果导师学术水平高,承接科研项目的能力强,就可以提供较多的奖学金数额,吸引更多的学生来报考,多招学生,随之导师的报酬就会提高。这样,势必会对一部分争取科研项目能力较低、难以招到学生的导师带来一定压力,迫使这部分人必须设法提高自己的"导航"水平,以增强竞争能力。

3. 研究生培养单位将由"权威"的行政约束者向积极的服务管理者角色转化,办学理念将彻底转变

在没有实行研究生教育收费制度的环境下,研究生培养单位在研究生事务的决策上具有绝对的权威,在研究生教育责任主体间的架构上"唯我独尊",因此信息不对称、权利不对等现象十分严重。通常情况下,研究生培养单位可以通过出台相关制度对导师、研究生进行单向的"发号施令",而研究生及导师对培养单位的人才选拔、教学计划安排、课程设置、后勤服务等重要的问题却难有真正的决策权和知情权。实施研究生教育成本分担机制后,作为利益主体,研究生对研究生教育服务质量的要求会越来越挑剔,对此,研究生培养单位必须有清晰的认识。一方面,研究生交费当然会给研究生培养单位带来更多的培养经费,但随之而来的必然是优秀生源竞争和筹措经费的巨大压力。培养质量高、学生就业状况较好的名校、名专

业将会在这场竞争中处于领先优势;对原本有市场需求,而培养质量不高的培养单位,这是一种督促和压力。另一方面,实行研究生教育成本分担与补偿后,研究生具有教育投资者和消费者的双重身份,有教育消费选择权,因此,培养单位就不能忽视研究生的正当消费需求。如果不以研究生为中心,为研究生提供优良的师资、能满足学习需求的教学设施和有利于增强研究生适应社会能力的学习内容,研究生就会对培养单位进行消费"投诉"。基于这种压力,培养单位必须转变观念,尽快树立"以学生为中心,为学生服务"的办学理念,真正做到"一切为了学生,为了学生的一切",不断深化课程体系和教学内容的革新,努力优化教学过程,大量采用有利于调动研究生学习和科研积极性的创新方法。在整个教育活动中,要注重为研究生提供自我发展的空间,满足他们的个性需求。在教学过程的监控和教学质量的评价上,要让研究生担当"监督员"和"评论员";在生活服务上,要运用市场经济杠杆,提升对研究生的生活服务质量,变被动服务为主动服务,变滞后服务为超前服务,为研究生创造优雅、整洁、健康、安全的学习与生活条件。

二、收费对研究生教育运行机制变革的影响

1. 收费将促使研究生的招生录取权力进一步下放,准入"门槛"降低

现行的研究生录取机制,不论是免试推荐还是考试录取,都在很大程度上带有明显的计划经济色彩,招生决定权往往在管理部门,而导师的意见得不到尊重。因此,在研究生培养过程中,出现了导师责任心不强,指导不力的情况。在美国,如果导师有能力且愿意以奖学金的形式支付学生的学费,而且学生也愿意跟着这个导师读,那么学生就可以被录取并进入研究生阶段学习。也就是说研究生的人口相对宽松,尊重双向选择。

我国如果实行全面的收费制度以后,大幅度地下放研究生录取权力,实行录取名额弹性化,降低准入"门槛"等将势在必行。对于符合基本资格的申请入学者,由导师决定是否录取,实行真正意义的双向选择。这种在双方自愿、互相认可基础上形成的师生关系,应该说有利于培养工作。从发展趋势来看,随着我国研究生教育发展规模的扩大,过于严格、刚性的录取机制将会对研究生教育起到制约作用。因此,在研究生招生工作中,可以尝试宽进严出的办法,只要教育设施条件具备,导师愿意,就可以招收研究生,而管理部门只进行必要的资格审查。

2. 收费将促使在研究生培养工作中真正造就一种竞争氛围,并带来学制的改革

在研究生培养经费和生活费全部由国家承担的情况下,部分研究生存在着学习压力不大、动力不足的问题;招收多少学生、招什么样的学生、学生是否努力学习搞科研、能否顺利拿到学位,都不需要导师承担任何责任,也影响不到导师的根本利益,因此,部分责任心不强的导师可能就会对学生放任自流,以致影响研究生的

培养质量。研究生教育实行收费制以后,因为个人要承担部分教育成本,因此,研究生的学习和经济利益有了更直接的联系。他们会努力学习,以争取短期回报——拿奖学金,或争取长期回报——更好地就业。而培养单位可以把政府拨款、自筹经费、导师的项目经费和学生缴纳的学费统筹考虑,以奖学金的形式,按学生的学习成绩和科研能力评定等级发放。这种通过奖学金杠杆来调节改善培养工作的激励机制,能造就一种竞争氛围,有利于人才的选拔和培养。研究生教育领域中市场机制和竞争机制的引入,也将会推动研究生教育体制的改革。目前,我国的研究生尤其是硕士生学制由教育部统一安排,学生少有自主性,提前和推迟毕业都不允许。实行研究生收费制度以后,迫于与国际研究生教育接轨的压力和解决贫困学生上学的问题,实行弹性学制也就更为迫切。收费以后,政府只是教育投资的一方,它同研究生教育的其他投资者一样,应该监督的是研究生教育的质量。在学期间,学生只要修满学分,成绩合格,学位论文达到要求,毕业时间应由研究生本人和培养单位来协调,教育行政管理部门不宜约束太多。政府管理部门可以规定硕士、博士和硕博连读的基本修业年限和最长修业年限,而学生可以根据学业和论文进展情况申请提前毕业或延迟毕业。

3. 收费将对现行的助学体系提出严峻挑战,助学机制的完善迫在眉睫

众所周知,在国外高校,奖学金是研究生完成学业和选拔优秀学生的重要保证。国外高校提供的奖学金额度都很高,全奖一般包括了学费和生活费,半奖可以支付学费。但国内高校目前的奖学金额度和奖励面都偏小,国家提供的普通奖学金虽然人人都有份,但每个月只有二三百元,都不够日常生活开支;一些企业设立的专项奖学金奖励面很窄,其金额往往也不足以支付学费。因此,实行收费制度之后,如何建立一个与收费制度和人才培养计划相配套的奖学金制度、如何扩大奖学金的来源,就成为各个研究生培养单位的当务之急。此外,奖学金的管理方法也是一个有待解决的问题。我国目前大多数培养单位在研究生奖学金的管理上,采取的是学校和院系两级管理的模式,导师基本不参与其中。而如果实行全面收费制度后,奖学金管理的核心就应该转向导师,让导师拥有充分的自主权和自由度。据了解,美国高校在研究生奖学金的发放中,导师的意见非常重要。

与奖学金相比,建立合理的贷学金制度就更为重要,甚至关系到收费制度改革的成败,因为多数研究生要靠贷学金完成学业。但就目前国内高校推行助学贷款的情况来看,恐怕远远满足不了研究生教育实行收费制以后的需要。国家助学贷款的现行政策规定,全国普通高校经济困难学生申请贷款的比例原则上不超过全日制在校学生总数的20%,这里面包括全部本专科生和研究生在内,而且学生申请国家助学贷款,每人每年最高不超过6000元贷款数额。从目前求学贷款的情况看,获得贷款的学生还是少数,而那些真正困难的学生并不是都能获得贷款。因此读研要缴费,必须很好地建立、改革和完善研究生贷学金制度。

在建立完善奖贷学金制度之外,确保研究生入学后能顺利完成学业的另一个重要途径就是设立助教、助研和助管岗位。目前,"三助"岗位设置在理工科研究生的培养中做得比较好。据了解,对于理工科类,特别是计算机、电子信息等应用学科的研究生来说,收取培养费用并不是巨大的经济负担。因为他们大都跟着导师做科研项目,每月都能拿到不薄的收入。但相比之下,因为学科特点的缘故,向文科研究生提供的"三助"岗位就很有限,所以文科生普遍较穷,基本上靠国家给的几百元生活费过日子。因此,在研究生教育全面推行收费制所需要的配套措施里面,如何保护一些基础学科和长线专业的发展就变得十分重要,因为这些基础学科和长线专业很难从市场上争取到经费,而且这些学科本身无论在就业市场上还是招生时都不受青睐。因此,对于基础学科,教育主管部门应设专项经费提供少量全额奖学金,既保证这类学科不因经费短缺而后继乏人,也不因受到政策保护而盲目发展。

4. 收费将使市场信息和社会需求能够及时准确地反映到研究生教育中来,从而引导学校调整学科结构

到目前为止,我国已经进行了多次研究生教育学科结构的调整,但是学科结构不尽合理的问题仍然存在。一些脱离社会发展实际需要或社会需求量不大的专业仍然大量招生,导致研究生毕业后就业困难;而一些国家建设和发展所急需的专业却没有开设,或者虽然开设但招生很少,不能满足现实的需要。历史已经证明,要完全通过教育部门的行政手段来进行学科结构的预测、编制、调整,很难赶上千变万化的社会需要,其结果必然导致招生、培养和社会实际需求的脱节。在实行免费研究生教育时,考生选择招考专业,并不需要考虑教育成本,因此,在这种情况下的报考人数和学科结构不能准确地反映市场和社会实际情况。

在研究生教育实行收费就读时,由于学生要理性计算自己投入产出的效益,因此,不同专业、学科和学校之间的竞争将更趋激烈。私人产品属性强、公共产品属性弱的学科或专业,即社会需求量大、就业前景好的专业,会吸引大量的学生报考;公共产品属性强、私人产品属性弱的学科或专业,即就业前景暂时不好的专业将在一定程度上自发萎缩。正是由于市场信息和社会需求能够及时准确地反映到研究生教育中来,从而引导着学校学科结构的调整,使其不断适应社会发展和学生自身发展的需要。当然,国家对一些基础学科,并不会任其消亡,但是其发展规模可能适当缩小一些。

5. 收费将缓解研究生就业时的一些矛盾,但国家对毕业研究生就业的调控能力将有一定程度的削弱

目前我国名义上实行的是研究生和用人单位的双向选择,但由于国家或地方政府是培养经费的承担者,计划内培养的研究生,在跨所有制和跨地域就业时存在着很多难以处理的问题,有时会出现因毕业生不交纳补偿性培养费而扣留档案、毕业证书、学位证书等矛盾冲突。实行收费教育,研究生就业就可全面放开,人才自由流动,从而缓解研究生就业时的这种矛盾。但同时,研究生抱着"我投资、我受益"的心态,择业观念将更加倾向功利化。择业环境和择业观念的变化,也会使国家对毕业研究生就业的调控能力产生一定程度的影响。研究生教育收费制度的实施将意味着不再按国家计划招收研究生,接受研究生教育真正成为了一种个人投资行为,因此,以往的研究生就业服务范围的限制及所谓的定向生、委培生都将随之取消,研究生就业将实行完全的双向选择。国家对研究生就业除了通过教育引导和市场调控手段外,原有的行政限制和经济约束能力减弱,从而降低了国家对毕业研究生就业的调控能力。为此,教育主管部门必须做好充分的应对准备,以保证国家对高层次人才的需求。

参 考 文 献

[1] 刘俊.实行研究生收费制度及若干问题思考[J].清华大学教育研究,2001(4).
[2] 王磊,等.研究生教育收费就读问题的探讨[J].交通高教研究,2002(3).
[3] 林伟连,林夏芬.试论研究生教育收费制度下的就业指导[J].黑龙江高教研究,2002(2).
[4] 王效仿.研究生教育收费的必要性及收费可能产生的现实问题[J].清华大学教育研究,2002(4).

作者:裴 旭 张淑林 万红英
原载于《中国高教研究》2004年第4期

我国研究生教育质量保障体系构建的有关探讨

一、研究生教育质量保障的有关概念

质量保障（quality assurance，也称为"质量保证"）是管理学中的一个概念，20世纪80年代中期引入高等教育领域。质量保障在管理学中的含义为"质量管理中致力于对达到质量要求提供信任的部分"。更具体地说，它是指为提供某实体达到质量要求的适当信赖程度，在质量体系内所实施的，并按需要进行证实的全部有策划的和系统的活动。

研究生教育质量保障的概念源于质量管理学。由于与企业管理相比，高等教育管理具有其特殊性，加之学界对研究生教育质量保障问题的研究历史不长，因此目前国内外学界对研究生教育质量保障的认识与理解也尚未达成统一。综合已有的研究，本文将研究生教育质量保障界定为：旨在保持和改进研究生教育质量，并为有关利益关系人提供质量证明和担保的所有政策与过程。对这一概念，可以从以下几个方面来理解与把握：一是促进质量的持续稳定和提高；二是向政府、社会、学生及其家长等众多的高等教育利益关系人提供质量证据，证明高校提供的产品和服务的质量是可以信赖的，增强他们对研究生教育质量的信心；三是为了达到上述目的，通过一系列的特定政策和过程的实施，保证培养目标的顺利实现，如设立质量保障机构、制定质量标准、确立质量评估的方法和程序，等等。

二、研究生教育质量保障体系的特征

研究生教育质量保障体系具有多方面的特征，即全程性、全员性、全面性、系统性和发展性。

1. 全程性

指对研究生教育质量的控制与保证，应当在招生、课程教学、科研训练、论文监控、学位授予全过程的各个环节进行。强调每个环节都要符合预定的目标和质量标准，重视预防的作用，而非最终的评价结果。

2. 全员性

指对研究生教育的质量管理不仅仅是各级教育管理部门和教师的责任，而是培养单位内部各个层面及广大研究生共同参与的工作，有时还需要用人单位参与意见。

3. 全面性

指研究生培养质量的保证,不仅是研究生身心健康、思想品德、知识水平、课程学习、科研能力的全面培养,还应当包括教师自身教书育人能力的提高和培养单位全面质量管理及育人环境、质量文化和质量意识的营造等。

4. 系统性

质量保障体系要求建立一套完备的制度,这套制度是一体的、前后呼应的、相对固定的和具有创新性的。质量保障体系应有特定的质量目标、特定的操作程序和方法、特定的责任指标与责任人,责权明确,管理层次分明。

5. 发展性

研究生教育质量保障体系在运作期间,对整个体系及每一个质量控制点的实施运行,绝不是一成不变的,有效的体系会因为环境的改变而变迁,体系的发展性要求在管理目标、管理制度、运行方式、具体方法上与时俱进,不断地做出评估和检讨,适时改进设计,使保证体系始终能够跟上研究生教育发展的形势。

三、我国研究生教育质量保障体系的建构策略

借鉴各发达国家研究生教育质量保障模式的经验和特征,我国的研究生教育质量保障机制应采取政府、高校与社会共同参与的多元复合型模式。

1. 改变政府在质量体系中的职能

如果说计划经济的政治逻辑是"无限政府"、"全能政府"的话,那么,市场经济的政治逻辑则是"有限政府"、"有效政府"。"全能政府"在高等教育领域的集中表现就是,政府既是高等教育的举办者,又是办学者,同时还是管理者,致使政事不分,效率不高,积弊很多。"有限政府"强调,政府的作用应该是掌舵,而不是划桨;是裁判,而不是运动员。政府应该只做它应该做且可以做好的事情,把那些原本不该由政府管,且管不好的事情下放给社会组织及高校。在"有限政府"、"有效政府"的理念指导下,政府在研究生教育质量保障中的行为模式也应做出相应的转变,即从严格控制到有效管理。

（1）变"行政管理"为"政策调控"

在市场经济条件下,政府主要监管的是市场秩序而不是市场主体,事实上,有一套好的市场游戏规则就能对市场主体起到好的监管作用。为此,政府应该通过建立、健全研究生教育质量保障的政策与法规,使各质量保障主体的合法地位以及各自的权责关系得以明确,各自的评估行为得以规范,使他们之间能够相互协调,彼此发挥各自的功能,共同为保证高等教育的质量服务。政府利用政策法规这一杠杆,可以使自身从琐碎的行政性管理中解脱出来,提高自身的效能,增加质量保障活动的透明度和约束力,促进研究生教育质量保障活动走向制度化、规范化。

(2) 变"统包统揽"为"多边共治"

政治生活高制度化是整个社会保持稳定、高速、协调发展的前提。应该承认，当今社会，如果没有政府的作用，整个社会系统的正常运行几乎是不可想像的。特别是在提供社会资源方面，包括各种有形的物质资源，有效的制度资源，以及诸如公正、民主以及社会信任等理念的隐形资源，政府有着无可替代的作用。但是，政府的管理不应完全是一种统包统揽式的行政控制。随着我国社会主义市场经济体制的建立和完善，市场主体的多元化导致高等教育利益主体的多元化及其利益实现形式的表达机制的转换，这一转换的直接方式就是各利益主体参与学校运行效益和质量的评估，这种主动参与的愿望与动力是市场主体对投资回报的理性诉求的体现。为此，在研究生教育质量保障领域，政府集权控制型质量保障模式难以反映和满足多元主体的价值需求。因此，政府的选择应该是改变单一的政府控制型模式，形成政府与高校，以及非政府组织、民间团体等共同参与评估、共同管理的多边共治的新模式。

(3) 变管制为服务

在高等教育管理中，政府管制表现在政府主管部门总是想方设法制定出各种规则来管住高校，政府为高校服务的意识淡薄，认为政府对高校的管理就是控制、审批、监管和处罚，在管理方式上习惯于发号施令。在研究生教育质量保障中，就表现为政府作为评估者与高校作为被评者之间的管与被管、控制与被控制、命令与服从的关系。政府根据自己的需要对高校的教育质量进行检查、控制，评估的结果常常作为奖惩的依据。政府在研究生教育质量保障中的管制型职能，无法调动被评院校参与评估的积极性，容易造成高校的迎合、消极应付，甚至导致评估双方的对立，其结果是无法获得客观、真实的质量信息，得不出信度、效度高的评估结论。可见，在研究生教育质量保障中，政府的职能必须由管制向服务转变。政府要为高等院校提供支持和服务，包括为高校教育质量评估提供一定的经费、人员培训，建立评估的信息库，定期向学校或其他社会评估机构提供评估所需的信息数据，建立评估专家库，以及为高等院校提供咨询服务，总结和传播各种质量保障工作的良好做法等。

(4) 科学规范学术权力，坚持研究生教育的学术性标准

学术的本质是求真，其灵魂是创新，学术以追求真理和知识创新为目的。学术性是反映大学本质属性的最重要特征，也是大学区别于其他社会组织的关键所在。研究生教育作为教育的最高层次，研究生教育的学术水平，是衡量大学教育质量的重要内容。而学术水平的评价应该是从学术的角度根据人才培养的质量和成果的学术性内涵所进行的学术价值的判断。

离开学术取向的研究生教育质量观，会使研究生教育变成急功近利的活动，有悖于高等教育的本质。在支持学术发展和人才培养的设施现代化程度越来越高，办学资源和经费的需求越来越庞大，与社会的政治、经济和文化的渗透越来越强，

大学功能日趋多元化的大背景下,科学地规范大学的学术权力和行政权力,对于提高和保障研究生教育质量就显得尤为重要。

在美国一流大学的具体运行过程中,行政管理与学术管理既有分工又有合作,既有区别又有联系。行政管理主要靠政策、制度与规范,由校长和其他行政主管具体负责;学术管理主要靠教授,教授一般通过参加与学术有关的委员会的形式发挥作用。

我国大学办学自主权之所以长期以来得不到真正落实,在"放"与"收"、"放什么"、"怎么放"等问题上争论不休,一个重要原因是长期以来形成的集权式管理传统,以及高校自我约束机制的不完善。相当一部分政府主管部门和大学自身,都把大学看作是行政机构,大学争的也主要是行政权力。改革开放以来,从研究生教育要适应为地方经济和社会发展服务的角度,在政府的驱动下,我国研究生教育管理体制逐步发生了以"组织分层"、"管理重心下移"和"管理方式多元化"为特征的变革,也开始了学术权力向学者回归的探索。同时,通过加强评估、检查等监督措施,对提高研究生培养质量发挥了积极作用。但是,改革和发展必须以秩序作为前提,研究生教育管理体制的调整和改革仍将是一个渐进的过程。要真正做到科学规范学术权力,在大学的自我约束机制中突出人才培养质量和研究成果的学术价值,还需要在完善制度建设,特别是建立并完善相关的法律框架上下工夫。政府要通过"学位法"的制定和"学位条例"的修改完善,进一步理顺政府、大学和市场三者的关系,为建立适合我国国情的研究生教育质量保障体系提供法律保障,实现政府在质量保障体系中的主导作用。

2. 建立健全高校内部质量保障体系

纵观西方发达国家的研究生教育质量保障的实践,可以看出,以自我评估、自我发展为核心的高校内部质量保障在整个研究生教育质量保障中处于基础地位。研究生教育是一种发生在高校内部的专业活动,其主体是研究生和研究生教育者,高校及其成员改进与提高质量的动机应该是内在的,不能从外部强加,而只能被激发、被强化。因此,在研究生教育质量保障中,只有当高校研究生教育者认为质量保障活动是其分内之事,整个活动才可能成功。在各国研究生教育质量保障模式中,院校内部质量保障是外部质量保障的前置条件。一般来讲,各国的各种正式评估都要求学校先提出自评报告、自评依据。总结性的自评,是对学校一定时期内教育教学工作及成效的全面反映,有利于外部评估专家熟悉情况,有针对性地开展工作,节省时间。

另一方面,在外部力量日益渗透到研究生教育质量保障中的情形下,高校积极主动地建立自我保证机制,是保护学术自由、院校自治,同时向外界证明其质量与效率的一种有效手段。对高校而言,自我审视与评价应当作为日常的一项质量保障环节。正是通过不断的、形成性的自我检查、反省,日积月累,才能使保障机制运行起来,从而有效地促成教育质量的提高。

由于影响研究生教育质量的因素众多,因此高校内部研究生教育质量保障体系的建立是个复杂的系统工程,本文认为应该重点从以下几个要素进行建设。

(1) 理念要素

理念要素主要是指与研究生教育质量密切相关的质量文化和质量意识等。质量保障最重要的首先是全体员工的质量意识的建立。质量意识不只是理解和掌握有关质量保障的概念和方法,还要积极营造一种文化环境,包括对组织的质量观和质量目标的认同,员工对质量的承诺和对不断改进质量的追求,各层次人员所创造的组织形象,以及与高校外部组织之间有效的相互协作关系等。在社会质量要求与期望越来越高的今天,质量文化已经成为各类组织文化的主旋律。同样,质量文化也是研究生教育质量保障的有机组成部分。当前高校应建立追求质量的价值体系,积极营造质量文化氛围,要在这种生态圈中引导和鼓励管理者与教职工共同分担责任,通过提供教育信息让他们知晓学校的环境与现状、机遇与挑战,接受和认同学校的质量目标,并以极大的热情投入到质量改进的过程中去。

同时要特别注意把国际化发展的理念融入到研究生教育质量体系建设中。"国际化"既是研究生教育质量内涵的有机构成,也是提升研究生教育质量的重要途径。发达国家高校普遍设立了主管研究生教育国际化的专门机构,承担国际化的理论、政策研究职能,组织开展项目合同管理、咨询服务、安排和组织相关国际交流活动等。我们也应该重视在校级层面上加强研究生教育国际事物机构的建设,强化其推进研究生教育国际化的功能和职责。

大学要认真研究未来科技发展和社会主义现代化建设对高层次人才的素质、能力和知识结构的要求,制定一流人才培养的目标。在此基础上,结合对世界一流大学研究生培养方案、课程设置和教学大纲进行的系统调研,根据我国国情和学校实际,瞄准世界科技前沿,进一步修订和优化研究生培养方案,包括改革教学内容与课程体系、教学手段与方法,提高师资水平,加强教材建设等,从而跟上时代发展的步伐,缩短与世界一流水平的差距,使研究生具备适应未来社会要求的素质、能力和知识结构。同时,尽可能地使我们的研究生教育质量标准规范在学术上接近国际水准。

大学要把研究生指导教师交流的国际化和研究生、特别是博士研究生访学的国际化作为研究生质量保障体系建设的重要内容。以大学的名义,通过与联合国教科文组织、国际学术联合会议等机构,以及与国外合作交流学校的洽商,采取多种形式,建立起一定的长效机制,为研究生导师的国际合作研究或进修,以及研究生的访学创造机会,并提供相应的经费支持,并认真研究在对外合作交流中涉及到的知识产权保护、学分转换、学位认证等方面的政策问题,制定相关的规章制度。

(2) 人员要素

人员要素主要是指研究生教育质量体现的主体和所涉及的有关人员。主要为:

① 研究生生源。研究生是培养质量的主体。研究生的生源质量、学习态度直接影响培养质量。生源质量是研究生培养质量形成和提高的基础和先决条件,选拔合格的生源是教育过程的第一关口。高校可以在国家政策允许的范围内,采取灵活多样的方法,针对不同学科专业的特点和要求,制定不同的生源选拔要求和标准。在招考方面,应注意考试形式的多样化,改革过去"一考定终身"的选拔办法。

② 导师队伍和学术梯队。在影响研究生培养质量的诸因素中,导师队伍是最直接、最关键的因素。导师的言传身教,对于研究生学术水平的提高和知识结构的完善起着至关重要的作用。目前随着研究生招生规模的迅速扩张,导师和研究生的比例出现失调,导致每个导师指导的研究生数量猛增,一些导师忙于科研和其他应酬,无暇顾及自己的研究生,没有负起导师的责任,这很难保证研究生教育的质量,对研究生创新能力的培养也造成了负面影响。因此,要解决这些问题,需从以下几个方面入手:一要实行真正的导师聘任制,真正做到导师不再是一种身份,而是一种责任,是一个"培养人才、创造知识、转化成果、交流学术"的岗位,是研究生培养过程的第一负责人。导师应切实负起提高学位论文质量和把关的责任,要对研究生培养的全过程承担起责任。要与学校的人事部门相结合,建立研究生导师的竞争和考评制度,对所聘导师定期进行考核,对于考核结果不合格者,要予以解聘;对于优秀导师,要予以奖励。

导师,作为一种"学术人",其职业特点就决定了他们的成就期望值远比其他行业职工要求要高。大学一方面应该把坚持学术标准作为导师队伍建设的基础和重要前提,创新科学的导师评价和遴选机制,严格按照学术标准聘用导师,并严格按照教育标准考核导师,解决导师只能"上岗"、不能"下课",以及导师对研究生的学术指导不到位的问题。特别是对博士研究生指导教师应该有更高的学术水平的要求,博士生指导教师必须具有前沿性的研究课题和成果。否则,很难想像他们能够帮助博士生完善从事学术创新应具备的知识结构,能够带领博士生尽快进入前沿性的研究领域,能够指导博士生取得创新性的研究成果。要建立导师队伍的终身教育制度,关注导师自身能力的再提高,以保证导师能够始终站在学术前沿。另一方面,要将人本管理的理念引入导师队伍建设,倡导柔性管理,注重情感沟通;倡导发挥团队优势,鼓励学科交叉;倡导尊重导师的主体意识,运用灵活多样的激励方式,充分调动导师的积极性和主动性。

(3) 条件要素

研究生教育的经费投入和优良先进的硬件设施是培养高质量研究生、产出高质量研究成果最基本、最重要的物质基础。条件要素主要包括教学设备、科研仪器、图书资料、网络资源、生活条件等硬件资源的建设。

当前高校应广开渠道,通过国家或地方政府投入、各类科研项目、社会资助和捐赠等途径和渠道,努力增加对研究生教育的经费投入,提高在校研究生的待遇,为研究生安心学业创造良好的物质生活条件保障。

经过"九五"、"十五"建设,特别是"985工程"和"211工程"的实施,目前我国高校的教学科研装备条件得到显著提升,建成了一批高水平的学科基地,承担国家重大科研任务的能力明显增强,为提高研究生教育质量奠定了重要基础。现在的问题是,要适应现代科学技术发展的大趋势,特别是作为知识、思想、技术和方法集成体的交叉学科已经成为现代科学技术发展的主要驱动力,以及对创新人才应该拥有丰富的科学知识、深厚的人文功底和扎实的科学素养、活跃的创新思维的新要求,大学应该主动地构建一种跨学科、专业的制度安排,以此来促进或带动学科、专业之间的开放与整合。在大学的层面上,建设一批跨学科专业,具有创新性、交叉性、开放性的学科基地。同时,通过加强信息化、数字化环境建设,增强"以生为本"的服务意识,建立绩效优先、服务优先的资源分配机制和评价体系,形成广泛的多层次的创新合作模式,从而为研究生培养提供更加方便、更加高效的条件保障。

(4) 制度要素

① 资助体系

合理有效的研究生教育资助体系是调动研究生的学习积极性,使研究生集中精力专心学业,投身科研工作的有力保障。高校应建立奖、助、勤、贷等多种形式的研究生资助体系。奖即国家奖学金和各种专项教学金;助即通过设立"三助"(助研、助教、助管)岗位,使研究生在参加科研、教学和管理工作的同时,得到全部或部分的生活资助;勤即通过勤工助学的方式,使研究生不仅能培养自立和自助的精神,而且还有利于其综合素质的提高;贷即通过国家助学贷款的方式,使经济困难的学生也能顺利地完成研究生学业。

② 完整的教育过程管理体制

"十年树木,百年树人"。作为人才培养最高层次的研究生教育,更应该注重研究生创新意识、创新精神和创新能力等综合素质的培养。这要求高校应建立一套完整的过程管理模式,从研究生的课程学习、课堂教学到学术交流、项目训练、论文选题、评阅答辩、学位授予等各个环节都严格把关,切实保证研究生的培养质量。

③ 淘汰机制

现行的研究生培养模式中,实行严进宽出,有些学校没有淘汰,但是研究生教育由以前的精英化选拔趋向于现在的大众化,如果再不实行淘汰制、引入具有竞争活力的培养机制,就很难保证和提高研究生的培养质量。淘汰不是目的,而是手段,淘汰制是保证人才培养的重要措施。

研究生的淘汰制,是大学内部质量管理的一个重要方面。美国等发达国家研究生教育的特点是授课内容十分精要,需要学生自己查阅大量的参考书及资料,考试则侧重于考察对所在领域和相关领域的知识和研究进展是否有更加全面的把握,是否具有提出问题、分析问题、解决问题的能力,淘汰率一般为40%或更高。

我国不少高校虽然也有淘汰制的相关规定,但实施起来困难重重。对于学习成绩不好或学位论文水平不高的研究生,大多仅采取修改论文和延期答辩的方式"保证"通过。如此"严进宽出"的研究生培养模式,被人戏称为"只要进得来,就一定出得去"。学生一旦考上研究生,如同进了保险箱,缺乏压力和使命感。所谓"质量保证",无形中也就成为一句空话。大学应从体制和机制上下决心解决这个问题。要完善相关制度建设,严格考试、论文评阅、资格审查,以及回避制度等环节。要赋予论文答辩委员会、学位评定委员会充分的权力,使它能够严格按照学术标准审查决定研究生是否能够毕业或获得学位,杜绝行政权力的干扰。要坚持学术标准,严格结果的公示制度,完善申诉和仲裁机制。对于不能坚持标准,不负责任的答辩委员会委员、学位评定委员会委员和研究生导师,应给予取消资格和停止继续指导研究生的处罚。

④ 质量自评估机制

教育评估是在系统采集和分析关于特定教育对象信息的基础上,对其价值做出判断的过程。研究生教育质量评估就是依据研究生教育的性质和目的,系统收集有关信息,对研究生教育质量进行价值判断,从而提出改进的行动,促进研究生教育质量的持续改进和不断提高。在当代社会,评估作为一种重要的管理工具,被世界各国广泛运用,在研究生教育管理体制中同样发挥着十分重要的作用。

高校建立有效的内部质量评估机制不仅是国家评估和社会评估的基础,而且是实现自我约束、自我监督、自我完善、自我发展的重要保障。学校可根据自身的需要开展各种形式的评估,如对本单位研究生培养质量、学科建设的总体综合评估,也可对学位论文、课程设置、教材建设、教学水平、设备管理、学位授予等方面进行单项评估。应成立相应的评估机构,制定相应的规章制度,保障自评工作的顺利开展。

除了建立、完善高校自身的质量评估机制外,还应该重视社会及用人单位对毕业研究生质量的评价。研究生教育的根本任务是向社会输送高层次人才,研究生培养质量最终要经过用人单位直接的、长期的检验,用人单位对研究生的质量最具有评价权。因此,高校要十分重视用人单位对自己毕业生的评价意见,要建立一种机制使之能够畅通地收集、分析和处理毕业研究生的反馈信息,尤其要特别重视负面信息的收集与整理,用以指导并改进研究生的教育工作,形成完整的研究生教育质量的评价反馈机制。

3. 建立和发展高等教育行业组织,实行行业自律

在欧美发达国家,高等教育行业组织在评估活动中扮演着十分重要的角色,一方面,它们起着保护高校自主权的作用;另一方面,也起着协调、约束成员高校的活动的作用,为高等教育行业质量承担集体责任。

就我国而言,建立高等教育行业自律机制首先要发挥高教界和学术界的作用。其一,建立高教界的协调互动自律机制,即在各级各类高等学校之间建立常设性的互助、协作组织,发挥他们在统筹高等教育标准、协调各高校之间的办学政策与办学行为、开展高教质量评估与质量保障等方面的作用。

其二,建立学术界的质量认证机制,即依靠各种学术团体、专业协会、学会等学术性组织参与高校各学科、专业的资质认证、教育质量评估,充分发挥学术界的专业优势,通过周期性或随机性教育评估,使由专家学者组成的各种学术团体在研究生教育质量保障中发挥重要作用。

自律是自治的前提。如果不能建立起自律机制,那么,高等学校就只有靠他律,即由政府的控制与管理来保证其教育质量。因此,对我国高校而言,尽快建立起高等教育行业自律机制,具有特别重要的意义。

4. 吸引社会力量参与研究生教育质量保障

在我国研究生教育质量保障模式中,政府的强势地位,不仅使高校处于屈从的地位,也使得社会力量参与研究生教育质量保障存在体制性障碍。随着我国社会主义市场经济体制的逐步完善和高等教育体制改革的不断深化,高等教育利益主体的多元化客观上要求有一种新的利益表达及实现机制,其中,社会对高等教育的要求和控制必须在这种新的机制中得到体现。

(1) 建立社会中介性评估组织

建立有效的中介组织并充分发挥其作用,是健康社会发展的标志之一,也是实现管理科学化、民主化的重要途径。社会中介机构一般通过研究、咨询、评估、指导等功能的发挥,沟通大学与政府、大学与社会之间的联系,一方面有效传递政府和社会各个层面的意图和思想,另一方面,又及时反馈大学的要求和愿望,既可以约束政府违背办学规律、脱离实际的强制性干预,也可以在一定程度上制约大学有悖于国家方针政策和社会发展需求的错误倾向。从高等教育发展的趋势来看,社会中介性评估组织由于其独立性和中介性的立场,将会逐渐在研究生教育质量保障中发挥重要作用。

从英、美等发达国家的经验来看,高等教育评估中介机构建立的方式主要有两种:一种是由学术团体、专业协会等社会组织自下而上自发形成的,中介机构的专业性、独立性强,有较高的社会声誉,受到社会、政府的信任与支持;另一种是在政府的推动下自上而下建立起来的,它们联系政府与学校,作为政府宏观管理和缓解相互间矛盾与冲突的监控和协调机构。例如英国的高等教育基金会(早期为大学拨款委员会)、法国的国家评估委员会等就是在政府的推动下建立起来的。

我国的文化传统和现实国情决定了教育评估中介机构不宜自下而上地由民间组织推进,而应该是在政府的推动下由上而下地建立。在初创阶段,我国教育评估中介机构的建立,宜采取"依靠政府,依托专家"的启动策略。一方面,在转型期政府担负着塑造市场主体、完善市场要素、提供经营环境等职责。评估中介机构依靠政府,可以获得必要的资助和足够的委托评估项目;另一方面,教育评估毕竟是科学性、专业性和技术性都很强的一门学科,评估中介机构只能按"小机构,大网络"

的原则进行队伍建设,必须依托社会各界专家来提高自身的专业化水平。但是,评估中介机构的相对独立性是其生存与发展的基础。因此,评估中介机构要做到对政府"依靠"而不"依赖":一方面,要尽力争取政府的支持,包括制度性的项目支持,人财物方面的条件支持,使评估机构能在基本的正常运作中得到发展,逐步赢得社会声誉;另一方面,在争取政府支持的同时,要加强自身建设,"苦练内功",维护和提高自身的独立性和专业性,面向教育大市场拓展自身的发展空间。为此,评估中介机构要通过对现有人员的培训和对高层次人才的引进,尽快提升机构人员的专业素质;建立评估专家库,探索评估专家的资格认证制度,提高兼职队伍的整体素质;积极开展评估理论与方法研究,建立科学合理、符合实际、具有前瞻性和导向性的评价体系,探索具有科学性、时代性、适用性的评估方法,形成评估机构的特色和专业优势。

(2) 发挥大众媒介在质量保障中的作用

新闻媒介是世界各国最常见的一种研究生教育质量的社会监督系统。作为受众面最广的渠道,新闻媒介对想得到知情权的读者而言,是一个信息搜索成本最小的获取来源,也是被社会接受、学校默认、学生欢迎的重要方式。在美国,最富权威的是《美国新闻与世界报道》(U. S. News & World Report)发起的一年一度的全美最佳大学排名活动,它依据学术声誉、新生录取、师资实力、学生保留率、财力资源、校友满意度、毕业率状况等评估指标对高校进行综合评估排序。德国的《明镜》自1989年起也组织对大学的排序评估,采用的方法是向学生问卷调查,调查表共计18个问题,涉及教师的教学水平、课程、实验室和图书馆的装备情况等。英国的《泰晤士报》和《泰晤士高等教育副刊》也开始注意各方面对高等学校的评估,并将之汇总排序公布于众。在加拿大,《麦克林》新闻周刊(Maclean's)自1991年起每年对大学排名评价。《麦克林》确定的 6 项评价指标是:学生概况、课堂情况、师资状况、财务状况、图书馆、学校声誉。6 大项下共含有 22 小项。在日本,《钻石周刊》有选择地调查了日本 100 所大学后,于 1993 年 4 月 7 日公布了大学评价的指标和权重。《钻石周刊》使用包括学生在大学期间的表现、潜在能力、实践能力等在内的共 13 项指标对大学进行评估和排序。尽管国外的大学排行没有哪一个是最全面、最科学的,也没有一个被公认为世界权威,但都起到了引导学生择校、引导资金流向、促进大学竞争、吸引国人关注高等教育的作用,推动了本国高等教育的发展,有些排行榜的指标体系在竞争中逐渐成为本国高等教育发展的参照指标。

目前,在我国也有一些社会中介机构在进行大学排名、高校研究生教育水平评价等实践活动,如,广东管理科学研究院武书连等的《中国大学评价》、武汉大学邱均平等的《中国研究生教育评价报告》、网大的《中国大学排行榜》等。尽管这些评价机构所进行的评价结果的科学性、公正性和公平性还有待于在今后的改革中不断研究和提高,但它毕竟弥补了政府机构对教育资源信息披露的不足,客观上满足了巨大的市场需求,反映了市场对行政高度垄断的教育资源和教育信息的争夺。

可以预期的是,随着评估指标体系和方法的逐步改进,这些评价活动将有助于社会对高校办学进行动态的监督,为社会公众了解研究生教育质量提供信息,从而为研究生教育有关各方做出决策提供参考,促进高校之间公平竞争、提高办学水平和效率。

作者:陈 伟 裴 旭 朱玉春
原载于《学位与研究生教育》2010年第7期

重点学科建设与高质量人才培养

目前,我校已拥有门类比较齐全的理、工、管理、文学等学科的学位点63个(博士点21个,硕士点42个),博士生导师65名、副导师59名,有700多名具有高级职称的导师从事研究生的指导工作,形成了从大学本科到硕士、博士一套完整的人才培养体系。实践证明:加强重点学科建设,对于促进一般学科发展,改善科研条件,尽快培养出高质量人才具有较大的推动作用。

一、加强重点学科建设,可集中财力改善科研条件

根据择优扶持的原则,经同行评议,1987年国家教委在高等学校中确定了一批重点学科。我校的基础数学、计算数学、凝聚态物理、固体力学被列为国家级重点学科。为了尽快地培养出一批从事基础和应用基础研究的高质量人才,研究生院将其作为主要工作来抓。呼吁全校科研、教学、器材等部门配合,对重点学科给予大力支持。学校成立了重点学科领导小组,由校长亲自担任组长,保证了对重点学科建设的统一领导,使各方面的支持力量能协调进行,在经费比较紧张的情况下,通过各方努力,学校筹集了较大的一笔基金,为重点学科添置、更新设备,解决了经费不足的困难。

实践证明,集中财力物力对重点学科进行建设,能在短期内创造良好工作环境,取得较大成果。4个重点学科在短短几年内就培养出博士78名,占全校培养数量的一半。在培养质量上,仅从1988年至1990年,在重点学科进行研究的硕士生、博士生所参加的科研项目,就有2项获中国科学院自然科学二等奖,5项获三等奖;有4项获中国科学院科技进步二等奖,3项获三等奖;有8项获省级、校级科技成果奖;此外还有12项成果通过了各级鉴定。加强重点学科建设的结果,使我校的基础数学学科被列为国家"理学人才培养基地"。凝聚态物理学科的低温专业凭借雄厚的实力在世界性高温超导材料研究的激烈竞争中,一直处于领先地位,首次获得在130K零电阻转变的超导材料。

二、重点学科建设,推动了一般学科发展

国家级重点学科的建设,不仅在短期内结出了丰硕果实,使一批人才脱颖而

出,而且推动了其他学科的发展。在建设重点学科的同时,为了推动各学科的全面发展,学校还成立了校重点学科专家评审小组。在研究生培养、学位授予的质量自检的基础上,通过全面质量评估,由专家对除重点学科之外的其余17个博士点的各学科按一定的评估标准进行评分,择优评选出9个学科为校级重点学科。尽管是校级,但对这些学科仍按国家级重点学科的标准进行建设。研究生院组织专人定期对这些学科的研究生课程设置、授课情况、学位授予质量进行检查,发现问题及时纠正和解决。在逐一完成研究生学位课程教学大纲的基础上,由研究生院集中财力,统一编写出版了一系列比较成熟的研究生学位课程教材。对一些新兴的边缘、交叉学科,同时开设了2~3套学位课程,供不同需要的研究生选修。

校级重点学科的发展,反过来也促进了国家级重点学科的建设,同时还对其他学科的建设起到了积极的示范作用,形成了一个互赶互学、积极建设、共同前进的学科全面发展进步的新局面。国家级、校级和其他学科的共同发展,改善了过去只注重基础理论研究的倾向,使基础、应用基础研究逐渐转向应用研究,取得了明显的经济效益和社会效益。

9个校级重点学科里,有4个博士点是工科专业,过去只是进行一些应用基础理论方面的研究。为了改变这种不重视应用研究的做法,直接为经济建设培养高质量人才,首先在选题方面进行了重点把关,鼓励向直接应用研究倾斜,并给予经济和舆论支持,这样做短期内就取得了很好效果。

三、重点学科发展,促进了导师队伍建设

国家级与校级重点学科的发展,对导师水平、数量都提出了更高的要求,从而也促进了导师队伍建设。

由于历史原因,我校老一辈学术带头人少,中青年学术骨干多,老一辈的学术带头人大多数是20世纪50年代从国外回来或我国自己培养的,现大多年事已高,并且还担负许多社会工作,满足不了学科迅速建设、大量高水平人才培养的需要。随着重点学科的迅速发展,我校一批中青年学术骨干成长起来。一方面他们在老一辈科学家的指导下,靠自己的勤奋与刻苦钻研,努力开拓新的学术领域,提高自己在国际国内的学术地位。另一方面由于重点学科建设的需要,学校也为他们提供各种条件与机会,创造适合他们迅速成长的良好环境。例如提供出国访问、进修、合作研究的经费,解决好他们的住房、子女工作等生活问题,使他们没有后顾之忧,能集中精力学习研究,指导研究生,充分发挥自己的才能。

为了使导师队伍迅速发展,围绕重点学科建设,我们实行了博士生副导师制,即在每个博士点中从优秀的中青年研究生导师中推选出2~3名博士生副导师,配合导师的指导工作。这样做不仅减轻了年龄较大的博士生导师的工作压力,而且使这些中青年导师能够得到锻炼,快速成长为高水平的博士生导师。在让这些年

轻的导师放开手脚的同时，有必要加强对导师队伍的严格管理。对新增的博士生导师、副导师、硕士生导师，我们首先把好树立良好的教书育人，培养高质量人才的思想觉悟关；其次是把好业务素质关。对连续3年由于出国、教学或其他原因不直接参与研究生指导工作的或3年内没取得像样科研成果的，或在教书育人方面严重失职的导师，令其停招或缓招研究生。

为了学科的进一步发展，我们还积极采取措施，扶植青年导师，使他们尽快脱颖而出，独立工作。学校设立了专门的青年科学基金，为年轻导师提供开展前沿学科研究的经费。在研究生招生计划、人员配备、职称评定等方面，优先考虑青年导师的需要。另外积极创造良好工作、生活环境，大胆吸收留学回国人员充实到研究生导师队伍中。

两级重点学科建设的发展，使一支年龄结构优化、学术水平分布合理的导师队伍迅速建设起来。这支队伍中，教授55岁以下的占大多数，副教授50岁以下的占大多数，基本上以中青年导师为主体，出现了学术水平高、学术思想活跃的新局面。我们的做法完全证实各学科的全面建设与发展可很快造就一批高水平的导师队伍，为高质量人才的培养奠定了坚实的基础。

重点学科的建设还带动了重点实验室的建设。为适应学科发展的需要，学校新建的国家同步辐射实验室、托卡马克实验室，利用世界银行贷款建成的结构分析中心、计算中心、火灾科学中心、信息处理中心等，这些装备精良的实验室，为重点学科进行研究提供了现代化的实验设备，为加速高水平研究人才的培养创造了良好的条件。

作者：张淑林
原载于《教育与现代化》1993年第3期

研究型大学中重点学科的评价探析

学科是人才培养的基地、科学研究的土壤、知识创新的摇篮。世界一流研究型大学之所以在国际上拥有很高的学术地位,不是因为其所有学科都走在最前列,而是因为它有一批特色鲜明、实力雄厚的学科。

如哈佛大学的经济学、化学、生物学、物理学、数学等,麻省理工学院的物理学、数学、计算机科学与工程、生物工程、航空航天工程等,斯坦福大学的心理学、教育学、计算机科学、物理学、植物学、电子工程等,剑桥大学的物理学、化学、数学、生物学、经济学等。这些学科拥有世界级大师,产生了重大科研成果,还通过为学生提供高起点的课程、创造高水平的科研探索机会而成为一流人才的摇篮。学生在这里接受本学科领域最前沿的思想、观点、成果以及创新的思维,从而在毕业后具有较强的优势。

美国加州大学伯克利分校校长田长霖先生在清华大学做的21世纪如何创新重组研究型大学的演讲报告中,明确指出:研究型大学一定要想办法扶植最优异的学科,把它变成全世界最好的。然后其他学科也会自然而然地上来。世界上地位上升很快的学校,都是在一两个领域首先突破。一个学校不可能在很多领域同时达到一流,一定要有先后。如果你确定要把某个专业办成世界一流,那就让每个系都去配合它。可见,在一定程度上高水平学科就是一所大学腾飞的引擎,是一所大学跻身一流的臂膀,是创建一流研究型大学的重中之重。

与世界一流研究型大学的学科相比,我国大学还存在相当的差距。如高水平学科不多,学科竞争力不强,学科创新机制不健全。尽管如此,我国的重点学科在高等教育中的地位还是有目共睹的,改革开放以来,无论是国家遴选的重点学科,还是各高校主管部门或学校自建的重点学科都已成为高层次人才培养、科学研究和推动经济发展的主力军,重点学科在软硬件的各项指标上都远远超出非重点学科的水平。但随着我国加入WTO,知识、人才、综合国力的竞争在国际范围内愈加激烈,这对我国研究型大学将提出更加严峻的挑战。因此,为适应提升国际竞争力的需求,建设一批更高水平的学科对尽快建立我国的高水平研究型大学意义重大,这是迎接知识经济时代到来、建设国家创新系统、实施知识创新工程的必然选择,也是首要选择。

一、开展重点学科评价的意义

鉴于目前国家和地方财力有限、学科建设经费紧张、效益不高等现实问题,根据国民经济建设、社会发展、科技进步和国防建设对培养高级专门人才的需求,在部分教学、科研条件比较好的高等学校遴选建设了一批总体水平基本居于国内同学科前列,并有一定国际影响的重点学科,其意义是重大的。

为真正发挥这些重点学科的代表性、示范性和带动性作用,加强科学的规划管理是必不可少的。当然,这种管理绝不是对重点学科实行计划经济时代的指令性、直接性、行政性等硬性约束,而是要起到既规范引导、又能促进各重点学科发挥自主性作用。

纵观世界高等教育发达国家的学科建设模式,发现通过多种方式定期对各学科进行科学、公正、合理的评价不失为一种有效的管理手段。具体地说,就是根据一定的目标和标准,通过运用客观科学的评价理论,系统采集有关信息和数据,设计系统的评价指标,采取有效的评价方式和方法,进行定性和定量、客观和主观的分析,对各学科在人才培养、科学研究、社会服务等方面给出评价结果,以进一步提高学科建设水平。

也就是说,对学科实施评价,其目的绝不是单纯着眼于奖惩,主要是以评促建,调整优化学科结构,提高学科质量和效益,更好地顺应学科发展规律。就当前我国高等教育的现状而言,如能定期对国家重点学科进行评价,将有助于国家从宏观层面把握高等教育的特色、优势和真实水平,明确我国高校在国际上的地位,为今后高等教育资源的优化和重组以及实施重大战略决策提供依据。

从社会角度来看,评估就是一面镜子,它的结果直接映射着一所大学的水平、地位以及在公众心目中的地位和形象。

从参评学校的角度看,一方面,这种评估有助于明确认识自身的条件和特点,认识到自己在国内高校同类学科中所处的竞争地位,认识到与国外学科前沿的差距,明确自己必须予以加强和改善的地方,从而推动学校学科建设整体水平的提高;另一方面,评价结果对学科点吸引生源和师资,获取社会赞助及学生就业等会产生很大的影响。

可见,对重点学科实施定期的评价是今后提高学科管理效益、促进重点学科建设上水平的重要手段,既有助于高校在重点学科建设中发现问题、解决问题,也有助于各同类学科间的竞争,实现学科的优胜劣汰。

二、影响重点学科评价的因素

1. 评价原则因素

重点学科建设是一项复杂的系统工程,涉及学校教学、科研、管理等方方面面。因此,对重点学科进行评价要力争做到科学、公正、客观和全面,有利于促进学科发展,有利于体现汰劣滋优,有利于发现和解决问题。评价指标体系的设计,应便于操作,凡可以量化的指标尽量予以量化,量化难度大的给予详尽的定性描述。在评价指标的设置上应充分征求专家、导师以及一线管理工作者的意见,尽可能全方位、多视角。

当前,进行重点学科评价操作时引入必要的评价技术模型很重要,如非线形模型、回归统计模型等。这对于纠正评价手段过于单一的现状很有好处。

2. 评价方式因素

影响重点学科评价效用的另一重要因素是评价的方式。以往进行学科评价,一般的程序是由国家统一组织实施。先由学科所在单位提供上报材料,然后由国家专门机构组织同行专家进行通信评议(必要时进行实地考察),最后以文件的形式公布评价结果。这种评价方式对促进重点学科建设起到了较好的积极作用,但还存在一定的问题,如被评学校上报材料的真实可信度如何,评议专家选聘是否公正、合理等。

鉴于我国特殊的国情,这种方式今后还是有一定的存在价值,但有待完善。作为国家重点学科,应形成自我发展、自我约束的良性机制,即要定期将自己放到国内、国际的大环境中进行比较,找到自己的位置,了解自己的排名,明确自己的长处和短处,以进一步改进学科建设,并且使这种自我评价制度化。这种自我评价将为国家组织的专家评价提供最为可靠的基础。为保证国家对重点学科评价的权威性、公正性,组织者应选聘非同一单位的同一学科或相近学科的专家、学者,根据每一学科的材料,比照同一学科的指标进行评价,确定学科排名和地位。这样做相对来说比较客观,更能真实反映一个学科的水平。

随着高校逐渐走出象牙塔,学科建设除了传统意义上要担负培养人才、科学研究的任务外,还应直接为社会经济建设服务。学科的生命力同生源、企业、社会的关系越来越紧密,因此,今后对重点学科的评价在保持现有评价特色、优势的基础上,应积极拓展新的评价模式。如向西方引进社会评价因素,使社会评价逐渐成为国家评价和单位自我评价的重要补充,做到自我评价、专家评价和社会评价相互协调补充,充分彰显各自优势。

3. 评价指标因素

对重点学科进行科学、客观的评价是一项复杂而又细致的工作,任何一个环节的疏忽都将影响评价的效果。评价指标作为评价体系中最重要的因素,其设计的科学与否将直接关系到评价结果的权威性。评价指标体系是针对一定的评价目的而设计的,它不仅是学科自我评价的根据,也是接受专家通信评议和进行信息处理的主要依据。建立科学的评价指标体系,可以使重点学科建设有章可循、有据可依,有利于及时诊断学科状况,加强自我调节和有效控制,克服学科建设中的主观盲目性。如果评价指标体系缺乏科学性,就很难保证最终评价结果的科学、公正和权威。

三、重点学科评价模式的架构

1. 评价指标的依据和借鉴

根据国民经济建设和社会发展的需求和国家财力的可能,在高等学校择优确定并安排重点建设的学科,必须满足如下要件:学科方向对推动学科发展、科技进步,促进我国经济、社会、文化发展和国防建设具有重要意义;有在本学科学术造诣高、有一定国际影响或国内公认的学术带头人,有结构合理的高水平学术梯队;培养博士生的数量和质量位于国内同类博士点的前列;已形成有较大影响的学术特色,取得一定数量较高水平的研究成果,对经济建设和社会发展做出了重大贡献,目前承担着具有重要现实意义的理论研究项目;教学、科研条件居国内同类学科先进水平,具有较强的与相关学科互相支撑的能力和获取国内外信息资料的先进手段;学术氛围浓厚,国际国内学术交流活跃。这些要件中既包含硬件条件,也有软件条件;既涉及人才培养,也考虑到了科学研究;既重视学术带头人,又倾情梯队建设;既重视规模,又关注特色。这些基本要件是设计评价指标的重要依据和出发点,同时应充分考虑重点学科在学校中的四个中心地位,即人才聚集中心、创新型人才培养中心、重大成果形成中心、科技和产业结合中心。我国高等教育界在多年的学科建设工作中,特别是通过"211工程"重点学科建设项目的实施,在重点学科评价方面已充分注意以上要件,因而初步形成了一套比较完整、可行的有一定特色的指标体系。具体见表1。

表1 高等学校重点学科评价表

一级指标	二级指标
学科方向	主要方向及其意义和特色
	研究内容的先进性和创造性
	标志性成果及所主攻的关键技术
学术队伍	学术带头人和主要学术骨干的水平
人才培养	博士生培养质量(最佳博士生及其成果举例)
科学研究	重要贡献(对经济建设、社会发展和科技进步做出重要贡献的成果举例)
条件建设	国家级/省级科研基地建设、验收及运行评估情况
	大型精密贵重仪器设备拥有及共享情况
	本校相关学科条件
学术交流	国际、国内重要学术活动情况
管理水平	管理工作规范化
	管理工作效益和自我发展能力
	学校对本学科的重要支撑措施或其他有价值的情况

2. 评价指标的设计与选取

上述7个一级指标基本上能评价、反映一个重点学科的真实水平和地位,在实践中是可行的,也曾经在"211工程"重点学科中期检查和验收时发挥了重要的作用。但人才培养、科学研究、社会服务是新时期高校的三大使命,而学科是高校组织教学、科研、开发的细胞,是高校履行三大职能的结合点,是培养人才、出高水平研究成果、社会服务的基本单元。因此,评价重点学科的价值时不能只强调学科价值的一个方面,如学科培养多少硕士、博士生,发表多少SCI、EI论文,拥有多少院士、教授,承担多少项目等。从哲学层面来看,学科的价值应体现在主、客体关系的两个方面。一方面表现为学科为社会的贡献,另一方面表现为社会对学科的认同。也就是说,考察、评价学科时,不仅要着眼学科本身,更重要的是要明确、知晓社会如何看待、评价学科。学科只有真正为社会服务,得到社会的认同,才真正能体现自身价值。以往的学科评价之所以忽视学科的社会价值,一般有这样两个原因:一是认识上存在问题,二是技术上的问题,如社会声望、名气等软指标权重难以确定,评价信息不易采集等。笔者认为尽管学科社会价值的某些指标采集有一定难度,但像学科的国内外排名、每年本科生录取分数线、研究生报考与录取比例、毕业生市场就业率、社会团体赞助费、成果市场转化率、经济增长回报率等指标,在一定程度上还是可以反映学科的社会价值的。基于上述认识,建议重点学科评价指标的选取在保留人才培养、科学研究两大指标的基础上,增加社会价值这一指标,即指标体系实行三三制原则,将人才培养、科学研究、社会价值3个指标作为独立的3个一级指标,同时分别设置相关二级指标和三级指标。具体情况见表2。

表2 重点学科评价指标体系基本模式

一级指标	二级指标	三级指标	评价要点
人才培养（30%）	培养目标（15%）	科研型人才（33.3%）	对创新、开拓精神的要求
		教学型人才（33.3%）	
		管理型人才（33.3%）	
	培养条件（15%）	硬件条件（50%）	1. 实验室面积;2. 多媒体教室配置;3. 上网计算机数;4. 报刊图书订阅种数、数量
		软件条件（50%）	1. 学风、学术传统;2. 学科点凝聚力(学生团队精神);3. 思政工作水平;4. 教学组织、管理水平
	培养规模效益（40%）	在读研究生数（45%）	1. 博士生在全校研究生的比例;2. 研究生近年的增长速度
		授予硕、博学位数（55%）	
	培养环节（30%）	研究生课程（40%）	1. 必修课、选修课设置是否有利于拓宽基础;2. 是否开设交叉学科课程;3. 使用教材是否获奖;4. 培养计划、教学大纲是否完善;5. 博导、硕导授课比例
		学位论文（60%）	1. 中期开课制度是否完善;2. 导师是否经常与学生交流、沟通,跟踪论文进展情况;3. 论文创新度;4. 论文阶段性标志成果(发表论文)数量、质量(是否被 SCI、EI 等检索)及人均数

续表

一级指标	二级指标	三级指标	评价要点
科学研究（40%）	科研方向（15%）	主要研究方向（35%）	1. 有哪些学科方向；2. 学科方向在人才培养、科学研究中的显著特色；3. 学科方向的前沿性、交叉性
		特色方向（65%）	
	科研氛围（15%）	科研传统（65%）	1. 追求科学、真理的传统及其积淀厚度；2. 举办全国性学术会议次数；3. 参加国际学术交流次数；4. 聘请大师讲学情况
		科研交流（35%）	
	科研队伍（25%）	学科带头人（30%）	1. 学科带头人是否是院士、是否有感召力和亲和力；2. 学科梯队中年龄结构、学历结构、职称结构、能绩结构如何；3. 学科队伍的凝聚力和战斗力；4. 年轻导师的比重
		学科梯队（30%）	
		团队精神（40%）	
	科研条件（15%）	硬件条件（50%）	1. 国家、省级以及校级重点科研机构数；2. 投入先进仪器设备的经费；3. 人均实验室面积；4. 人均科研经费；5. 中外文图书期刊资料拥有水平；6. 联网计算机数量
		软件条件（50%）	1. 科研组织、管理水平；2. 科研生态环境；3. 学科协作凝聚力和战斗力；4. 科研交流是否频繁（国际、国内）
	科研成果（30%）	发表论文数量、质量（40%）	1. 发表论文总数及人均数；2. 被SCI、EI、ISTP收录及引用数；3. 在《Science》、《Nature》等国际权威杂志发表论文数；3. 专利数；4. 出版高水平专著、教材数；5. 完成国家重大科研项目数；6. 科研成果转化率；7. 预期带来的经济效益
		其他科研成果（25%）	
		成果转化及其经济、社会效益（35%）	
社会价值（30%）	社会贡献度（40%）	培养的杰出人才（45%）	1. 该学科有无培养出杰出的政治家、科学家、社会名流；2. 有无毕业生做出重大发明或原创性成果
		承担国家重大科研项目（35%）	1. 学科点平均每年承担国家自然科学基金、973、863、重大国防、知识创新工程以及国际合作等项目数；2. 在上述项目中是否牵头单位；3. 有无项目首席科学家
		市场效应（20%）	1. 科研成果的市场转化率；2. 科研成果对所在地方经济增长的推动率

续表

一级指标	二级指标	三级指标	评价要点
社会价值（30%）	社会知名度（30%）	学科排名（65%）	1. 近年来各种组织举行的学科排名活动中的位次；2. 在国外权威杂志、学术机构组织的排名活动中的位次
		学科声望（65%）	1. 国内同行中的认知度；2. 在国际学术界的名气
	社会认同度（30%）	本科生、研究生生源（30%）	1. 该学科每年本科生录取分数线；2. 研究生报考与录取比例；3. 录取、研究生中来自重点大学的毕业生
		毕业生市场就业率及就业岗位（25%）	1. 毕业生一次就业率；2. 毕业生是否从事就职单位的核心和关键岗位
		企业、社会团体赞助（20%）	每年接受企业、社团以及社会名流等的捐助费数额
		合作项目（25%）	1. 企业提供的合作项目数；2. 合作项目金额

3. 评价指标体系基本模式

该模式最大特点就是：① 指标体系突出层次性，根据重点学科建设的各个方面把学科评价系统分解为既互相独立、又互相依存的 3 个一级指标、12 个二级指标、30 个三级指标，形成层层包含、环环相扣的指标集合；② 指标体系呈现出全方位、多视角、多层次的立体性、交叉性的格局；③ 具有显著的中国特色，充分保留了以往学科评价指标体系中的合理成分；④ 具有极强的可操作性，指标力求详实具体、定性与定量结合，在指标体系的层次上，又对每项指标给予相应权重，权重的分配原则主要说明指标的重要程度。

参 考 文 献

[1] 宋晓梦. 21 世纪如何创新重组研究型大学[N]. 光明日报, 2000-01-12.
[2] 卞清. 重点学科评估探析[J]. 江苏高教, 1997(4).
[3] 教育部研究生工作办公室. 高等学校重点学科评估体系（征求意见稿）[C]//全国 211 工程建设会议交流材料, 1998.
[4] 丁雪梅. 关于高等学校重点学科评估指标体系及评分标准的建议[J]. 学位与研究生教育, 2001(2,3).

作者：裴　旭　张淑林
原载于《教育与现代化》2003 年第 4 期

基于"校所结合"的创新型研究生培养模式探讨

创新是一个民族的灵魂,是一个国家兴旺发达的不竭动力。建设创新型国家,是党中央、国务院从全面建设小康社会、开创中国特色社会主义事业新局面的全局出发做出的一项战略决策。作为高等教育结构最高层次的研究生教育无疑将在创新型国家建设中扮演重要的角色。但由于观念和体制的制约,长期以来,我国研究生教育培养模式基本上呈封闭状态,典型地表现为高校和科研机构在研究生培养工作中缺乏实质性的联系,大学的教育资源和科研机构的科研资源未能得到充分利用和共享,优势未能互补,不仅浪费了有限的科教资源,制约了研究生教育的整体创新水平,而且在一定程度上影响到研究生教育在国家创新体系建设中作用的发挥。因此,在国家财力、物力资源有限的条件下,从战略和理论高度认识高校和科研机构合作的意义和必要性,并从机制层面探索有实质性创新的"校所结合"联合培养模式,具有重要的现实意义。本文拟从"校所结合"的理论渊源、国际经验、现实需求等层面探讨基于"校所结合"的创新型研究生培养模式的必要性,并结合中国科技大学探索与科研机构联合培养研究生的典型案例,对基于"校所结合"的创新型研究生培养模式进行探讨和思考。

一、正确认识"校所结合"培养高层次创新型人才的战略意义和必要性

1. "校所结合"培养研究生是赋予洪堡教育理念时代内涵的需要

现代意义上的研究生教育起源于19世纪德国的柏林大学,是大学教育与科学研究相结合的产物,是洪堡理念的集中体现,可以说洪堡的"教学与科研相结合"思想对于研究生教育的产生起到了革命性的影响。现代大学,参与科研已成为培养合格研究生的基本方式,如果没有科学研究,没有学术,就不能称之为研究生教育。可以说,洪堡"教学与科研相结合"的经典理念,经历史发展和实践检验,已成为现代大学的一种基本品格,成为当代研究生教育秉承的核心理念,成为我国高教领域的基本共识。洪堡理念在当时工业经济和科学研究还不十分发达、高层次人才需求规模较小的历史条件下,"教学与科研相结合"只局限在大学内部,这一点是毋庸置疑的。但随着时代的发展,大学所处的环境发生了深刻变化,特别是在当代由于知识经济的冲击,社会对大学培养人才的数量、质量、层次都有了更高的要求,大学

如果固守校园围墙内部的"教学与科研"的"小跨度"结合的人才培养理念,显然是不能适应时代要求的。

大学主动走出去,把"教学和科研相结合"的外延形式进行拓展,赋予时代内涵,是形势发展的必然要求。当前,在我国高等教育规模跨越式发展的环境下,由于物质资源的制约,对大学走出去寻求"教学和科研"的"大跨度"结合的要求更加迫切。由于现代化建设的需求,近几年研究生培养规模急剧扩大,"教学与科研"的结合在大学内部遇到了一定的物质条件限制,使得相当一部分研究生接受系统、充分的科研训练已变得十分奢侈。我们知道研究生做科研是需要一定条件支持的,大规模的学生人数显然使得这些条件更加捉襟见肘。所有这些都在一定程度上导致大学"教学与科研结合"的有限甚至困难。大学内部"教学与科研"的"小跨度"结合已无法满足高质量人才培养的需要,这就提醒我们,大学应该走出去与众多的科研机构实现"教学与科研"的"大跨度"结合,这样不仅可以加强大学与各类科研机构的联系,避免"各自为战,重复建设,资源浪费",形成集约优势,而且也是对洪堡"教学与科研相结合"大学理念的发扬和升华。

2. "校所结合"是适应教育与科技发展趋势和建设创新型国家的需要

从当代教育与科技发展的趋势来看,不仅传统意义上科学与技术的边界日趋模糊,不同领域、不同学科间的综合、交叉与集成日趋普遍,而且教育对科技发展的支撑与促进作用也日显突出,科教结合日益密切。加强大学与研究机构的合作,不仅能够起到教育与科研相互促进、共同发展的作用,也有利于优质科教资源的共享,体现了科学、教育本质的开放性,符合教育和科技发展的规律。另外,从国家的现实需求来看,中央提出到2020年我国进入创新型国家行列,其中一项重要任务就是建设中国特色的国家创新体系,包括"科学研究与高等教育有机结合的知识创新体系"。培养以研究生为主体的高层次创新型人才,是实现这一目标的必由之路和必然要求,是教育界、科技界共同面临的紧迫任务。《国家中长期科学和技术发展规划纲要》也明确提出,要加强科技创新与人才培养的有机结合,鼓励高等院校与科研院所合作培养研究型人才。温家宝总理2006年11月20日在关于教育问题的座谈会上也强调指出,要推动科技创新与人才培养紧密结合,提高科研和创新能力。所有这些都对高等教育提出了新的要求。正如中国科学院常务副院长白春礼院士在2007年中国科学院"全院办校、所系结合"工作会议上的讲话中指出的:开展"校所结合",促进教育与科研相结合,大学和科研机构的合作,正是贯彻落实这些要求的重要举措,对于提高我国自主创新能力、建设创新型国家具有重要现实意义。

3. "校所结合"培养研究生是借鉴发达国家研究生教育成功发展模式的需要

在世界各主要国家,科研机构一般都不是独立的研究生教育实体,如德、法等一些欧洲国家在研究生教育体制上实行以大学为主、政府科研机构广泛参与的机制。研究生教育的职能主要由研究型大学承担,除研究型大学之外,其他社会组织和政府机构基本上不独立地掌握与研究生教育密切相关的科技资源,但这并没有影响到大学与科研机构在研究生教育层面的合作,科研机构往往通过与大学的密切合作来参与研究生的培养工作,大学也通过广泛参与科研机构的重大科研项目来提高研究生的创新能力,从而形成了事实上的"校所结合"联合培养研究生的模式。在这个结合过程中,科研工作起到了黏合剂的作用。以法国大学与科研中心的合作为例,他们有很长的合作历史和良好的合作基础。特别是1966年合作创建"协作研究单位"后,关系更为密切。到20世纪80年代后期,在科研中心1350个实验室中,有940个是与大学协办的。1995年,他们的合作又有了重大举措,即由高等教育部、大学和科研中心签订为期4年的合作协议,由签约三方共同确定科研计划,并匹配所需的经费。在大学参与这些科研计划时,研究生作为专职科研人员的助手起到了重要的作用,因而,从互惠这一角度来说,大学通过合作参与科研计划,不仅能促进仪器设备、文献资料等资源的共享,实现自己的学术目标,而且能通过这一纽带促进研究生创新能力的培养。同时,在国外经大学注册的科研机构研究人员也可以承担部分教学任务,并可以指导研究生,成为大学的"兼职导师",从而共同开展研究生培养工作。而美国、英国等国家则更侧重大学与企业科研机构协作的教育模式,即研究生在修完了规定的基础课后,直接参与企业科研项目,由企业指派导师辅导论文,这种合作培养模式的好处在于,从制度层面上突破了高校封闭的办学体制,在教学内容、培养方式等各方面回应了社会经济发展的要求与呼声。可见,发达国家大学与各类科研机构合作开展科学研究和联合培养研究生的成功经验值得我们借鉴。

4. "校所结合"培养研究生是促进优质教育资源和科研资源共享,实现优势互补的需要

大学与科研机构开展研究生教育工作应该说有各自的优势和不足。在世界主要发达国家,与大学相比较,大多数国立科研机构都有着更稳定的国家经费投入,承担有更多的课题及工程项目,在发展研究生教育事业上,科研资源优势明显。

表1列出了五个西方发达国家科研机构和高等院校 R&D 经费来源构成的有关数据。由表1可以看出,在美、德、法、英、日五国,与大学相比较,大多数国立科研机构都有着更稳定的国家经费投入,显然有利于研究生培养。同样,在我国也有着类似的情况,以中国科学院的所属研究机构为例,每个研究所基本上相当于一个国家实验室,这些科研机构在获取的科研经费总量和人均占有科研资源方面与大学相比都有着一定的优势,特别是大型仪器设备、实验条件、参与科研项目的优势非常明显,这些对于培养研究生非常有利。

表1 美国等五国国家科研机构和高等院校R&D经费来源构成

国家	政府科研机构			高等院校		
	政府	企业	其他	政府	企业	其他
美国	100.0%	0	0	68.1%	5.5%	26.4%
德国	95.5%	3.4%	1.1%	92.3%	7.7%	0
法国	89.8%	5.7%	4.5%	92.7%	3.6%	3.7%
英国	82.4%	10.7%	6.9%	68.7%	7.8%	23.5%
日本	99.4%	0.5%	0.1%	50.3%	2.3%	47.4%

资料来源：日本《关于振兴科学技术的年度报告》，1995。

另外，与大学相比，科研机构人力资源的比较优势也较明显。如近几年我国研究生扩招，全国研究生在学人数由1999年的23.35万人增长到2006年的100万人，年增长率接近30%。在发展研究生教育方面，大学因受主、客观条件的制约发展空间小，出现了研究生指导教师增长速度远低于研究生的增长速度等诸多问题，从而带来了一系列的质量问题。而一些科研机构却不存在指导教师资源紧缺的问题，有很大发展潜力。以中国科学院为例，目前300多位两院院士、5000余位教授与研究员参加研究生的培养和指导工作，每位导师指导的博士生不到2人，根据《中国教育统计年鉴》(1999～2000年)，我国高校1998年导师人均指导研究生数为2.67人，1999年为2.89人，2000年为3.39人，现在这一比例更高。与大学相比，研究所的导师有充足的时间进行研究生培养工作。当然，与大学相比，科研机构在培养研究生方面也存在很多天然不足，比如各单位的研究生招生数量较小，教育资源比较分散，缺乏大学特别是有研究生院的大学的一套规范的管理程序，缺少大学校园内人文气氛的熏陶，跨专业的交流和合作也较少。因此，大学和科研机构在研究生教育层面如能取长补短，把大学的教育资源优势和科研机构的科研资源优势充分结合起来，必将对促进高层次创新型人才培养模式的改革，丰富我国研究生培养的内容和形式起到重要推动作用。

二、中国科学技术大学探索开展"校所结合"联合培养研究生的典型案例

中国科学技术大学(以下简称科大)是中国科学院(以下简称中科院)所属的唯一一所大学。因此在与科研院所结合方面具有得天独厚的环境和条件。自1958年建校以来，中科院一直创造性地实施"全院办校、所系结合"的方针，促进教育与科研相结合，形成了科大与研究所密切合作、相互支持、资源共享、优势互补的办学模式和优良传统，在实践中被证明是加速出人才、出成果的有效途径。近年来，科大与研究所在研究生教育层面合作的形式和内容主要有：

1. 共签研究生教育合作协议

2003年以来,科大先后与中科院的12个分院和11个研究院所在研究生教育领域签署了全面合作协议,合作内容包括招生、培养、学位授予、学科建设、导师互聘、教育服务等工作,涉及面几乎覆盖了与科大学科专业相关的所有研究院所。合作协议的签署从组织制度上保证了研究生联合培养工作的顺利开展。

2. 共同进行学科建设

学科建设是研究生培养体系中最基础的工作。科大从提升学科人才培养水平和能力这一角度出发,与部分研究所在充分研讨的基础上,共建系科专业,共同设计相关学科的人才培养方案和课程体系。如与数学与系统科学研究院共建数学系和统计金融系,与广州生物医药健康研究院共建生物医药工程系,与科技政策与科技管理研究所共建科技管理专业等。同时,双方还根据国家战略需求和世界科学前沿进展,前瞻性地共同部署和发展新兴学科,如科大与上海生命科学研究院于2004年共建了国内第一个系统生物学系,为我国在该前沿学科的创新发展培养后备人才。

3. 共享优质科教资源,实施"两段式"研究生培养模式

科大拥有教育资源和学科资源优势,而研究所有科研资源优势。科大自建校以来就在中科院的领导下积极探索"两段式"研究生培养模式。"两段式"中的第一段,是指研究生入学后,先在科大校本部进行为期一年的基础课程和学位课程的学习;第二段,是指把研究生送到研究所进行科研训练。近年来,科大不仅接受大量研究所的研究生来校学习,还选送大批本校研究生到研究院所从事科研训练。据统计,每年送到研究所进行科研训练的研究生达500余人,同时接纳研究所来校学习课程的研究生达1000余人。

4. 互聘研究生导师,促进人力资源共享

研究所在人力资源方面有一定的比较优势,导师人均指导的研究生数量不多。在研究生教育规模跨越式发展的形势下聘请研究所的优秀学术力量参与高校研究生指导工作,对缓解高校人力资源压力,开阔研究生学术视野有重要意义。近年来,科大聘请了16位研究院所负责人或院士兼任院系领导,在此基础上,从研究院所聘请了270多位兼职博士生导师。仅2006年,研究院所的专家在科大开设的研究生课程就达20多门,开设讲座和参与暑期学校授课的专家超过200人次。

5. 以科研合作为纽带,促进研究生创新能力提升

科研资源的限制以及高校研究生规模的扩大,使得高校研究生参与重大项目的机会非常有限,而科研机构在承担国家重大科研项目方面有一定的优势,如能通过科研合作,让高校研究生参与国家重大科技项目,对培养他们的创新能力有重要意义。为此,科大适应国家科技发展战略的需要,近年来在科研领域与一批研究院所协同开展了卓有成效的合作。如与研究院所联合承担了一批"973计划"、"863计划"、国家自然科学基金和知识创新工程等重大和重点科研项目,与多个研究院所共建了十多个联合实验室。在这些科研合作中，研究生发挥了重要作用。通过参与合作科研项目，研究生也培养了科研意识，提高了科研创新能力。

近年来，科大与研究院所在研究生联合培养方面进行的积极探索，取得了可喜的初步成效，促进了我国高等教育模式的创新，丰富了我国研究生培养工作的内容和形式，从而促进了学校人才培养质量的提高和一批高水平创新成果的产生。1999年以来，学校在博士生招生规模较小的情况下已有22人获全国优秀博士学位论文奖，8名研究生在《Science》和《Nature》上发表或合作发表了高水平学术论文；5项成果入选年度中国十大科技进展，2项成果入选国际物理学十大进展，3项成果入选中国基础科学研究十大新闻，6项成果入选中国高等学校十大科技进展。

三、几点思考

科大以"校所结合"为纽带，建构教育与科研相结合的研究生培养模式，使高校和研究院所各自的优势在培养研究生中得以充分发挥，调动了各方面的积极性，为丰富和发展我国研究生教育的内容和形式做出了重要贡献，体现了教研结合、研教互动和科学、教育本质的开放性及资源的共享性，符合当代高等教育和科学技术发展的规律与趋势。但如何在新形势下深入推进这项工作？总结科大的做法，以下几个问题值得认真思考：

1. 如何克服体制"瓶颈"制约的问题

科大"校所结合"联合培养研究生模式取得成功的原因，应该说与科大特殊的校情有很大关联，即科大是中科院所属的唯一一所高校，从建校开始中科院就实施"全院办校、所系结合"的方针，因而在与研究机构开展高层次人才培养合作方面有其他高校无法比拟的体制优势。当前，尽管国内高教界已充分认识到"校所结合"联合培养研究生的战略意义，但在推进这项工作的实践中遇到了一些障碍，如体制"瓶颈"制约的问题，有的高校虽然也与科研机构开展了一些合作，但一般仅停留在表层，深层次的合作不多，且形式单一。因此，在推广"校所结合"的研究生培养模式时，政府要从国家发展战略的高度出发，从体制层面引领协调高校与科研机构的合作问题，使有限的科教资源得到最大限度的发挥。俄罗斯当前正在进行的整合高校与科学院的科研力量，使高校和科学院的资源相互补充、最终形成大学群的做法，值得我们关注和借鉴。

2. 如何解决"校所结合"由行政推动转变为机制牵引的问题

科大在探索"校所结合"联合培养研究生模式方面取得了不错的成效，为国内其他高校提供了一定的经验和启示，但在目前各种形式的合作中外力起到了巨大作用，即合作更多的是由上级行政主管部门的外力推动，带有很强的计划色彩，还未能真正成为各自长远发展的组织行为和战略行动。这种合作的成本很高，效益却低下。客观地说，在现阶段推广和加强"校所结合"，行政力量作为第一推动力是很重要的,但更要注重由行政推动转变为机制牵引,由合作双方部分成员的自发需求和自觉行动,转变为基于各自长远发展的组织行为和战略行动。只有这样,才能达到水乳交融的合作境界,才能真正形成合力,优势互补,共同发展。当然,这些还需要进一步的探索。

3. 如何解决"校所结合"中的"双赢"问题

任何组织的行为都基于一定的动机和目的,追求组织利益是组织合作的基本原则。大学与科研机构的合作行为也不例外。在研究生教育层面,大学寻求与科研机构合作是为了克服自身科研资源的不足,推进培养机制和培养模式的创新。但从科研机构的角度来说,它与大学的合作也是为了本组织的利益,如果通过合作得不到相应的回报,这种合作是难以持久的。因此,解决"校所结合"中的"双赢"问题非常重要。在现有条件下,大学应根据科研机构的需求,在追求自身利益的同时,给予科研机构相应的回报,如发挥大学多学科和基础教学经验丰富的优势,派遣优秀教师到科研机构开设课程,帮助科研机构编写教材和讲义;利用大学的教育资源,积极接受科研机构的研究生来校上基础课,并加强组织协调和服务工作,为其创造良好的学习条件和校园生活环境;在保证大学生源质量的前提下积极鼓励和引导大学学生报考科研机构的研究生;发挥大学教育方面的优势,为科研机构培训在职管理干部,培养高层次复合型管理人才等。

总之,随着我国研究生教育规模的不断发展,以高校为主,高校与科研机构联合培养、优势互补应该成为我国研究生培养模式未来发展的基本方向,但需要政府、高校、科研机构在总结成功经验的基础上进行深入的探索。

参 考 文 献

[1] 段志善.试论科教结合与培养一流工科本科生[J].西安建筑科技大学学报:社会科学版,2006,25(3).

[2] 张振改,吴淑爱.大众化进程中我国高校教学与科研结合的有效条件[J].西南师范大学学报:人文社会科学版,2006,32(2).

[3] 张菊.法国高校与政府研究机构的合作及对中国的启示[J].科技进步与对策,2003(4).

作者:裴 旭 张少华 张淑林 陈 伟
原载于《学位与研究生教育》2007年第10期

以重大科技项目为牵引　创新研究生培养机制

在建设创新型国家过程中,作为高等教育结构中最高层次的研究生教育、特别是博士生教育,无疑将在其中扮演重要的角色。当前,值得正视的一个现实情况是,受我国研究生参与重大科技项目的程度较低等因素的制约,我们所培养的研究生人才特别是博士生的创新意识、创新精神和创新能力(特别是原始创新能力)还严重不足,与建设创新型国家的目标要求还有较大距离。如果在体制、机制上营造基于重大科技项目牵引的研究生创新氛围,必将有利于我国研究生教育的整体创新水平和创新能力。

一、研究生参与重大科技项目是高水平大学高层次人才培养的一大特色

众所周知,参与科研实践活动是研究生创新能力培养的重要途径。由于主客观因素的制约,尽管我国绝大部分研究生在培养过程中都或多或少地参与了导师的课题工作,但独立承担重大项目或作为主要成员参与重大科技项目,如自然科学基金项目、973、863、国防军工等重大重点项目的研究生非常有限。从教育部71所直属高校研究与发展课题情况(自然科学)的统计数据分析,研究生参与"研究与发展"课题研究的还不够广泛、研究生参与科技服务实践活动明显不足。探究我国研究生重大科研参与程度低的原因,除了人均教育经费投入偏低,无法支持研究生开展独立的重大课题研究外,一个很重要的因素就是与我国的科技项目申请体制有关。如国家自然科学基金等许多重大科技项目在接受申请时规定,研究生不能作为项目负责人独立申请。这些规定在一定程度上限制了影响研究生参与重大科研项目的"度",其带来的直接影响就是研究生创新能力不足。我国博士生教育阶段近20年来基本上没有出现在国际上有重大影响的发现和对国民经济有重大影响的技术发明,就是很好的例证。

发达国家的研究生教育的实践表明,研究生特别是博士研究生参与重大科技项目对提高一个国家的创新能力具有重要意义,他们在研究生培养工作中一贯重视研究生参加各种科研活动,甚至让他们参加并承担大量国防科研任务和国家需要的重大科研项目的研究。例如,美国麻省理工学院的德雷帕实验室多年来吸收了近千名研究生参加"阿波罗"导航与控制系统的尖端研究;英国谢菲尔德大学

1980年有80个重大科研课题,其中博士生承担了36个,硕士生承担了22个,研究生所承担的重大课题数量占总课题数的80%;韩国、中国香港、新加坡等亚洲国家和地区在研究生培养工作中也基本如此。坚持将研究生培养工作与参与重大课题工作相结合,依托重大科研课题攻关培育研究生的创新能力,这已成为发达国家高水平大学高层次人才培养的一大特色。

创新人才的培养只有在浓厚的创新氛围和有利于创新的环境中才能得以实现。环境可以激发研究生的创新能力,也可以抑制创新能力的发挥。在某种程度上,环境决定个人创新能力的发挥与创新活动的开展。创新能力不是纯粹思维的自由创造物,归根到底是实践的产物。研究生教育只有与高水平的科研工作相结合,通过课题研究与科研工作的密切结合,才能培养出拔尖创新型人才。科技项目、课题研究不仅能为研究生提供最直接的实践场所、试验平台、经费支持和相关领域的背景资料,更能够锻炼研究生在研究过程中发现问题、分析问题和解决问题的能力,进而发展他们的创新能力。特别是选择有实用价值的重大研究课题,不仅有助于营造优良的学术研究环境,出高水平的研究论文,而且有助于对研究生的科学研究能力、工程实践能力、组织协调能力、团队合作能力和技术创新能力进行全面的训练。

二、对建立以重大科技项目为牵引的研究生创新能力培养机制的若干思考

我国许多高校近年来在研究生培养工作中的实践已证明,鼓励、支持、吸引研究生参与重大课题,不仅是必要的,而且效果也是相当不错的。实现以重大科研项目为牵引培养研究生的创新能力,关键是如何通过机制创新,促使研究生教育与重大科技项目紧密结合,从而营造我国研究生教育的创新生态环境,提高我国研究生教育的整体创新水平。

1. 从国家层面启动以重大科研项目为牵引的面向研究生的"科技创新计划"专项工程

实践证明,国家"211工程"、"985工程"以及教育部"研究生创新计划"等对营造我国研究生培养的创新环境、提高研究生教育的整体创新水平起到了重要的助推作用。但由于资金总量有限,教育部"研究生创新计划"资助范围过宽,资助的力度明显不足,如"研究生学术论坛"、"研究生精品课程"、"研究生访学制度"、"研究生暑期学校"等等,名目虽多,但每个项目的投入都非常有限,在一定程度上分散了财力,研究生特别是博士生从该计划中通过专项资金资助获得参与重大科研项目的机会很少,显然不能满足培养高层次拔尖创新人才的需求。建议在继续实施教育部"研究生教育创新计划"的同时,从国家层面启动以重大科研项目为牵引的面向研究生的"科技创新计划"专项工程,划拨专款就国家中长期科技发展规划确定

的若干重大前沿领域进行立项，并通过发布课题指南，鼓励、支持研究生特别是博士生作为负责人或主要成员参与国家重大科技活动，进行科技攻关，或筹集专项资金，设立面向全国在读博士生的自由探索研究课题，鼓励博士生开展原创性研究。同时，国家自然科学基金等重大科技项目应直接向博士生开放，通过制度创新保证研究生积极参与或承担重大科研项目，发挥重大科研项目的牵引作用，形成科技创新与研究生培养的良性互动机制。

2. 在国家财力有限的条件下，研究生特别是博士生培养可在综合考虑地区布局的基础上向承担重大科技项目多的高校倾斜

研究生的培养需要大量的人力、物力、财力和先进的仪器设备，遍地开花式地发展研究生教育特别是博士生教育，不仅会造成人力、物力和财力的浪费，而且会降低研究生教育的水平和质量。从美英日三国情况看，大学整体的科研经费集聚现象非常明显。1999年，美国获得联邦科研经费的大学，主要集中在以培养研究生为主的研究型大学中，超过2000万美元的只有154所，这些学校获得的经费占大学获得联邦科研经费总数的80%以上。在英国，牛津、剑桥、伦敦大学和帝国理工学院4所大学就获得1999～2000年度科研经费的1/3。在我国高校也存在类似的情况，科技资源集聚现象也非常明显。目前全国高校中科研经费超亿元的不到100所，其中超2亿元的不到50所。这些高校占我国普通本科高校的比例不到1/10，但获得的科技经费占全国高校科技经费的70%；高校的国家重点实验室、国家工程研究中心90%以上也建在这些学校。实现国家战略目标的科研项目和科研机构显著向高水平大学集中，这对培养高水平研究生非常有利。在国家财力有限的条件下，研究生特别是博士生培养可在综合考虑地区布局的基础上向承担重大科技项目多的高校倾斜，这不仅可以有利于提高研究生的培养质量，培养更多高层次优秀创新人才，同时还可进一步加强我国的科技创新能力。

3. 在大学内部，研究生特别是博士生培养可在学校学科布局优化的基础上重点向承担重大科研项目多的科技创新平台倾斜

目前，在我国一些著名大学内部已形成了以国家实验室为核心，国家重点实验室、国家工程中心、省部级重点实验室、校级实验室为主体的多层次的科技创新平台体系。这些大型科研基地，不仅拥有先进的仪器设备、研究条件、高水平的学术大师和创新团队，而且承担有众多的国家重大科技项目，是培养高层次创新型人才的最理想阵地。研究生培养工作如能与科技创新平台建设紧密结合起来，不仅有利于创新平台自身的队伍建设，更重要的是通过参与平台承担的科研项目，有利于提高广大研究生分析问题、解决问题的实战能力，增强他们的创新意识和科学素质。但遗憾的是，当前，在高校内部一个不好的倾向就是不管什么学科，有无办学条件，都要拔高培养硕士、博士，其办学效果可想而知。而一些大的科技创新平台由于体制的制约却在研究生生源问题上陷入了困境。这种现象应尽快改变。在大学内部，如果研究生特别是博士生教育能在保证学校学科布局优化的基础上重点向承担重大科研项目多的科技创新平台倾斜,如在招生指标方面给予增加,应该是不错的选择。以中国科技大学微尺度物质科学国家实验室为例,由于该实验室具有先进的设备和研究条件,承担有多项重大科技项目。在筹建的这几年中,学校在研究生招生培养工作中给予该实验室较多优惠政策,使得该实验室的研究生规模迅速扩大,同时由于研究生很好地利用参与该实验室承担的各种重大科技项目的机会开展原创性研究,取得了丰硕的科研成果。近年来,已有3名研究生获得全国百篇优秀博士学位论文奖,1名研究生的学术论文发表在国际顶级学术期刊上。

4. 大学应积极寻求与承担重大课题的研究机构合作,探索联合培养途径

我国的科研机构,如中国科学院系统主要从事领域广泛的战略性基础研究和应用研究,与国内大学相比较,大多数国立科研机构都有着更稳定的国家经费投入,承担有更多的课题及工程项目,在发展研究生教育事业上,科研资源优势明显。以中国科学院为例,有300多位两院院士、4500余位研究员参加研究生培养和指导工作,人均指导的研究生不多,有充足的课题经费进行培养工作。但值得关注的是,长期以来,我国大学与科研机构相互分隔,资源不能共享,培养方式封闭,培养效率低下。当前,由于研究生教育的跨越式发展使得教育、科研资源"瓶颈"问题更加突出,相当一部分高校的科技资源很难满足培养高水平研究生,特别是博士生的需求,研究生参与重大科技项目的机会较少,培养质量堪忧!因此,大学要以开放的胸怀,主动加强与科研院所等的广泛联系,在联合培养、学科共建等方面,优势互补、资源共享、互惠互利。

作为隶属于中国科学院的唯一一所大学,中国科技大学近些年在促进优质资源共享、"所系结合"联合培养研究生工作方面进行了积极的探索。目前,学校已与中科院几十个研究所建立了学术交流和协作关系,与10多个分院和教育基地所签署了研究生教育合作协议,有260多名研究所的导师在学校上岗指导博士研究生。研究生在学校完成课程学业后,直接到研究所参与课题研究。这种模式充分发挥大学与研究机构的各自优势,对促进优质教育资源共享,提高研究生创新能力,探索建立科教互动、合作共享的创新型研究生教育模式具有重要的现实意义。

5. 在研究生导师队伍遴选工作上,应建立以科研项目为主导的选拔机制

充足的科研经费是保证教授指导研究生完成学位论文的必要条件,这已成为博士生教育的共识。参加第三届中外大学校长论坛的中外校长一致认为,大学教授应该重视科研课题,而且必须有科研课题。作为研究生导师如果没有好的实验设备和课题,研究生培养质量就难以保证,教授本人和研究生的科研水平也难以提高。近年来我国研究生教育连续大规模扩张,使研究生教育获得了很大的发展,但扩张对"博导"选拔工作带来的冲击和负面效应是比较明显的。一些研究生培养单位出于缓解指导压力的考虑而过于追求数量,它们在"科研项目和课题经费"这个最关键的环节或降低遴选标准,或虽然标准未降但却把关不严,采取选聘上的"形式主义",致使导师数量越来越多,但科研经费却没有相应得到增长。由于缺乏高水平科研课题和充足的科研经费的支撑,研究生教育的质量无法保证。要提高我国研究生教育质量和水平,关键在博导选拔工作中要对课题与科研经费进行严格审核,要逐步建立以科研项目为主导的导师选拔机制。

6. 大学应积极寻求与具有科研创新实力的企业合作,坚持走产学研结合之路

校企合作培养研究生的方式既有助于解决企业的实际问题,也可以改善大学的科研条件,为高校研究生提供资金和课题支持,这已经引起了各国尤其是大学和企业界的重视。美国宾夕法尼亚大学的罗伊教授建议由大学的教授和企业家来共同培养研究生。这样既可以利用现代化企业所拥有的杰出的科学家及先进的科研设备来解决部分大学设备陈旧、资金不足的问题,也可以利用参与企业需要攻克的重大课题来培养研究生的创新能力。美国一些大企业,如 IBM 公司、英特尔公司、施乐公司等,通过提供产品、技术、流程、市场等重大研发课题,与大学联合培养研究生。英国为了提高研究生的培养质量,提高研究生的实际工作能力,也非常重视大学与工商企业和政府研究机构联合培养研究生。当前我国研究生培养存在的一个突出问题就是学校教育与社会需求脱节。鉴于发达国家在校企合作培养研究生模式的成功经验,我国大学可根据社会对高素质创新人才的实际需要,学习借鉴世界一流大学的成功经验,进一步加强产学研合作,与企业建立多渠道、多形式的紧密合作关系,特别要注重在具有科研创新实力和先进生产能力的企业中培养研究生。

作者:张淑林 裴 旭 陈 伟
原载于《学位与研究生教育》2007 年第 2 期

营造创新生态环境 培养高层次创新型人才

创新是当代经济建设、科技进步及社会发展的一个关键词，是时代的主旋律。高等学校是培养创新型人才的主要基地，而在高等教育体系中，研究型大学在创新型人才培养中的地位和作用又显得尤为突出。纵观发达国家高等教育可见，研究型大学是创新型人才培养的重镇，这些大学以一流的学科建设和软硬件设施、强大的师资队伍、优异的学生群体、通专结合的教育模式、多元化的办学理念，培养出了许多杰出的创新型人才。目前在我国的高等教育体制和机制下，大多数研究型大学在学术研究、资金投入、师资力量配置、行政资源、科研项目等方方面面占有的资源都是其他类型高等院校所无法相比的。这就要求我们的研究型大学在人才培养过程中不仅仅要培养一般意义上的大学本科生、研究生，更要把目光和精力投入到创新型的高层次人才的培养上来。这类人才不仅要具有宽广深厚的知识基础，还要具有开放、合作、灵活多变的适应性；不仅要具有运用知识服务实际的能力，还要具有洞察未来、不断进取、锐意创新的潜质和底蕴。

中国科学技术大学素以培养科学理论人才见长，建校50年来培养了一大批科学创新人才，每千名毕业生中即有一名成为院士。近来，学校在人才培养模式上又有新的举措，依托中国科学院，坚持科教结合、所系结合，按照本科教育、研究生教育、继续教育三个层次，科学学位与应用学位两个类别，创造性地开展创新型人才培养工作的探索和实践，积极营造创新生态环境，创新人才培养工作取得新的突破。

一、创新型人才培养的基本理念与"135"创新发展战略

作为新中国成立后创办的一所新型理工科大学，半个世纪以来，中科大依托中国科学院，按照"全院办校、所系结合"的方针，弘扬"红专并进、理实交融"的校风，努力推进教学和科研工作的改革创新，不仅成为我国重要的科研基地、国家创新体系的重要组成部分，更是高层次人才培养基地、科技英才的摇篮。总结学校50年人才培养工作所取得的成就，很重要的一条就是学校从不跟风，始终坚持精品教育理念，逐步确立了"全院办校、所系结合"、"质量优异、特色鲜明、规模适中、结构合理"、"学术优先、以人为本、协调发展、科学管理"、"培养质量至上"的教育理念，目前，学校又结合本科教育、研究生教育、继续教育的特点，根据科技发展、经济建设

及社会进步的需求，实施分类、分层次教育培养模式，即既致力于培养一流的科技精英人才——"顶天"人才，又培养适应地方经济建设需要的高层次、复合型、应用型人才——"立地"人才。

为适应上述创新型人才培养工作的需要，学校确立了指引学校今后一段时期全面发展的"135"发展战略，其内涵就是："一个目标，三角协调，五大重点"。一个目标就是"办出具有世界水平、中国风格、科大气派的一流研究型大学"。三角协调孕育的内涵是指：办学目标基本清晰，但从管理水平和办学资源上看，支撑能力还略显不足，办学资源获取与配置、管理科学化的要求和建设与学校的发展现状还有所脱节。做好目标、管理、资源的协调发展，就是要咬定目标、抢抓资源、加强管理，在办学目标明确的前提下，努力突破办学资源和管理水平的瓶颈，形成三角牵引、整体推进的新局面。五大重点是指把探索"所系结合"的新形式和新内容作为人才培养的创新点，把高端人才引进和青年教师培养作为队伍建设的支撑点，把通过系科调整提高学科竞争力和活力作为学科建设的着力点，把围绕国家战略需求、服务经济社会发展作为社会服务的立足点，把建立与世界一流研究型大学相适应的现代大学制度作为学校改革的突破点。

二、创新型人才培养的探索和实践

为紧密贯彻学校的"135"创新发展战略，学校在创新型人才培养方面按照本科教育、研究生教育、继续教育三个层面进行了探索和实践。

1. 在本科教育层面，建立科教结合人才培养特区，开展科教结合英才班试点

本科教育教学工作是高等教育的基础，是人才培养的生命线，也是科大的传统教育优势和品牌。最近几年，通过本科教学工作评估、实施质量工程、建设教学实验中心等措施，学校本科教育培养工作得到不断改进和提高。最近，学校还与中国科学院研究所合作，建立科教创新人才特区，举办本硕博贯通、长周期培养（8年制）的"科技英才试验班"（简称英才班）。如与合肥物质科学研究院合作成立"中国科大核科学技术学院"，成立"少年班"学院与合肥微尺度物质科学国家实验室联合建立交叉学科人才培养特区，2009年3月份以来，学校已经与中科院数学与系统科学研究院、物理研究所、力学研究所等研究所签署协议，共同创办数学、物理、应用物理、力学、生物、光电工程、材料科学等7个"科技英才班"，旨在通过科教紧密结合的创新模式，培养科学与工程领域的高层次拔尖人才。"科技英才班"采取本、硕、博的长周期培养，以及"两段式"培养新模式。本科生阶段在中国科大完成两年半的基础课，在中国科大和研究所完成一年的专业基础课，在研究所完成半年实习；研究生阶段在中国科大和研究所完成半年基础课，在研究所从事三年半左右的科研工作。英才班的学生是从高考优秀学生中录取，或从大学二年级学生中选拔，实行灵活的动态管理模式。学校拟以英才班为牵引，引起对教育教学的全面改进和思考,带动人才培养质量的提高,提高本科生的素质。

2. 在研究生教育层面,启动实施"3551"工程,创建服务型研究生院,营造研究生教育健康发展的生态环境

国内外高层次人才培养的实践已证明,环境可以激发研究生的创新能力,也可以抑制研究生的创新能力,创新人才的培养、创造性成果的产生只有在浓厚的创新氛围和有利于创新的学术生态环境中才能得以实现。在很大程度上,环境对个人创新能力的发挥与创新活动的开展起重要的作用。当前在我国研究生教育规模跨越式发展的大背景下,如何在学校层面营造创新的研究生学术生态环境,从而来实现研究生创新能力的培养,是研究生教育中的一个重要问题。中国科大在研究生培养工作实践中,坚持创新理念,重点从完善管理体制、构筑信息服务平台、孕育创新土壤、构建服务型研究生院等方面积极营造研究生创新学术生态环境。

(1) 实施研究生教育"3551"工程

近年来,研究生教育形势和环境发生了显著变化,在迎接时代发展机遇的同时,也面临着新的挑战,具体表现在:研究生招生规模的不断扩大,专业类型不断丰富对研究生院单一、集中的传统管理模式提出了挑战;信息技术的加速发展,使传统的金字塔型管理流程和工作方式显得缓慢而笨拙,难以满足用户的需求;知识经济背景下,国家和社会对创新型人才的迫切需求和研究生办学资源不足、科研条件落后之间的矛盾突出。在新的形势下,要实现研究生培养质量、规模和效益的协调发展,要求我们开拓思路,找准抓手,在创新的基础上构筑学位与研究生教育新的发展战略。

学校立足学位与研究生教育的新形势,围绕不断提高研究生培养质量这一中心目标,通过不断放权、合理授权、不断转变研究生院职能,通过革新服务流程和方式,利用先进的信息技术提高服务水平,满足用户需求,通过积极挖掘、整合办学资源,为研究生和导师提供一流的科研和实验条件,先后推动建立了分类管理"三大中心",构建了研究生"五大公共实验平台",搭建了研究生信息化管理"五大信息系统",形成了学校具有特色的学位与研究生教育"3551"工程。在两年内相继组建了学院学位与研究生教育中心、职业学位教育中心和公共实验中心"三大中心",推进了研究生管理模式的改革与创新,激发了管理的活力,为研究生培养质量的提高提供了制度保证。同时,及时把握了信息时代的历史机遇,依托校园网,在国内高校中率先构建了以"招生系统"、"迎新与离校系统"、"学籍与奖助系统"、"博导电子档案系统"和"学位论文质量监控系统"为核心的研究生管理与服务"五大信息系统"全面覆盖了研究生招生与培养的各个环节,实现了基于数据共享和知识共享的研究生综合信息服务。在服务研究生、导师和管理工作中,"五大信息系统"体现出安全、灵活、实用、快捷等特点,受到了师生的欢迎,为提高研究生培养质量提供了技术支持和服务保障。此外,为提高研究生动手能力,解决学校有限的实验条件与国家急需的创新型人才培养之间的矛盾,按照"集中投入、统一管理、开放公用"的创新模式,充分争取资源、整合资源,建立了五大研究生公共教学实验中心,为提高研究生培养质量提供了物质基础。五大实验中心先进的仪器设备,科学的管理制度显著增强了研究生的科研能力和研究生教学水平。尤其是,研究生在导师的带领下利用公共实验平台,直接参与国家大型科研项目工作,接触到科技的前沿和专业训练,在科研实践中最大限度地挖掘了潜能。

(2)创建服务型研究生院

近年来由于研究生教育规模的不断扩大,研究生教育形式的日益多元化,维持研究生教育正常运行的事务性工作日趋繁杂,研究生教育管理工作面临了新的形势。如果继续按照传统的集约性管理模式,由研究生院统揽一切事务,不仅效率低下,工作繁琐,而且这种管理制度易忽视院系在研究生教育方面的自主权,影响院系在参与研究生培养工作中的积极性,最终阻碍研究生教育水平的进一步提高。因此,如何既有效保证研究生院教学管理活动的顺利、高效进行,又最大限度地发挥院系的积极性,挖掘院系在研究生教育工作方面的主动性,是研究生教育发展面临的实际问题。学校在这方面已进行了一些初步探索。首先就是研究生院要转变职能,下放权力,如在学院层面成立了研究生教育中心,强化二级管理机制,赋予他们在研究生招生宣传、复试面试、导师遴选、经费使用等方面有实质性的权力。研究生院的工作主要定位在两个方面,一是实行宏观管理,主要职能是确立学校学位与研究生教育的宏观布局和发展方向,制定研究生录取、培养和学位的标准,建立学位与研究生教育管理的相关制度和办法,开展对院系研究生教育管理活动的质量评估。如学位质量标准不再搞"一刀切",学校只建立质量的"最低值",鼓励各学科建立更高的质量标准,放权各学科根据本学科特点建立分类和特色化的学科学位质量标准。二是最大限度创造好的条件,充分做好为研究生和研究生导师的服务工作。这个"服务"概念,在现阶段,就是要尽量简化办事程序,减少非学术事务的干扰,多听取教授、研究生对学校研究生培养工作的建议和意见,多关心研究生的学习和生活,多提供研究生就业方面的资讯和指导,要积极创造条件提高研究生待遇,帮助他们顺利完成学业。

3. 在继续教育层面,开始战略转型,大力举办高端培训项目,为地方经济建设培养复合型应用性人才

为适应学校"135"战略目标,学校继续教育工作进行了战略转型,以前以举办低层次的成人本科教育为主,现在发展重心已转向举办各类高端培训、研究生层面的继续教育,今后将不再开展成人专科、本科的学历教育。继续教育学院自转型以来,采取多项措施配合转型,内部管理工作日益完善。在发展思路上,抢抓机遇、积极争取安徽省政府的支持,成立了安徽省知识产权培训中心、安徽省版权教育示范基地、合芜蚌人才培训基地,并积极拓展高端培训业务工作,增强服务地方经济建设的能力。学校还充分利用具有 MBA、EMBA、MPA 等多项专业学位授权的优势,利用其所系结合、多学科、多层次联合的办学理念,雄厚的学科优势和师资力量,灵活而先进的办学模式,严格而规范的管理制度,综合而前瞻的课程,丰富而实效的教学内容,根据安徽地方经济建设的实际人才需求,为区域经济建设和社会发展培养大批高层次、高素质、大视野、大贡献的人才。

三、高层次创新人才培养的成效

创新型人才培养的学科建设取得重要突破。学科建设工作是一流人才培养的基础性工作。近年来,通过建设,学校基础学科的优势和地位得到了巩固,而且一批新的学科在全国激烈的竞争中脱颖而出被新增为国家重点学科。目前,学校一级国家重点学科数并列全国高校第六。在理学学科门类,一级国家重点学科6个,数量列全国高校第一。国家重点学科在学校培养理学博士研究生的学科点中的涵盖率达到了100%,比率居全国高校之首。在2006～2009年全国第二轮学科评估排名中,学校10个一级学科排名进入全国前五。另外,在部分领域培育出了一批顺应科学发展趋势、符合国家中长期科技发展需求的新的学科生长点,如量子信息、单分子物理化学、纳米材料、蛋白质科学、低温超导等,这些与国家中长期科学和技术发展规划纲要中的重大科学研究计划密切相关。

创新型人才培养体系日趋完善,人才培养质量稳步提高。在教育培养方面,不仅形成了较为系统的创新型人才培养体系,而且取得了一批有显示度的教学成果,近年来有3项成果获得国家级教学成果二等奖,10门课程入选国家精品课程;新增了生物科学、天文学、化学3个国家基础科学研究和教学人才培养基地;5位教授被评为国家级教学名师。研究生质量稳步提高,创新能力不断增强。学校共有30篇论文被评为"全国百篇优秀博士学位论文",数量列全国高校第5;获奖比例(获奖学生占同期授予博士学位人数的比例)高居全国高校之首;另有53篇论文被评为"中国科学院50篇优秀博士学位论文",获奖论文总数和获奖论文比例均居院属系统研究生培养单位之首。

创新型人才培养的师资队伍力量进一步增强。近5年来,学校新增国家自然科学基金委、教育部、中科院创新团队17个;通过教育部"长江学者"项目、中国科学院"百人计划"、国家杰出青年基金等途径培养和引进了100多名优秀年轻人才,约占现有教学科研人员总数的15%,引进人才呈现出良好的学历、学缘和学科结构;中国科大现有教师和研究人员1523人(专任教师1098人,科研机构人员425人),其中,两院院士30人,占比为1.8%;第三世界科学院院士6人,国家级教学名师5人,教授463人,占比为30%;博士生导师343人,占比为22%;有博士学位的教师比例已达54%。

研究生作为创新型人才的排头兵在科研中的作用日益显现。研究生作为一支朝气蓬勃的生力军,在学校科研工作中起到了越来越重要的作用。据统计,目前研究生对学校SCI/EI的论文贡献率呈逐年增长趋势,研究生出色的科研业绩,为推进学校建设高水平研究型大学做出了重大贡献。几乎所有的研究生都参与了导师的科研项目,大部分研究生学位论文选题属于"国家自然科学基金"、"国家863计划"、"国家攀登计划"、"国家973计划"等资助课题。近年来,学校相继涌现出一批令人瞩目的重要原创性成果。2001年以来,有23项成果入选中国十大科技进展、国际物理学十大进展、中国基础科学研究十大新闻和中国高等学校十大科技进展,入选成果和次数居高校第一,也是最近6年连续入选的唯一高校,在这些科研成果中研究生起到了重要作用。

作者:张淑林
原载于《中国高等教育》2009年第22期

我国硕士研究生培养模式转变的有关探讨

众所周知,研究生教育是高等教育的重要组成部分,是教育结构中的最高层次,已经成为衡量一个国家教育发展水平和整体竞争实力的主要指标。我国由于特殊的历史原因,研究生教育虽然起步较晚,但发展很快,已经为我国的经济建设、科技进步和社会发展发挥了重要作用。

21世纪对高等教育提出了新的、更高的要求,作为高等教育最高层次的研究生教育,直接担负着经济、科技和社会发展所需的高层次专门人才的培养任务,必须主动地适应这一要求。江泽民同志曾多次讲过:"大学应该成为科教兴国的生力军。教育应与经济社会发展紧密结合,为现代化建设提供各类人才支持和知识贡献。"研究生教育"直接为科学技术提供高素质的人才,同时也直接为科学技术的发展做出贡献。因此在实施科教兴国战略中具有重要的地位和起着不可替代的作用"。近几年,我国经济科技迅速发展,特别是我国经济体制和经济增长方式的两个根本转变,使社会尤其是高新技术领域对高层次人才的依赖程度不断增加,社会认同了研究生教育是培养高层次专门人才的主要途径,是体现高等学校教学科研两个中心的重要标志。这些都为研究生教育的进一步发展提供了巨大的社会需求。然而目前我国的研究生培养特别是硕士培养与社会需求存在着一定的差异,从而造成硕士毕业生就业压力大增,对研究生培养的社会服务功能提出了新的挑战。

一、现行单一硕士生培养模式产生的主要问题

1. 硕士生就业压力增大

近十年来,随着我国大学本科的大幅扩招,研究生教育规模也迅速增长。研究生招生数量从1998年的7.25万人,激增到2007年的41.86万人,10年的时间增长了近5倍,年均增幅近20%。其中硕士生招生规模从1998年的5.75万人,增加到2007年的36.06万人,10年的时间增长了近6倍,年均增幅达22%。虽然近两三年来国家对博士生招生规模实行了较严的控制,但硕士生招生规模仍保持了较大的增长(见表1)。

表1 我国近十年来研究生招生数

年份	招收研究生数(万人)		
	博士生	硕士生	总数
1998	1.50	5.75	7.25
1999	1.99	7.23	9.22
2000	2.51	10.34	12.85
2001	3.21	13.31	16.52
2002	3.83	16.43	20.26
2003	4.87	22.02	26.89
2004	5.33	27.30	32.63
2005	5.48	31.00	36.48
2006	5.60	34.20	39.79
2007	5.80	36.06	41.86

数据来源:各年度《全国教育事业发展统计公报》。

迅速扩大的研究生队伍同时带来的是就业压力的不断增大。研究生特别是硕士生的就业开始遭遇尴尬的局面,主要表现在以下几个方面:

(1) 就业范围较窄

从就业领域来看,相对本科毕业生而言,研究生的就业面比较狭窄,一般来说主要集中在三个方面:机关、事业单位往往是硕士生毕业的首选。原因主要是由于这些单位对高学历毕业生的需求量相对较大,同时也与研究生在找工作时求安稳的心态有关。其次是高校和科研单位。科研院所通常是硕士生毕业时比较满意的去向,主要是因为专业对口度高,工作也比较有挑战性,而且常有经费资助。第三是外企或大型国有企业等,一般是在一些研发或高级分析研究性岗位,这些岗位能发挥研究生的专业特长,同时也有较好的福利待遇。

然而目前随着市场经济的深化,企、事业单位用人也越来越务实,本科生能胜任的工作不用硕士生,硕士生能胜任的不用博士生。有些企业单位更倾向于招聘本科生而不是硕士生。因为硕士生不如本科生安于本职工作,"跳槽"几率大。高不成低不就的硕士生夹在中间,进退两难。

(2) 就业期望值较高

硕士研究生在毕业时的就业期望值往往比本科生要高,主要表现在:对单位的性质比较挑剔,薪水待遇要求较高,对工作岗位层次的追求,专业的对口度,工作的稳定性等期望都较高,这样,可供选择的余地自然就少了。

(3) 所学知识与社会需要存在矛盾

由于我国长期以来硕士生培养大多以学术型研究人才为目标,因此学生在知识结构上以理论知识为主,而缺少应用性、实用性知识和技能的培养。而目前社会需要的很多岗位都要求研究生有实际应用和开拓的能力,这就使得社会实际需求的硕士毕业生与学校实际供给的毕业生之间存在着供需不协调的矛盾,从而影响了硕士生的就业。

2. 硕士培养模式结构仍欠合理

就研究生招生培养结构而言,与发达国家相比,我国全日制学术型研究生教育比重仍然占据绝对优势,非全日制研究生教育的比例相对较低。如表2所示,美国和英国的非全日制注册研究生的比例占全部注册研究生的比例已经超过50%。美国非全日制研究生的比例,在1980年已经达到63.9%,2005年回落至52.1%;英国非全日制研究生的比例,在1980年已经达到37.1%,2005年增加至57.1%。而中国非全日制研究生的比例在1990年仅为6.1%,到2005年也仅增加到18.8%,与美国和英国相比,存在较大差距。

表2 中国、美国、英国研究生培养类型结构变化比较

	1980年		1990年		2000年		2005年	
	全日制	非全日制	全日制	非全日制	全日制	非全日制	全日制	非全日制
美国	36.1%	63.9%	37.8%	62.2%	43.9%	56.1%	47.9%	52.1%
英国	62.9%	37.1%	58.2%	41.8%	38.4%	61.6%	42.9%	57.1%
中国	—	—	93.9%	6.1%	82.6%	17.4%	81.2%	18.8%

3. 传统硕士培养目标面临挑战

在我国的学位体系中,硕士是作为一个独立层次来培养的,而且对其有明确的学术要求:① 在本门学科上掌握坚实的基础理论和系统的专门知识;② 具有从事科学研究工作或独立担负专门技术工作的能力。因此现行的硕士研究生培养目标主要是为高等学校或科研机构培养高级专门人才,本身就存在着一定程度的重学术型而轻应用型研究生培养的倾向。在培养模式上趋于单一,几乎所有类别的硕士研究生均采用"学位课程+学位论文"的培养方式。在教学过程中普遍存在重理论教学轻实践教学、重专业知识轻人文素质和能力培养,忽视了社会需求和学生的个性培养。对学生的全面发展重视不够,使得毕业生缺乏人文精神,缺乏创新意识与实践动手能力,最终导致其知识结构和能力素养与用人单位的要求存在较大的差距,从而严重影响学生就业。

二、硕士生培养模式亟待改变

国外硕士层面的研究生培养普遍采取的是多样化的培养模式,学术型硕士教

育只是作为一种过渡性教育,而应用型专业、职业型硕士教育占硕士层次教育的比例却较大,这是值得我们关注和借鉴的。我国目前硕士教育层次内部结构不合理的问题显得十分突出,学术型硕士学位授权点规模较大,其中硕士授权一级学科点达到3400多个,硕士点则达到1万多个,而截至2008年,我国专业学位授权点数仅约为950多个(工程硕士未按领域统计)。可见仅仅靠增加专业学位授权的规模难以解决我国研究生培养中应用型人才比例偏低的问题。因此,改变现有研究生培养模式,改进学术型硕士学位的培养目标,增强应用型、技能型人才的培养以及向职业型转变,是近期优化人才培养结构的有效办法。

新形势下硕士研究生的培养目标必须适应我国社会主义市场经济体制的需要,改变那种以培养"学术型"研究生为主的旧观念,应当"学术型"和"应用型"相结合,注重培养创新能力的教育理念,将学术型培养与应用型培养分开。在教学形式方面,应改变传统的导师讲授形式,采取更灵活多样的方式,如开设讲座、课堂讨论、研讨会、科研实践等。

实际上在应用型硕士人才培养方面,我国已经积累了相当的经验。我国先后设置了工商管理、建筑学、法律、教育、体育、公共管理、公共卫生、军事、临床医学和工程硕士等17种侧重应用型人才培养的专业学位,培养了大批符合社会需求的专门性复合人才。只不过目前在培养条件及规模上还受到一定限制。

教育部从2009年开始增加全日制硕士研究生招生计划,主要招收参加全国硕士统考的应届本科生,增招计划完全用于专业学位硕士的培养。可见从政府管理层面也开始鼓励硕士培养向应用型、复合型方向转变。以更好地适应社会发展的需要。

三、结语

随着改革开放的深入进行,我国已经开始走上市场经济的道路。研究生教育必须紧跟社会的发展,摆脱以往"闭门苦修、孤芳自赏"的那种相对封闭的处境,将过去主要按"以我所能"来开展培养工作转变为今后按"社会所需"来开展培养工作。研究生培养目标也必须打破单一模式,向多样化发展。

从层次上看,硕士、博士在今后相当长时期内仍将是两个相对独立的研究生培养层次。硕士研究生教育既承担着为博士研究生教育输送合格生源的任务,又承担着为社会培养各类高层次专门人才的任务。根据目前社会发展的需要看,其重点应是在后者。这就要求硕士研究生培养在强调专业基础理论和专业知识的学习,重视综合素质、创新能力和创业精神培养的同时,特别要根据不同的实际需要和专业领域来确定培养目标、培养类型和培养模式。国际上研究生教育的成功经验和我国近些年来在学位与研究生教育工作中所做的改革尝试及所取得的初步成果均表明,有必要将我国的学位类型划分为科学学位和专业学位两大类型,并根据不同类型学位的特点来确定相应研究生的培养目标和培养模式。特别对于硕士研究生的培养,要从目前科学学位占多数、辅以少数专业学位和应用类型的状况,逐步调整到以专业学位为主、辅以多种类型的新格局。

作者:陈 伟 裴 旭
原载于《中国教育发展研究》2009年第11期

研究生学术越轨行为及对研究生的论文"量化"要求

当前,各种违反学术规范的越轨行为,不仅在学术界很盛行,而且对初涉研究领域的在校研究生也产生了一定影响。一些研究生在学校土政策的压力下,为了能完成规定的在国内核心期刊上发表学术论文的量化任务,顺利拿到学位证书,不惜铤而走险,在学术活动中做出很多越轨的事情。这些行为在高校中已很普遍,而且大有愈演愈烈之势。它严重影响了校风、学风的健康形成和发展,必须引起各级有关人员的高度关注。

一、量化土政策压力下的学术越轨行为

1. 剽窃他人学术成果

研究生中剽窃他人学术成果的现象十分严重,尤其在人文社科类研究生中更为常见。据一项调查统计,54%的研究生在第一篇论文完成过程中,有剪刀加糨糊的拼凑行为,而硕士生所占的比例比博士生更高。笔者曾亲眼目睹不少硕士研究生为完成学校规定的发表一定数量论文的硬性任务,翻阅、查找了数十本杂志,从中复印了几十篇相同主题的论文,然后从这篇剪一段,又从那篇粘一节,再加上一些过渡性的语句,然后列出几个标题,很快一篇文章就这样搞定。更有甚者,有的干脆全文照抄他人的作品,或对原文的题目及小标题稍加改动,或将外文翻译过来略加整理即可。

2. 引用他人学术成果打擦边球

大部分研究生明明知道剽窃他人学术成果的危害性和严重后果,知道引用他人学术成果应准确标明引用文献的名称、作者、年份、出版机构等,但是,为了能完成学校的量化任务,同时遮人耳目,他们在引用他人的学术成果、数据、思想时,变换戏法,打擦边球。比如,有的研究生在学术论文里多处引用他人成果,但只在论文之后笼统地列出某某参考文献,对被引用文献的细节做模糊处理。这样做的目的无非是万一以后东窗事发,可以此搪塞、化解风险。

3. 请枪手代写文章

请枪手代考很常见,请枪手代写文章的越轨行为也不稀奇,这主要发生在在职研究生群体中。众所周知,在职研究生中有一部分是单位的骨干、领导,平时公务缠身,很难静下心来写论文(当然这决不能成为请他人代写论文的合法理由)。可

是，学位申请单位对学位申请者有明确的发表论文的量化要求，于是，请人代写论文就很难避免。

4. 篡改、伪造研究数据

用触目惊心来形容理工类研究生中发生的这类越轨行为一点也不为过。有人曾对博士生进行了一次问卷调查，其中一题为：在学位论文的实验中，因时间紧迫，修改一下实验数据可以拿到学位，而按事实可能拿不到学位，你想改还是不改？结果想改的人数占总调查人数的33%。如果考虑到对这种涉及个人声誉问题的回答的人为掩饰性，我们有理由相信，实际情况要比这一调查结果严重得多。学位论文都是如此，抢时间投寄出去的科研论文就可以想像了。

5. 在未参与工作的研究成果中搭便车

研究成果署名中的搭便车现象，在研究生中也相当普遍地存在。不少研究生、特别是硕士研究生，由于种种原因到快毕业时才勉强凑合发表篇把论文，甚至有的连一篇都没有。离学校规定的量化要求远远不够，可无论是寻找工作还是联系出国，对方都要求毕业时出具硕士学位证明。可以想见，解决问题的办法只有求助导师或读博士的师兄，顺便在未参与研究工作的成果中搭个便车，挂个名。

6. 一稿多投

众所周知，现在的期刊审稿周期一般都较长，而学校对论文的量化要求又较高，就业压力又很大，于是在研究生中出现一稿两投或多投的学术越轨行为就不足为奇了。就笔者了解的情况来看，同前述几种学术越轨行为相比，一稿两投或多投是研究生中最为司空见惯的现象。许多研究生有一稿两投或多投的经历，并且对此不以为非，认为只要不出现一稿两发或多发的现象，不引起期刊之间的知识产权纠纷就不算为过。

7. 求助期刊编辑

目前国内外核心学术期刊数量有限，而学校下达的量化指标任务又重，在这种两难状况下，铤而走险，用种种手段影响、求助甚至贿赂期刊编辑成为不少研究生关键时刻抛出的杀手锏。

一位国内核心期刊的编辑所亲身经历的一件事情可能很有代表性。他说："就在前两天，我接到一个博士生朋友的来电，说他这学期博士毕业，已经发表了两篇文章，就差在我手头的这一篇了。我告诉他，文章我已计划安排在下半年刊出。当他听到这个消息后，显出惊慌失措的样子说，那我该怎么办，周老师你说我该怎么办。他说他是统招生，不像在职生已经有工作单位，他如果毕业时拿不到学位，就很难找到接受单位。"这种情况，在不少核心期刊编辑的经历中都遇到过。在许多研究生看来，如果没有量化这一土政策，决不会发生这样的事情。

二、对用量化土政策评定研究生学位的理性审视

1. 量化这一土政策在一定程度上只会助长浮躁学风,不自觉地成为诱导学术越轨行为的催化剂

在研究生中存在着的上述种种令人痛心的学术越轨行为,应该说或多或少地与学校制定的研究生学位申请中量化这一土政策有一定关联。当然如果把研究生中出现学术越轨行为的根源,完全归结为学位申请指标的量化规定,未免有失公允、甚至荒谬。我们知道,任何事情的发生都是众多因素共同作用的产物,就研究生学术越轨行为来说,其根源非常复杂。这既与急功近利的社会风气的宏观因素有关,也与越轨者个体缺乏学术道德素养的微观因素有关;既与教育理念层面的因素有关,也与技术操作层面的因素有关;既与教育内部的因素有关,也与教育外部的因素有关。但有一点是可以肯定的,研究生学术越轨行为的过度泛滥与当前对研究生的学术评价机制不健全,过于追求量化的倾向是分不开的。一位在校研究生的一席话可能从一个侧面折射出一些值得我们警视的问题。他说:"真的没办法,你想一想,研一有那么多的学分要修,特别是英语课要占去很大一部分时间,有时到了研二课程还没结束,到了研三又要为找工作忧愁、奔波,而学校又要求发表论文才允许申请学位,可现在发表文章又需要一定的时间,只有拼凑了。"暂且不论此言是否合理,至少可以从一个侧面昭示当前各个学校推行的学位申请指标的量化规定确有商榷之处。

其实,在学位申请指标量化规定实施的初期,它发挥的作用和意义是有目共睹的。多年来的实践证明,量化学位申请指标对弥合与西方发达国家研究生教育水平的差距,提高研究生科研能力和各高校的科研实力,以及强化学风建设、优化培养过程、保证培养质量起到了积极作用。尤其是要求博士生必须于博士论文答辩前在国内外核心期刊发表若干篇论文的指标,使博士生普遍感到了一种无形的压力,在他们中普遍形成了一种紧张、拼搏的学习氛围。

但正如任何事物都具有矛盾的对立性和统一性一样,学位申请指标的量化规定也不例外。其作用犹如双刃剑,用好了,它的意义和影响自不待言;用过了,突破了矛盾统一体的度,即过分夸大了量化的价值效用,可能会使矛盾统一体瓦解,促使事物向对立面发展,将会给研究生教育的质量带来不容忽视的负面影响。北京师范大学的一位教授对当前学术界盛行的量化风带来的消极影响做出的评价值得思考。他指出,必要的量化是教育主管部门加强管理的一项必要手段。这种量化开始时只限于各类教学的评估机制中,但是后来它的功能被越说越神,居然扩大到各种学术和教育的考核、评比、提级提职、业绩考核、课题和项目审批以及各种名目繁多的评估中。人们越来越担心在学术过度量化的背后,求实和为公的学术精神被物化了,学术被转化为潜在的权力、金钱和其他物质利益了。在这种情况下,学

术繁荣、学术自由、学术个性、学术公正被大大扭曲了,而学术腐败现象则有可能得以滋生和泛滥。从前述研究生中存在的种种学术越轨行为中可见,过分刚性的量化政策的确在某些方面对研究生学术越轨行为的产生起到了推波助澜的作用,尽管不是唯一原因。

2. 研究生规模的急剧扩大对量化这一土政策的可实施性提出了严峻的挑战

科研成果总要通过一定的载体来表征,或公开发表学术论文,或撰写高水平科研报告,或取得发明专利,等等。但现在许多学校在认定、评判量化指标界限时往往存在一个怪圈,多数只认同在国内外公开出版的核心期刊上发表的学术论文,对报刊、会议论文集、网络上的学术成果一般不屑一顾。且不论此种做法的科学性、合理性,如果一定要固守上述标准,那么解决发表论文任务的希望就只有寄托足够数量的核心期刊了。而实际上,研究生规模膨胀与核心期刊数量有限这一对矛盾在短期内是很难解决的。

众所周知,当前随着社会经济持续发展,社会对高层次人才需求不断增长,研究生教育规模迅速扩大,据统计我国在校博士生数量已位居世界前列。目前,全国在校研究生人数达到 49 万人,其中博士生人数达 12 万人以上,仅次于美国和德国。特别是 1998 年以来,每年的研究生招生人数增长约 2 万人。2002 年,我国招收硕士研究生 15.9 万人、博士研究生 3.7 万人。每年报考研究生的人数急剧增加,2002 年全国报考研究生的人数达到 62.4 万人。据统计,我国研究生的招生数、毕业生数和在校生数逐年增多。1990 年,我国研究生的招生数为 29649 人,毕业生数为 35440 人,在校生数 93018 人。到 2001 年,招生数达到 162088 人,毕业生数达到 91146 人,在校生数达到 392574 人。据有关权威人士透露,计划到 2005 年,我国在校研究生数将达到 100 万人(硕士生 80 万,博士生 20 万)。按照国内高校目前对研究生学位申请量化指标,每个硕士生 2 篇(且不谈是否为核心期刊),博士生 4 篇的平均要求,如果说现在对研究生发表论文的量化规定还勉强能维系的话,那么,3 年后将不可思议。我们来算一道最简单的算术题,80 万硕士生在学期间应发表论文 160 万篇,20 万博士生应发论文 80 万篇,而目前国内所有的刊物加在一起也只有近 9000 种,况且大量的刊物还不属于学术刊物,更谈不上什么核心。如果一定要坚持量化规定,那么解决论文发表问题的方略不外乎有以下几种:或国家加快期刊的审批步伐,多办些学术刊物;或降低标准,使刊物升级,将一般期刊升格为核心刊物;或不允许其他人在这些刊物上发表,专供研究生发表论文;或动员大部分研究生用外文到国外刊物上发表。显然,上述解决问题的办法一个都不现实。果真如此的话,大批研究生毕业后可能就拿不到学位证书,就业将面临严峻的挑战,这对国家、学校和社会的压力就可想而知了。

3. 被动的接受量化任务将影响科研资源的有效利用和科研创新能力的真实提高

与此同时,伴随研究生教育规模的迅速扩大,而研究生教育生均资源却日趋紧张,可是,各个学校过于刚性的量化政策丝毫未有松动。许多在校研究生为了能尽快发表文章,拿到学位证书,在论文的选题上显得十分庸俗和市侩,干脆挑些别人已深入探讨过的、难度小、意义不是很大的课题作为自己的主攻方向,而对关系到国际学科发展前沿以及对国民经济和社会发展有重大意义且周期长、见效慢、风险大的课题则有意回避。结果可想而知,论文发表自不成问题,可是其创新程度、应用价值、社会意义值得怀疑。据一位从事审稿的期刊编辑所说,当前研究生、特别是相当一部分硕士研究生从事学术研究的心态浮躁,急功近利,论文刚一写出还未消化整理就急于投稿发表,可水平却实在不敢恭维。相当一部分论文质量低劣,或把别人的研究成果整理一下,或违反学术道德侵占他人成果据为己有,或高谈阔论作无病呻吟,或大玩文字游戏作现代八股文,等等。根本谈不上创新,更不用说在学科发展前沿、意义重大的问题作深入、系统和前瞻性研究的精品了。长此以往,这种低水平的重复科研不仅未能将国家宝贵而又有限的科研资源用在刀刃上,而且研究生科研能力、创新水平的提高更是难以得到真正的保障。

三、对研究生学位评定的土政策量化的前瞻性建议

对研究生学位申请指标的量化规定是一定历史条件下的产物,它的产生有其充分的历史根源,是为弥合我国研究生与西方国家培养质量差距的一种改革措施,自实施以来它所起的作用是显著的。但由于环境、形势发生了重大的变化,研究生学位申请指标的量化规定在实施过程中也在某些方面带来了一定的消极影响。它不仅给在校研究生造成很重的心理压力,分散了他们的研究精力,降低了学位论文的质量,还助长了浮躁的学风,引发了各种学术道德失范行为,不自觉地成了诱导学术越轨行为产生的催化剂。因此,树立新的研究生教育质量观,对量化规定进行必要的扬弃,其意义非同寻常。

1. 树立研究生教育的动态质量观,适度淡化量化规定

许多学校对量化规定垂青有加,很重要的一个因素就是与长期以来在研究生教育质量认识上存在的僵化、教条和形而上学有关,与对研究生教育质量的泛学术化认识有关。其实,研究生教育的质量含义是一个历史、动态的范畴,其演进遵循历史与逻辑相统一的发展规律。当前随着高等教育形势的变化,树立发展性、适应性、差异性、多样性相结合的动态的研究生教育质量观意义十分重大。因此,在现有研究生教育资源相对不足的境况下,各级教育管理部门应审时度势,逐渐淡化量化指标规定,在量化的处理上适当增加灵活性。要积极创造条件,努力营造宽松、良性的学术生态环境,切实把研究生教育转到提高质量的轨道上来。

2. 总结经验,努力提高量化规定的科学性

鉴于量化规定曾在研究生教育中起过的积极作用,当前完全取消量化规定很不现实,也不可取。为此,各级研究生教育管理部门应深入研究量化规定所面临的

新形势,积极总结经验教训,努力改进量化工作,特别要提高量化规定的科学性,使量化规定能最大限度地发挥积极作用。不同学校应从本校实际出发,明确定位,切忌机械模仿;同一学校内部也应结合学科门类、实力及学术传统等的差异,制定切实可行的操作方案。如对国家重点学科、重点建设的高水平大学,可以适当提高量化要求。同时,建议将报纸、非核心期刊、会议文集、网络等各种载体上的有价值的学术成果,以及诸如发明、专利等对国民经济发展有重大意义的科研成果也纳入量化指标的考核范围。

3. 加快与国际研究生教育接轨的步伐,积极尝试取消硕士研究生发表论文的改革

随着加入WTO,高等教育尤其是研究生教育与国际接轨已成为必然趋势。西方发达国家研究生教育的实践证明,在硕士研究生阶段,大力拓宽知识结构,夯实学术基础,对将来进入博士研究生阶段从事高水平的科学研究意义十分重大。当前,在研究生规模急剧扩大、科研资源相对有限、硕士研究生功力有待提高以及社会风气异常浮躁的大环境下,尽快与国际研究生教育接轨,尝试取消硕士研究生必须发表论文的规定,不失为一种理性的选择。这一方面可以减轻在校研究生的心理压力,为他们营造轻松自由的学术环境,以杜绝各类学术越轨行为;另一方面,可以为探索弹性学制,建构适合时代需要的、与国际研究生教育接轨的、新型的培养机制和模式积累经验。

参考文献

[1] 姜春林.研究生科研越轨:一个值得关注的现象[J].科学与科学技术管理,2002(3).
[2] 江新华.研究生学术道德失范:行为表现、教育根源与治理对策[J].学位与研究生教育,2003(3).
[3] 周祥森.再谈专家审稿制度:兼评硕、博士生学位土政策[DB/OL].学术批评网,2001-11-17. www.acriticism.com.
[4] 黄安年.应当刹住量化风:再论学术的量化和量化后的学术[DB/OL].学术批评网,2001-11-16. www.acriticism.com.

作者:裴 旭 张淑林
原载于《教育与现代化》2004年第1期

理科主导型大学工程硕士教育发展影响因素分析及对策探讨

按照不同的特质取向,可以将现代大学分成若干类别,如依据教育活动方式,可分为教学型大学、教学研究型大学、研究型大学;按照学科覆盖面,可分为单科性大学、多科性大学;按照在学校学科体系中居主导地位的学科类别,可分为文科主导型大学、理科主导型大学、工科主导型大学、农科主导型大学、医科主导型大学等。本文的理科主导型大学是专指我国高校教育生态系统中在学科结构上表现为以理学学科为主、在学科影响力上表现为理学学科为学校优势品牌学科的部分高水平研究型大学。该类型大学在学科的外在特质上多表现为理学学科点比例大、一级学科覆盖率高、国家重点学科点多、学科方向竞争力强;在教育培养上表现为具有较为成熟、完整的理论性人才培养的体系,培养出的学生普遍理论功底较厚,"研究"型特色较为显著。

近年来,随着我国学位与研究生教育改革的深入以及高等教育理念的变化,以"应用"、"复合"、"实践"为显性特征的工程硕士教育在理科主导型大学也得到了迅速发展。但由于学科发展惯性的影响和学科发展理念的制约,理科主导型大学大多未能打造出工程硕士教育的品牌,形成鲜明的特色,特别是在当前的发展过程中存在着一些突出性的制约因素,如发展理念因素、管理运行机制因素、办学经费使用因素、专业师资队伍建设因素等,已影响到理科主导型大学工程硕士教育的健康发展。

一、理科主导型大学工程硕士教育发展中存在的若干突出性制约因素分析

1. 发展理念因素

长期以来,在发展理念上,理科主导型大学致力于把培养高水平的学术型人才和开展高水平的科学研究作为学校的最高使命。对于有无必要开展应用型的工程硕士教育,存在一定的分歧。相当一部分人认为在国家高等教育资源有限的条件下,学校应集中力量扶植少数优势学科,将瞄准国际科技中的前沿问题、争取重大原创性成果的产生作为学校工作的"重中之重"。应该说,在目前国家财力有限的条件下这种办学理念无可厚非。但问题的关键是少数人片面地放大这种办学理

念,狭隘地认为学校只有把"研究"放在首位,大力发展与"研究"密切相关的学术型研究生教育,才算"正业",而把发展应用性、职业性很强的工程硕士专业学位研究生教育算作"不务正业"。这种认识折射在实践中,其结果必然是忽视、贬低工程硕士专业学位在学校整个研究生教育体系中的地位,认为工程硕士专业学位的含金量与学术型的工学硕士学位不可同日而语。因此,学校在开展工程硕士教育实践中存在着诸如优秀师资队伍缺乏、经费运作机制呆滞、教师上课积极性不高、硬件设施落后等诸多问题也就不足为怪了。

2. 管理运行机制因素

由于发展理念和定位上存在的问题,体现在管理运行机制上就是"管得过多、统得过死的集权管理模式"。从生源组织、招生录取、培养方案的制定、课程教学一直到办学经费的使用等各个环节均由行政管理部门校研究生院集中统一管理,院系的各个具体培养单位在上述环节上缺乏自主空间,参与的积极性不高。在招生工作上,往往体现为生源组织不力,优质生源不足,生源"分、散、小",与国家要求"依托行业、部门开展工程硕士教育"的初衷相悖,以致办学成本增加,办学效益降低;在培养工作中,由于管理构架的失衡,管理制度的失范,研究生院、校外合作单位、行业部门以及校内具体培养单位的权利、义务关系的不明确,经常出现分工不明、协调不力、各自为战的局面。特别是对于那些跨院系的工程领域,由于管理规章制度的失范,牵头单位的不明确,出现了同一领域的课程设置在不同院系有较大的不同。

3. 办学经费使用因素

办学经费的使用方向问题是理科主导型大学在工程硕士教育中遇到的一个敏感但又不可回避的现实问题。工程硕士教育实行的是成本补偿制度,即接受教育的学生须向学校交纳一定数量的培养费。从学生交纳的培养经费中拿出一部分用于办学成本补偿和促进支撑学科的发展本应无可非议,但由于观念认识上存在着一些问题,少数领导片面地认为开展工程硕士教育等同于办班,认为是搞创收,在经费使用这个敏感性问题上,往往非常谨慎,甚至对于校内办学单位正常的诸如改善教学条件、优化办学环境、提高教师待遇等费用的开支,也设置多道审批手续。而从学生交纳的经费中拿出一部分用来作为支撑学科的发展基金,如进行培训师资、引进人才、建设精品教材、编写高水平案例库、参加交流会议等更是无从谈起。这些已在一定程度上影响了校内各培养单位的积极性。众所周知,工程硕士培养单位依托的学科大多是应用型学科,在"有所为,有所不为"的学科建设与发展理念支配下,以"研究"为"天职"的理科主导型大学对这些学科的投入本来就少,学校如不能从交纳的培养费中拿出一部分用来作为这些支撑学科的建设发展基金,必将对这些学科的可持续发展能力和学校整体学科生态环境的优化有很大影响。

二、理科主导型大学开展工程硕士教育的根据探讨

理科主导型大学在工程硕士教育发展过程中存在的这些影响因素,归结起来,其实质就是认识与发展理念问题,也即"理科主导型大学要不要发展工程硕士教育、理科主导型大学能否办好工程硕士教育"的问题。

1. 现代大学的神圣使命决定了理科主导型大学在"实践性"人才培养上应"有所为"

随着社会的发展、科技的进步,大学的功能在不断嬗变,仅仅以传播知识为使命的时代已渐渐消逝,建立以知识的传播、生产和应用为中心,以产出高水平的科研成果和培养高层次科研型精英人才为目标,在社会发展、经济建设、科技进步和文化繁荣中发挥重要作用,为国家和地区经济和社会发展提供重要智力支持的现代新型大学已成为时代的呼声。

社会发展赋予现代大学的这种神圣使命对以培养理论型人才见长的理科主导型大学提出了新的挑战。我国学位制度在实施之初,强调理论取向的理科主导型大学在人才培养模式方面的弊端并没有显露出来。但随着我国研究生教育事业的迅速发展,理科主导型大学过分强调学术取向的教育模式产生出一个较突出的问题(其他类型的大学也不同程度地存在这种问题):学位获得者理论知识掌握得较为充盈,但走上工作岗位后如何运用所学的"知"去指导工作中的"行"却是个大问题,经常会闹出学工学的硕士毕业生不会做工程的笑话。

形势的变迁客观上要求理科主导型大学应与时俱进,不仅要发挥原有的优势,还应在高层次复合型、应用型人才培养,为国家和地区经济和社会发展服务等方面"有所为"。许多国外一流大学已在这些方面做出了有益的探索,并取得了公认的成果。如美国加利福尼亚大学、斯坦福大学、麻省理工学院,通过同行业、部门相结合的方式,在工程领域不仅培养了大批高层次复合型、应用型人才,而且为这些大学后来的发展奠定了坚实的基础,也为周围地区经济发展带来了极大的好处。

2. 理科主导型大学开展工程硕士教育具有其他类型高校不可比拟的优势

工程硕士专业学位研究生大都来自工矿企业的第一线,他们带着工作实践中的实际问题进校,学习自己所缺乏的专业理论知识,并将所学知识用于本单位的实际,这是工程硕士专业学位研究生学习的最主要动机。现实的工矿企业中许多重大、关键问题的解决都首先需要在理论上予以支持,然后才能在技术层面上有所突破。而理科主导型大学在许多工程技术学科都以理论研究见长,在理论研究方面具有工矿企业部门和其他类型高校无法比拟的优势。

以国内理科主导型大学的典型代表中国科学技术大学为例,该校动力工程领域在工程硕士培养工作中积极依托学校的优势学科理学学科,坚持面向国家需求

和国际学术前沿,结合当前我国新型多功能复杂建筑大量涌现,而现有"处方式"建筑设计防火规范在解决部分"高、大、新、奇"建筑消防安全问题上面临困难的特点,根据消防岗位的工作性质,运用火灾安全工程学的原理和火灾安全性能化设计方法,高质量地完成了"火灾安全性能化评估方法在机场航站楼消防设计中的应用"、"海口市中国城娱乐中心火灾危险性分析及消防对策的研究"和"地下公共娱乐场所火灾烟气控制性能分析"等针对性和实用性强的课题,受到了用人单位国家消防总局的好评。该校在动力工程领域的工程硕士培养工作之所以能取得不俗的成绩,很重要的一个因素就是该校在火灾安全与防治领域所具有雄厚的理论研究优势。

三、对理科主导型大学高质量地开展工程硕士教育的对策建议

1. 明确目标定位

由于种种因素的影响,当前在理科主导型大学的部分研究生教育工作者中不同程度地存在着"工程硕士专业学位水平不及工学硕士学位水平,工程硕士生源标准可以降低"的思想倾向,其实质就是对工程硕士专业学位的目标定位和质量标准把握不清。按照国家有关文件的解释,工程硕士专业学位是一种与工学硕士学位属于同一层次,旨在为企业、特定部门培养与特定职业背景联系的、具有高级管理水平和掌握现代科技的高素质的专业化人才队伍的学位类型;学习方式为在职攻读,进校不离岗。也就是说,工程硕士专业学位与工学学术性学位具有相同含金量,只不过更具特色。因此,在制度中明确规定"工程硕士专业学位研究生教育是学校研究生教育的重要组成部分",并将其纳入理科主导型大学研究生教育的整体规划和学校整体发展规划之中,是非常必要的。这对于更好地发挥理科主导型大学工程硕士教育在促进社会主义市场经济建设、推动地方经济发展、进一步完善工科研究生教育体系、推进高水平大学建设等方面的作用不可低估。

2. 严格招生自律

"质量是学位与研究生教育的生命线",保证和提高质量是学位与研究生教育工作中永恒的主题。充分发挥理科主导型大学理论研究见长的优势,办出工程硕士专业学位的特色和品牌是理科主导型大学发展工程硕士专业学位研究生教育的必然选择。理科主导型大学在学术型研究生教育的招生工作中已积累了丰富的经验,在社会上已形成了很好的口碑。因此,继续高标准、高起点、严要求,把好工程硕士招生"入口"关,对于学校树立品牌,至关重要!为此,在招生工作中,必须进一步理解和认识"宽进严出"的概念及入学考试的作用,妥善处理好"质量和数量"、"自主与自律"的关系,强化过程管理,严格资格审查,科学组织基础课程及综合素质和能力的考核,严格执行招生工作程序。

3. 突出塑造特色

当前,在发展工程硕士教育过程中不同程度地存在着一哄而上的现象,部分学

校不从自己的实际出发,什么工程领域都要去争取,开展不属于自己优势领域的工程硕士培养工作,其结果是工程硕士学位与工学硕士学位办成一个样,背离了国家设置、开办工程硕士专业学位的初衷,形成了资源浪费。作为理论研究见长的理科主导型大学,欲塑造出工程硕士教育的特色和品牌,应在充分借鉴以往理论型研究生培养经验的基础上,从学校学科实际出发,对学校学科进行科学分类和定位,明确优势与不足,有目的地选择发展领域。只有这样,才能各得其所,各展所"长"。在培养工作中应力求突出特色,特别要结合学校已形成的人才培养特色和积累的学科优势,有针对性地制订培养方案,设计课程体系,确定教学内容,改革教学方法,坚决避免工程硕士教育培养的"工学化"。

4. 追求管理创新

现代管理学和系统论认为,管理模式结构要素的相对平衡将有助于系统的稳定,一旦系统内要素间的构架失衡,系统的功能将会发生改变。就工程硕士教育管理系统来说,如果该系统内的管理部门、培养单位、合作单位等要素间的权利义务关系(制度)不明确,或在权利与义务关系上存在明显的信息不对称,那么,该系统的功能就会发生紊乱,就会出现管理失控,影响工程硕士教育的健康发展。因此,从管理模式和管理制度的创新层面探索解决工程硕士教育中存在的这些问题,十分必要。鉴于理科主导型大学在工程硕士教育管理工作中存在的分工不明、协调不力、管理集权的现状,建构创新型管理模式的目标选择就是要以分权管理模式取代管得过多、统得过死的集权管理模式。新型的管理模式一定要层阶结构分明,管理层次职责明确,力求体现以"培养单位"为本和以"分权"为核心的管理理念,要有利于管理工作的高效、协调,有利于调动各管理层次的工作积极性。

5. 促进学科发展

专业师资队伍缺乏,校内培养单位办学积极性不高是目前理科主导型大学在开展工程硕士教育过程中遇到的普遍性问题。这些问题的存在很大程度上与学校的经费运作机制有关。众所周知,当前由于教育资源总量的有限,学校不可能把有限的经费平均分配到各个学科,实行"平均主义"和"大锅饭"。学科建设中的这种"有所为,有所不为"的发展理念应该说无可厚非。但从学校整体学科生态环境优化的角度来看,如果这些支撑工程硕士教育的学科长期得不到投入,必将影响这些学科的可持续发展能力,进而影响学校整体学科生态系统的稳定。因此,有必要出台相关的规范性文件,明确办学经费的使用方向,如规定必须从学生缴纳的培养经费中拿出一部分作为支撑学科的发展基金,用于培训师资、引进人才等。这不仅有助于盘活经费的运作机制,改善工程硕士专业学位研究生教育的办学环境,而且对保证开展工程硕士教育所必需的一支高水平而又稳定的师资队伍,促进培养单位的办学积极性有重要的促进作用。

参 考 文 献

[1] 王战军.什么是研究型大学[J].学位与研究生教育,2003(1).
[2] 张淑林,裴旭.我校工程硕士教育管理模式与管理制度创新初探[J].中国科大研究生教育,2004(2).

作者：裴　旭　张淑林
原载于《中国高教研究》2004年第12期

对我国开展工程博士专业学位研究生教育有关问题的探讨

是否需要设置博士层次的工程类专业学位是近一段时期国内学位与研究生教育领域不少有识之士关注的热点话题。国务院学位办目前正在组织若干所大学的研究力量就在我国设置工程博士专业学位的必要性、可行性,及与其相联系的招生、培养方案、质量保障体系等问题进行论证和研讨,并已在诸多方面达成共识,认为伴随着社会对高层次实践性工程"精英"人才需求的进一步增强及学位类型日益多样化、学位体系日趋完善的新形势,在我国设置工程博士专业学位的条件已趋成熟。笔者拟结合国外专业博士学位研究生教育的概况,从社会客观需求、现有专业学位研究生教育基础等方面分析在我国开展工程博士教育的可行性,并就在我国开展工程博士专业学位研究生教育试点需注意的一些问题提出若干粗浅看法,以供交流探讨。

一、国外专业博士学位研究生教育发展概况

专业博士学位实质上是一种职业性学位,强调实践性,与强调学术性的研究型博士学位有本质上的差异。现代专业博士学位产生于20世纪初期,虽然只有80多年的发展历史,但形成了不同于研究型博士学位的鲜明特征,其实践性强、学制灵活等优势满足了社会发展的需要,从而获得了迅速发展。1920年哈佛大学首设教育博士学位(Ed. D),1930年又开设了商业博士学位。随后其他大学在药学、社会科学、公共卫生学等领域也授予专业博士学位,如医学博士、药学博士、牙科博士、法学博士、教育学博士、工程博士等,逐渐形成了专业博士学位与传统的学术性博士学位(Ph. D)并行发展、平分秋色的格局。

相比之下,工程博士教育起步迟、发展慢、规模也小。1965年全美工程检查员协会(NCEE)通过一项决议,敦促高等院校发展工程博士计划,并指出发展这些教育计划需要聘用具有现代工程实践经验的教师。1967年美国底特律大学率先设置工程博士学位(Eng. D)。

工程博士是一种专业博士学位,它与哲学博士在培养目标、培养模式、评价标准和要求等方面都有显著差异。工程博士教育特别强调应用、设计和工程实践能力的培养,由大学导师和专业工程师联合指导,课程突出实用性和综合性,并须经

历至少一年的工业见习期,最后往往以一项有创新的设计论文来获得工程博士学位。工程博士毕业生主要在工商业和政府部门从事设计开发和管理工作。随后,德州农机大学、伯克利加州大学、哥伦比亚大学纷纷设立工程博士计划,培养博士水平的专业工程师。在20世纪下半世纪,德国、法国和英国也相继实行了工程博士培养计划。

分析国外专业博士学位发展的原因,主要有:① 劳动力市场的大量需求。专业博士学位受市场驱动,从而对大学产生一种压力促使大学发展多种多样的学位来迎合市场的需求。随着社会经济的发展、产业结构的变化,对博士生的要求日趋多样化,不仅需要现代高科技基础理论研究人才,而且需要大量高级管理人才和复合型高级专门人才。据20世纪90年代初德国官方机构的估计,大约有2/3的博士毕业生在高等学校之外的机构就业。在英国,1992年哲学博士毕业生大约有45%在工商企业和政府部门就业。培养在高校和研究机构之外从事各种实际工作的高级专业人才,就成为博士生教育的发展趋势和一项重要目标。② 专业博士教育是培养应用型高层次人才的行之有效的途径。专业博士教育所具有的灵活学制、在职学习的方式、实践性与应用性强的鲜明特点和优势,满足了广大实践工作者在职进修提高的需要和社会对应用型人才的需求,因此深受欢迎。③ 职业专业化运动的勃兴。随着现代科技的高速发展,知识、学科、职业的不断分化,国外越来越多的职业(occupation)进入到专业(profession)领域。职业的专业化水平越高,对职员的任职资格要求就越高。一个成熟专业一般都具有一个经过界定的专深且实用的知识和技能体系,所以这些行业对职员的特定知识(special knowledge)、技能(skill)和品性(ethic)就有更为严格的要求。由于一个成熟专业的科学知识体系往往已被系统、普遍地组合成大学的专业学位课程,修完这些课程的毕业生则是该领域的准专业人员,于是大学的专业学位与职业的任职资格就产生了紧密的联系。在社会诸多职业走向专业化的背景下,许多国家已将获取专业博士学位作为从事某种职业的先决条件。

二、我国开展工程博士专业学位研究生教育的客观需求与条件

1. 客观需求

国外专业博士学位的发展,特别是工程博士学位的发展特点对于我国的专业博士学位的发展具有积极的借鉴意义。我国的专业学位是从1991年开始设置和试办的,刚开始只有6种,之后逐步扩大,到目前为止,我国已经有了16种专业学位,分别是:教育硕士,法律硕士,体育硕士,艺术硕士,建筑学学士、硕士,工程硕士,农业推广硕士,风景园林硕士,兽医硕士、博士,临床医学硕士、博士,口腔医学硕士、博士,公共卫生硕士,军事硕士,工商管理硕士(MBA),公共管理硕士(MPA),会计硕士(MPAcc)。

相对于美国等发达国家,我国博士学位类型较单一,多为研究型或学术性学位。博士层次专业学位研究生教育起步较晚,目前只在临床医学、口腔医学、兽医学三个专业领域设置专业博士学位并开展专业博士教育。这显然与我国日益发展的社会经济呼唤更多的高层次实用型、复合型人才是不相适应的。2001年,教育部和国务院学位委员会在北京召开了首次全国专业学位教育工作会议,会后国务院学位委员会、教育部下发了《关于加强和改进专业学位教育工作的若干意见》,指出"专业学位人才培养与学术性学位人才培养是高层次人才培养的两个重要方面,在高等院校人才培养工作中,具有同等重要的作用"。实际上,发展专业博士学位研究生教育既是满足社会经济和科技发展对高层次应用型人才的需要,也是博士学位层次教育走向多样化的必然趋势。在当代知识更新速度加快,各行业专业化程度不断提高的背景下,在职人员必须不断地学习、提高,而目前在某些领域如工程领域,硕士层次的专业学位研究生教育已不能满足更高层次的需要。从对大中型企业的调查可以看出,目前企业对工程博士的发展前景有极大的兴趣,工程博士的市场需求十分明朗。

2. 现有基础

1984年我国开始工程类型硕士生培养的试点,1997年设置工程硕士专业学位,8年来我国工程硕士研究生教育得到了稳定、快速的发展。截至2005年9月,全国工程硕士培养单位共有202家,工程领域达到38个,招生人数累计12万余人,工程硕士学位获得者人数达到2万余人,为国民经济发展和建设培养了一大批"留得住、用得上"的高层次复合型工程应用人才。工程硕士专业学位研究生教育已初具规模,成为我国专业学位中涵盖专业最多、招生规模最大的学位类型。

同时,我国的工程硕士教育从正式开办到大规模发展,进行了卓有成效的改革与探索。如在2001年实行全国联考,不定分数线,由各培养单位自主招生;2002年在继续进行全国联考的同时,对招生质量好、自律性强的学校实行了自定招生规模的办法;对新增工程领域实行合格审批,而不是择优审批;对招生录取成绩偏低、问题突出的学校采取质量分析与培养全过程跟踪调研的措施等。由此初步建立起了工程硕士研究生教育的发展调节机制。而这些为我们进行工程博士专业学位研究生教育的探索积累了经验,打下了良好的基础。

三、开展工程博士专业学位研究生教育应注意的若干问题

1. 积极探索,积累经验

综上可以看出,我国开展工程博士专业学位研究生教育既是客观的需要,也具有基础和条件。我们可以大胆尝试,在部分有条件的研究生院高校进行试点,逐步积累经验。在试办的同时可以借鉴国外工程博士教育的一些成功做法。

2. 坚持标准,控制规模

工程博士教育是一种精英教育,工程博士与哲学博士学位层次相当,同属于学

位与研究生教育范畴,而非一般的职业教育。要求获得者不仅有较强的实践应用能力,还要有较高的学术标准。工程博士的社会需求方向决定了它的培养目标应为:① 具有原创性和独立的研究能力,能够对相应的工程领域的技术进步与企业发展做出贡献;② 具有对快速变化的工业技术进步的敏锐洞察力及对其发展施加影响的能力;③ 具有专业领导人与组织者相应的管理知识与才能。

作为精英教育,就必须严格控制招生规模。在招生对象方面,可以考虑选择具有 5 年(或以上)工作实践经历,有硕士学位或工程硕士专业学位,承担过或正在承担大中型工程技术项目的骨干等。

3. 创新模式,灵活发展

工程博士专业学位研究生教育的培养目标不同于工学博士的培养目标,是培养大型项目的组织者与技术带头人,造就在其研究和工程应用领域具有领导才能的工程专家,因此在培养模式上应与工学博士培养完全不同,如可采取进校不离岗,双导师制(学校与企业联合培养),灵活学制,至少一年的"工业实习期",学位论文突出工程与技术创新,反映运用科技知识、工程设备解决有重要意义的实际问题的原创性等。

发达国家工学博士的培养已有 100 多年的历史,而工程博士专业学位研究生教育是从 20 世纪 60 年代才开始出现的。应当说培养工学博士各个国家都有着丰富的经验,但是培养工程博士在国际上还是一项不成熟的制度,也在不断探索中。我们应借鉴他国工程博士专业学位研究生教育制度,同时结合我国开展工程硕士专业学位研究生教育的经验,探索出一条适合我国国情的工程博士专业学位研究生教育的发展之路。

参 考 文 献

[1] 工程博士研究小组."工程博士"论文集[Z].2002.
[2] 陈学飞,等. 西方怎样培养博士:法、英、德、美的模式与经验[M]. 北京:教育科学出版社,2002.
[3] 顾建民,王沛民. 美国工程博士及其培养的研究[J]. 上海高教研究,1993(4):101-102.
[4] 仇国芳,张文修. 工程博士专业学位设置初探[J]. 学位与研究生教育,2004(5).
[5] 钟尚科,等. 美国工程博士专业学位与研究生教育的研究[J]. 学位与研究生教育,2006(8).
[6] 曾攀. 美德英工程类型研究生的培养[J]. 高等工程教育研究,1999(1).
[7] 秦荣,姬红兵,张文修. 工程硕士研究生教育的改革与发展[J]. 学位与研究生教育,2004(3).

作者:陈 伟 裴 旭 张淑林
原载于《中国高教研究》2006 年第 12 期

对我国学位与研究生教育评估制度的若干思考

评估是国家管理高等教育的重要工具,也是研究生教育质量检验和监督的有效途径。世界各国都把高等教育评估尤其是研究生教育评估,作为实现教育目标、推动高等教育事业发展的重要手段。

一、国外学位与研究生教育评估发展的主要趋势

20世纪90年代以来,发达国家学位与研究生教育评估发展的主要趋势是:

1. 对评估的性质、目的、功能和地位的认识日益明确和一致

经过长期的探索,评估活动的价值判断性质已得到普遍认同,发达国家对于评估作为一种管理控制手段、作为政策工具、作为组织职能以及作为组织学习活动的认识日益明确和一致。以促进高等教育质量不断提高为目的开展评估活动,已成为各国政府和学术界的共识。

2. 评估活动制度化、法律化程度不断提高

学位与研究生教育评估的职能、政策、方法等,均依照有关政策法律规定进行。学位与研究生教育机构必须承担开展内部评估和接受外部评估的义务;外部机构对学位与研究生教育的评估,也不是一种随机、随意的行为,而是一种按照法定程序,定期进行的合法活动。在多数发达国家,至少在高等教育系统这一层次,评估作为组织管理职能和政策工具的地位已经得以确立。

3. 评估功能结构化、多样化

发达国家开展学位与研究生教育评估活动的基本目的,是改善传统的学位与研究生教育管理模式,建立学位与研究生教育质量保证机制。各国的具体做法是,建立内外结合的评估体系,开展各种形式的评估活动,建立一个学位授予单位必须对其专业活动质量予以关注的政策和控制环境,促使学位授予单位在维持基本质量标准的基础上,主动寻求不断改进和提高质量。就具体评估活动的目的而言,它们分别承担确认学位授予单位从事专业活动的资格,报告机构、学科和专业质量状况,收集与传播良好的实践经验,为有关机构提供决策意见或政策建议,为公众了解学位与研究生教育提供信息等职能。

4. 国家在高等教育评估中的地位逐步增强

评估成为国家管理高等教育的重要政策工具,但国家的影响倾向于间接化,政

府主要通过政策指导与法律规范间接主导评估活动。在许多地方,高等教育管理的"国家控制"传统模式正逐渐向"国家监督"模式转变。因此,在发达国家的高等教育评估体制中,除少数例外,国家通常通过立法、行政、财政等途径,对评估活动间接施加影响,而不是直接组织或主持评估活动。

5. 以高校自我评估为基础,鼓励、支持学术界为其行业质量承担集体责任

从实践情况看,所有的评估活动都是内外结合进行的,其中学术界在评估活动中的核心地位从政策、制度和评估实践等层面得到广泛确认。各国学位与研究生教育评估活动的核心部分是相近的,通常包括被评机构自我评估、外部同行评价和专家组现场考察等。学位与研究生教育评估体系运行的基础,是学位授予单位的自我评估、研究和改进。外部评估为质量保证机制的重要组成部分,是以学术机构的自我约束、自我调节为基础的。在许多国家,由学术成员组成的质量评估机构,在本国学位与研究生教育评估系统承担着评估决策和组织管理职能。

6. 鼓励社会各界参与对高等教育质量的监督

在美国,学位与研究生教育评估通常由多个主体进行。有许多地区性、行业性、专业性机构,甚至个人,采用不同的方法对学位与研究生教育进行评估。而在西欧等国,传统的学位与研究生教育质量保证机制主要有两种类型。一种是国家严密控制,即由国家通过规章制度、行政、财政等手段,从输入端进行质量控制;另一种是学术行业自治,即学位与研究生教育质量的管理,完全由学术行业负责。20世纪80年代以来,西欧国家高等教育质量保证的两种传统逐步出现相互靠拢的现象,一个在国家政策主导下,由独立机构负责,学术界和社会共同参与的高等教育评估体制,正在逐步形成。

7. 评估对象类型稳定化、简约化,评估方法程序化

尽管各国评估学位与研究生教育的具体方法存在差异,但在特定国家,学位与研究生教育评估的对象相对稳定,评估的类型相当有限,各种评估活动的方法按照大体相同的程序进行。

8. 注重结果评估的利用,不断强化评估结果与决策的联系

发达国家学位与研究生教育评估的另一个重要发展趋势是,日益重视对学位与研究生教育的结果进行评估。与此同时,逐步加强评估结果与有关决策的联系,强调对评估结果的利用,强调通过评估促进质量的提高。实践中,评估结果与决策联系方式是多样化的。比如,对于新增设的学位计划,评估是一项必要的程序,政府、拨款机构根据评估结论决策;对于现有学位计划,则进行周期性评估,评估结论成为有关机构或个人决策的依据。在许多国家,对院校的评估结果,成为有关机构财政决策的重要信息来源。

二、我国学位与研究生教育评估工作的发展历程

20世纪80年代中期,随着我国学位与研究生教育的迅速发展,建立各级学位

授予质量的检查和评估制度,保障和提高研究生培养质量逐渐成为一项重要的工作。我国学位与研究生教育评估的产生和发展大致可划分为两个阶段:第一阶段是探索期;第二阶段是发展期。

1. 学位与研究生教育评估探索期(1985～1993年)

我国对学位与研究生教育的评估始于1985年。当年5月,中共中央《关于教育体制改革的决定》中提出:"国家及其教育行政管理部门要加强对高等教育的宏观指导和管理。教育管理部门要组织教育界、知识界和用人部门定期对高等学校的办学水平进行评估。"1986年12月,原国家教委《关于改进和加强研究生工作的通知》中指出:"要加强研究生、学位授予质量和管理工作的检查与评价。各培养单位要定期进行自检和追踪调查,各有关部门和地区可以组织培养单位之间的互检,国家教育委员会会同国务院学位委员会有重点地进行检查和评价。"按照国务院学位委员会的统一部署,各有关部门开展了一系列的学位与研究生教育评估活动。如1985年对政治经济学、物理化学、有机化学、通信与电子系统、化学工程等二级学科进行的评估;1986年对财政学、货币银行学、国际金融等二级学科进行的评估;1987年开展的对一级学科——金属材料学科的评估等。

这一时期我国学位与研究生教育的评估的特点主要是在评估实践中学习评估,而且评估工作是以政府教育主管部门为主导进行的。

2. 学位与研究生教育评估发展期(1994年以后)

在进行了几年的探索之后,从1994年开始,我国的学位与研究生教育评估进入了发展期。这一时期的学位与研究生教育评估呈现了三大明显特征。一是成立了专门从事学位与研究生教育评估、研究和活动的管理部门、中介组织和学术团体;二是通过科学研究、学术活动和评估活动,逐步形成了一支专兼职相结合的学位与研究生教育评估科学研究队伍和从事实际工作的专门人才;三是开展了一系列在国内外有较大影响的评估活动。

1994年7月29日,我国第一家专门从事学位与研究生教育评估的事业性机构"高等学校与科研院所学位与研究生教育评估所"(简称评估所)在北京成立。评估所是受国务院学位委员会和原国家教委的委托,承担开展学位与研究生教育评估及有关咨询服务的事业性非营利机构。1995年9月,学位与研究生教育评估的学术团体"中国学位与研究生教育学会评估工作委员会"也正式成立。

评估所成立之后,即接受国务院学位委员会的委托,相继开展了多项学位与研究生教育的评估工作。如对全国33所试办研究生院的评估工作;对数学、化学、力学、电工、计算机科学和技术等五个一级学科的选优评估;在职人员以研究生毕业同等学力申请硕士学位工作检查评估;前四批博士、硕士学位授权点基本条件合格评估;学位授权审核评估;全国百篇优秀博士学位论文评选及博士论文抽查;全国一级学科整体水平排名评估等。

三、我国学位与研究生教育评估目前存在的若干问题分析

我国学位与研究生教育评估起步较晚,但发展很快。在评估理论上逐步形成了适合我国国情的研究生教育评估概念、目的、作用、原则、类型、标准和方法;在实践中基本做到了用教育测评为手段,用教育目标做依据,用条件评估、过程评估、结果评估做内涵,通过听取决策人、评估人、被评对象等各方面意见形成评估指标,评估的结果能够为教育主管部门的决策和被评对象改进工作服务。评估强化了研究生教育战线上广大师生和研究生教育管理工作者的质量意识,促进了学位授予单位加强学科建设,为切实把研究生教育工作的重心转移到提高教育质量上来起到了积极的作用。

虽然我国的学位与研究生教育评估取得了较大的发展,但与学位与研究生教育评估制度比较完善的发达国家相比,还存在不小的差距和问题,主要表现为:

1. 相关法规不健全,评估工作未制度化

虽然我国的学位与研究生教育评估已经进行了近20年,但目前还没有有关学位与研究生教育评估的法规,评估活动缺乏法律依据和规范性。由于我国现行的"学位条例"存在着重实体、轻程序、责权利失衡、开放度和相关法规配套程度低等缺陷,对学位立法的要求由来已久。但到目前为止,"学位法"却迟迟没有出台,这使得对学位与研究生教育评估的相关法规也无法出台。

国外的评估、认证(accreditation)工作不是一劳永逸,得到认证资格的学校也不是终身制,而是经过一个周期以后还要重新进行评审。如美国的地区性认证机构每10年审查一次学校的情况,学校每年都向认证机构提供一次报告,每5年提供一次非常详细的评估报告。与此同时,认证机构还不定期地对学校视察,如果发现大学没有达到标准,认证机构的审查委员会就会给大学限期改进的警告,如果大学到期还没有改进,它的认证资格就会被取消。

我国对于高等学校的审批(认证)一旦通过,以后几乎不再进行重新评估。虽然自1985年以来对本科教学工作陆续开展过一些评估工作,1997年对前四批博士、硕士学位授权点进行过基本条件合格评估等,但至今尚未建立起有关高等教育的规范化评估制度,评估工作在一定程度上存在着随意性。

2. 评估组织一元化,缺少社会中介评估机构

美国的认证、评估组织既有地区性的,又有全国性的,还有专业性的,且无一例外都是非政府、非营利性的中介组织或民间机构。认证或评估以学校或专业自愿参加,并通过行业协会进行自我质量管理为特征,认证的目的就是保证质量和提高质量。

我国的高教认证和评估工作则完全由政府部门管理,是国家对高等学校实行监督的重要形式。1994年成立的"评估所",其职能目前已为"教育部学位与研究

生教育发展中心评估处"所取代,实际上已经变成一家官方机构,因此,它所进行的评估活动实际上代表的就是政府的评估。这样就造成评估组织的一元化,国家及其教育管理部门是评估的主体,学校是被评估的对象,教育界、知识界和用人单位是国家及其管理部门组织的对高等学校办学水平进行评估时依靠的社会力量,处于从属地位,民间机构和社会团体参与教育评估只是一种补充。由于政府部门的"权威性",评估实际成为一种纯粹的行政行为,高等学校则处于"要我评不得不评"的被动局面。

而随着社会主义市场经济体制的建立,政府的职能也在发生转变,对高等教育的质量评估应更多地鼓励社会各界的参与。因为高校培养的人才最终要服务于社会,受社会的检验,社会对人才质量的评估最具权威。而中介机构的评估是社会评估的重要组成部分,建立独立、公正、多元的中介机构是推动社会评估得以实施的基础。评估中介机构有助于推动政府职能转变和权力的下放;缓解政府与培养单位之间的冲突,促进政府、社会与研究生培养单位各自职能的良性互动;加强地区间和国际间的评估合作,促进教育评估的专业化,从而更有效地保障研究生教育的质量。

3. 评估标准单一化,不能体现特色化发展

美国的认证和评估机构在评估工作中,充分考虑到不同层次学校的不同特点,鼓励学校自己制定办学宗旨和目标,自己提出应该如何实现并达到这些目标。机构评估首先从学校自评(self-study)开始。同行专家的评审和检查工作则重在考察目标是否合理、恰当,措施是否得力、有效,最终是否达到了目标。这种重事实、重表现、给学校留出足够发展空间的评估有利于调动学校的积极性,促进学校改进工作,提高教育质量,使学校办出特色,实现多样化发展。

我国的教育评估大多是政府主导的,自上而下进行的,无论是学校整体水平评估,还是专业评估,都倾向于采用同一标准,用相同的指标体系去衡量不同的学校,从而忽视了学校的特色。这种对具有不同起点、不同层次的学校用一个标准衡量的做法,不仅有违评估的宗旨,也会影响评估的科学性与公正性。

由于评估指标的刚性,评估标准自觉或不自觉地带有追求一流、向名牌看齐的导向,使得一般院校不是失去信心就是盲目攀高,为了"达标"而放弃"特色"。从已经颁行的评估指标体系来看,许多外在的、可以量化的东西被列进了指标,许多内在的、不可计量的因素被排斥在评估指标之外,而这些因素往往更能展现事物的本质,如办学传统、校园文化、地域优势、周边影响、制度改革等。

4. 评估结果重数量评价,轻视质量和效率评价

在我国的教育评估实践中,常常倾向于以可量化的评估指标为主,因此评估结果往往是绝对数量越大的评价越好(如学生数量,教师数量,论文总数等)。而事实上,除应参考数量指标,更应注重质量。如发表论文指标,论文数是一方面,更要看论文的水平和档次。其次,不应只关心产出数,更应看所取得的资源和投入数,从而从效率角度合理地评价。

一流的大学并非具有一流的规模。美国普林斯顿大学连续三年在美国高校排名榜上高居第一,但该校规模并不大,本科生仅4500人,硕士、博士生1800人。以培养科技精英、航天人才而闻名世界的加州理工学院在校生仅2000多人。因此真正的高水平大学是最有创造力的大学,是最有特色的大学,而不一定是规模最大的大学。

5. 评估方法线性化,忽视非线性评估方法的运用

我国目前进行的大多数评估中采用的定量方法都是线性加权平均法,即首先提出一套评估指标体系,然后给出每个指标的权重,最后加权平均求出评估值。这样做的确比较简单易行,但其应用的一个前提条件就是各评估指标间线性无关,具有可加性。而目前在评估实际操作中却很少检验这一条件是否满足。

评估方法的科学性直接影响到评估结果的准确性。虽然近年来国内一些评估理论研究者已经提出了非线性评估的概念和方法,但在实践中却未引起足够的重视。

6. 评估信息的采集缺乏有效的途径

我国目前对学位与研究生教育的评估,一般是以学校自身提供的材料为主要信息来源,专家组在此基础上再做些验证工作,至于高校的社会声誉、校友成就、对国家和地方经济发展、社会进步的影响和贡献等外围信息则几乎没有畅通的渠道来搜集,甚至对统计、档案、人事等部门的相关资料、数据都极少利用。

而且由于每一项评估方案都是从不同角度出发,强调各自重点,按照各自口径与要求收集、统计和处理各种数据,每次评估都伴随着一套数据表格要填报,而各项评估在内容上互有交叉、重复,这样不仅大大增加了被评估单位的工作量,还难以保证数据资料的客观性,难以使信息资源实现共享和利用。

同时评估信息网络也未建立起来,对评估信息的可靠性缺乏检验的方法和手段。

7. 培养单位的"自评"意识较淡薄

美国人用遍及全国的非政府的评估体系作为高等教育的一种自我管理手段,以此保证学校和专业的健全、有效及对社会的责任感。其中学校的自我评估在这一过程中起着十分重要的作用。

我国的高校对于政府组织的外部评估的权威性往往高度重视,却忽视了学校内部的自我评估。而且由于研究生教育评估工作是综合性的工作,没有专人负责,评估工作便难以持续有效地开展。

事实上,真正持久的教育质量应当是学校全体师生员工共同努力的结果,单靠外界的监控是难以保证教育质量的。因此,学校内部建立有效的自评机制是促使学校自我约束、自我发展的基础。政府应该采取措施不断激发学校内在评估的积极性,变"要我评估"为"我要评估",从而真正实现以评促建、以评促改、以评促管的目的。

参 考 文 献

[1] 夏天阳. 各国高等教育评估[M]. 上海:上海科学技术文献出版社,1997.
[2] 王战军. 学位与研究生教育评估技术与实践[M]. 北京:高等教育出版社,2000.
[3] 侯定丕,王战军. 非线性评估的理论探索与应用[M]. 合肥:中国科学技术大学出版社,2001.
[4] 王冀生. 有中国特色的高等教育评估体系和制度的基本构想[J]. 中国高等教育评估,1998(1).
[5] 李晓群. 国内外高等教育质量评估比较研究[J]. 有色金属高教研究,1996(4).
[6] 王国荣,等. 对我国研究生教育评估体系和制度的思考[J]. 学位与研究生教育,2000(3).
[7] 董秀华. 我国学位与研究生教育评估的发展及其基本特点[J]. 学位与研究生教育,2000(5).

作者:陈 伟 裴 旭 张淑林
原载于《南京航空航天大学学报(社科版)》2006年第8卷第2期

大学排行榜如何从不成熟走向成熟

近年来，随着我国高等教育规模的急剧扩张，高等教育数量和质量的矛盾也日益显现，大学的质量评价问题越来越引起各方的重视。在此背景下，各种大学排名也应运而生成为中国高等教育社会评价中最受关注的影响力量。自1987年《科技日报》刊载了由中国管理科学研究院科学所对87所重点大学的排名后，我国大学排行研究逐渐升温。此后20年间，我国先后有20家机构发布了近百个大学排行榜。虽然有关政府部门对出现的种种大学排行持不支持、不鼓励态度，然而各家民间机构对大学排名却乐此不疲，且有愈演愈烈之势。

一、如何正确看待大学排名

目前出现的各种类型的大学排行榜不仅引起了学术界与社会公众的普遍关注，对高校自身也产生了一定的影响。对这些排行榜的看法褒贬不一，众说纷纭。笔者认为，要正确地看待这些大学排行榜，应注意以下几点：

1. 教育评估本身是一门科学

评估（或称评价）一般是指明确目标测定对象的属性，并把它变成主观效用（满足主体要求的程度）的行为，即明确价值的过程。教育评估是以教育为对象的一种特殊社会活动，是根据一定的教育目标，运用有效可行的技术手段，对教育活动的效果和影响进行价值判断，优化教育活动的过程。价值判断是教育评估的核心，教育目标是教育评估的依据。对大学进行评价本身是一种科学的探索过程，关键是有赖于有效可行的技术手段和方法的运用。科学公正的大学评价对高等学校办学的监督和动态反馈，对生源和资金流向的引导，对大学之间公平竞争的促进，会起到良好的作用。

2. 不同的排行榜均具一定的参考意义

目前的各种大学排行榜如网大的"中国大学排行榜"、广东管理科学研究院课题组的"中国大学评价"年度排行、上海交通大学高教研究所的"世界大学学术排行榜"，甚至英国的《泰晤士报高等教育增刊》的"世界大学排名"都是在各自不同的评估角度和指标体系下得出的排名，而我们在看这些排行榜时，往往只注重具体的排名结果，却忽视了对其指标体系的考量和分析。事实上只有在充分理解和分析不同排行榜的指标体系的基础上，其排名结果才真正对我们有参考价值。

3. 以客观的心态对待各种排行结果

目前的中国大学排名还不十分成熟,更多的也许是供人们参考和提供一种激励机制,还不能完全反映出孰优孰劣。对排名结果,我们也许可以借用民间常用的一句话,那就是"不可不信,也不可全信"。从这个意义上说,它的象征参考意义大于实际信度意义。由于大学排名的社会影响,各大学都会对排名结果做出反应。从有利的方面来说,这可以鼓励先进,鞭策后进,激励各大学在全方位展开竞争,以形成各自院校特色。但是,它的消极作用也是不可低估的。比如,造假、游说、贿赂等。也就是说,在目前制度不是很完善的情况下,有的单位很可能会做一些手脚,虚报数据、玩弄数字游戏、请求权势游说等等,直接或间接参与评估活动,以各种途径影响排名过程,使排名于己有利。也就是说,大学排名评估本身隐含着一些奖惩规则(特别是在目前对民间机构排名缺乏有效监督机制的状况下)。因此,我们该以客观的心态对待各种排行结果,从而使民间中介机构进行的大学评价研究能够健康地发展。

二、目前大学综合排名存在的问题

对大学办学水平和声誉进行综合性排行评价,是一项复杂的工作,它需要严谨的科学态度、合理的评估指标体系、准确的数据和科学的评估方法,以及对各个高等学校多方面的深入细致的综合考察。我国的大学排行评价由于时间短、不成熟,特别是指标体系不够科学、数据来源不一致,排行结果的合理性和权威性颇受质疑。仔细分析这些排行榜,可以发现它们都共同存在以下这些问题:

1. 理论不完善,方式过于单一

作为教育科学的一门分支学科,现代教育评价在发达国家形成和发展的时间并不长,在我国起步更晚。20世纪70年代后期,我国才开始介绍国外在这一领域的研究成果,而大学排行评价在80年代后期才出现。现在我国的教育评估大多是借鉴和移植国外的评估理论和经验,尚未建立起自己较为完整的高等教育评价理论体系和科学的评价方法,教育评价的基础理论研究还比较薄弱,在当前的教育评价工作中尚存在一些亟须解决的问题。另外在评估方式上,大多采用简单的量化打分,然后线性加权,对不同的大学进行综合排序。放眼国外的综合性大学排行,基本上都是建立在为公众所认可的大学分类基础上的,所谓的综合性排行也不过是对同类大学的综合性比较而已。而我国的综合性大学排行恰恰是未对不同使命和目标的高等学校进行分类就试图建立综合性排行榜,并未达到使排名结果更具公信力的初衷。

2. 只重数量,不重质量

排行榜无论分为几级指标,其最末级指标都有如校园面积、实验设备、图书总量、学生数量、院士数量、教授数量、博士点数、硕士点数、国家重点学科数、科研经费数以及 SCI、EI、SSCI、CSSCI 文章数等这些数量指标，基于此进行的综合排名，必然形成"校大即强"的评价结果。事实上纵观世界一流大学，有些规模不一定大，学科也不一定全，但这并不妨碍它们成为世界一流大学。比如，法国巴黎高等师范学校规模非常小，每年只招收 200 多名学生，但它培养出了 10 位诺贝尔奖得主、6 位菲尔兹奖获得者、一位总统、两位总理及大量的社会精英。美国加州理工学院也是以"小而精"著称于世的。该校原是一所中等技术学校，1920 年改为大学，但自二战后至今，基本上保持着 6 个系的规模，其在校生只有 6500 多人。目前国内大学排行所依据的指标中，大多以数量指标为主，对于如人才培养质量这样能真正反映大学办学水平的指标，却很少甚至没有考虑。仅以 SCI、EI 等论文指标为例，实际上除了论文数，还应该考虑不同的影响因子和被引次数等反映质量的因素。

3. 只计产出，不计投入

排行榜所依据的数量指标几乎全部是产出型的，却很少或没有考虑获得产出的投入。通过对广东管理科学研究院、网大（中国）有限公司、中国校友会网、武汉大学中国科学评价研究中心所采用的指标体系的分析可以看出，虽然各指标体系之间结构不同，指标内涵和表达不一，类型也多种多样，但通过比较可以发现它们都有一些基础性的指标，如学校声誉、重点学科（实验室、基地）数、师生比、知名学者数、学生规模、留学生比例等。除此之外，产出类指标占相当的权重，如就业率、优秀论文数、专利数、获奖数、人均论文数、人均项目经费等。实际上合理的评价应该是全面考虑投入产出比，即以效益作为评判的标准。

4. 不分类型，忽视特色

大学是分层次和类型的，不同层次或者类型的大学其功能定位是不同的。因此，在办学特色、目标和文化背景等方面存在着较大的差异。大学不仅仅是客观的物质存在，更是文化存在和精神存在。北京大学，"思想自由，兼容并包"；清华大学，"自强不息，厚德载物"；北京师范大学，"学为人师，行为世范"；复旦大学，"博学而笃志，切问而近思"。正是有了这些富有个性的大学精神，才使这些百年名校经久不衰，青春常在。目前各种大学排名的做法均是将所有大学用统一的量化指标去衡量，然后根据评分排出名次。这必然会约束和扭曲大学固有的本质，由此得出的排名的意义也是值得商榷的。

三、正确进行大学评价应考虑的因素

简单量化的大学排名实际上反映了目前评价中对大学认识的不足。大学应是能坚持探究真理、追求卓越的办学宗旨，具备以教学和科研为中心并以此服务于社会的职能的有机体。现代大学已经形成了教学、科研和社会服务的三项基本职能，只是不同类型的大学，这些职能的侧重有所不同。因此，评判一所大学的优劣、是否一流，应该注重于那些能够反映大学办学宗旨、特色和职能的因素或指标。

1. 大学是否培养出了一流的人才

传承知识、培养人才是大学的基本职能。牛津、剑桥、哈佛、耶鲁、哥伦比亚等世界级大学,总是以自己的毕业生中有多少人获得诺贝尔奖,多少人当总统、总理、首相而引以为豪。据统计,迄今为止,剑桥大学的毕业生中,有63位获得诺贝尔奖,1000余人成为英国皇家学会会员;哈佛大学不但培养了约翰·亚当斯、富兰克林·罗斯福、肯尼迪等6位美国总统,还培养了36位诺贝尔奖获得者。日本的东京大学仅在"二战"后就有10位毕业生任日本政府的总理大臣。因此评价一所大学的优劣,首先应该考虑其培养出的人才的质量。

2. 大学是否产生了改变人类思维方式或生活方式的成果

创造知识,进行科学研究,特别是基础性研究是大学的另一重要职能。从世界范围看,影响人类生活的重大科研成果以及诺贝尔奖,绝大多数诞生于一流大学。例如,美国加州大学伯克利分校以原子物理、化学、生命科学的研究而举世闻名,也是世界上第一个回旋加速器的诞生地,并开创了"原子时代"。在二战期间,美国研制原子弹的计划——曼哈顿计划的领导班子成员中,多数来自加州大学伯克利分校、哥伦比亚大学等。

被称为电子计算机理论奠基人的冯·诺伊曼就是普林斯顿大学的教授。第一颗原子弹的研制、第一批运载火箭的研究、许多超铀元素的发现等,均出自一流大学的实验室。20世纪伟大的科学发现——基因的双螺旋结构,就诞生于剑桥大学的卡文迪许实验室,该实验室在战后又开创了分子生物学和射电天文学两个新领域,其中的力学理论、电磁场理论和生物进化理论对世界科学的发展起到了重要的推动作用。

3. 大学在地区的社会经济文化发展中的推动力如何

一流的大学不仅应当是知识创新的源头,更应该成为社会服务的"纽带"。举世闻名的"硅谷",是美国斯坦福大学"教育"与"实业"结合的典范,也是美国大学与产业界紧密结合最为成功的案例之一。斯坦福大学之所以能成为世界著名的大学,重要原因之一就在于它在20世纪50年代创办了科学园("硅谷"就是在此基础上发展起来的),从一所地区性的大学转变成全美著名的大学。1962年MIT建立了"麻省合作者计划",主动与企业联络,并为其服务。在MIT的支持下,波士顿128号公路周围建立起许多高科技公司,形成举世瞩目的高科技工业园区,给波士顿地区的经济带来了极大的好处。MIT由此被称为马萨诸塞州的经济救星。因此,一所好的大学,应该积极地参与地方经济建设,为地区的社会经济、文化发展做出自己的贡献。

4. 大学为国家科技进步和安全做出了多少贡献

国际经验表明,在推动科技创新中,大学扮演着重要角色。高等学校是基础研究和高技术领域原始创新的主力军之一,是解决国民经济重大科技问题、实现技术转移和成果转化的生力军,是国家创新体系的重要组成部分。如"二战"期间,美国政府在 MIT 建立了辐射实验室,成为研制各种新型雷达的主力,此外,MIT 还相继研制出了用于潜艇的自封式导航系统,各种导弹的导航系统,对美国的军事科技做出了巨大的贡献,从而也使其一跃进入世界一流大学的行列。大学既是知识、文化传承的场所,也是创造知识、培养人才的殿堂,是由一群有着共同事业追求和文化精神的人聚合起来的有机体。而通过量化综合评分的方式得出的大学排行榜,往往掩盖了大学存在和发展的真正内涵,其结果也容易给人以误导。因此,对大学品质的评价,不能完全由一些数据经堆砌整合,量化描述,而是更应该注重那些反映大学精神、使命和本质的非量化指标,让各方都能清楚地看到一所大学究竟好在哪里,特色是什么,向何处发展。这样的评价所提供的信息对各方才是真正有意义的。

参 考 文 献

[1] 武书连,郭石林,吕嘉.2007年中国大学评价[J].中国高等教育评估,2007(1).
[2] 赵德国,刘明,蔡言厚,等.2007年中国大学排行榜[J].中国高等教育评估,2007(1).
[3] 谢安邦,童康.我国大学排行研究与实践的进展及评析[J].高等教育研究,2006(6).
[4] 董秀华.对我国大学排行实践的回顾与思考[J].清华大学教育研究,2002(4).
[5] 王京.大学排名应融入特色理念[J].中国高等教育评估,2007(2).
[6] 张晓鹏.大学排名与世界一流大学建设[J].复旦教育论坛,2005(4).

作者:陈 伟 裴 旭 张淑林
原载于《中国高等教育》2008年第6期

非线性评估方法探讨

在目前的评估实践中,一般所采用的数量化方法多为"加权平均综合法",即建立评估指标体系,确定权系数,建立评估公式,运用评估公式得到评估结果。这种"加权平均"模型实际上是一种"线性"综合方法,其使用应满足一定的前提条件,如果不当使用,则评估结果必然会产生误差。本文即对此进行一些理论上的探讨。

一、线性评估模型

目前的大多数教育评估实践中,都是先分解出若干指标,再确定出一组权重,然后加权平均就得出评估结果。这种方法我们称之为狭义的线性评估模型。即指教育评估中所用的定量分析模型是 $\sum_{i=1}^{n} W_i X_i$,其中 $X_i (i=1,\cdots,n)$ 是评价指标值,而常数 $W_i (i=1,\cdots,n)$ 是相应的权系数。一般有 $\sum_{i=1}^{n} W_i = 1$,就是评估工作中常采用的"加权平均"模型。

而广义的线性评估模型,指的是评估模型输出与输入之间有如下性质的关系:记 n 维向量 $X=(x_1,\cdots,x_n)$ 为评估对象的指标评判值所组成的数组,y 为评估结论。则由 X 到 y 存在关系 E,$y=E(X)$,满足下面两个条件(1)与(2)。

(1) 可加性条件

设两个评估对象分别为 $X^1=(X_1^1,\cdots,X_n^1)$,$X^2=(X_1^2,\cdots,X_n^2)$,于是必有
$$E(X^1+X^2)=E(X^1)+E(X^2)$$
在评估实践中,这表明两个评估对象合并之后的评估结论等于合并之前各自评估结论之和。

(2) 独立性条件

设某个评估对象 $X=(X_1,\cdots,X_k,\cdots,X_n)$。仅第 k 个指标由 X_k 改变为 X_k',其他 $n-1$ 个指标保持不变,由此得到
$$X'=(X_1,\cdots,X_k',\cdots,X_n)$$
于是必有
$$E(X')-E(X)=\lambda_k(X_k'-X_k)$$
其中,λ_k 为非零常数。

在评估实践中,这表明某个评估对象改变单个指标之后,评估结果的改变只依赖于这个指标的改变量,而与其他指标无关,或者说各指标间相互独立。

可证明:若满足上述两个条件的关系 E 是纯定量的映射关系,则存在常系数 $\alpha_i \geqslant 0 (i=1,\cdots,n)$,使得 $E(x) = \sum_{i=1}^{n} \alpha_i x_i$,也即评估模型必为线性评估模型。

二、评估的若干非线性特征

在线性评估方法下,人们容易将评估指标体系设计得十分繁琐,这样一方面使评估工作复杂化,另一方面也很难保证评估结果的科学性。教育评估实际上是一种系统工程,从根本上讲它具有多种非线性特征,下面我们举例说明。

1. 特殊评估指标带来的非线性

在许多评估工作中,会出现这样的评估指标变量,它不宜与其他评估指标变量线性组合在一起,我们称之为特殊评估指标变量。最典型的特殊评估指标变量是思想政治工作水平,它几乎在所有管理工作评估中出现,这个指标在评估中的作用的确是特殊的。首先,就重要性而言,反映到狭义线性评估模型中,它的权系数如果赋值不大,不足显示其重要性。这已成为许多评估工作中的难点。其次,用选定的尺度赋值而言,它有较大的不确定性。判断一个对象思想政治水平比另一对象好,并不是一件简单的事,至少在大多数场合如此。思想政治工作的比较需要看长远的效果,实际评估中,人们对这种不确定性的处理大多是齐一化,即给每个评估对象赋相同的值。这就导致指标区分度小,使这个指标在评估中的作用趋于零,对检查评价工作也没有价值。

论文质量评估中的"文献综述"指标也属此类特殊评估指标。它们的特殊性也都体现在重要性、不确定性、齐一性这三方面。在考察多种评估实践的基础上,作者提出,特殊指标在评估中的作用最合理的表达是设定合格水平 α,α 为某一常数。若该指标设为 x_s,其值满足 $x_s < \alpha$ 则不进行评估,即评估结论为

$$E(X_1,\cdots,X_s,\cdots,X_n) = 不合格$$

或记作

$$E(X_1,\cdots,X_s,\cdots,X_n) = 0$$

若该指标的值满足 $x_s \geqslant \alpha$ 则继续对其他指标进行评估,即求

$$E(X_1,\cdots,X_{s-1},X_{s+1},\cdots,X_n)$$

这里合格水平 α 的设定,必须求之于公识。这样表述的评估,一定是非线性的。事实上,考察对象

$$X = (X_1,\cdots,X_{s-1},X_s,X_{s+1},\cdots,X_n)$$
$$X' = (X_1,\cdots,X_{s-1},X'_s,X_{s+1},\cdots,X_n)$$

令 X_s 合格水平值为 α,且 $x_s < \alpha$。

如果是线性评估,则根据线性条件(1),有
$$E(X) + E(X') = E(X + X')$$
若令 $X'_s = X_s$,则应有
$$E(X) = 0, \quad E(X') = 0$$
而
$$E(X + X') = E(2X_1, \cdots, 2X_{s-1}, 2X_s, 2X_{s+1}, \cdots, 2X_n)$$
因为$2X_s$不一定小于a,故
$$E(X + X') \neq 0$$
从而导致$E(X) + E(X') \neq E(X + X')$,故线性条件不成立。

2. 规模效应指标带来的非线性

在许多场合,评估指标变量有这样的特性:其值相当小或相当大时,对评估结论的贡献都小,只有当其取值适中时,贡献最大,称这种指标为有规模效应的评估指标。

例如,在评估学校的办学质量时,往往有招生规模之类评估指标变量。我们知道,学校并非越大越好。换言之,招生规模对评估结论的贡献最理想的是适中的人数。又如高校中的生师比,一个教师一般指导4至10名研究生既可保证教师满工作量,也能使导师有充分的时间指导研究生。生师比值过高,学生的培养质量难以保证;比值过低,教师工作量不足,造成教育资源浪费。

如果评估指标变量中存在有规模效应的,则一定属于非线性评估。设
$$X = (X_1, \cdots, X_{s-1}, X_s, X_{s+1}, \cdots, X_n)$$
其中,X_s是有规模效应的评估指标,其值$X_s = X'_s$是对评估结论贡献最大的值。不妨让其他$n-1$个指标保持不变,而让X_s由X'_s改变到$\alpha X'_s (\alpha > 1)$与$\beta X'_s (\beta < 1)$。如果是线性评估,则相应的评估结论改变量为
$$\lambda_s (\alpha X'_s - X'_s) = \lambda_s (\alpha - 1) X_s > 0$$
$$\lambda_s (\beta X'_s - X'_s) = \lambda_s (\beta - 1) X_s < 0$$
其中,λ_s为非零的常数值。这两个改变量是异号的,但由于X'_s是使评估结论取最大值的点,因此评估结论的改变量都应小于0,这就引出了矛盾。由此线性条件不成立。

评估非线性的特征还有其他情况,这里就不赘述了。

三、不当使用线性评估产生误差的分析

1. 将不满足线性可加线性条件的指标进行线性组合

在评估实践中,由于缺乏对评估对象的非线性分析,在方法上一律简化为用线性加权平均型,即直接求各指标的线性组合,这样就会把不同质的指标变量硬组合在一起,引出类似"0.3×产量+0.7×生产积极性"这样的表达式,得出的评估结果

往往会有很大误差。

例如评估博士学位论文的质量,选取论文选题(X_1)、文献综述(X_2)、基础理论和专门知识(X_3)、创新性(X_4)、论文工作量(X_5)、中英文表达水平(X_6)等指标,若用线性加权平均法,求评估结果

$$y = \alpha_1 x_1 + \alpha_2 x_2 + \cdots + \alpha_5 x_5 + \alpha_6 x_6$$

其中,$\alpha_1, \alpha_2, \cdots, \alpha_6$ 为权系数,$x_1, x_2, \cdots, x_6$ 为指标值。

对论文工作量指标 X_5,是不是 60 个工作日就一定比 50 个工作日好呢?假设有两个学生,分别在同样的实验条件下对同一对象进行实验,最后得出同样的结果。但是,由于其中一名学生采用了较巧妙的实验方法,在较短的时间内就得出了实验结果;而另一学生用常规的方法,用了较长的时间也得出了相同实验结果,显然第一位学生的水平应比第二位学生好,即应当有 $y_1 > y_2$。

但按照线性加权算法,由于 $x_5^{(1)} < x_5^{(2)}$,在其他指标值不变的情况下,必然有结论 $y_1 < y_2$,与前面判断恰恰相反。

2. 将存在交互作用的指标进行线性组合

有些评估指标间可能存在某种相关关系。如我们在硕士点合格评估中即遇到这种情况:在"研究生培养质量"指标下,包括有"招生人数情况"、"授予学位情况"这两个子指标。经分析计算,这两个指标之间的相关系数是 0.791,在 $\alpha = 0.05$ 的置信水平下显著相关。虽然国家对授予学位规定了一定的标准,但考上研究生的人绝大部分还是可以得到学位的,得不到学位的只是极少数。这样在用线性加权法评估时,实际上是对同一性质的指标重复计算。

设评估指标为:$x_1, x_2, \cdots, x_i, \cdots, x_j, \cdots, x_n$。

权重分别为:$W_1, W_2, \cdots, W_i, \cdots, W_j, \cdots, W_n$。

若指标 x_i 与 x_j 间存在相关关系,$X_j = lX_i$($l \neq 0$ 为常数),则加权后,x_i 的权重实际上变为 $W_i + lW_j$,从而破坏了原来评估的平衡性,使结果产生误差。

3. 将序型指标变量进行线性组合

实际评估中人们常常用 5, 4, 3, 2, 1 这样的量来对评估对象的某一指标进行评分,然后将各指标的评分加权平均得出评估结果。即令

$$y = w_1 x_1 + w_2 x_2 + \cdots + w_n x_n$$

这里,$x_i \in \{5, 4, 3, 2, 1\}$。

我们称这样取值的指标变量 x_i 为序型变量。在评估中人们实际上是将其视为 $[1, 5]$ 之间的连续值进行评估。

对于"五分制"或"百分制"这种评估,由于没有统一的评估基准,不同分制下进行的评估很可能结果不同。不妨举一例说明:

设评估时考虑两个评估指标 X_1 和 X_2,其值分别为 x_1 和 x_2,权重为 0.5, 0.5。令被评对象 $A = (x_1, x_2)$,$B = (x_1', x_2')$。

若采用线性评估,则有评估结果

$$y_A = 0.5\,x_1 + 0.5\,x_2, \quad y_B = 0.5\,x_1' + 0.5\,x_2'$$

设评估人分别用"百分制"和"五分制"变量对 A、B 进行评估。有：

(1) 五分制下的评估结果

$$y_A = 0.5 \times 4.8 + 0.5 \times 3.0 = 3.9$$
$$y_B = 0.5 \times 4.3 + 0.5 \times 3.3 = 3.8$$

从而 $y_A > y_B$，即 A 优于 B。

(2) 百分制下的评估结果

$$y_A = 0.5 \times 96 + 0.5 \times 72 = 84.0$$
$$y_B = 0.5 \times 90 + 0.5 \times 80 = 85.0$$

从而 $y_A < y_B$，即 B 优于 A。

虽然不同分制下 $x_1, x_2; x_1', x_2'$ 的大小序没有改变，但经加权平均后，所得评估结论完全相反。

四、常用的几种非线性评估模型

在评估实践中，线性条件往往得不到满足，因此不能使用线性评估模型，即加权平均型，而应采用非线性评估模型。常用的非线性评估函数主要有以下几种：

1. 生产函数式

设问题中的评估指标体系由 $Z_1, Z_2, \cdots, Z_n$ 组成，各指标评估值分别为 $x_1, x_2, \cdots, x_n$。

于是由

$$A\prod_{j=1}^{n} X_j = A x_1^{\alpha_1} \cdot x_2^{\alpha_2} \cdot \cdots \cdot x_n^{\alpha_n}$$

其中，$A, \alpha_1, \cdots, \alpha_n$ 为常数，满足 $A > 0, 0 < \alpha_j < 1\ (j = 1, 2, \cdots, n)$，且

$$\sum_{j=1}^{n} \alpha_j = 1$$

界定了非线性模型，这种模型是 Cobb-Douglas 生产函数形式上的模仿，故称为"生产函数式"评估模型。

生产函数评估模型是最简单的非线性评估模型。除去线性模型，它可以说是最方便因而也应该是最常用的评估模型。它的一个显著特点就是假设某评估指标 x_i 较大，但另一指标 x_j 却很小，则总评估值往往不会很大。也就是说若指标值都偏小时，评估结果会明显表示出来。所以该模型函数适用于选优型的评估类型。

2. 理想点距离式

设评估指标 $Z_1, Z_2, \cdots, Z_n$ 相对应的评估值分别为 $x_1, x_2, \cdots, x_n; x_1', x_2', \cdots, x_n'$ 为其最理想值，则它们与最理想值的欧式距离为

$$S = \sum_{i=1}^{n}(x_i' - x_i)^2$$

S 值越小,评估对象越优。

3. 加乘总和式

这种形式实际上是线性加权型与生产函数型的结合,公式为

$$S = \prod_k (\sum_i w_{ik} x_{ik})^{\beta_k}$$

此类模型最典型的应用就是综合国力的评估分析。曾担任过美国乔治敦大学战略与国际研究中心主任、美国中央情报局副局长的著名学者R. S. 克莱因在《八十年代的世界权力趋势与美国对外政策》一书中提出了用国力方程来评估一个国家的综合国力。此方程即为有名的"克莱因方程"。克莱因系统分析了决定国力的诸要素,并给出一个定量比较和估算的公式:

$$P_p = (C + E + M) \cdot (S + W)$$

式中:P_p——被确认的国力;

C——基本实体;

E——经济能力;

M——军事能力;

S——战略意图;

W——贯彻国家战略的意志。

在实践中应用非线性评估模型,可使用上述一种或几种,此外还有其他形式的非线性评估模型,可根据具体评估问题来确定使用。

参考文献

[1] 加里·S·贝克尔. 人类行为的经济分析[M]. 王业宇,陈琪,译. 上海:上海三联书店,1995.
[2] 侯定丕. 管理中的非线性评价争议[J]. 人类工效学,1997(3).
[3] 陈伟,侯定丕. 学位与研究生教育质量评估的几个问题探讨[J]. 学位与研究生教育,2000(2).
[4] 侯定丕,陈伟,张淑林. 博士学位论文质量抽样评估的实践及有关问题的探讨[J]. 中国高等教育评估,1999(1).

作者:陈 伟
原载于《中国高等教育评估》2001年第2期

评估专家的作用、信度及素质分析

在评估实践中,人们往往重视评估指标、评估权重、评估方法、数据采集等因素,却忽视了对评估主体,即评估专家的分析,主观上认为评估专家的结论是毫无疑问的。实际上由于各种人为或主观因素的影响,专家的结论是否有效,应该经过一定的检验分析。

一、评估专家在评估中的地位和作用

在评估工作中,评估组织者一般会指定一些评估专家对评估对象进行评估。评估专家包括学术机构的学者、管理干部以及各行业或政府机关等部门人员,并由他们组成专家组。评估专家队伍是评估实践第一线的主干力量,他们在推进评估活动、指导评估实践等方面起着不可替代的作用。

评估专家群体所给出的评估数据和报告是准确了解实际情况,对评估对象的水平和质量做出科学评估的前提和基础。它将为评估对象及时发现问题,进一步改进工作和实施宏观管理和决策提供可靠依据。评估专家队伍的水平是评估工作水平和成熟度的重要标志,同时也是保证评估制度顺利实施和评估结果准确性的重要内容。

由于评估者之间的认识、心理及所采取的尺度和测评方法的不同一性,评估结果不一定能准确反映评估对象的本质属性,从而产生各种评估偏差,有时偏差还十分明显。这不仅影响评估工作的质量,也为评估工作的开展带来障碍。因此,对评估专家的评估数据进行统计分析和处理就显得十分必要。

二、评估专家信度的分析

评估是一项复杂的工作,很难由一名评估者承担。由于在一定情况下,评估结果的准确性与评估者的人数有重要关系,为获得尽可能准确的评估结果,一般由多名评估者参加。那么,多名评估者评估的结果是否就必然准确呢?从测量学的角度出发,检验多位评估者所得的结果是否一致相近,即考察评估者之间的信度,是检验其评估结果是否准确的简便而有效的方法。

1. 肯德尔和谐系数法

肯德尔和谐系数是按照被评估对象各构成要素所获得的等级及它们之间的差

异大小,来衡量评估者之间的意见一致性程度。如果计算所得的肯德尔和谐系数大,则表明评估者的意见较一致;反之,则表明评估者的意见分歧较大。分歧很大的评估结果,其准确性自然较低。

肯德尔和谐系数的计算公式如下:

$$w = \frac{S}{\frac{1}{12}m^2(n^3-n)}$$

式中,m 为评估人数,n 为评估对象各构成要素(即评估指标)的个数,S 为第 j 个评估指标所获得的等级 R_j 与所有评估指标获得等级的平均数 $\overline{R}_j$ 之差的平方和,即

$$S \triangleq \sum_{j=1}^{n}(R_j - \overline{R}_j)^2 = \sum_{j=1}^{n}R_j^2 - \frac{1}{n}(\sum_{j=1}^{n}R_j)^2$$

此式中,$R_j(j=1,2,\cdots,n)$ 为 m 位评估者对第 j 个评估指标所给评估等级的总和。R_j 的计算方法如下:

将第 $i(i=1,2,\cdots,m)$ 位评估者对各评估指标的赋值 $r_{ij}(j=1,2,\cdots,n)$ 按从小到大排序,若严格单调,不妨设 $r_{ij_1} < r_{ij_2} < r_{ij_n}$,这里,$(j_1,j_2,\cdots,j_n)$ 是 $(1,2,\cdots,n)$ 的一个排列,构造映射 $r_{ij_k} \to K$,这样就把评估指标值转化为评估等级数。不妨记第 i 位评估者对第 j 个评估指标所赋予的等级数为 $K(i,j)(i=1,2,\cdots,m;j=1,2,\cdots,n)$,则

$$R_j = \sum_{j=1}^{m}K(i,j) \quad (j=1,2,\cdots,n)$$

若不严格单调,即评估者关于某些评估指标的赋值出现相同的情形,则公式需要加以修正,修正公式为

$$w = \frac{S}{\frac{1}{12}m^2(n^3-n) - m\sum_{i=1}^{m}T_i}$$

其中,T_i 是第 i 个评估者的赋值中出现相等情况的一种度量,计算公式为

$$T_i = \frac{1}{12}\sum(l^3-l)$$

其中,l 是相等的值的出现次数,$\sum$ 是对不同的值(指出现相等的值)求和。例如,若第 3 名评估者的赋值中,"2" 出现 2 次,"4" 出现 3 次,则

$$T_3 = \frac{2^3-2}{12} + \frac{3^3-3}{12} = 0.5 + 2 = 2.5$$

肯德尔和谐系数一般在 $(0,1)$ 之间,即 $0 < w < 1$。从评估结果的准确性角度来说,人们都希望评估者的意见最好趋于一致。就肯德尔和谐系数而言,其值多大可以认为是理想的意见一致性,而值多小可以看作是意见缺乏一致性,需要借助肯德尔和谐系数的显著性检验临界值来决定。检验指标为

$$\chi^2 = m(n-1)w$$

查表找出 $\chi^2_{n-1}(\alpha)$,置信水平 α 取 0.05 或 0.01。

若 $\chi^2 < \chi^2_{n-1}(\alpha)$,则认为评估者之间评估结果不一致。

若 $\chi^2 \geq \chi^2_{n-1}(\alpha)$,则认为评估者之间评估结果显著一致。

2. 变异系数法

设第 i 位评估者对第 j 个评估指标的评分值为 $x_{ij}(i=1,2,\cdots,m;j=1,2,\cdots,n)$,记 $\overline{X}_j = \frac{1}{m}\sum_{i=1}^{m}X_{ij}$,则第 j 个评估指标观测值(即评分值)的变异系数 V_j 为

$$V_j = \frac{S_j}{\overline{X}_j} \quad (j=1,2,\cdots,n)$$

式中

$$S_j^2 = \frac{1}{m-1}\sum_{i=1}^{m}(X_{ij}-\overline{X}_j)^2$$

V_j 反映了评估者们对第 j 个评估指标认识的差异程度,V_j 越小,评估者们的意见越一致。变异系数 V_j 只说明参与评估的评估者们对第 j 个评估指标的看法一致程度,而前面的肯德尔和谐系数 w 则反映了全体评估者对全部评估指标评估的一致程度。

3. 偏差系数法

第 i 位评估者评估结果的偏差系数 U_i 定义为

$$U_i = \frac{t_i}{\overline{X}} \quad (i=1,2,\cdots,m)$$

其中

$$\overline{X} = \frac{1}{n}\sum_{j=1}^{n}\overline{X}_j$$

$$t_i^2 = \frac{1}{n}\sum_{j=1}^{n}(X_{ij}-\overline{X}_j)^2$$

U_i 反映了第 i 位评估者评估结果的精确度,U_i 越小,与全体评估者评分分值的均值越接近,可信度越高。

三、评估专家选取的原则

为了达到评估目的,实现评估目标,保证评估结果的客观性和有效性,需要对评估专家的选取提出明确要求。在评估者的选择上,不仅要注意思想品德、工作作风、工作能力、知识结构和实际经验等,还要保证评估者的广泛代表性,使评估者总体合理。

(1)聘请的评估专家应该责任心强,作风正派,不徇私情,在时间与进度上有保证,对所有的工作有了解,不仅在专业上有较高的学术水平,而且要懂得评估的

理论和技术方法,并有一定的评估实践经验。

(2) 要对专家说明评估工作的目的、要求、意义以及评估表格的具体填法。表格的设计应该能充分征集专家的意见和信息。

(3) 对调查表中的数据和说明,不可不依靠,也不可全用,评估工作中的数据处理应由专人完成。对专家提出的意见和建议要认真分析,听取其中合理的部分。

(4) 要有合理的报酬。

(5) 要有后备专家的名单,最好是专家库,以备不时之需。为了保证评估工作的时效性和评估专家队伍的稳定,要逐步建立相应的评估专家库,这在一定程度上可以避免评估对象的游说所造成的人为因素的影响。

四、评估专家数量的确定

一般来说,在评估实践活动中,总是希望评估专家人数越多越好。这是有理论根据的。

假若让 n 位专家对某一被评估对象进行评估,结果表示为 $X_1, X_2, \cdots, X_n$(其中 X_i 是第 i 位专家所给的评分)。首先,假定各位专家的评估是独立给出的,不受其他专家的影响,即认为 $X_1, X_2, \cdots, X_n$ 是相互独立的。其次,假定专家的评估是在"同等条件"下进行的,即假定 $X_1, X_2, \cdots, X_n$ 具有相同的分布。据此,不妨设 X_i 服从正态分布,即 $X_i \sim N(\mu, \sigma^2)$,其中 μ 为均值,σ^2 为方差。

一般来讲,我们用评分均值 $\overline{X} = \frac{1}{n}\sum_{i=1}^{n} X_i$ 去估计 μ,由于 $\overline{X}$ 服从正态分布 $N\left(\mu, \frac{\sigma}{\sqrt{n}}\right)$,由大数法则,即有

$$\lim_{n \to \infty}\overline{X} = \lim_{n \to \infty}\frac{1}{n}\sum_{i=1}^{n} X_i = \mu$$

故专家人数越多,评估结果越准确。

但是在实际评估工作中,专家人数不可能很多。这时既要保证评估结果的可靠性和精度,又要考虑成本及可操作性,就需要确定一个合理的专家人数。

对于用评分均值 $\overline{X}$ 去估计 μ,由于只是一个点,我们确信多少会有误差,但误差多少呢?单从评分均值 $\overline{X}$ 给不出什么信息。如果容许有甚小的偏差,以 $\varepsilon > 0$ 为限,从 $\overline{X} - \varepsilon$ 到 $\overline{X} + \varepsilon$,则多少给人以更大的信任感,这就需要做区间估计。区间估计的原则是:先保证可靠度,在这个前提下尽量提高精度。

现在的问题是,给定置信水平 α 和偏差 ε,要求

$$Pr\{|\overline{X} - \mu| \leq \varepsilon\} > 1 - \alpha$$

于是考虑:从正态总体 $N(\mu, \sigma^2)$ 中抽取样本 $X_1, X_2, \cdots, X_n$,μ 和 σ^2 都未知,求 μ 的区间估计。

μ 的点估计取为样本均值 $\overline{X}$，σ 由样本标准差 S 估计，

$$S = \frac{1}{n-1}\sum_{j=1}^{n}(X_i - \overline{X})^2$$

则变量 $\sqrt{n}(\overline{X}-\mu)/S$ 服从自由度为 $n-1$ 的 t 分布，与参数无关。注意到 t 分布密度函数关于 0 对称，因而

$$t_{n-1}\left(1-\frac{\alpha}{2}\right) = -t_{n-1}\left(\frac{\alpha}{2}\right)$$

于是，在置信水平 α 下，μ 的区间估计为

$$\left[\overline{X} - S \cdot t_{n-1}\left(\frac{\alpha}{2}\right)/\sqrt{n},\ \overline{X} + S \cdot t_{n-1}\left(\frac{\alpha}{2}\right)/\sqrt{n}\right]$$

也就是说

$$Pr\left\{\mu \in \left[\overline{X} - S \cdot t_{n-1}\left(\frac{\alpha}{2}\right)/\sqrt{n},\ \overline{X} + S \cdot t_{n-1}\left(\frac{\alpha}{2}\right)/\sqrt{n}\right]\right\} \geqslant 1 - \alpha$$

由此不等式的要求知，令

$$\varepsilon \geqslant S \cdot t_{n-1}\left(\frac{\alpha}{2}\right)/\sqrt{n}$$

从而有

$$n \geqslant \frac{S^2 \cdot t_{n-1}^2\left(\frac{\alpha}{2}\right)}{\varepsilon^2}$$

令

$$n^* = \min\left\{n \in N \,\Big|\, n \geqslant \frac{S^2 \cdot t_{n-1}^2\left(\frac{\alpha}{2}\right)}{\varepsilon^2}\right\}$$

可以证明，这样的 n^* 是存在的，事实上，由 t 分布的性质，有

$$t_n\left(\frac{\alpha}{2}\right) \geqslant t_{n-1}\left(\frac{\alpha}{2}\right)$$

令

$$n_1 = \left[\frac{S^2 t^2\left(\frac{\alpha}{2}\right)}{\varepsilon^2}\right]$$

则有

$$n^* > n_1$$

再令

$$n_2 = \left[\frac{S^2 t_{n-1}^2\left(\frac{\alpha}{2}\right)}{\varepsilon^2}\right] + 1$$

则

$$n^* \leqslant n_2$$

从而有
$$n_1 < n^* \leqslant n_2$$
故定义的 n^* 必存在,且在从 n_1 到 n_2 的有限个自然数之中。

实践中评估专家"最优"数量的近似求法是,根据评分数据和 t 分布表,可以很快定出一个大致的界 $n_L < n^* \leqslant n_R$;然后在 $n_L \sim n_R$ 之间找出满足
$$n^* = \min\left\{n \in N \middle| n \geqslant \frac{S^2 \cdot t_{n-1}^2\left(\frac{\alpha}{2}\right)}{\varepsilon^2}\right\}$$
的 n^* 来。

参 考 文 献

[1] 王战军.学位与研究生教育评估实践[M].北京:高等教育出版社,2000.
[2] 陈玉琨.中国高等教育评价论[M].广州:广东高等教育出版社,1993.
[3] 王致和.高等学校教育评估[M].北京:北京师范大学出版社,1995.
[4] 陈伟,侯定丕.学位与研究生教育质量评估的几个问题探讨[J].学位与研究生教育,2000(2).
[5] 陈希儒.数理统计引论[M].北京:科学出版社,1981.

作者:陈 伟
原载于《中国高等教育评估》2003 年第 1 期

实践篇

古语有云:知之愈明,则行之愈笃;行之愈笃,则知之益明。学位与研究生教育理论的来源是实践,而学位与研究生教育的改革实践则是促进我国学位与研究生教育理论体系形成的源泉。

《中华人民共和国学位条例》颁布30年来,我国学位与研究生教育事业取得了巨大成就,实现了研究生教育的历史性突破,跨入了世界研究生教育大国的行列。在这个过程中,我们积累了丰富的经验,也有过不少教训。中国科大作为学位与研究生教育的先行者,在学位与研究生教育的实践过程中积极探索,在全国开启了多项引领我国学位与研究生教育改革的创新举措,如第一次推出学位论文量化评审改革;最早探索把"博导"作为工作岗位的导师遴选机制改革;最早设立研究生"三助"岗位;最早探索"本科-硕士-博士"、"直接攻博"、"硕博连读"等一体化人才培养模式;首倡建立服务型研究生院,开发学位与研究生教育全程信息化管理系统等。这些实践举措有力地促进了学位与研究生教育的发展。

近年来,随着学位与研究生教育环境与形势的重大变化,传统的以"管"为主的刚性的学位与研究生教育管理模式已经不适应新形势下研究生教育的发展,转变研究生院的管理职能,构建服务型的学位与研究生教育管理体系是时代的呼唤。《服务型研究生院模式初探》介绍了中国科大为努力提高研究生培养质量,秉承学术优先的优良传统,转变观念,积极创建服务型研究生院的做法。

学科交叉与融合已成为当代科技发展的一个重要趋势。在高校学科建设工作中，如何选准突破口，促进学科交叉，是学科发展的一项重要任务。《集中有限资源选准突破口促进学科交叉》介绍了中国科大紧紧抓住国家"211工程"重点学科建设的机遇，集中学校的有限资源，坚持面向国家重大战略需求和国际科技前沿，凝练学科方向，强化学科特色，促进学科交叉的实践经验，该举措使学校在量子信息、单分子结构、纳米材料制备、生命科学、火灾防治等一些重要的新兴、交叉、前沿学科领域做出了若干具有国际先进水平的标志性成果。

《营造创新学术生态环境，构筑博士生培养质量保证体系》从科技创新平台建设、学科交叉氛围营造、导师遴选和岗前培训、研究生助学体系完善、科教结合、质量监控体系建立等方面介绍了学校积极营造博士生创新学术生态环境，构筑博士生培养质量保证体系的有关实践做法。

在研究生培养过程中，学位论文评审和答辩是两个关键环节。《研究生论文评审与答辩的改革实践》正是中国科大进行学位论文量化评审改革实践的凝练总结，该项改革在当时的历史时期曾得到广泛认可和推行，并取得了显著成效。

当前，学位与研究生教育改革与发展机遇与挑战并存，有很多理论与实践问题需要我们去探索、总结。"学之之博，未若知之之要；知之之要，未若行之之实"。坚持在实践中探索、总结、改革和检验是中国科大学位与研究生教育创新实践的基本原则。中国科大学位与研究生教育30年已在实践中走出了一条独具特色的道路，我们坚信，只要坚持不断探索实践，未来的学位与研究生教育会取得更大的成绩。

服务型研究生院模式初探
——以中国科学技术大学积极构建服务型研究生院为例

信息化时代,高效、快捷、人文关怀等已成为社会的关键词。但如果在一所大学里,博士生导师、研究生办一件事却要盖十多个章、跑十多个职能部门,无休止地年复一年重复填写各类申请表格,该是怎样的一种浪费!然而,目前在很多大学里,却正是这样的一种管理模式:研究生院对有关学位与研究生教育的各种事务集中管理,统揽一切,与院系沟通不畅导致管理滞后、层层设垒引发政令不通,客观上形成了研究生院对院系、学科、导师和广大研究生的要求无法知晓,而导师、研究生的迫切呼声又无人理会的局面。很显然,这种旧的管理方式已经跟不上社会发展的脚步,跟不上研究生教育发展新形势的要求。

部分高校已经开始意识到这一点,并做了一些探索性的工作。其中,中国科大研究生院根据党的十七大提出的"建设服务型政府,加快政府职能转变和行政管理体制改革"的思想,对运转了30年的研究生院管理体制进行了变革,明确了"培养质量至上、服务导师为本"的创新思路,采取了"一放一抓,凸显服务意识"的管理模式,在"有所为,有所不为"的全局统筹观念下保证了研究生院的高效、良好运转。

一、思路创新:培养质量至上、服务导师为本

提升研究生的培养质量是研究生教育管理的根本目标。说到研究生培养质量问题,首先要弄清楚这样一个关系:研究生的培养质量究竟是取决于管理部门的"管",还是取决于研究生导师的"导"呢?目前,国内很多学校都出台了保证研究生培养质量的有效措施,比如,严把招生关、加强过程管理、实行学位论文匿名评审、搞研究生创新计划等等。这就从直观上让人感觉研究生培养质量是管理部门"管"出来的。

针对这一问题,中国科学技术大学研究生院领导层承认管理部门"管"的重要性同时,绝对不能忽视导师的"导"。他们认为,相比较管理部门的"管"而言,导师的"导"在决定研究生培养质量方面的作用更为重要。最近,中国科大研究生院和管理学院专门做了一个针对研究生教育现状的专题调研,其中在"你认为影响研究生培养质量的最重要因素"的问卷中,91%的研究生认为"最重要"影响因素是研究生导师,而对于导师的问卷,结果也是如此,超过85%的导师认为研究生培养质量

的第一负责人是导师。每一位导师都有自己的"事业园地",他们对研究生培养质量的诉求已远远走在管理部门的前面,已成为每位导师自觉的行为,他们对研究生科研的要求、学位论文的把关、学生规范要求等都有自己的"一揽子"计划。

  导师在研究生培养过程中所起的作用如此重要,然而过去,大部分研究生院都是统管一切的,在研究生招生、选课、成绩统计、论文开题、学位申请等几乎所有的环节都要填写许多表格,而且年年重复,研究生、导师为了应付这些表格要跑许多职能部门。可以说,非学术事务耗费了广大导师和研究生的诸多精力,严重影响了他们全身心地投入到科研、学习当中,这早已是广大教授和研究生对管理工作最为"诟病"的地方。因此,为了把导师和研究生从这些束缚中解放出来,改革势在必行。

  中国科学技术大学研究生院在认识到导师在提升研究生培养质量方面的重要性和陈旧的管理模式已经成为制约研究生培养质量瓶颈的现实之后。确定了创建服务型研究生院的具体思路:培养质量至上、服务导师为本。

二、管理模式:一放一抓,凸显服务意识

  国内大部分研究生院采取的传统的典型的集约型管理模式影响深远,从历史作用的角度来说,这种管理模式保证了研究生教育发展初期能够按照既定的路线稳步进行,完善了研究生教育过程管理,推动了研究生培养计划的顺利实施,促进了研究生教育的制度化、规范化。如果轻易地放弃管理,人们会担心导致研究生教育流于散漫,缺乏约束。

  针对这一问题,中国科学技术大学研究生院采取"一放一抓"的方式。该校侯建国院士指出:"一抓一放"模式并不是完全置管理于不顾,也绝不会让学校的研究生教育流于散漫。而是改变过去"事无巨细,统揽一切"的做法,采取了"一抓一放"的模式,更加凸显了服务意识。具体来说,该校研究生院在广泛征集导师、研究生意见,充分考虑到学科发展现实的基础上,把涉及到各学科培养具体环节的事务下放到各院系,而把研究生院的管理重点放在营造"研究生满意、导师满意、各级关系融洽、适合科研"的环境方面,从这个层面上说,下放一部分具体权限是为了研究生院能更好地抓住"营造和谐科研氛围"这一核心,而抓住了这一核心又可以为下放具体权限营造良好的空间。这样的"一放一抓"就避免了过去那种一抓就死、一放就乱的弊端。

  中国科学技术大学研究生院采取这一模式是从2006年7月开始的,一系列的"抓"、"放"动作在有效保证研究生院教学管理活动顺利、高效进行的同时,又最大限度地发挥了院系的积极性,充分挖掘了院系在研究生教育工作方面的主动性。

  如今,该校研究生院已经建立了现代化的导师电子档案系统、网络教育平台、学位申请系统、英语网络教学课件等信息系统,把导师和研究生从繁琐的表格"海

洋"中解放出来；在院、系与导师、研究生沟通方面构建了畅通、和谐的平台，建立了研究生院与院系、导师沟通的长效机制；在学院层面成立了研究生教育中心，强化二级管理机制，赋予他们在研究生招生宣传、复试面试、导师遴选、业务经费使用等方面的实质性权力。

三、全局统筹：有所为，有所不为

建设资金有限、人力物力有限是国内大部分研究生院所面临的问题。合理科学地使用有限的资源，更好地服务研究生教育，是各研究生院需要仔细思考的课题。

面对资源有限这一困境，为了配合"一抓一放"，中国科大研究生院的管理创新理论就是"有所为，有所不为"。

在资金使用方面，该校研究生院统筹谋划，摒弃了"撒胡椒面"、"全面开花"式的使用，而是有目的、有重点地把有限的研究生教育经费重点用来建设共用开放的研究生教育创新平台。自2001年起，该校集中财力组建了理化科学、生命科学、信息科学、工程科学、高性能科学计算中心五个研究生公共教学实验中心。这些中心购置有先进的仪器设备、研究设施，聘请了高水平的学术大师，组建创新团队，承担有众多的国家重大科技项目。在这里，导师和研究生可以借助先进的研究手段，相互交流，进行自由探索，为研究生从事高水平的科学研究提供了肥沃的土壤。

在对各具体院系的研究生培养方面，该校研究生院把"有所为"的领域界定在两个方面，一是实行宏观管理，主要职能是确立学校学位与研究生教育的宏观布局和发展方向，制定研究生录取、培养和学位的标准，建立学位与研究生教育管理的相关制度和办法，开展对院系研究生教育管理活动的质量评估；二是最大限度创造好的条件，充分做好为研究生和研究生导师服务工作。而对各院系的具体培养环节则采取了"有所不为"的方式，充分调动各院系的自主创新能动性，在研究生培养工作以及学位授予质量保证体系建设中，非常重视发挥院系各层次学术组织的作用，如建立了各级学位、学术（分）委员会，从学科建设、招生、课程设置、教学大纲制定、论文评阅、答辩、学位审核等环节，来参与研究生质量的把关和评价。在学位质量标准上，学校不再搞"一刀切"，学校只建立质量的"最低值"，鼓励各学科建立更高的质量标准，放权各学科根据本学科特点建立分类和特色化的学科学位质量标准。这样做，大大调动了院系参与研究生教育工作的积极性。

作者：裴　旭　王　伟
原载于《中国研究生》2008年第3期

中国科学技术大学：主动服务融入"五大信息平台"

为贯彻"一个中心，一个转变"的工作理念，中国科学技术大学（以下简称中国科大）研究生院依托校园网，不断探索研究生管理的新路径，以四个基础数据库为依托，在多年的努力下，开发了以"招生系统"、"迎新与离校系统"、"学籍与奖助系统"、"博导电子档案系统"和"学位论文质量监控系统"为核心的"五大信息平台"。

一、招生系统

研究生招生宣传一直受到学校的高度重视，侯建国校长在中国科大"研究生招生在线"上寄语："要建成一流大学，重要的是要有一流的学生，要加强学生综合素质的培养……我们就能把学校的事情办好。我们要使科大继续成为青年学生竞相报考的学校之一。"

中国科大"研究生招生在线"，包括"信息动态"、"硕士招生"、"博士招生"、"专业学位"、"港澳台招生"、"院系速递"、"政策法规"、"文档下载"、"常见问题"等九大功能模块。其中，在"博士招生"模块里，考生可以通过互联网，利用计算机直接将个人报名信息输入到中国科大研究生招生办的数据库。通过报名模块实现的不再是几张报名表格的下载，而是考生所有报考详细数据的采集，因其不受时间、地点的限制，大大节省了考生报考的时间和费用，目前已经完全替代了现场报名。此外，通过这个平台，考生可以及时获取与初试、复试相关的信息，学号的自动生成等功能。

推免生是优秀研究生生源的重要组成部分，其数量、质量直接影响到学校硕士生乃至博士生的整体生源质量，吸引优秀推免生作为保证高质量研究生教育的重要一环，受到研究生院的高度重视。为充分发挥中国科大研究生数字招生平台的作用，在全国乃至世界范围内（部分学生存在出国与否的选择）的生源之争中取得优势地位，我校研制开发了"接收校外推免生系统"，并于2009年开始正式启用。"推免生信息平台"的搭建，拉近了考生与学校的距离，增强了互动性，使研究生报考咨询方式得到有效的延伸，缩减了推免生与学校达成协议的周期，提高了效率。信息传递方式由"电子网络化模式"替代以往的"纸质邮局模式"，这有利于学校在遴选优秀推免生生源上获得先机，也为考生择校提供了快捷的通道。

此外，中国科大"研究生招生在线"还开发了"历年复试分数线"等引导考生合理报考的模块，并与重要网络建立链接，如：研究生招生信息网、学位研究生教育中心、考研网、考研加油站等，从而帮助考生全面把握报考信息，提高复习质量。

二、迎新与离校系统

1. 迎新系统

为简化研究生报到流程，为新生和家长提供便利、快捷、可预约的环境和服务，提前让新生感受并融入中国科大的校园文化。研究生院联合网络中心、社区办等相关部门共同开发搭建了中国科学技术大学研究生"数字迎新系统"。

在系统中，每位新生只需根据录取通知书内的相关信息，输入用户名和密码，并根据系统提示输入验证码，即可登录中国科学技术大学数字迎新系统。新生的相关信息和报到流程包括：姓名、专业、导师等基本信息；学费、奖学金情况；迎新志愿者联系方式；财务、保险、院系报到的办理情况等各类信息全部显示在电脑屏幕上，一目了然。

2009年，研究生院为每位新生都安排了专门的联络员，他们一般是和新生相近学科或地域的高年级在读学生，经过研究生院的业务培训，发展为迎新联络员。通过迎新网站，迎新联络员的联系方式会提前告知新生，这些专业的"向导"将为新生入学报名，熟悉校园学习、生活环境提供有力帮助。研究生相关管理部门也可以同步通过该系统中的"迎新手续办理"和"迎新查询统计"等模块查询到新生报到的具体信息和整体统计结果，及时准确掌握新生报到情况，减轻了信息统计等方面的工作压力，提高了管理的效率。

此外，系统提供的关于中国科大精神、校园文化的信息以及重要校园部门网站的链接，可以帮助新生深入了解中国科大，提前融入中国科大，有利于其入校后更快地熟悉校园环境，投入科研工作。

2. 毕业离校系统

中国科大研究生院在整合一卡通中心、网络信息中心、图书馆、校医院、财务处、社区办等部门的电子信息资源的基础上，开发了新版"研究生离校系统"。系统在保留原有的网络填写、打印表格等功能的基础上，借助网络数据库技术，首次实现了院系向研究生院网上申报学历证书资格、各部门网上审核学生业务结清状况的功能。

在使用电子系统之前，研究生离校要到八九个部门去签字盖章，而现在通过数据库自动查询，大量的业务可以网上自动办理。以图书馆盖章流程为例，"盖章"的目的是确认毕业生书籍归还情况，而通过网络可以自动生成每位学生的书籍归还情况，若毕业学生此前已经还掉所借图书，则无需再去图书馆办理手续。同样，过去每位学生都需到财务部门盖章，现在通过网络自动服务就可以确认学生财务结算情况，为绝大部分毕业生免去了去财务处办理手续的流程。

表1是对毕业学生去五个代表性的部门办理手续的情况统计，对比了该系

开通前后的情况。

表1 离校系统开通前后到部门办理手续的学生数统计

状态＼部门	财务处	网络中心	图书馆	校医院	一卡通中心
开通前(2008年)	1049	1049	1049	1049	1049
开通后(2009年)	54	119	73	0	0

统计显示，90%以上的学生顺利进行了网上离校手续办理，毕业生告别了排队等待办手续的历史，切实体会到网络信息平台带来的轻松与便捷。在离校阶段，针对毕业生，数字离校系统的最大好处，可以概括为：方便学生，可在宿舍内完成大部分离校手续；减少部门工作量，使登门的学生大大减少；实现了校内不同部门对同一工作的网络协作，推进了全校信息化进程。

三、学籍与奖助系统

中国科学技术大学研究生学籍与奖助系统包括教学计划管理、教学过程组织与管理、教学质量管理和学科建设、专业建设、课程建设、教学队伍建设、学籍管理、奖助制度等各方面工作的信息化。包括以下几个典型的模块：

教学管理平台：包括研究生"成绩查询"、"网上选课"、"课程查询"、"课堂教学质量评估"、"英语语言实践学习"等子模块。

学籍信息管理平台：由"核对信息"、"填写信息"、"离校信息"三部分组成，其中"核对信息"包括基本信息、培养信息、学籍信息、工资明细四个子模块；填写信息包括个人信息、联系方式、导师信息、学历信息、个人简历、家庭成员六个子模块。

学费信息管理平台：2009年在对学籍信息管理平台的优化中，方便了管理部门对研究生，尤其是应用类研究生的学费管理和研究生对学费情况的及时了解，新增了"学费信息管理"模块。

中国科大的"学籍与奖助系统"搭建得比较早，覆盖的内容全，各类用户反映好，并为学校多个部门提供数据支持。系统在研究生排课、考试、成绩、基本信息等管理方面发挥着重要作用，适应了各部门和研究生的使用要求，起到了数据交流、资源共享的作用，为实现完善的全校信息化打下了良好的基础。

四、博导电子档案系统

中国科大于2003年就在全国高校中率先启用了"博导电子档案系统"。2009年中国科大校学位办结合本年度博导上岗审定工作对原博导电子档案系统进行了升级完善。目前该系统有以下几个特点和优点：

第一，简化表格填写。在每年博士生导师申请上岗之前，校学位办会同人事处、科技处等部门将每位博士生导师年度需要更新的科研、人事信息采集、导入到数据库系统,并由系统自动生成表格。每年导师申请上岗需要表格信息时,只需在自动生成的表格上对相关信息稍作修改和更新即可,既节约了时间,又增强了信息的信度和效度。

第二,增加了博士生招生宣传功能。新系统具有根据导师输入的信息,自动生成个人招生宣传页面的新功能。导师修改、更新自己电子档案的内容,系统将同步自动更新,始终将最新的信息展示在招生宣传页面上。此外,导师在系统页面上还可以发布所要招收的意向学生的专业背景、科研情况等,以及导师所能提供的科研条件和授予学位的要求等信息。

第三,便于导师对研究生进行管理。本系统和研究生培养与奖助系统进行了链接,导师通过系统可以查到所指导学生的各门课程成绩、排名等基本情况,及时掌握学生学习状态;还可以查询到正在指导的研究生的有效联系方式,如手机号码、电子邮箱、宿舍房号、家庭住址等信息,方便及时与学生取得联系;通过系统,导师还可以检索其指导的往届研究生的毕业时间、论文题目以及联系方式等信息。

第四,提高了研究生管理部门的工作效率。通过该系统提供的各项服务功能,管理部门可以方便地对全校博导的各类信息进行分类、汇总、统计分析,从而做出科学的决策;系统提供的集成邮件和短信管理平台服务,为管理部门通过电子邮件和手机短信群发的方式及时与研究生导师取得联系提供了便捷的通道。

博导电子档案系统自开通以来,取得了较好的成效,特别是在招生宣传方面发挥了积极的作用,得到了导师和意向考生的一致好评。

五、学位论文质量监控系统

为提高研究生学位论文质量,有效防止研究生学位论文写作中的"学术不端"行为,中国科大于2009年在09级毕业研究生学位论文审核中开始使用中国知网开发的"学位论文学术不端行为检测系统"。这一监测系统具有全面性和权威性,将成为我校把好学位论文内容质量关的辅助工具和重要手段。

统计显示,2009年中国科大有1600多位申请学位的硕、博士研究生学位的论文接受了"学位论文学术不端行为检测系统"的检测。检测结果表明,我校绝大部分研究生的学位论文引用规范,文字重合率低。但在检测过程中也发现了极少数学位论文文字重合率较高的情况。为此,校学位办逐一通知其院系以及研究生本人和导师,指出其学位论文未通过检测的原因和存在的问题,敦促其修改学位论文直至通过质量检测,方可申请学位。目前,该系统还处在试运行之中,各院系导师和研究生对学校使用该系统表示了欢迎、理解和支持。

总体来说,"五大信息平台"是基于对用户界面服务、流程服务和数据服务三方面的整合而搭建的信息系统,打破了学校内的信息孤岛,实现了在用户、学校和流程与信息三个层面的全面整合,达到了对内关联整合和对外统一集成。如图1和表2所示。

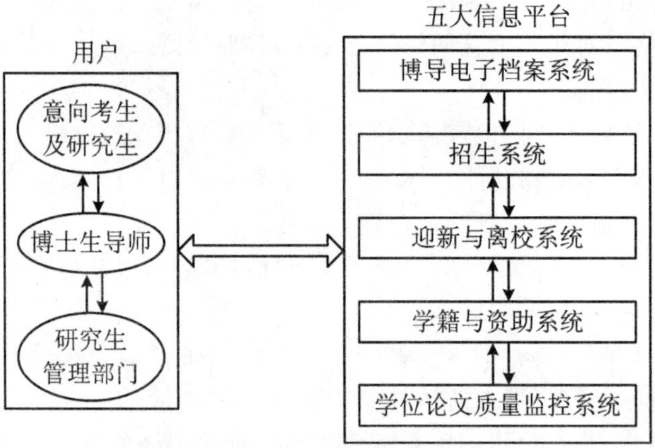

图 1 用户与"五大信息平台"关系图

表 2 用户与"五大信息平台"关系表

系统 / 用户	研究生	导师	研究生部门
招生系统	获取报考信息、网上报名	宣传招生意向、与考生互动	招生信息发布、考生信息采集
迎新与离校系统	网上报到、网上离校	查询学生报到与离校情况	网上办理研究生报到、离校手续
学籍与奖助系统	网上选课、成绩查询等	提供评审参考意见	研究生培养、学籍及奖助等网上服务
博导电子档案系统	获取导师信息	提供个人信息	博导信息采集、审核、宣传、考评
学位论文质量监控系统	保障论文质量	论文监督与审查	论文质量监控与审查

在这个平台上,信息的处理是分布式、协作式和智能化的,用户可以通过单一入口访问所有信息。能够将平台中众多的服务功能,按照用户的需求进行有机集成,形成自动完成的工作流程,向师生和管理部门提供一步到位的服务。

自中国科大研究生管理信息平台搭建以来,其在服务研究生、导师和管理工作实践中体现出安全、灵活、实用、快捷等特点,受到了师生的欢迎。截至目前,"五大平台"系统数据的采集流、审核流与管理办公的磨合已日趋一致,并取得了良好的实际效果,彰显出信息化、人性化、动态化的特色。

作者:张淑林
原载于《中国教育网络》2009年第10期

集中有限资源选准突破口促进学科交叉

中国科学技术大学校长朱清时院士在一次大学校长论坛会上曾说:"世界上任何一所大学都不可能在所有的学科上达到一流水平,但一所一流大学一定有某些学科在教学、科研方面都达到一流水平。在经费和人才相对不足的情况下,选准突破口,集中人力和财力,有可能创建成一流水平的学科。"基于上述指导思想,中国科学技术大学在"九五"期间,紧紧抓住国家"211工程"重点学科建设的机遇,集中有限资源,坚持面向国家重大需求和国际科技前沿,凝练学科方向,强化学科特色,促进学科交叉,在单分子结构、纳米材料制备、量子信息、火灾防治等一些重要的新兴、交叉学科领域做出了若干具有国际、国内先进水平的标志性成果。在2001年国家组织的重点学科申报中,我校申报的23个学科中有19个进入国家重点学科行列,重点学科数由原来的4个上升到19个。在进行"211工程"重点建设过程中,我校始终坚持自己的学科建设思想。

一、瞄准国际科技发展前沿中的关键和重大问题,整合学科力量,推动学科交叉

随着当代科学技术的迅猛发展,学科前沿不断延伸,不同学科之间的相互渗透、交叉和综合已成为学科发展的一个重要趋势。在交叉学科的前沿领域,新思想、新学科不断涌现,学科交叉成为科学知识创新的主要途径。以往孤军奋战、条块分割式的学科发展模式,已越来越不适应当今科学技术飞速发展的新形势。

纳米材料科学是当今国际科技发展前沿中的一个重要领域,涉及多门学科。中国科学技术大学在分析20世纪90年代纳米材料科学发展现状和趋势的基础上,认识到研究单个原子和分子的物理和化学行为是该领域今后发展的关键。目前,国内外深入研究这一领域的人还不多,而且学校在微观物理和化学方面的理论和实验人才都不少,只要把这些人才组织起来,相互合作,实现交叉融合,就有可能走到国际前列。基于上述考虑,学校克服各种阻力,在"有限目标,集中人力和物力,实现跨越式发展"思想的指导下,采取把"211工程"重点学科"极端条件下的凝聚态物理研究"与"化学反应的人工控制"两个子项目进行共建,资源共享,以此为基础成立"理化科学中心",吸纳物理、化学等众多学科的研究力量,购置了目前世界上最先进的"低温真空隧道扫描显微镜"为核心的"分子手术"实验装置,并自制

建立了一系列相关配套设备,使单分子物理与化学的研究条件一步到位,达到国际先进水平,并且很快在单分子物理与化学领域取得国际一流水平的研究成果。来自材料科学领域的侯建国教授和从事理论物理研究的杨金龙教授两人的课题组与选键化学实验室的其他人员一起紧密合作,充分发挥了学科交叉的优势,在国际上首次成功地确定了 C_{60} 单分子的吸附取向,入选1999年度中国基础科学研究十大新闻,并被美国物理学会图片新闻网报道,这是该学会网站首次发表中国科学家在国内取得的研究成果。随后,该领域的研究工作又取得突破性进展,关于"2维 C_{60} 分子畴的拓扑结构"的研究成果发表于《Nature》杂志(2001年第409卷),并入选2001年中国十大科技新闻、中国基础科学研究十大新闻、全国高校十大科技新闻。中国科学院路甬祥院长在点评该成果时认为,该成果"在国际上是首创的成果,有很大的科学前景,会推动纳米技术和信息技术的发展"。

在上述两个"211工程"重点学科建设项目的支持下,以钱逸泰院士为首的纳米化学与纳米材料实验室在纳米材料化学制备的新技术、新方法的研究方面也取得了突破性进展。他们用金属钠在高压釜中还原四氯化碳制成金刚石微粉,为国际首创。研究成果在《Science》上发表后,被美国《化学与工程新闻》誉为"将稻草变为黄金",该成果被原国家教委列为1998年全国高等院校十大科技新闻之一。

上述学科交叉共建给我们的重要启示是:适应国际科技发展趋势的需求,在高校学科建设的经费和相关资源还很有限的情况下,坚持"有所为,有所不为",选准突破口,集中人力和财力,实施强强联合,促进学科交叉,建设学科群非常重要。这不仅可以提高资金使用效益,优化资源配置,更重要的是通过学科间的交叉、融合、交流,实施大兵团作战,使研究人员能不断了解不同的学术观点,拓宽视野,扩大知识面,从而活跃和开拓学术思想,为产生新的理论和观点,形成新的学科生长点创造条件。

二、以传统的优势学科为依托通过交叉渗透、融合等方式进行内涵改造,不断提高创新活力

数、理、化、天、地等学科在一定意义上可以说是传统学科,但传统学科不等同于"夕阳学科",如能与时俱进,不断吸纳学科发展的"新鲜血液",定会重新焕发"光彩"。因此,加强内涵改造,不断提高创新活力是传统学科的出路所在。数学、物理等学科一直是中国科学技术大学的优势学科,学科力量强,学科特色明显,长期以来是我校保持国内高校领先水平的重要领域。以理论物理为例,多年来一直是我校发表论文最多的领域,人才济济,但重大成果不多。因此,近年发展遇到了挑战,根据对国际科技发展趋势的判断,我们认为该学科多年来形成的资源优势是其他学科无法比拟的:有较好的资源条件,有学术造诣深、治学严谨的学科带头人,有结构较为合理的学科队伍,有浓厚的学术氛围,是新兴学科产生的重要"源头"。如能

通过学科的繁衍、嫁接、移植、滚动等方式进行改造,定会有所作为。为此,学校力排异议,决定在保持原优势的基础上,支持发展理论与实验相结合的量子信息科学。在"211工程""数学与非线性科学项目"的基础上,通过非线性科学、量子物理与信息科学相交叉,以郭光灿、段路明教授为首的研究团队,在该领域做出了一系列国际认可的创新成果。他们提出的量子概率克隆原理被国际同行称为"段-郭概率克隆机",推导出的最大概率克隆效率公式被称为"段-郭界限";关于"普适克隆"的实验成果,被称为"该领域最近最激动人心的进展之一"。他们还在国际上首创了量子避错编码原理,并被国际著名实验室的实验证实。这些成果得到国际同行的高度评价,并在《Science》和《Nature》等刊物上被广泛引用。最近,他们又在实验中研制成功了光纤量子密码系统。一旦量子计算机研制成功,现在所使用的密码系统都将被攻破,而量子密码原则上可提供不可破译、不可窃听的保密通信,其安全性是由量子力学原理所保证的。短短四年中,郭光灿教授等人从纯粹的理论物理研究转为与激光实验相结合,开辟了一个新领域,他们的课题组也很快发展成为中科院量子通信重点实验室。

量子信息学科建设的成功表明,高水平的学科建设绝不是对传统学科的抛弃,而通过交叉、融合等方式从纵深层面挖掘原学科的内涵,保持原优势,不断强化特色,增强其创新活力是非常重要的。这些学科是形成新学科的"源头",其水平直接影响新兴学科、边缘学科、交叉学科以及高技术学科建设的目标和效果。

三、围绕国家的重大和战略需求,凝聚相关学科的优势力量,培育、扶植新兴学科,促进国民经济发展和社会重大问题的解决

学科的可持续发展动力源于国家、社会、经济发展的重大需求,若脱离了现实需求,学科就会成为"无源之水"。为了改变学科建设工作与国家重大战略需求结合不紧密的状况,在国民经济建设的重大项目和社会发展的重大问题中做出应有的贡献,我校凝聚、融合各相关学科的优势力量,积极培育、扶植一批面向21世纪、处于学科前沿、解决国民经济和社会发展重大问题的新兴学科。

火灾是危害人类最持久、最剧烈的灾害之一,也是国民经济和社会发展中迫切需要解决的重要问题。这一社会发展重大问题的解决涉及信息、材料、生命、数学、物理、力学等众多学科。我校"211工程"重点学科"火灾安全与防治工程"建设项目,依托火灾科学国家重点实验室,针对火灾过程的共性、前沿和关键的科学问题,探索其孕育、发生和发展的动力学演化机理和规律,系统发展火灾动力学演化理论。发展国际上有创新特色的火灾防治原理和高新技术,在大空间早期火灾智能监测系统的理论研究、系统集成和应用开发等方面,达到国际先进水平,并将这一成果应用于中央电视台、人民大会堂、首都体育馆等大型建筑的火灾安全监控工程,取得了良好的经济效益和社会效益。目前该学科研究人员正在参与北京奥运

场馆工程的建设。

信息科学是20世纪80年代以来对人类社会发展影响最深远的一门新兴、交叉学科,它不仅带来了科技的革命,而且改变了人类的生活方式,是各国科学家关注的前沿科学,也是我国赶超世界先进水平、提高综合国力的一个重要学科领域。在"211工程"重点建设的相关学科的带动下,我校凝聚信息学院的相关力量,大力进行科研攻关,为国家和地方经济的发展做出了重要贡献。如关于新一代移动通信方法和技术的研究成果,被应用到第三代移动通信的国际标准化建议当中;在汉语文语转换系统(TIS)方面的研究达到国际领先水平,并以此为基础形成国家"863计划"成果产业化基地;国家高性能计算中心(合肥)承担的"863计划"项目"安徽省防灾减灾智能信息及决策支持系统",获2000年中国科学院科技进步二等奖。

为在国防建设中做出一定的贡献,我校凝聚众多学科的优势力量,专门组建了跨学院的"空间科学技术研究基地",建立严密的管理体制,统一组织协调全校的国防科研工作。两年来,我校承担了一批国防和国家安全领域的重要研究项目,并取得了重要成果。

上述实例说明,在学科建设中,培育、扶植一批面向21世纪、处于学科前沿或是解决国民经济和社会发展重大问题的新兴学科,特别是一批高科技和应用领域的新兴学科,如火灾科学、信息科学、军事科学等学科不仅为学校可持续发展创造了更为广阔的空间,而且对促进国民经济发展和社会重大问题的解决有重要意义。

四、科学凝练学科方向,努力打造学科特色和品牌

众所周知,任何一门学科都包含众多的研究领域,任何一所高校的任何一个学科都不可能在所有学科方向保持领先地位。因此,科学地凝练学科目标,选择若干特色方向予以重点扶持与发展,是保持学科优势、促进学科发展的一项重要举措。

生命科学曾经是我校研究力量比较薄弱的学科,在进行"211工程"建设规划生命科学的学科建设和研究工作时,我校没有选择传统的生物学领域和方向,而是通过凝练科学目标,瞄准以结构基因组、细胞功能蛋白质组、药物基因组为主要内容的结构生物学、分子生物学、细胞生物学、神经生物学和生物物理学等新的领域和方向。经过努力,我校生物大分子结构与动力学的计算机模拟研究,1999年获国家自然科学三等奖;葡萄糖异构酶的蛋白质工程研究,2000年获教育部科技进步二等奖;此外,还获得了结构精度达到国际领先水平(衍射分辨率为0.8埃)的蛋白质空间结构模型。

地球与空间科学是我校的传统优势学科之一,国内一些高校在这个学科领域的研究也相当出色,为使这个学科在新时期更有特色,我校多次组织教师和学生研讨论证,认为如能和新兴的环境科学结合起来,选择极地环境作为重点研究方向一定会形成特色。后来的结果证明这种选择是成功的。孙立广教授等运用独创的

"企鹅考古"方法,通过3000年企鹅种群数量变迁研究推演南极气候的变化,研究成果发表在《Nature》(2000年第407卷)上,评审人认为"这是一种研究南极湖泊集水区历史时期企鹅数量变化的新颖的生物地球化学方法。在不久的将来,它很可能形成某种活跃的研究领域"。该成果被教育部评为2000年度中国高校十大科技进展,中国科学院在《2001科学发展报告》中将其列为"2000年度中国科学家具有代表性的工作"之一。

五、建设面向全校开放的公用的学科支撑平台,提高资金效益,实现资源共享

研究基地的建设是学科发展的物质基础和平台,可为学科交叉和创新人才培养提供良好的实验条件和研究环境。我校在财力有限的条件下,以"211工程"为契机,按照集中投入、统一管理、开放公用的模式,在校园网络、图书资料、公共实验中心等学科支撑体系的重点环节上,进行了重点建设。建设了理化科学、生命科学、信息科学、工程科学等4个公共实验中心,购置了一批在相关领域内急需的、通用的大中型仪器设备,为全校的学科建设,包括重大项目研究和自由探索研究服务。这种集中管理、资源共享的新模式,可避免大型仪器的重复购置,显著提高仪器设备的利用率和使用效益,同时也能以这些中心为基地,培养和稳定一支业务素质高、敬业精神强的学科队伍,为学科建设工作提供先进的公共实验平台和良好的技术支撑服务。

学科支撑平台的建设说明,在学科建设中贯彻"点面结合"的原则也很重要。具体地说,就是既要看准一些有可能建成一流,并将起到示范、辐射作用的学科,集中人力和资源,利用学科交叉的优势对之进行重点发展,以一点来带动全盘。同时还要注意营造良好的学科生态环境,如建设若干教学科研共用、面向全校开放的学科平台,为学科建设提供先进的条件和手段。

作者:裴 旭 张淑林
原载于《学位与研究生教育》2002年第12期

依托大跨度、多学科交叉的科技平台培养高层次创新型人才
——研究生创新中心建设的实践、理念、定位

"研究生教育创新计划"实施以来,在教育部的支持下,中国科学技术大学(以下简称"中国科大")充分依托大跨度、多学科交叉的科技创新平台,相继组建了"同步辐射博士生创新中心"和"微尺度物质科学研究生创新中心"。这两个中心在工作实践中,秉承共享共用、交叉融合、前沿创新的实践理念,充分利用学校的特色和优势学科,在依托高科技创新平台——合肥同步辐射国家实验室和合肥微尺度物质科学国家实验室的基础上,通过优质资源的开放共享以及学科交叉,为广大研究生的创新能力培养提供了丰沃的土壤。

一、建设背景

1. 同步辐射博士生创新中心

20世纪80年代,国家在高校中建设的唯一大科学工程——合肥同步辐射实验室在中国科大启动建设。经过一期、二期工程以及"211工程"、"985工程"国家建设资金的投入,目前,该实验室已建设成为我国为数不多的国家实验室之一和第三世界科学院的同步辐射研究中心之一。该实验室为国内外科学家、工程技术人员提供了具有世界先进水平的实验设备等研究条件,业已成为物理、化学、生物、材料、信息及微细加工等学科科学家进行前沿交叉学科研究的重要基地。基于此,学校为进一步吸引更多国内大学和研究所相关学科的博士生以访学身份来实验室开展多学科交叉学术交流,利用大科学装置进行高层次的研究型学习与实践,培养访学研究生的创新意识和创新能力,为国内先进同步辐射光源技术、应用技术发展以及相关交叉学科的发展培养高层次的支撑人才,于2003年向教育部申请建立了面向全国研究生开放的"博士生创新中心",并于同年被教育部批准立项建设。

2. 微尺度物质科学研究生创新中心

自建校以来,中国科大就有学科交叉的良好传统与氛围。为发挥学校多学科综合交叉的传统和优势,增强学校的自主创新能力,2001年10月,学校在整合中国科学院结构分析重点实验室、选键化学重点实验室、量子信息重点实验室、结构生物学重点实验室以及中国科大原子分子物理实验室、理化分析实验室和低温强

磁场实验室等研究机构优势力量的基础上,组建了多学科、大跨度的综合性国家实验室——合肥微尺度物质科学国家实验室,并于2002年10月在校内开始试运行。目前,该实验室建设计划已顺利通过了科技部组织的海内外专家的论证,即将正式挂牌。由于该实验室具有先进的设备和研究条件,在筹建的这几年中已在纳米非氧化物的溶剂热合成及鉴定、纳米单分子的探测表征、选键化学基础与前沿及量子物理与量子信息等方面取得了一批国际一流水平的研究成果。为更好地发挥该实验室的作用,在已有的物理、化学和材料学科交叉的基础上,加强与生物学、信息科学等学科的交叉与合作,让不同学科的研究生更好地利用该实验室的各种实验装置和资源开展原创性研究,为研究生进行学术交流、自主开展科学实验和实践创新提供专门场所,为跨学科研究生之间开展学术交流与合作提供平台,学校特申请建立了面向全国研究生开放的"微尺度物质科学研究生创新中心"。

可以想见,学校依托这两个大跨度、多学科交叉的高科技创新平台,建设"研究生创新中心",对于保障高层次创新型人才培养质量的意义自不待言。

二、实践理念定位

1. 同步辐射博士生创新中心

中心始建以来,已面向全国研究生成功举办了"核技术及应用研究生暑期学校"、"等离子体物理理论和计算研究生暑期学校"以及"全国等离子体计算物理暑期讲习班",设立了"同步辐射研究生创新基金",资助了61项创新课题,取得了很好的社会影响。中心在建设过程中,始终坚持"面向全国,资源共享,学科交叉,培养创新"的实践理念定位并向全国研究生开放,被国务院学位委员会办公室、教育部学位管理与研究生教育司的领导称赞为"真正的研究生培养基地"。

(1) 创新中心融会众多学科,充分实现学术交流与沟通

同步辐射是一个特色鲜明的、典型的多学科交叉的公用技术平台,同步辐射装置涉及的领域之宽广是其他任何装置所无法比拟的。从同步辐射大科学装置的建设、运行到对外开放,需要运用很多复杂且先进的技术,有些技能需要实际演练和亲手操作才能获得,有些问题需要综合考虑和全面分析才能解决。物理、化学、材料科学、生命科学、信息科学、力学、地学、医学、药学、农学、环境保护、计量科学、光刻和超微细加工等领域的基础研究和应用研究可以在这里同时进行,并且关联着真空机械、微波高频、自动控制、光学、电子学等工程技术。中心招收和培养的研究生涉及的专业面非常广,研究生在这里所学习和接触的知识面也非常广,他们相互学习、取长补短、共同促进,真正地实现了学术交流与沟通。

(2) 创新中心是一个面向全国高校、研究所开放的优秀的人才培养平台

创新中心从创建开始,开放的对象就瞄准全国高校和研究所的研究生。无论是暑期学校招收的学员还是创新基金资助的研究生课题负责人,其85%以上都是

校外研究生。如2004年核技术及应用研究生暑期学校,招收的学员分别来自27所高校及科研机构。中心建设的研究生公寓、办公室和活动中心等都主要是为了改善外来研究生的生活和学习条件,创新基金还解决了外来研究生的住宿和差旅费用。每年为上海应用物理研究所代培研究生十余名,与北京高能物理研究所联合培养研究生2~3名。中心不仅是我国重要的同步辐射人才培养基地之一,也是一个供其他学科培养创新型人才的平台。全国高校各类专业的研究生导师可利用开放的同步辐射装置培养研究生,中心每年都接待很多博士生、硕士生开展他们的学位论文研究工作。

(3) 创新中心重视研究生的独立研究能力,全方位培养研究生的创新意识、创新能力和创新精神

同步辐射不同于一般的测试中心,提供的不仅仅是一种实验手段,更是一种实验方法,一种综合的科学思维方式。中心设立的同步辐射研究生创新基金鼓励研究生独立提出科学问题,思考如何利用同步辐射并选择合适的实验站来解决问题,研究生在得到必要的操作培训后独立开展实验,在实验中分析有用的数据,并经过充分的思考后才有可能找出对解决科学问题有利的证据。整个研究的过程中,中心只提供必要的技术支持和服务,研究生的创新意识、创新能力和创新精神可全方面得到锻炼。中心培养的研究生中已有2人荣获了"中国科学院院长特别奖"。

2. 微尺度物质科学研究生创新中心

由于中心是建立在合肥微尺度物质科学国家实验室的基础之上的,在运行中始终坚持高起点、高目标,力求通过利用先进的仪器设备、交叉融合的氛围、前沿开放的视野,培养广大研究生原始创新的能力。中心前期资助的学生已有1人获"全国百篇优秀博士学位论文奖",2人获提名奖,4人获"中国科学院优秀博士学位论文奖"。

(1) 创新中心鼓励研究生从事原创性研究

中心具有的分析测试设备涉及物理、化学和材料分析领域,设备配套,不仅能为学科建设和交叉发展奠定良好的物质基础,同时也为创新人才的培养,特别是研究生参加科研活动提供了必要的实验条件,为促进原始创新性成果的生长提供了肥沃的土壤。研究生可充分利用中心具有的多学科综合分析手段,一方面可通过实验了解和掌握各种仪器的分析手段,拓宽知识面,并用于分析和解决科学问题;另一方面可利用这些技术手段进行科学探索,从而开发创新意识,提高创新能力,培养综合的科学素质。为营造研究生创新氛围,中心设立了不同学科类型的研究生创新课题,目前已首次尝试资助了15项课题。通过研究生的自由申请、自主设计和自主探索,鼓励研究生从事技术创新性研究及原始创新性研究。

(2) 创新中心重视不同学科专业研究生之间的学术交流

中心依托的合肥微尺度物质科学国家实验室(筹)是在长期坚持学科交叉与融

合的基础上,从相关重点实验室的重组、整合人手,优化资源配置,逐步形成了一个多学科综合交叉的科技创新平台,其学科领域涉及物理学、化学、材料科学、生物学和信息科学,实现了一级学科之间大跨度的整合。为加强不同专业、不同学科方向研究生之间的学术交流,中心建立了研究生学术论坛和交流机制,定期以讲座、交流会、专题研讨会和网上交流等形式,召集和组织研究生交流不同的学术观点和专业知识,跟踪物理、化学、材料等相关学科研究和发展前沿,促进不同学科研究生的交叉与合作研究。

(3) 创新中心积极加强与国内外知名大学和研究所的交流,开阔研究生的学术视野

中心依托的微尺度物质科学国家实验室与国内外著名大学和研究所一直保持着良好的科技合作关系。中心充分利用这一有利的条件,建立了与相关大学和研究所实验室的研究生相互学习的交流机制,为本中心相关学科的研究生提供短期到国内外学习的机会,从而培养研究生良好的合作意识,开阔眼界,活跃创新思维,进而提高他们的科研竞争实力。仅中心成立以来的半年时间,已遴选了10多名来自物理、化学、材料科学、生物学和信息科学领域的研究生到国内外一些大学和研究机构学习、深造。

三、下一步建设的思考

(1) 加大宣传力度,扩大受益面,促进优质资源体系的共享程度

中国科大两个创新中心所依托的大跨度、多学科交叉科技创新平台均为国家实验室,不仅拥有精良的仪器设备、浓厚的学术氛围、前沿的课题、广泛的国际交流等优势,且目前是国家"211工程"、"985工程"的重点建设项目。这些都为支持创新中心培养创新型人才提供了得天独厚的条件。因此,下一步的工作重心之一就是要进一步扩大中心的宣传工作,让全国更多的研究生了解中心的建设情况,争取通过资助创新课题、建立创新激励机制等方式吸引更多来自不同高校和研究机构的研究生到中心开展创新活动,扩大受益面,提高优质资源体系的共享程度。

(2) 对中心实行分类定位,强化特色和优势

中国科大两个创新中心所依托的国家实验室,优势和特色非常明显。"同步辐射创新中心"所依托的合肥同步辐射实验室是一个特色鲜明的、典型的多学科交叉的公用技术平台和人才培养平台。因此,扩大开放程度,吸引不同学科的研究生来中心开展多学科交叉学术交流,利用大科学装置进行高层次的研究型学习与实践,培养研究生的创新意识和创新能力,将成为该中心下一步工作的重中之重。

"微尺度物质科学研究生创新中心"所依托的合肥微尺度物质科学国家实验室是在长期坚持学科交叉与融合的基础上,通过优质资源重组整合,逐步形成的一个

多学科综合交叉的科技创新平台。实验室重在为培养交叉创新人才和孕育原始创新性科技成果提供机遇与土壤,因此,以此为依托的中心的重点工作将致力于为不同学科专业的研究生开展探索性研究工作提供创新氛围,培育创新土壤,并通过设立创新课题、建立创新激励机制等方式,培养创新人才。

作者:裴　旭　张淑林　余　芹
原载于《学位与研究生教育》2006年第6期

营造创新学术生态环境,构筑博士生培养质量保证体系

一、博士生培养质量概况

近几年,研究生教育规模迅速发展,如何确保研究生培养质量已经成为社会关注的焦点。特别是博士生教育,其水平高低直接关系到能否为我国的科技创新提供高级人才支持;能否进一步提升我国整体科研能力;能否为我国经济和社会可持续发展提供充足源动力。中国科学技术大学(以下简称中国科大)目前各类在校研究生逾万人,其中博士生超过2300人,如何保证博士生的培养质量这一重大课题已现实地摆在学校面前。对此,学校大力开展创新教育,全方位搭建博士生创新教育平台,营造博士生创新学术生态环境,构筑博士生培养质量保证体系,从而有力地保证了博士生的培养质量。

几年来,我校博士生创新教育实践成效显著,博士生作为一支朝气蓬勃的生力军,在学校科研创新工作中起到了非常重要的作用。据统计,目前博士生对我校SCI/EI的论文贡献率呈逐年增长趋势,2006年分别已达到68.9%和71.3%。"十五"以来,在中国科大连续取得的十多项"国内十大科技进展"、"中国高校十大科技进展"研究成果中,在校博士生起到了重要作用,这些成果大都是由博士生作为主要承担者完成的。在部分基础学科,博士生在《科学》、《自然》等国际顶级期刊上发表了论文。在1999~2006年"全国百篇优秀博士学位论文"评选中,共有23篇论文获奖,获奖总数名列全国高校第六;2006年我校授予博士学位人数仅319人,获全国优秀博士学位论文5篇,获奖总数列全国高校第二。在近期结束的第三批国家重点学科申报中,学校授予博士学位的学科有8个被认定为一级学科国家重点学科,4个被评为二级学科国家重点学科。在理学学科中,国家重点学科的涵盖率已达到100%,即所有招收博士研究生的理学博士点均成为了国家重点学科。生动的数据说明了学校博士生的培养质量是可以保证的,博士生出色的科研业绩,为学校赢得了荣誉,为中国科大建设高水平研究型大学做出了重大贡献。

总结学校博士生培养工作的基本经验,我们认为,保证博士生培养质量,最最重要的是需要从学校层面全方位搭建博士生创新教育平台,积极营造博士生创新学术生态环境。

二、中国科大营造博士生创新学术生态环境的探索

中国科大在博士生培养工作实践中,坚持创新理念,重点从科技创新平台建设、学科交叉氛围营造、导师遴选和岗前培训、助学体系完善、质量监控体系建立、所校结合等方面积极营造博士生创新学术生态环境,构筑博士生培养质量保证体系。

1. 加强科技创新平台建设,为博士生培养提供硬件条件支撑

诺贝尔奖被公认为科技原始创新的最显著标志。近代科学技术产生以来,对世界文明做出过重大贡献的我国在诺贝尔奖上的"零纪录",不能不说是一种遗憾,这应引起我们的深思。当然,造成目前我国科技原始创新不足的因素很多,但研究条件的滞后,却是一个不争的事实。综观世界各国不难窥见:诺贝尔奖主要集中在一些拥有一流研究条件和研究手段的开放实验室。这些大型科研基地,拥有先进的仪器设备、研究条件、高水平的学术大师和创新团队,承担有众多的国家重大科技项目。在这里,教师和学生可以借助先进的研究手段,相互交流,进行自由探索,从而产生出新的学术思想、观点和成果,萌发出新的研究方向,做出创造性的研究成果。因此,可以说高水平的科技平台是培养高层次创新型人才的最理想阵地。基于此认识,我校在博士生培养中非常重视多学科交叉的科技创新平台的建设。目前,通过"985工程"的重点建设,学校已建成的为博士生培养工作提供科研支撑的科技平台有:合肥微尺度物质科学国家实验室、同步辐射国家实验室2个Ⅰ类平台,火灾安全、信息科技前沿理论与应用、地球与系统科学3个Ⅱ类创新平台;同时学校为合理、高效使用有限资源,还集中财力组建了理化科学、生命科学、信息科学、工程科学、高性能科学计算中心5个研究生公共教学实验中心。由此,学校形成了由国家(重点)实验室、中国科学院重点实验室及研究生公共教学实验中心所组成的多级博士生创新平台体系,为博士生从事高水平的科学研究提供了肥沃的土壤。以中国科大微尺度物质科学国家实验室为例,由于该实验室具有先进的设备和研究条件,承担有多项重大科技项目,在筹建的这几年中学校物理、化学、生命科学等学科的相当一部分博士生以该平台为依托,开展原创性研究,取得了丰硕科研成果,不仅在国际顶级学术期刊《Science》上发表了论文,还有8名博士生获得"百篇全国优博论文"奖。另外,仔细分析我校历年所获的23篇全国优博论文发现,有13篇是由学校的科技平台直接孕育产生的,其他获奖论文也在很大程度上得益于学校良好科技平台的支撑。

2. 积极营造学科交叉、融合的氛围,为博士生创新思想萌发提供土壤

随着当代科学技术的迅猛发展,学科前沿的不断延伸,不同学科之间的相互渗透、交叉和综合已成为当今学科发展的一个重要趋势。而学科前沿和学科间交叉渗透是博士生创新的两大领域。学科间的交叉、融合、交流,使博士生能不断了解不同领域的学术观点,从而拓宽视野,扩大知识面,活跃学术思想,增强适应性,为

产生新的理论和观点创造条件。发达国家在交叉学科的研究生培养方面有很好的经验值得借鉴。如美国硕士、博士阶段都强调主修、副修的结合，文、理、应用学科的渗透。MIT的成功就在于它不仅有一流的专业教育，而且具备良好的学科交叉氛围，强调学生人文、艺术和社会科学方面的基础教育，注重培养学生用非定量的分析方法对事物作合理的判断，以求在相关学科领域实现新的跨越。日本筑波大学不设科系，而以学科群、学科类来划分课程，其目的就是为了通过营造学科交叉氛围，提高高层次人才培养质量。

作为中国科学院所属的一所高校，中国科大自建校以来，就不按传统的专业设置系科，从而很早就形成了科学与技术、理学与工学交叉融合的优良传统。目前，在研究生培养工作中，学校不仅鼓励跨学科招生、培养博士生，参与跨学科的研究项目，还特别注重营造学科交叉的氛围，如经常举办跨学科的学术沙龙、学术年会和学术论坛，各院系定期举行研讨班、外聘专家讲学以及组织博士生参加国内外学术会议等大量学术活动，开阔博士生学术视野，促进不同学科研究生之间的交流，进而通过交流碰撞产生"火花"。这其中，两个大的国家实验室起到了重要作用，如合肥微尺度物质科学国家实验室是在长期坚持学科交叉与融合的基础上，从4个中国科学院重点实验室的重组整合入手，进行优化资源配置，逐步形成的一个多学科综合交叉的新型科技平台，其学科领域涉及物理学、化学、材料科学、生物学和信息科学等，实现了多门一级学科之间大跨度的整合。依托该实验室，学校不仅迅速在单分子科学、量子信息与通信、纳米材料等交叉学科领域的关键性理论和技术方面取得了有国际影响的突破，而且在博士生培养方面自2002年以来，就有8人获"全国百篇优秀博士学位论文"奖。合肥国家同步辐射实验室也是学校创建的多学科共用交叉、开放型科学大平台。该平台不仅为广大博士研究生提供了具有世界先进水平的实验设备及研究条件，而且成为国内校内不同学科（物理、化学、生物、材料、信息及微细加工等）的博士生进行前沿交叉学科研究的重要基地。

3. 加大导师遴选关键环节的审核力度，积极推行岗前培训，为博士生培养遴选合格的引路人

导师是博士生培养质量的第一责任人，导师的知识水平、道德素养、学术情操无时无刻不对博士生产生重要影响，可以说在博士生教育生态系统中，导师是绝对的主导因素。如何遴选能胜任博士生培养工作的导师，在博士生培养质量保证体系中就变得十分重要。从国际博士生培养工作的实践来看，充足的科研经费是保证教授指导博士生完成高质量学位论文的必要条件，这已成为博士生教育的共识。导师如果没有好的实验设备和课题，不仅教学质量难以保证，研究生的科研水平也难以提高。近年来我国研究生教育连续大规模扩张，这对"博导"选拔工作带来的冲击和负面效应还是比较明显的，一些研究生培养单位出于缓解压力的考虑而过于追求数量，在一些关键环节或降低遴选标准，或把关不严，采取选聘上的"形式主义"，致使导师数量越来越多，但由于缺乏高水平科研课题的支撑，博士生培养水平却无法保证。鉴于此,我校在博导选拔工作中简化了遴选程序,但却加大了对关键条件——课题与科研经费审核的力度,目前来看效果不错,不仅遴选到了合格的导师,而且真正建立起了导师的岗位意识。现在,学校已有博士生导师561人,其中"两院"院士26人,第三世界科学院院士6人,教育部"长江学者"、中科院"百人计划"、国家"杰青"107人;国家自然科学基金委创新研究群体6个,教育部创新团队4个。

加强导师上岗前的培训是我校强化导师队伍建设的另一重要举措。针对年轻导师群体在培养经验方面的不足,我校每年都要组织对新导师进行岗前培训,请一些德高望重、培养博士生经验丰富的教授开设讲座,交流培养经验。通过培训,新导师不仅进一步提高了学术道德规范意识,而且熟悉了解了研究生培养方面的政策、过程环节及培养规律。

4. 完善研究生助学体系,为博士生顺利完成学业创造和谐的学习环境

博士生作为一个特殊的群体,具有双重属性,在身份上属于学生,但从博士生的科研工作能力与他们实际从事的工作性质来看,博士生已经不是一般意义上的学生,他们在获得博士学位的过程中,不仅仅是获得,也包括了大量的付出,因此,他们也是劳动者,理应得到较高的回报,这样才有可能安心攻读博士学位。但现实情况却不容乐观,现有助学体系下研究生获取报酬主要来自国家提供的普通奖学金。众所周知,在国外高校,奖学金是博士研究生完成学业和选拔优秀学生的重要保证,但国外高校提供的奖学金额度都很高,全奖一般包括了学费和生活费,半奖可以支付学费。而国内高校目前的奖学金额度和奖励面都偏小,国家提供的普通奖学金虽然人人都有份,但每个月每人只有300多元,不够日常生活开支,这些在一定程度上影响了博士生的学习。因此,广泛筹措资金,制定相应的有效措施,提高博士生待遇,让他们安心学习、科研,是保证博士生培养质量的必要举措。

从目前国内高校助学体系的实践来看,通过向银行贷款帮助学生完成学业的做法在操作层面上有很大难度。针对这一现状,我校研究生院在构建博士生助学体系方面重点做了两个方面的工作:一是完善助教、助研和助管岗位。目前来看助研岗位效果较好,几乎所有的博士生都跟着导师做科研项目,每月都能拿到不薄的收入。另一个途径就是积极向社会各界争取资金支持。目前,学校在博士生层面除了传统的"华为"、"光华"、"求实"、"科学院院长奖"等奖学金外,还主动出击,通过为相关行业输送优秀人才等方式,得到了一些部门和知名人士的大力支持,如航天集团在我校研究生中设立了"爱心"奖学金,科学院各研究所在我校也设立了研究生专项奖学金,香港爱国女士朱李月华在我校博士中设立了"朱李月华"奖学金,不少科大海外学子也设立了一些专项奖学金。学校奖学金的资助面有了很大拓宽,博士生获取各类奖学金的机会大大增加。由于解决了博士生学习的后顾之忧,一些博士生在学位论文选题中敢于冒险,并做出了创新性成果。

5. 充分发挥各层次学术组织的作用,加大评估监控力度,为博士生培养质量构筑"铜墙铁壁"

学术权力和行政权力的分离以及学术权力的扩大是现代大学发展的必然趋

势。博士生培养质量问题在本质上是属于学术性的问题,而学术性的则应当由学术组织做出决策。因此在博士生培养工作中,如何充分发挥其中的学术组织、教授、专家、学者的作用,无疑是研究生教育管理中的一个重要问题。学校在博士生培养工作以及学位授予质量保证体系建设中,非常重视发挥各层次学术组织的作用,如建立了各级学位(分)委员会,从学科建设、招生、课程设置、教学大纲制定、论文评阅、答辩、学位审核等环节,来参与博士生质量的把关和评价,从而构筑起了从导师、学位点、学位分委员会、校学位委员会层层把关的质量保证机制。在博士生质量保证体系的建设中,学校还加强对学位论文的评估检查,专门成立了学位与研究生教育评估中心,自1999年开始,校评估中心进行了多个学科的评估抽查工作,取得了很好的效果,确保了博士学位论文质量。

6. 加强所校联合,为博士生创新能力培养创造更优质的资源空间

与大学相比较,我国大多数国立科研机构都有着更稳定的国家经费投入,承担有更多的课题及工程项目,在发展研究生教育事业上,科研资源优势明显。如以中国科学院为例,有300多位两院院士、近5000名研究员参加研究生培养和指导工作,人均指导的研究生不多,有充足的课题经费进行人才培养工作。另一方面,在大学,由于研究生教育的跨越式发展使得资源瓶颈问题非常突出,相当一部分大学的科技资源很难满足培养高水平研究生特别是博士生的需求,研究生参与重大科技项目的机会较少,培养质量堪忧。因此,大学如果能主动寻求与科研机构合作,对于解决资源的瓶颈制约,促进优质科技资源共享,提高博士生的科研创新能力具有重要的现实意义。

中国科大是中科院所属的唯一一所大学。因此在与科研院所结合方面具有得天独厚的环境和条件。自1958年建校以来,中科院一直创造性地实施"全院办校、所系结合"的方针,促进教育与科研相结合,在研究生教育中形成了科大与研究所密切合作、相互支持、资源共享、优势互补的办学模式。目前,学校已与中科院10多个分院和教育基地(所)签署了博士研究生教育合作协议,有260多名研究所的导师在学校上岗指导博士研究生。研究生在学校完成课程学习后,到研究所参与课题研究,接受严格的科研训练。这种模式在实践中被证明是成功的,如我校与上海生命科学院联合培养的博士生肖尚喜同学在国际顶级学术期刊Science上发表了学术论文,并获得了"全国百篇优秀博士学位论文"奖。

参 考 文 献

[1] 吴世明.重视博士生交叉学科知识的培养[J].中国高等教育,2001(17):19-20.

作者:张淑林 裴 旭 陈 伟
原载于《学位与研究生教育》2008年第5期

研究生英语学位课程的教学改革与实践

一、中国科技大学研究生英语教学改革的探索

研究生英语是我国学位条例规定的研究生必修的学位课程,是研究生申请学位前必不可少的学习环节。在中国科技大学的研究生英语教学实践中,我们一直在探索并实践"以认知主体为本、以语言应用为中心"的英语教学理念。在过去的若干年里,我们在课程设置、教材编写、教学模式、助学服务、教学评估等方面做了一些有益的尝试,如开发了网络多媒体课件,将课堂教学与学生课外自学相结合,培养其自主学习的能力等,取得了一些阶段性成果,并于 2005 年申报安徽省教学成果,荣获一等奖。

然而随着对英语教育的深入研究以及对教育深层次问题的进一步思考,我们深感要真正实现"以认知主体为本,以语言应用为中心"的英语教学的教育理念,仍任重而道远。对于非英语专业研究生而言,学习英语的目的就是为我所用,为科研、工作服务,所以,开设的课程应突出语言的实用工具性特点,重在培养提高学生准确、得体地运用英语进行听说、写译的实际技能。目前中国科技大学研究生英语学习中存在的亟待解决的问题是语言学习的实践性问题。众所周知,要使学生在课堂上所学的语言知识转变为他们今后在实际工作中的语言应用技能,实践是一个不可或缺的环节。我们认为,要在语言教学中突出实践这一环节就必须进一步完善现有的英语教学体系,整合语言学习与语言实践。在保证课堂教学的前提下,将语言学习有效地延伸到课外,使课外语言实践活动与课堂教学内容有机地结合起来。

二、进一步进行英语教学改革的缘由

1. 时代发展的要求

中国科技大学研究生英语教学过去多年来一直沿袭着传统的教学形式:阅读＋听力＋口语。在课程设置上分为硕士生英语和博士生英语两个层次,授课内容主要是英文课文精读和分析,以英语基础语法和单词学习为主。

这种教学模式在其他院校也普遍实行。虽然在外语教学界也有一些有关研究生英语教学改革的讨论,但尚未提出具体可行的方案。我们认为,以上教学模式的

提出是基于对十多年前的研究生英语能力的考虑。那时候的研究生普遍英语水平较低,需要进一步延伸基础课的教学。而现在中国科技大学的研究生入学时不少人已经过了大学英语四、六级考试,有的甚至考了托福、雅思、教育部英语等级考试等国内外知名的英语标准化考试,已经有了较好的英语基础,以夯实英语基础为主要目标的传统教学模式难以适应这种新的情况。因此,有必要尝试对研究生英语教学进行改革,努力解决语言学习的实践性和语言学习的连续性问题,使学生在语言的实际应用能力上得到较好的发展。

2. 学生的实际需要

2006年初,结合对中国科技大学研究生教育现状的调查,我们对5000多名在校研究生进行了问卷调查,结果显示:有约75%的研究生认为现在的研究生英语课对自己的帮助不大或没有帮助。可见,传统的英语教学方式已不能满足学生对提高英语水平的需求。

3. 研究生导师的要求

许多研究生导师也对中国科技大学传统的研究生英语教学提出问题,认为既耗费了学生的大量时间,也未对研究生的英语能力提高起到较大的作用。导师要求对研究生英语课程进行改革。

三、英语课程改革的新思路

根据上述情况,有必要对研究生英语学位课程进行进一步改革。2007年初,我们在充分征求研究生导师意见的基础上,对研究生英语课程进行了进一步改革。

1. 完善英语课程设置

(1) 课程设置不再区分硕士生层次和博士生层次

学生只要根据要求的学分按需自由选择课程。

(2) 课程按功能分为基础课程和应用课程两大类

基础课程侧重英语语言基础知识的传授及语言基本应用技能的培养,在教学中融入听说读写译的训练,目前开设为"研究生综合英语";应用类课程旨在进一步强化研究生的外语实际应用能力的同时拓宽相关知识,目前开设日常交流英语、学术交流英语、科技论文写作等。

(3) 符合条件的研究生基础英语课程可以免修

每位硕士研究生在入学后的规定时间内,可以获得一次申请免修基础英语课程——"研究生综合英语"的资格。满足下列条件之一的可以申请免修:托福成绩不低于570分(新托福成绩不低于100分,成绩取得的时间在研究生入学前两年内方为有效);雅思成绩不低于6.5分(成绩取得的时间在研究生入学前两年内方为有效);国家英语六级考试成绩不低于425分或通过(成绩取得的时间在研究生入学前两年内方为有效);通过研究生院组织的入学过关考试(每年9月份开学初举行一次)。

研究生入学后取得的托福、雅思、六级考试成绩不再作为免修参考条件。未获得免修资格的学生必须选修研究生综合英语课程以获得相应学分。这样一来,多数新生入学后就已通过申请,免修综合英语,而立即进入以培养实际应用能力为目的的英语课程学习,使其在校学习的时间得以更多地实现"为我所用"的目标。

(4) 符合条件的研究生科技论文写作课程可以免修

根据中国科技大学研究生培养的实际情况,我们规定:研究生若以第一作者身份在英文学术期刊(或正式出版的国际会议论文集)发表(或被接收发表)一篇约2000个单词的英文学术论文,经导师书面确认论文真实性及英文水平后,即可申请免修科技论文写作课程。

2. 整合语言学习与语言实践

在保证课堂教学的前提下,为将语言学习有效地延伸到课外,使课外语言实践活动与课堂教学内容有机地结合起来,在校领导的直接关注与支持下,研究生院拨专项经费建设了一个相关配套设施齐全,具有较强自主、互动、仿真特点的"英语语言实践中心",为学生提供一个开展语言实践活动的专门场所。所建的语言实践中心除为学生提供一个进行语言实践及自主学习的场所之外,还为学生提供各种学习资源,开展语言学习方法诊断、言语矫正、语言能力评估等多层面个性化的学习方法指导及助学支持服务。

该中心目前主要分为以下几个功能区,如图1所示。

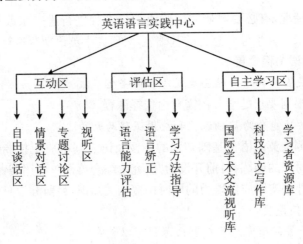

图1 英语语言实践中心

(1) 语言实践互动区

语言实践互动区以完成某项具体交际任务组织各种语言互动实践。互动采取多种形式,其中包括:师生间互动、同学间互动及学生与外籍教员间互动;交际任务主要通过口头形式完成;交际任务涵盖日常交流话题及学术交流内容。语言实践互动区根据交际任务分为：
① 自由谈话区；
② 情景对话区；
③ 专题讨论区。

此外还设有英语视听区，为学生提供最新纯英文新闻报道、社会热点问题讨论、英文电影等栏目。为便于师生间面对面交流，互动区划分为若干小隔间，每个隔间可以容纳 10 个学生。互动区的教员都是以英语为母语的教师（native speakers）。

（2）语言能力评估区

英语能力评估区的宗旨是为学生提供语言学习方法诊断、学习方法指导、言语矫正、语言能力评估等多层面助学支持服务。

（3）语言自主学习区

自主学习区旨在培养学生的英语自主学习能力。在一个拥有各种针对性强的学习资源的场所中，学生通过自主学习可以培养自己的学习责任心，进而明确学习目标，更好地制订学习计划。借助我们开展的多层面助学支持服务，学生还可以逐步学会评估自己的学习进步。语言自主学习区提供：
① 国际学术交流视听库；
② 科技论文写作库；
③ 学习者资源库，其中包括：工具库、实践库、知识库及休闲库。

目前语言自主学习区和语言能力评估区正在建设完善中。

四、结语

通过一年左右的教学实践，学生普遍对新的教学模式反映良好，特别是对语言实践中心，学生反馈的评价满意率达到 99.71％。科技论文写作课程也得到了学生的普遍欢迎，认为对他们撰写科研论文有很大的帮助。一些研究生还结合该门课程，在任课老师的指导下，在国外学术期刊上发表了论文。许多导师也要求其学生必须选修该课程。

毋庸置疑，中国科技大学研究生英语教学体系的进一步完善不仅仅是教学活动或教学手段的转变，而且是教学理念的更新、转变。这种教育理念的转变主要体现在教学活动中学习者作用的转变，由原来被动的信息接受者、被动听众转变为语言学习的积极实践者。

相信通过我们逐步的探索，整合语言学习及语言实践，构建有利于创新人才成长的英语学习、实践环境，能够进一步完善我们现有的英语教育和学习体系，从而真正提高学生的英语语言应用能力。

参 考 文 献

[1] DAY R. Selecting a passage for the EFL reading class[J]. English Teaching Forum,1994(1):20.
[2] 龚立. 硕/博研究生英语精读·第一册[M]. 北京:科学出版社,2000.
[3] COLLINS A M, LOFTUS E F. A spreading activation theory of semantic processing[J]. Psychological Review,1975(82):407-428.
[4] BACHMAN L, PALMER A. Language Testing in Practice[M]. Shanghai:Shanghai Foreign Language Press,1999:9-11.
[5] 罗达十,王苹. 试论以研究生为中心的英语教学[J]. 学位与研究生教育,2003(1):26.
[6] 胡文仲,孙有中. 突出学科特点,加强人文教育[J]. 外语教学与研究,2006(5):246.

作者:陈 伟
原载于《学位与研究生教育》2008年增刊

立足学校特色和优势打造全国研究生暑期学校品牌

20世纪90年代末,根据教育部"关于在物理、化学等基础学科共同举办研究生暑期学校的协议书"的精神,有关研究生培养单位在数学、物理学、化学、生物学、环境科学等基础学科举办了多届全国研究生暑期学校。中国科学技术大学积极响应教育部、国家自然科学基金委员会的号召,将举办全国性研究生暑期学校当作促进研究生教育的交流与合作、推动优质教学资源共享、提高研究生培养质量和创新能力的一项重要举措。2001年以来,学校先后举办了全国数学、物理学、等离子体物理理论和计算、核技术及应用、结构生物学等5次研究生暑期学校,参加学习的研究生近千人。在暑期学校办学实践中,学校始终坚持"促进优质教学资源共享"这一指导思想,围绕"保证质量,打造品牌"这一中心任务,立足学校的特色和优势,在办学理念、教员遴选、环境营造等方面进行了积极探索。

一、对办学理念的几点认识

1. 暑期学校的宗旨:共享优质教学资源

全国研究生暑期学校其主旨就是要充分利用某一学科领域的优质教学资源,开阔研究生的学术视野,提高研究生的培养质量。我国各研究生培养单位在同一学科领域的研究生教育中各有所长,而研究生暑期学校正是充分利用了各家所长,聘请国内外高水平的专家学者通过讲授前沿课程,对不同单位同一学科领域的研究生进行较系统的教育。因此,能否办好暑期学校,在很大程度上取决于办学单位对于优质教学资源的整合能力,即举办研究生暑期学校的单位一定要能请到一流的大师,开设最前沿的课程,营造最适合研究生学习的环境,让研究生领略、感悟创新氛围,培养他们对科学的兴趣。基于这样的认识,学校在承办全国研究生暑期学校的实践中,围绕"促进优质教学资源共享"这一宗旨,精心制定教学计划,科学设置课程,选派高水平教员。

2. 办好暑期学校的关键:遴选高水平的教员

影响研究生暑期学校办学效果的因素有很多,但最关键的因素是遴选高水平教员。5年来,学校在暑期学校的教员选择上,主要做到了以下两点:① 聘请真正一流的具有研究生培养经验的教师为研究生上课或开设讲座;② 与所聘请的教师充分讨论课程内容,使教师明确暑期学校的性质,采取师生互动式的教学方法。事实证明,聘请高水平的教师来暑期学校讲课和作前沿报告,是暑期学校能够达到较高的学术水平和教学质量的根本保证。据统计,在学校举办的5次全国研究生暑期学校中,我们聘请了国内外教师200余人,其中中国科学院院士25人,国外学者70多人,国内其他高水平大学及中国科学院各研究所的教授100余人。这些专家都是活跃在各学科前沿的佼佼者,他们治学严谨,有创造性的思维方法,有创造性的工作经验,有创造性的科研成果,他们的讲课对学员产生了很大影响。

二、围绕学校特色和优势举办全国研究生暑期学校

1. 充分利用"海外兵团"这一得天独厚的人力资源优势,加强暑期学校的师资队伍建设

一流的教员是保证暑期学校教学质量最重要的环节。中国科学技术大学自建校以来有大批学子到海外深造,目前,一大批优秀的海外校友以杰出的工作业绩和创新成就,为学校赢得了良好声誉。这些杰出校友特别是其中的"海外兵团",成为了学校重要的战略性人才资源。在举办全国研究生暑期学校时,学校充分利用"海外兵团",加强了暑期学校的师资队伍建设。根据统计,在举办的5次全国研究生暑期学校中,共有70多名海外校友参与了授课。这些海外校友大部分来自美国、欧洲的著名大学与研究机构,他们利用暑假回国的短暂时间,回到母校将科学前沿知识传授给暑期学校学员,大大开阔了学员的学术视野。

2. 坚持"所系结合",广泛吸纳研究所的优秀学术资源参与暑期学校教学

中国科学技术大学隶属于中国科学院,长期以来,中国科学院与学校一直坚持"全院办校、所系结合"的办学方针,采取教育与科研结合的办学模式。目前,学校已与中国科学院几十个研究所建立了学术交流和协作关系,2003年以来,学校先后与中国科学院11个分院和8个研究院所签署了研究生教育合作协议,有260多名研究所的导师在学校指导博士研究生。因此,利用中国科学院的人力资源优势,吸纳院属研究所的优秀学术资源参与教学工作是学校强化暑期学校教学队伍建设的又一重要举措。据统计,在所举办的5次全国研究生暑期学校中,聘请的中国科学院的教授、研究员就达80余人。以2006年全国结构生物学研究生暑期学校为例,中国科学院研究所的院士、研究员就有15位。可以说,中国科学院的优秀学术资源不仅是学校研究生教育发展的助推力量,也是办好全国研究生暑期学校的保障。

3. 以科技创新平台为依托,让学员感受科研气氛,开阔学术眼界

中国科学技术大学目前承担的国家重大工程建设项目有:教育部"211工程"、"985工程"和中国科学院"知识创新工程",是国内唯一同时承担"三大工程"建设任务的高校。通过建设,学校研究生教育的办学条件得到大大改善,形成了以两个国家实验室为核心,以多学科交叉为重点、教学与科研共享的研究生创新平台支撑

体系。学校集中资源建设了"共用、共享、开放"的科技创新平台,因此,发挥学校科技平台建设的优势,以大跨度、多学科交叉的科技创新平台为依托,是学校打造暑期学校品牌的又一重要举措。如全国物理学、等离子体物理理论、计算以及核技术及应用研究生暑期学校依托国家同步辐射实验室,全国结构生物学暑期学校依托生命科学公共实验中心(微尺度物质科学国家实验室的一部分)。每年,在暑期学校教学过程中,学校都要组织学员到国家实验室、国家重点实验室、研究生公共实验中心参观,让学员感受科研气氛,不仅开阔了眼界,还大大提高了教学效果。

4. 充分利用研究生暑期学校的示范效应,积极支持校内院系举办研究生暑期学校,扩大受益面

全国研究生暑期学校的办学模式是成功的,但其受益面只是局限于部分学科和研究生。为充分发挥国家研究生暑期学校的示范效应,学校参照该模式,积极筹措经费支持校内院系举办研究生暑期学校,扩大研究生的受益面。仅2005年,学校分别支持数学系、地学院、管理学院举办了研究生暑期学校,资助总额10万元,受益学生500余人,取得了良好的效果。如,地学院举办的地球物理学暑期学校汇聚了来自海内外地球物理学界的精英,共有60多位来自北京大学、南京大学、中国科学院武汉测量与地球物理研究所、云南地震局、江苏地震局和安徽省地震局的专家学者参加了此次暑期学校的教学工作;来自海外的5名优秀华人地球物理学家应邀作了学术报告,展现了当今地球物理学的前沿课题和最新进展。

作者:张淑林 裴 旭
原载于《学位与研究生教育》2006年第11期

研究生学位论文评审与答辩的改革

研究生学位论文评审,是确保研究生学位授予质量的重要步骤。《中华人民共和国学位条例》规定:

高等学校和科学研究机构的研究生或具有研究生毕业同等学力的人员,通过硕士学位的课程考试和论文答辩,成绩合格,达到下述学术水平者,授予硕士学位:(一)在本门学科上掌握坚实的基础理论和系统的专门知识;(二)具有从事科学研究工作或独立担负专门技术工作的能力。

高等学校和科学研究机构的研究生,或具有研究生毕业同等学力的人员通过博士学位的课程考试和论文答辩,成绩合格,达到下述学术水平者,授予博士学位:(一)在本门学科上掌握了坚实宽广的基础理论和系统深入的专门知识;(二)具有独立从事科学研究工作的能力;(三)在科学或专门技术上做出创造性的成果。

虽然《学位条例》对学位授予有严格的规定,但是在具体操作中如何评判研究生是否达到上述要求,以及达到上述要求的程度如何并非易事。多年来,我们一直在努力探索切实可行的措施,以保证学位授予的质量。最近我们抓住研究生学位授予工作中的两个关键环节——论文评阅和答辩,大力进行了改革,取得了一定的成效。

一、硕士和博士论文评阅的量化改革

根据《中华人民共和国学位条例暂行实施办法》的规定,硕士、博士学位论文答辩前,学位授予单位应聘请几位与论文有关学科的专家评阅论文。我校过去的做法一直是依据《学位条例》规定对硕士、博士论文的学术水平加以衡量,让专家写出"论文评议书"。这样做存在显著的弊病,一是专家必须根据论文的内容长篇累牍地书写;二是专家大都采用"水平较高"、"十分优秀"、"国内领先"、"有创造性"等模糊的词汇,因而很难比较论文的优劣。针对这一弊端我们引入了量化方法。这样做既简化了论文评阅过程,又使评阅结果更科学、公正、规范,我们借鉴基金评审及系统评价的做法,对学位论文的评阅制定出了指标系统,见表1。

表 1　学位论文评阅的指标

一级指标	二级指标
综述与选题	文献综述(阅读量、综合分析能力、了解本领域国内外学术动态程度) 选题理论意义及实用价值(论文选题的理论水平及实用价值)
知识与能力	基础理论(宽厚度、坚实度) 专门知识(系统性、深入性) 科研能力(研究方法是否恰当并加以严谨论证,分析问题、解决问题的能力如何) 创新性(论文成果与新见解)
学风与写作水平	学风(是否有严谨的学风和科学态度、引用他人成果有说明、论据可靠充分、论文主要内容为本人独立完成) 文字水平(要求逻辑严密、表述清楚、文笔流畅、书写格式及图表规范) 英文摘要(要求语句通顺、语法正确、能准确概括文章内容)

我们选取的指标充分考虑了学位条例中对硕士、博士学位获得者所提出的要求。对各项指标赋以权重值,权重的确定对于评估的科学与正确至关重要。我们采用了层次分析法与专家主观评议相结合的做法,并对最后的结果做了统计修正,所得权值基本上能够反映各指标的相对重要性。考虑到一般的思考习惯,我们采用了"百分制"评分方法,并将所得分值划分为优(90～100分)、良(75～89分)、合格(60～74分)、不合格(0～59分)四个档次。只有达到合格以上标准才能建议提交论文答辩。

由于对论文的总体评价是由最后的加权值来衡量的,因此便于进行横向比较与排序。在上述定量分析的基础上,我们仍留出一栏供专家简单写明打分的理由,专家也可附页详细阐明对论文的评价,以使定性分析与定量打分相结合,使评阅结果更具科学性。

二、硕士和博士论文答辩的量化改革

论文答辩也是研究生学位授予中的重要一环,是全面、细致地检查论文撰写者对论文的选题目的、理解深度与应变能力的一个过程。论文答辩与论文评阅的目的是不同的,它不仅是对论文本身质量的检验,更主要的是通过答辩,使学位评定委员会从学位申请人提交的书面申请材料中获得尚未反映的必要信息。

过去我校的硕士、博士"答辩表决票"上只设 A、B、C、D 四个档次,由答辩委员会根据学生答辩的情况进行选择。它一方面因 A、B、C、D 四个档次的区分比较模糊,不易把握;另一方面由于教师的评分标准不一,或打得低,或打得高,有的甚至给学生全 A 通过,在校学位评定委员会讨论时,对全 A 通过的研究生一般不会提出疑问,而对有 B 或 C 的研究生则会提出异议。实际上他们的学位论文水平可能比全 A 通过的还高。这种仅以 A、B、C、D 划分学生档次的做法显然欠科学性。另外都是全 A 或全 B 通过的学位论文间的水平也缺乏可比性。

鉴于此,我们将答辩表决也改为打分制,满分 100 分。其中完成培养计划(0～25 分)、学位论文水平(0～50 分)、论文答辩的表达(0～25 分)。所得总分值划分为优(90～100 分)、良(75～89 分)、合格(60～74 分)、不合格(<60 分)四个档次。这样做不仅能较全面地衡量学生的答辩水平,克服评判的模糊性,又便于进行横向比较,使对研究生的论文答辩的评价更加科学化。

三、"捆绑式"论文评阅和答辩的实施

过去我校硕士、博士论文评阅、答辩都是分散、单独进行的,一年到头几乎都有学生答辩。这种无序状态,既影响了各系及我们自身的日常工作,又不便于管理。鉴于此,我们在以上论文量化评阅法的基础上,采取硕士论文"捆绑式"评阅,即每年分两次将同一学科专业或同一研究方向的硕士生的学位论文集中寄送给两位专家评审,专家不仅给论文量化打分,而且给被评论文排序,以供答辩委员会参考。同时为了提高评阅的保密性,我们隐去了学位论文的作者姓名和导师姓名。硕士论文答辩我们也要求相对集中,同一学科专业或研究方向的学生答辩由同一答辩委员会进行。这样做不仅可使答辩委员会在同一尺度下对学生进行评判,利于优劣比较,还便于进行规范化管理。

四、初步实施的效果

我们这种评分制论文评阅方式自试用以来,各方面反映良好,效果也颇佳。利用该评阅方式,对我校 97 年度授予学位的 83 位博士生的论文得分情况进行了统计:

1. 总的评分结果

每份学位论文的总分按 9 位评阅专家的打分计算,83 份论文的得分情况是 95 分以上的有 1 个,90～94 分的有 64 个,85～89 分的有 18 个。可以看出,我校博士生学位论文的总体水平较高,最后得分均在 85～100 分之间。

2. 分要素指标评分结果

博士生学位论文分要素指标得分均在 90 分左右,结果见表 2。其中"专门知识"和"科研能力"二项加权评分略高于其他项,而"英文摘要"加权评分较其他为低,说明我校博士生的科研素质较佳,而英文水平有待提高。这也与我校博士生的实际水平相符。

表2 论文分要素指标分结果的比较

分要素指标得分	文献综述	理论意义实用价值	基础理论	专门知识	科研能力	创新性	科学态度	文字水平	英文摘要
90分以上	4	4	2	2	3	3	3	1	2
90~	57	65	54	70	72	54	68	47	30
85~						1	1	4	
80~									
75									
加权得分*	91.42	91.90	90.99	91.96	92.20	91.11	91.90	90.39	89.31

事实证明,量化评阅法便于进行分析和比较,大大提高了论文间的可比性,有助于及时发现论文存在的问题。

然而该方法在操作过程中,也暴露出一些不足,如:有些专家对打分不习惯,只在相应档内打钩;有些专家嫌加权平均计算总分值太繁琐,所用评价过分强调各分要素指标,忽视了对论文水平的总体评价;隐去作者、导师姓名常常成了"掩耳盗铃"之举,并不能有效地保密等。

五、学位授予改革的深化探索

鉴于以上量化评阅法的不足,我们又进一步对其加以改进完善,从而形成了新的"中国科学技术大学硕士研究生学位论文评阅书"和"中国科学技术大学博士研究生学位论文评阅书",该评阅书摒弃了过去打分并计算加权值的做法,而只要求专家对指标进行"优"、"良"、"中"、"差"四档选择。这既符合人们一般的思维习惯,也大为简化。同时我们对原评价指标体系也进行了缩减,改为:文献综述、论文选题、基础理论和专门知识、创新性、论文工作科研成果、从论文看作者的学风以及中英文表达水平这几个指标,同时要求专家对论文的总体学术水平进行评价。"评阅书"中还保留了评审意见栏,使专家能充分地表达对论文的看法。这样做不仅使分析与综合相结合,还使定量(我们可以根据专家评价的结果进行非线性分析处理)与定性相结合。

我们现在正在建立、完善评审专家库。今后送审专家的确定将由我们从库中随机选取,这样就可以杜绝过去论文评审中"人情"因素的影响,进一步提高公正性、合理性。由于我们严格按照"同行专家"的标准选取,因此可以适当减少评阅人数(如从过去的9人减至5人),从而节约费用,减少工作量。

我们的另一重大举措将是加大学位评定分委员会的把关力度,争取在一级学科的基础上建立分委员会,在分委员会人员的选取上也将有所改变,以进一步增加其监督、约束的功能。这样硕士学位的授予权可以下放到分委员会一级，而博士生和同等学力在职申请者的学位则重点由校学位评定委员会把关，从而形成两级管理体制，严格确保学位授予质量。

　　改革和创新是我们始终追求的目标，在学位授予改革方面我们已迈出了一步，那今后将继续总结经验，不断探索，使我校的研究生培养质量稳步提高。

作者：张淑林　陈　伟
原载于《教育与现代化》1999年第2期

以优博论文评选为动力，促进博士学位论文质量的提升

评选全国优秀博士学位论文并进行表彰和资助，是教育部和国务院学位委员会采取的研究生培养质量监督和激励机制的重要举措。自1999年全国优秀博士论文评选至今已有8年，其影响越来越大。"全国优秀博士学位论文"获得者数量的多少已成为衡量高校的博士研究生创新能力、学科发展水平以及博士生整体质量水平的一个重要指标。

1999年，首届全国优秀博士论文开始评选之时，当年全国获得博士学位人数不足8000人。随着研究生招生规模的逐年扩大，全国毕业的博士生人数也呈急剧增长的态势。2006年，全国优秀博士学位论文评选时，参选范围的博士生人数达2.35万，参选规模在8年内扩大了3倍。而全国优秀博士学位论文评选工作每年进行一次，评选出的优秀博士论文限制在100篇之内，可见参评竞争有多么的激烈。

中国科学技术大学在过去8年（1999～2006年）"全国百篇优秀博士学位论文"的评选中，共有22篇论文获奖，获奖总数名列全国高校第六。2006年中国科学技术大学授予博士学位人数仅319人，获全国优秀博士学位论文5篇，获奖总数名列全国高校并列第二，获奖比例居博士研究生培养单位前列。中国科学技术大学以较小的博士生培养规模，在历年的全国优秀博士论文评选的激烈竞争中，获奖数量和相对比例都呈现稳中有升的良好势头。

中国科学技术大学研究生院正以评选全国优秀博士学位论文活动为动力，研究和总结获取优秀博士学位论文的经验和规律，同时发挥优秀博士学位论文的示范作用，将经验加以推广，以保证博士学位论文的整体水平能够不断上升。

一、坚持发挥特色学科优势，促进和带动其他学科博士论文整体水平的提高

在高校学科建设中，总会有一些学科在学术水平、学术队伍、科学研究、人才培养和学术声誉等方面处于相对优势的状态。如果能充分发挥优势学科的优势，则可以带动其他学科的建设，起到以点带面的作用，从而全面促进学校学科的整体水平的提高，以利于培养出较高创新水平的博士研究生。使学校的博士论文的水平也

得以持续提高。

中国科学技术大学是一所以理工科为主的研究型大学,学科建设处于学校"211工程"建设的核心和龙头地位。通过"九五"、"十五"和"211工程"建设,中国科学技术大学在数学、物理、化学、力学、地球科学等基础学科方面的传统优势地位得到了保持和加强;信息科学与技术、生命科学与技术、工程和材料科学与技术等学科也得到快速发展。其中,在单分子物理与化学、量子信息科学、火灾科学与防治技术、生命科学、以生物质洁净能源为中心的绿色化学、环境科学与技术、科技史与科技考古等交叉学科领域也形成了若干创新能力较强的优势和特色学科。

从过去8年中国科学技术大学的22篇全国优秀博士学位获奖论文的学科分布看(见图1),地学、化学、物理、数学和生物学科等领域在全国占一定优势。

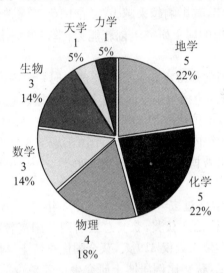

图1　中国科学技术大学历年获全国优秀博士论文学科分布图

学校将继续保持传统基础学科的优势,进一步做大做强,并力争全国优秀博士论文获奖数量进一步提高。同时,在继续保持传统学科的优势地位的基础上,引领其他学科的发展。尤其是数学、物理和化学是其他学科教学和研究工作的基础和必需的工具。学校在人才培养过程中,十分重视数、理、化等基础课程的教学,这是中国科学技术大学的传统和优势所在,这种优势在科研工作与研究生的培养过程中得到了充分体现。更重要的是,这些传统基础学科的基本思想和学科前沿的发展智慧,在教学的过程中潜移默化地渗入到各个学习环节,对培养不同学科博士研究生的人文和科学底蕴具有十分重要的作用和意义。以优势学科带动其他学科发展,可以使优势学科与其他学科相结合,在交叉学科和综合创新的生长点上获得更好的突破。反映在博士研究生培养上,就是坚持发挥特色学科优势,重点学科重点突破,其他学科全面发展,这样就可以保证博士学位论文的质量得以不断提高。

二、加强博士研究生的研究平台建设,培养良好的学术创新环境

博士生的课程应当是多学科交叉的,其创新素质才能从多个方面得到培养。因此,博士生培养不能仅仅局限于某个学科、某个系,而是需要整个学校有一个良好的创新环境和进行科学研究的实验条件和工作平台。博士学位论文的提高是一系列工作相互联系和相互促进的结果,是一项系统工程。仔细分析发现,学校历年来所获得的22篇全国优博论文中,有13篇全国优秀博士论文是由学校的科技平台直接孕育产生的,其他获奖的优博论文也得益于学校良好的科技平台的支撑。多年来学校一直致力于给博士研究生营造一个良好的创新环境和从事创新工作的研究平台。

学校"985工程"二期建设中的科技平台建设正是依托多学科综合,鼓励自由探索研究,充分发挥基础性、前瞻性及交叉学科领域的明显优势而形成一种鼓励创新的大环境。如,合肥微尺度物质科学国家实验室科技创新平台是在长期坚持学科交叉与融合的基础上,从相关重点实验室的重组整合入手,进行优化资源配置,逐步形成的一个多学科综合交叉的新型科技平台。其学科领域涉及物理学、化学、材料科学、生物学和信息科学等,实现了多门一级学科之间的大跨度整合。依托国家实验室,学校迅速在单分子科学、量子信息与通信、纳米材料等交叉学科领域的关键性理论和技术方面取得了有国际影响的突破。依托该实验室,自2002年以来,就有5人获"全国百篇优秀博士学位论文"奖。

合肥国家同步辐射实验室也是学校创建的多学科共用的开放型的科学大平台。该平台为广大博士研究生提供了具有世界先进水平的实验设备及研究条件,且已成为不同学科(物理、化学、生物、材料、信息及微细加工等)的博士生进行前沿交叉学科研究的重要基地。依托该平台面向全国研究生开放的"同步辐射博士研究生创新中心"、"博士生访学计划"等项目也已获教育部批准实施。

通过学校"985工程"二期重点建设,学校建成的科技平台有:合肥微尺度物质科学国家实验室、同步辐射国家实验室两个Ⅰ类平台,火灾安全、信息科技前沿理论与应用、地球与系统科学三个Ⅱ类创新平台,科技史与科技文明研究哲学社会科学创新基地等。同时,为了合理和高效地使用有限资源,学校还组建了理化科学、生命科学、信息科学、工程科学等四个公共实验中心以及高性能软科学计算中心等。这样,学校形成了由国家实验室、国家开放实验室、中国科学院重点实验室及学校公共实验中心等组成的多级公共教学科研平台体系,有力地促进了学校的科研创新氛围和竞争优势。良好的创新环境和具有竞争力的科研条件,为博士学位论文的提高提供了肥沃的土壤。

三、加强和完善博士生培养的制度建设,促进博士论文水平的整体提高

博士学位论文质量如何,除了与博士生所在专业的教育素质和进行科研工作的实验条件有关外,研究生自身的素质(包括科研基础、创新性等)、指导教师的教育科研水平及培养经验等也是重要的影响因素。

通过对学校2006年5位全国优秀博士论文获得者的分析研究,发现获得优秀博士论文者具有以下几个共同特征:他们自本科至研究生阶段始终在中国科学技术大学就学,时间大都在9年以上;培养方式均为硕博连读;获奖时年龄都在30岁以下;他们的博士论文全部属于基础研究(见表1)。因此,中国科学技术大学拥有的良好数理基础为他们做好博士论文提供了前提和保证。一贯制的学习和工作,保证了他们学习的连续性和针对性,可以在特别方向上有长期的知识积累,同时也保证了研究工作的连续性和不断深入。只有足够的知识积累和深入研究,才能够获得高水平的科研成果。在指导博士论文工作中,导师学术造诣深、指导严谨、培养经验丰富、掌握重大科研项目等,都是优秀博士学位论文脱颖而出的重要前提条件。

表1 中国科学技术大学2006年全国优秀博士论文获得者个人基本信息

姓名	性别	所属学科	获博士学位年龄	指导教师	培养方式	入学类别	入学年月	大学毕业院校
黄运峰	男	物理学	26	郭光灿	硕博连读	全脱产	1998.09	中国科学技术大学
杨光虎	男	天文学	28	褚耀泉	硕博连读	全脱产	1997.09	中国科学技术大学
李震宇	男	化学	26	杨金龙	硕博连读	全脱产	1999.09	中国科学技术大学
陈 耀	男	地球物理	29	胡友秋	硕博连读	全脱产	1997.09	中国科学技术大学
梁 兴	男	数学	27	蒋继发	硕博连读	全脱产	1998.09	中国科学技术大学

中国科学技术大学研究生院在总结已有成绩的基础上,加强引导,多方面激励,从而不断提高博士生的培养质量,具体举措如下:

(1)加强导师队伍建设,构建博士生导师培养经验交流平台

指导教师的水平直接影响博士生创新能力的培养。高水平的导师能够站在学科的前沿,预见学科今后的发展方向。博士生的培养主要依靠导师,即只有导师把自己的创造性工作经验、严谨的科学态度潜移默化地传授给自己的学生,并鼓励研究生大胆探索,才有可能使博士生取得突破性的成果。校研究生院定期召开研究生导师交流会,交流培养经验、共同探索、相互借鉴、以老带新,促进了导师队伍整体水平的提升。

（2）制定系列培养管理制度，为创新型研究提供保障

中国科学技术大学在创立良好的创新环境和充分发挥学科优势的基础上，制定了一系列培养管理制度用以引导和激励博士研究生的科研积极性，如：学校制定了提前攻博、中期考核分流等规定，从而在学制上保证了博士课题的延续和深入，为高水平的科研提供了保障。

（3）设立研究生创新基金

2004年，学校设立了研究生创新基金，由在校研究生或研究生小组自由立项申请，研究生院组织校内专家筛选，确立专项资助。在研究生创新基金的支持下，研究生的创新意识和创新能力得到极大的鼓励和激发，明显的表现是一般均愿意选择创新性强以及富有挑战性的基础研究或应用研究课题。事实证明，不少学生因此做出了高水平的学术论文，写出了科技著作，申请了发明专利。

（4）设立优秀博士学位论文培育基金

2006年，学校又新设立了优秀博士学位论文培育基金。主要用于具有较强的科研能力且已取得一定的科研成果、论文工作有重要的理论意义、现实意义和较大创新性的高年级博士生，给他们以一定的生活资助，免除其因临近毕业而伴生的各种困扰，集中精力完善其学位论文及相关的研究，力争获取中国科学院或全国优秀博士学位论文。

（5）广泛开展各类博士论坛和博士生访学计划等国内外学术交流活动

校研究生院筹集配套经费，积极支持博士研究生参加各类博士生论坛和博士生访学计划等国内外学术交流。这些活动对于增加研究生了解该学科的研究前沿的情况及最新研究进展是十分重要的。

综上所述，提高博士学位论文水平是一项系统工程。学校只有创立良好的创新环境，发挥特色学科优势，加强学科交叉，依托先进的科技创新平台对研究生加强引导，积极鼓励博士生创新，并充分利用"全国优秀博士学位论文"评选这一强大的推动力，才能不断提高博士生培养质量，促进学校的研究生教育向更高的层次迈进。

参 考 文 献

[1] 陈至立.在全国优秀博士学位论文评选专家会上的讲话[R].学位与研究生教育，1999(3).
[2] 教育部.中国教育事业发展状况[EB/OL].http://www.gou.cn/test/2005-09/07/content_29930.htm.
[3] 历年全国优秀博士学位论文评选结果[R].北京：教育部学位与研究生教育发展中心.
[4] 徐菊芬，吴小洪.提高博士生培养质量实现全国优博论文"零"的突破[J].高等理科教育，2004(Z1).

作者：熊 文 曹一雄 张淑林
原载于《教育与现代化》2007年第2期

探思篇

　　《中华人民共和国学位条例》颁布以来,许多专家与学者都投入到探索和思考建设有中国特色的学位与研究生教育的事业中来。中国科大学位与研究生教育管理团队以全面的视野审视我国学位与研究生教育的改革与发展,不断吸取国内外学位与研究生教育培养的先进经验,坚持改革,积极探索,成绩斐然。

　　如何选拔优秀的研究生导师是高校提高研究生培养质量所面临的重要课题。中国科大对博士生导师的遴选工作进行了长期探索,有独到的见解和做法。《博士生指导教师选聘制度的改革与实践》介绍了中国科大在导师遴选工作中的经验:博士生导师的选拔经历了从"自行审定"到"上岗遴选聘任"的过程,在"自行审定"过程中坚持质量标准、实行量化指标的做法得到许多高校的响应,在上岗遴选过程中建立动态和激励机制也受到兄弟院校的推崇。虽然有些观点在现在看来有不适宜的地方,但在当时的历史条件下,中国科大的工作是具有创新意义和引领作用的。同时,中国科大对博士生导师队伍建设进行了进一步反思和探索,在《遏制异化,推进"博导"选拔机制创新》一文中提出导师的选择标准不宜过于刚性,要"适度",对副教授申请"博导"要慎重,不宜炒作等观点。

　　学科建设是学位与研究生教育的一项基础性工作。建设一批质量一流、效益显著、布局合理的学科点是高校学科建设的重要目标,是培养高质量人才、产出高水平成果的重要保证,也是衡量一所学校学术水平和知名度的标志。《关于我校学科点建设与发展的分析与思考》一文详细地回顾了中国科大在学科点建设上取得的成就,并对学科点建设与发展进行了深入思考,提出在学科建设上不能求大求全,要充分发挥学校在学科上的比较优势,突出学科特色,有重点地加以建设;鼓励学科交叉,积极培养新学科;要以重点学科点建设为龙头,发挥示范带头作用,促进学校各学科的持续、协调、科学发展。该文集探索性、思想性于一体,对中国科大学位与研究生教育发展起到了重要的指引作用。

在教育资源相对有限的条件下,打破院系壁垒,在全校范围内优化重组,构建"集约性"学科大平台,以发挥学科的综合优势,促进学科的交叉、融合是高校学科建设模式转变的有效途径。《高校集约性学科平台建设的探索与思考》介绍了中国科大融合科研主体、科研客体和科研平台的探索与实践经验,着力构建一种集开放性、共享性、经济性于一体,在地理空间、组织结构上独具特色,为不同学科、不同地域、不同年龄的研究者从事教学和科研而提供的一种共用共享的新型"学科平台",即"集约性学科平台"的探索与思考。这一创新实践显然走在了我国高校提高科研资源利用效率的前列,其示范作用在高教界十分显著。

《工科全国优秀博士学位论文获奖者情况的统计分析》一文通过对1999~2006年12个工学一级学科获全国优秀博士学位论文者在读期间发表论文情况、专利及受奖励情况的调查统计,分析了各个学科获奖者的科研水平及其特点,并对具有相近特点的学科进行了统计聚类,讨论了培养单位、指导教师、科研项目、国内外学术交流等因素对获奖篇数的影响程度。

中国科大研究生院在探索创建与世界一流研究型大学相匹配的学位与研究生教育管理体制和培养模式过程中取得了显著的成绩,进行了很多具有建设性和创新性的探索与思考,让我们在分享这一篇篇凝聚着创新思想的成果中把握中国科大学位与研究生教育发展的脉搏,从而思考如何更好地为推进我国学位与研究生教育事业的发展做出努力。

自行审定博士生导师工作的改革与探索

博士研究生教育是教育体系中最高层次的教育,其人才培养的高品位特征决定了博士生教育既是"专才教育",又是具备高素质的"英才教育"。而博士生指导教师是承担和实现博士生培养任务的主体,因而一个优秀的导师队伍是研究生培养质量的根本保证。如何积极有效地遴选招收培养博士生的指导教师就显得尤为重要。我国由于博士生教育的历史较短,在学位制度创立之初,就制定并实行了国家统一评审博士生导师的办法。1995年,国务院学位委员会第十三次会议做出全面改革博士生导师评审办法的决定,由原国家统一评审博士生导师,改为由各博士学位授予单位根据"按需增补"的原则自行审核,遴选招收培养博士生的指导教师。

一、我校自审博导改革的做法与经验

作为国家首批博士学位授予单位,在开展自审博导工作试点之前,我校就已拥有博士学位授予学科专业21个,前后共被批准的博士生指导教师达58人,具备了培养博士研究生的相当实力。因此,1993年国务院学位委员会批准我校为首批开展自行审批增列博士生指导教师试点工作的单位。1995年根据国务院学位办有关文件的精神,我校又进一步改革了自审博导的评审办法,制定了《中国科技大学遴选招收培养博士生的指导教师实施办法》,并认真执行"坚持标准、严格要求、保证质量、公正合理"的原则,使我校自审博导工作逐步走上规范化的轨道。

1. 科学设立岗位,坚持上岗审查

根据我校博士生的招生计划,以及各学科在岗博导队伍的现状、博士生生源的多少、已毕业的博士生就业状况等诸多因素,我们科学地确定每个博士点需增设的博士生导师数。特别对一些新兴的交叉、边缘学科,在设岗上给予政策倾斜。对那些人才需求量大、生源好的学科导师的上岗数、招生数增加,反之对人才需求不好的学科的招生指标、上岗指标都予以控制,从而真正做到按需设岗。通过科学地设立各学科博士生导师岗位数,极大地促进了新兴学科如生物医学工程、分子生物学、生物物理学等学科的发展。

从1995年起,我校坚持每年按需设岗,同时对拟招收博士生的指导教师进行上岗资格审查。根据我校学科发展的总体规划,在审定各博士点招收培养博士生计划的同时设立博士生指导教师岗位数,遴选确定本年度招收培养博士生的导师。审查时我们坚持两条标准:一是导师的学术水平,二是导师的招生条件。同时还适度控制上岗导师的年龄。

2. 坚持质量标准,量化评审条件

根据国务院学位办有关文件精神,我们结合本校实际情况,对申请博士生指导教师的基本条件进行了适当的量化,如,基础研究学科,要求近5年在国内外核心刊物上发表论文不少于8篇或正式出版过学术专著或获省部级科研成果二等奖以上,同时在研经费不少于3万元。对工程技术学科,则要求近5年在国内外核心刊物上发表论文不少于5篇或正式出版过学术专著或有重要的技术成果,目前承担国家或省部级重点科研项目,在研经费不少于6万元,我们还要求新担任博导的教授应具有培养两届硕士生的实际经验。从而为各个阶段的审核提供了可以操作或可资参考的评审标准和较为客观的评价依据。

3. 规范评审程序,严格评审把关

我校自行审批遴选新增博士生导师工作是在校长领导下由校学位委员会统一组织实施,校学位办公室具体操作,每两年组织一次。

博导的审核,虽由国家统一审核改为授权单位自行遴选上岗,但并不意味着降低对博导学术水平的要求。对新上岗博导的遴选,我校仍坚持严格的评审制度。校学位委员会专门设立了数学、物理、天文等8个学科评审组,负责对申请者的学术水平、科研状况、指导研究生情况等进行综合评审。具体评审程序为:个人申请、同行专家评审、学科评审组评议、校学位委员会审核、无记名投票表决、公布名单、校务工作会议聘任上岗。为了评审的公正合理,确保新增博导的质量,每个学科还聘请5位校外专家担任同行评审人,进行通信评议。为便于比较,我们设计的同行专家通信评议表采用了量化打分制,由专家对申请者的学术水平、社会贡献、科研情况、人才培养等进行定量打分,并提出总评意见;在同一专业内如有2名以上(含2名)申请人的还须进行"排序",以供学科评审组参考。总之,尽可能使反馈意见有更强的针对性和更高的准确性,确保评审质量。

二、自审遴选博士生导师工作的成效

我校现有39个博士点。1995年10月和1997年10月我校进行了两次遴选新增博士生导师工作,取得了显著成效。

1. 较好地贯彻了博士生指导教师是培养博士生的一个重要岗位等原则

为了保证博士生培养质量,我国先后进行了5批全国统一的评审博士指导教师的工作。因为评审十分严格,大体上要经过推荐单位的初选,各部委主管部门的初审,然后由国务院学位委员会学科评议组的复审,最后经国务院学位委员会会议审批公布。过一关淘汰一批,经过几关才初评为博士生导师的教授,使人们感到十分不容易，并为人们所羡慕。对于培养博士生的单位来说，由于博士生导师在本单位屈指可数，成为教师中的精英，因此特别给予厚爱，对他们予以发放特殊津贴、提高住房标准、延长退休年限等一系列措施和待遇。有的单位则不管博士生导师是否招有博士生，均享有特殊的待遇，而成了"终身博士生导师"，并以博士生导师的多少作为学校实力的体现。这些做法客观上把博士生导师变成了教授中的一个固定层次和荣誉称号。这些错误认识直接或间接地影响了自行审定博士生指导教师工作的顺利开展。

我们在自审博导工作中，始终贯彻这样一个新认识，即：博士生导师仅仅是教授工作中的一种岗位，而不是教授中的一个固定层次和荣誉称号。学科、专业根据教学的需要设置博士生导师的岗位，并根据教授的科研项目、经费、设备情况招收博士生，以使博士生协助教授完成所承担的研究与开发任务。而招有博士生的教授就成为博士生导师，没招博士生的教授就不称为博士生导师。博士生获得学位离开教授，博士生导师也就不存在了。由于博士生导师是以招有博士生为动态选聘的，而不是"终身制"，因此也就不存在博士生导师荣誉称号这一概念。

自审博导工作进一步淡化了博士生导师作为一个固定层次，从而促进了博士生培养体制的改革，提高了博士生培养质量，营造了良好的氛围。

2. 较大幅度地实现了博士生导师队伍的新老交替

1995年增补的54名博士生导师平均年龄55.4岁，1997年增补的46名博士生导师平均年龄52.2岁，大大低于原有博士生导师队伍平均年龄。我们在遴选条件中明确规定新上岗的博导年龄不得超过60岁，对于45岁以下具有博士学位的教授，遴选上岗时给予政策倾斜。经过几次自审，导师队伍中60岁以下（含60岁）人数的比例由54%上升到75%，尤其是增补了一些年轻的学术带头人和学术骨干。目前我校半数以上的博士点上都有了45岁以下的年轻博导，这为我校的博导队伍注入了新的血液。

3. 加强和巩固了现有博士点，促进了学科建设发展

通过博导审核办法的改革，有力地加强了现有博士点的学科建设。前两次遴选工作我校共新增博导100人，使每个博士点导师数由原平均2名增加到平均4.7名以上。

新增的博导都是目前正在第一线从事研究工作的教授、研究员，近年来发表的学术论文、专著在本学科领域内都名列前茅，具有较高的学术水平，其中许多人都承担着国家级的重大科研项目并拥有充足的经费，具备很好的培养博士生的条件。由于我们根据社会和市场需求招收博士生和确定博导人数，并用博导的岗位数作为学科调整的杠杆，对一些急需发展的学科，在博导岗位数设定上给予倾斜，使得一些新兴的交叉学科、国家建设急需发展的学科得以扶持，一些相关学科教授的研究方向转到急需发展的学科上去，有效地促进了学科建设的健康发展。

4. 进一步积累了改革博士生导师审核办法的经验

几次自审工作后,我校遴选新增博士生指导教师的工作无论在指导思想上,还是在具体操作上,都较为成熟了。尤其是在建立质量保证机制和自我约束机制等方面有了较大改进,除了坚持严格的回避制度、保密制度和申诉制度外,在量化评审标准、强化评审把关、严格通信评议等方面的改革也为今后博士生导师的上岗审核提供了可资借鉴的依据。

三、博士生导师审核办法的深化改革

随着博导审核制度的改革,"博导"终身地位正在淡化,但随之而来的是有些单位变自审为不审,有钱就招生,兼职挂靠现象严重。很多不具备培养博士生条件的单位和个人也挂靠某一部门获得一项博导的"桂冠",而招收培养博士生,造成了博士生培养质量下降。

针对上述出现的一些问题,我们建议:

1. 坚持评聘结合,转换上岗机制

评聘结合,是指遴选博士生导师不能光是通过评审,确定谁够条件当博士生导师,而是应当与具体培养任务结合起来。评出够条件的,就应该聘其为博士生导师,并且是名副其实担负指导博士生任务的教授。

2. 应对博士生导师的遴选工作做出统一规定

国务院学位办有必要制定博士生指导教师聘任的规范性文件,对博士生指导教师的任职条件、审批程序和职责进行统一规定,规范博士生指导教师聘任的管理。

3. 建立完善博士生导师数据库

为体现公正合理、保证质量和高效有序地进行博士生导师审核,应建立起能完整、真实和及时反映求聘者状况的信息库或信息反馈系统。

4. 在博导的上岗审查中,不宜过分强调年龄

由于近年来国家的一些评价系统过分地强调学科的年龄梯队,使得一些单位在导师上岗下岗的问题上依据年龄一刀切。其实导师能否上岗,应该主要依据他目前在科研领域的活跃程度来决定,而不是其年龄。

5. 在"博导"这个重要岗位上的教授,应该享受一定特殊待遇

随着博导审核的改革,博导已由教授中的一个固定层次变为普通的岗位,但由于该岗位的重要性,本着社会主义按劳分配的原则,在这一重要岗位上的称职教授,均应享受该岗位的津贴(我校每月 200 元博导岗位津贴)。国家也应出台统一的对博导待遇的特殊政策,以增加在博导这一岗位上工作的教授的责任感和荣誉感。

6. 新上岗的博导,应具有博士学位

我国博士学位制度已实施了十几年,在该制度实施的初期,由于历史的原因,我国的博士生导师90%以上都不具备博士学位,但随着学位制度的不断建立和完善,没有博士学位的博导的历史应该结束。对于45岁以下的年轻教员,首先应通过全日制研究生教育或通过在职人员申请学位的途径取得博士学位后,才可具备指导博士生的起码资格。年轻教员比起老的博导,缺少为师的经验,如果自身再无攻读博士学位的经历,尽管科研很出色,也难以胜任指导博士研究生的岗位,因此我们建议国家统一规定对新遴选的博士生导师应具有博士学位。

作者:张淑林　陈　伟
原载于《教育与现代化》1999年第3期

博士生指导教师选聘制度的改革与实践

博士生指导教师是承担和实现博士生培养任务的主体,实践表明,一个优秀的导师队伍是提高研究生培养质量的根本保证。如何积极有效地遴选招收培养博士生的指导教师就显得尤为重要。

一、我校自行审定博士生导师工作的探索与实践

1993年,国务院学位委员会批准我校为首批开展自行审批增列博士生指导教师试点工作的单位。从1995年起,我校坚持每年按需设岗,同时对拟招收博士生的指导教师进行了上岗资格审查。这项工作在校长领导下,由校学位评定委员会统一组织实施,校学位办公室具体操作,每两年组织一次。具体评审程序为:个人申请、同行专家评审、学科评审组评议、校学位评定委员会审核、无记名投票表决、公布名单、校务工作公议聘任上岗。

经过1995年和1997年的两次审核遴选新增博士生导师工作,我们取得了显著的成效。① 较好地贯彻了博士生指导教师是培养博士生的一个重要岗位等原则;② 较大幅度地实现了博士生导师队伍的新老交替;③ 加强和巩固了现有博士点,促进了学科建设的发展;④ 进一步积累了改革博士生导师审核办法的经验。

然而这两次自审博士生导师的探索,也暴露出一些问题和困难。如,有的博士生导师实际不指导博士生,真正指导博士生的是没有"身份"的"二导师"、"三导师";有的博士生导师长期没有科研经费支持,没有有前景的科研课题,却仍向学校伸手要经费;有的博士生导师长期招收不到博士生,却依然顶着"博导"的头衔,享受博士生导师岗位津贴;有的学科长期只有少数几个博士生导师,博士生培养力量后继乏人等。在具体工作程序方面的问题有:博士生指导教师岗位作为指导博士生的重要岗位,而不是教授中的一个固定层次的意义是不言而喻的,但在实际评审的操作中,如何按需设岗增列,仍遇到许多人为因素的干扰;博士生导师的自行审核增列,成为类似评教授之外的另一层次评审;导师量化评审标准在可操作性和保证学术的高水准方面还欠完善;博士生导师评审程序较为繁琐,不利于提高工作效率等。如何进一步淡化博士生指导教师这一"身份",而突出其岗位的重要性,始终是我们思考和探索的重点。经过一段时间的酝酿,我校从1999年1月开始对博士生导师选聘制度进一步改革,将原博士生导师的"自行审批"改为上岗遴选聘任。

二、博士生导师上岗遴选聘任的改革

早在1998年下半年,学校就首先对学位管理体制进行了改革,完成了新一届学位评定委员会的组建,并根据实际需要撤消了原以系为单位组成的学位评定分委员会,而按照一级学科或相关学科群成立了10个学位评定分委员会,建立了学位的三级管理制度(学位点、学位评定分委员会、学位评定委员会),充分发挥了两级学位评定委员会的评审职能。同时也为博士生导师遴选制度的改革打下良好的基础。学校博士生导师上岗遴选改革的要点为:

1. 按需科学设岗

校学位评定委员会每年对学校招收博士生计划进行一次审定,同时根据办学效益,各学科、专业在社会上的需求情况,以及博士生导师队伍年龄结构、承接科研项目等情况,提出各学科、专业博士生导师的岗位数。主要原则是保证人才需求量大、生源好的学科招生数和导师岗位数,支持新兴、交叉、边缘学科的招生指标和导师岗位数。

2. 严格上岗条件

学校对博士生导师上岗具备的学术水平和招生条件制定了新的量化标准,如基础研究学科的博士生导师,要求近5年来在国内外核心刊物上发表论文不少于8篇或正式出版过学术专著。所发表的论文或专著曾被同行多次引用或曾获得过省、部级二等奖以上的奖励。同时要求目前承担有国家或省部级重点科研项目或攻关项目,在研的经费不少于3万元。工程技术学科,要求近5年来在国内外核心刊物上发表论文不少于5篇,或正式出版过学术专著,或有重要的技术成果。发表的论文或专著曾被同行多次引用或曾获得过省、部级二等奖以上的奖励。目前承担国家或省部级重点科研项目或攻关项目,在研的经费不少于6万元。

对于主持经费在30万元以上的重大基础性研究项目,或主持经费在60万元以上的工程技术研究重大项目,或曾获国家二等奖以上项目的主要成员,上述要求可适当放宽;在国际一流学术刊物(如《Nature》、《Science》及列入 SCI、EI 的刊物)上发表论文(第一作者或本人指导的研究生为第一作者)的,对其发表论文的篇数要求可酌减。对新任博士生导师的教授要求至少培养过两届硕士研究生,并有协助本人指导博士生的学术队伍。量化标准是保证博士生导师评选质量的必要措施,同时也是使遴选工作易于操作、利于公平竞争,做到公正合理的重要保证。

3. 规范遴选程序

每年3月份校学位办公室将设立的博士生导师岗位数以及博士生导师上岗条件在校园网上公布。申请下一年度招收博士生的教授可填写有关申请表,经所在系审查确认后,报校学位办公室复查,校学位办将所有申请者的材料在网上公布,接受监督,并确定一个争议期。对复查合格无异议的申请者,学位评定分委员会根据博士生导师上岗条件(学术水平和科研条件),对其进行无记名投票,通过者报校学位评定委员会。校学位评定委员会根据各博士点的设岗和上岗情况严格依照博士生导师上岗条件并结合学科发展的需要以无记名投票方式表决,遴选通过的人员方可参加下一年度的博士生招生。在这一过程中,学校实行"四公开",即博士生导师岗位设立情况、博士生导师遴选条件、申请者材料及遴选结果均在校园网上公开,从而简化了原有的评审程序,增加了博士生导师遴选上岗工作的透明度,确保了遴选的质量。

程序的规范,使遴选博士生导师工作真正融合为博士生培养制度中的一个有机环节,成为一种制度和惯例,从而彻底改变了过去那种自觉或不自觉地重称号而与具体培养博士生的任务联系不紧密的做法。

4. 建立动态机制

对于准备新担任博士生导师的教授,需要根据实际需要,科学遴选。对于老的博士生导师也要进行核定和遴选,由此形成一种动态竞争机制。

5. 博士生导师上岗聘任

通过上岗遴选的教授在招收到博士生后,由校学位办公室向上岗教授颁发上岗聘任书,聘任上岗的教授称为中国科学技术大学博士生导师。对未招收到博士生的教授不予聘任,下次上岗时需重新提出申请。本次招收到博士生的教授就称为博士生导师,没招到博士生的教授就不能称为博士生导师,从而真正实现了博士生导师作为一个特殊的工作岗位,而非一个荣誉称号。

6. 建立激励机制

对聘任上岗的博士生导师,待所指导的博士生获得博士学位后,可享受一次性的岗位教学酬金,对指导出优秀博士论文的导师还将享受岗位教学奖金。通过这种方式,不仅改变了过去博士生导师有无博士生,招多招少一样享受同等博士生导师酬金的现象,还可以鼓励博士生导师认真履行岗位职责,并努力培养出优秀的博士生。

三、经验总结

经过1999年和2000年两次博士生导师上岗遴选聘任的实际运作,该项工作收到良好的效果,并得到各方的一致赞同。总结其成功的经验,主要有:

(1)认真贯彻了国务院学位委员会关于进一步下放博士生指导教师审批权的精神,并根据实际需要,进行了大胆的探索和改革。

(2)从根本上转变了博士生导师作为一个"身份"的观念,真正体现了博士生指导教师是培养博士生的重要工作岗位的原则,突出了其岗位的责任感。

(3)通过按需设岗遴选,逐步促进了博士生导师队伍的年轻化,较好地完成了导师队伍的新老交替,有利于形成合理的学科梯队。目前新遴选上岗的博士生导师中,45岁以下具有博士学位者占我校博士生导师总数的15%。

(4) 使博士生导师遴选上岗聘任工作规范化、制度化。在遴选过程中,通过实行"四公开",使原的某些"暗箱"操作改为公开选聘,做到真正公平、公正、公开。

(5) 博士生导师的上岗遴选,促进了本单位的学科建设发展和学科结构调整,起到了"自然选择"的作用。只有那些学科发展方向符合社会需要,特别是新兴、交叉、边缘的学科才容易招收到博士生。

(6) 通过对导师上岗条件的严格要求,使真正有水平、有能力、有经验、有项目的教授才能指导博士生,从而确保了博士生的培养质量。

博士生导师的选聘工作是一项复杂细致、政策性很强的工作。虽然在这项工作中会有不同的理解和认识,但有一点是毫无疑问的,即博士生的学术水平和培养质量将越加取决于博士生导师队伍的质量和水平。我们的改革肯定还有不完善的地方,我们将在实践中不断总结经验,真正使博士生导师的选聘工作做到既简化程序,又体现公正合理、高效有序的原则,并坚持以质量取信于社会,经得起各方的监督。

参 考 文 献

[1] 谢桂华.改革博士生导师的审核办法意在兴利除弊[J].学位与研究生教育,1995(5).
[2] 叶绍梁,等.坚持标准 评聘结合 简化程序 保证质量:从自审博士生导师改革看博士生导师审核办法的全面改革[J].学位与研究生教育,1996(3).
[3] 张淑林,陈伟.自行审定博士生导师工作的改革[J].教育与现代化,1999(2).

作者:张淑林 陈 伟
原载于《学位与研究生教育》2000年第6期

遏制异化 推进"博导"选拔机制创新

现行的已被异化的"博导"制度有诸多弊端,需要我们从教育制度、学术培养链条、学术评价机制、国际化等层次面对推进"博导"选拔机制创新进行理性思考。

一、现行"博导"制度的异化

"博导"顾名思义就是指导博士研究生论文的导师,实际上是指研究生教育中指导博士生的一个重要工作岗位。其核心要义是"指导",其本质属性是"岗位",它没有职衔的内涵,不是荣誉称号,也不是教授中的一个固定层次。然时下在我国的社会生活中"博导"似乎已经成为介于教授与院士之间的一个过渡称号,成为行政化色彩很浓的一个职级。显然,"博导"原有的内涵已被扭曲和异化。这种行政化倾向明显、功利化色彩颇浓、变相学术终身制的"博导"制度有诸多瑕疵(当然不否定其很长一段时期的积极作用),对学术风气、研究生教育的冲击很大,应引起我们的关注和重视。

弊端一:导致学术变质。学术与行政的分离是现代高等教育发展的内在规律,一旦以追求学术为本职的"博导"与行政化倾向明显的等级制、终身制、职衔制等挂钩,学术风气必将受到挑战,学术变质将在所难免。时下,利用职权谋取"博导"资格的现象比比皆是,甚至有些人不管是否有能力担任"博导",或者是否有时间和精力完成"博导"岗位应承担的教学科研任务,都要弄顶"博导"帽子戴戴,以显示自己的学术水平高人一等。这些现象实际上就是学术行政化导致学术变质的极端体现,如果任其蔓延,只能彻底埋葬学术于无形。

弊端二:致使竞争机制弱化。现行的"博导"选拔制度使"博导"成为一个固定层次和终身荣誉称号,而不是一个工作岗位,从而导致"博导"这一岗位缺乏长期有效的竞争机制。"博导"能上不能下,再加上目前研究生师资短缺,有些人在获得"博导"资格后因缺乏竞争压力丧失了进取心,不再致力于创造性的研究,学术水平停滞不前。另外,还有部分导师在遴选为"博导"后即进入科研低谷期,但仍可以在"博导"岗位上。显然,这种终身制度对于那些站在学术前沿而年龄、资历、职称不够"格"的年轻学者来说是不公平的,不利于真正确立和强化"博导"竞争机制,不利于"博导"队伍整体素质的提高。

弊端三:学生自主选择空间缩小。当前,"博导"之所以不能成为一个真正的工作岗位,应该说与学生在"博导"选拔工作上的参与不够有很大关联。目前的"博导"遴选,一般都是由管理部门来组织选拔工作,一旦通过遴选,就可获得"博导"资格招收博士生,而学生在选拔过程中处于被动的地位,不能真正地履行教育"消费者"角色的使命。他们没有参与权,只有名义上的选择权,所谓的双向选择实际上只是导师的单向选择。再加上扩招而导致导师与博士生的比例失调,致使学生自主选择导师空间更加缩小。

二、现行"博导"制度的拨正

对现行被异化了的"博导"制度进行拨正,实施选拔机制创新,构建和谐、健康的研究生导师制度,对净化学术风气、保证博士生的培养质量具有重要意义。

1. 回归现代高等教育制度的常识

对博导"异化"进行拨正就是要改革传统的变相的"博导"终身制度,就是要取消现行的"博导"资格"遴选"制度,实施真正的"岗位"制度。实际上,从"博导"资格到"博导"岗位的转变,与其说是对传统制度的改革,不如说是对现代高等教育制度的常识性回归。我国现行的高等教育制度和相关模式是从模仿西方开始的,虽然在某些方面也有改革,但绝大多数内容并没有达到更没有超越现代西方社会的水平,而一些改变并不尽如人意。"博导"资格遴选制度就是例证之一。本来,在现代高等教育制度中,"博导"就是一种工作岗位,但移植到中国后,它就变了味,成了一种代表学术层次的资格身份。因此,今后应逐步淡化"博导"的概念,取消名不正言不顺的"博导"资格"遴选"制度,还"博导"的本来面目。

2. 建立科学的学术培养链条

在现行的"博导"终身制或变相终身制的情况下,我们的学术研究和学术人才培养链条是:先有博导,然后有博士生,最后才有博士研究课题。这跟政府机关的因人设岗、因人设事没有什么两样,长此以往,一些教授根本没有课题和科研经费,但却堂而皇之地占据"博导"岗位,而一些有才华、学术素养高、科研经费充足的却没有教授职称的年轻人却失去了指导博士生的资格。这不仅是一种人才资源的浪费,更重要的是,长期下去其培养的博士生学术质量也就可想而知了。事实上,学术研究和学术人才培养的"正道"应该是:先有企业、政府、基金会支持的研究课题,然后才有"博导"和博士生。在"博导"选拔的标准上应严把课题和经费关,而职称、职务倒在其次。

3. 剥除附在"博导"头衔上的附加价值,建立科学的学术评价机制

揭开"博导"的神秘面纱,就会发现之所以"博导"成为趋之若鹜的"香饽饽",除了传统的等级制因素使然外,最主要的是因为附在"博导"头衔上的那些诱人的附加价值和效用。显然,竞争"博导"资格,其目的不在于把"博导"的职责、学术的尊严放在至高无上的地位,也不在于把培养高水平的人才视为最高追求,而在于将

"博导"这个头衔作为通往社会塔顶、获取利益的攀缘之梯。另外,现行的学术评价机制在强化"博导"的附加价值方面也起到了推波助澜的作用,如,在申报课题、争取经费、评估学科、大学排名中,主管部门或组织单位往往都将是否"博导"、"博导"的数量作为其中的重要指标,更加剧了人们对它的资格的重视。为与国际接轨,几年前我国就准备逐步淡化博士生导师制度,但由于既得利益(附加值),由于评定所带来的权力与利益,至今没有淡化,甚至有所强化。要真正使"博导"成为一种岗位,就应从建立科学的学术评价考核机制这个"源头"入手,才能真正剔除附着在"博导"表面的附加价值。

4. 顺应国际化潮流,积极推动与国际接轨

在国外,成为"博导"的关键在于是否具备指导研究能力,不管是讲师、副教授还是教授,只要具有博士学位,达到了一定科研水平,有课题项目,有相应的科研经费,同时,也有人愿意申请做你这个课题的博士候选人,就能担任博士生导师。而在我国,由于特殊的国情,申请"博导"岗位的基本门槛就是具备教授职称,这不能不说是一个"特色"。顺应国际化潮流,积极推动选拔机制与国际接轨,是必然趋势。这种做法能打破"论资排辈"的用人套路,有利于吸引国外的优秀人才回国,促进年轻学者的成长,有利于鼓励人才冒尖,在导师队伍中形成竞争,有利于缓解研究生师资短缺等。

三、"博导"选拔机制的创新

总结以往"博导"遴选工作经验必须打破"博导"终身制、强化岗位意识、简化审核程序,积极营造博导选拔机制创新的内部环境。

1. 审核程序尽量简化

现在的"博导"之所以在社会上被许多人认为是教授之上的一个固定层次、称号,其实,很大程度上是由现行的层层审定的遴选制度造成的。由于数量的限制,遴选程序的复杂和严格,使"博导"这一正常的岗位变得神乎其神,似乎变成比教授还珍贵的另一种职称。例如,在"博导"选拔工作中实行的是层层审核的遴选制,要经过学科点推荐、院系审批、学位分委员会和学位委员会会议审核等多道程序。当然严格审核本身并无不妥,但问题的关键是如果程序过于复杂,声势搞得过大,那就会给人以错觉,认为"博导"水平肯定是在教授之上。鉴于此,我们简化了审核程序,只须本人申请,通过条件审查后,一经校学位委员会工作会议审议通过,即可上岗招收博士研究生。

2. 严把关键的课题与科研经费条件关

合适的课题、充足的科研经费是保证学位论文完成的必要条件,这已成为博士生教育的共识。前些年在"博导"上岗审核中要对申请人的学术水平、发表论文、科研经费、学位、年龄等诸多条件都进行审核,这实际上是对现行职称评审的否定,只会增加管理成本。目前我们在博导选拔工作中主要对关键条件——课题与科研经费进行审核。如，对人文管理学科、理论学科、实验学科、工程技术学科等分别提出了不同的经费要求。不过，要对课题的性质进行界定，如果课题层次较低、与学生的研究方向无关，经费再多，也不能允许上岗，因为这不利于提高学生的科研能力，无法保证学生完成学位论文。

3. 上岗条件不宜过分刚性，注意把握"度"

时下，不少学校对导师的上岗年龄、学位职称等条件要求得非常苛刻，如，超过什么年龄，达不到什么学位就不能申请"博导"岗位，这种"博导"选拔工作实际上是形而上学的，是违背学术规律的。我们认为上岗条件不宜过分刚性，要注意把握"度"。比如年龄问题，那些已退休仍承担有国家或省部级重点科研课题，科研经费充足，培养经验丰富，且身体健康的教授，还是应该鼓励其上岗指导博士生。再比如学位问题，由于历史的原因，有少数人错过了接受博士教育的机会，但确实具有指导博士生的学术水平和能力，还是应该允许其竞争"博导"岗位。当然，从长远来看，对年轻人要求博士学位是符合国际潮流的。应该说，经过这些年的过渡，随着专任教师队伍中博士学位者比例的上升，我国已初步具备了实施以博士学位为前提、以指导研究能力为主要标准的"博导"选拔制度的条件。

4. 在职称评审制度还有瑕疵的背景下启动副教授申请"博导"的工作应稳妥、谨慎

国外，不管是正高职称，还是副高职称，甚至中级职称，均有博士生指导权。从长远来看，我国的"博导"选拔工作与国际接轨势在必行！但在现行职称评审制度由于受非学术因素的干扰还有瑕疵的背景下，启动副教授申请"博导"的工作暂时还不宜放得过开，应严格把关，切忌炒作！

此外，为从根本上淡化"博导"的概念，建议将现行的"博导"遴选制改为年度申请和审定制，就是计划于下一年度招收博士研究生的教授，无论是首次申请上岗的教授，还是继续申请上岗的教授，每年都必须由本人提出上岗申请，如通过审定，就能称之为"博导"，就可以招收博士生；当年不提出申请或审定未通过者，就不能称之为"博导"，下一年度就不允许招生。由于导师的紧张和短缺，一些研究生培养单位出于缓解指导压力的考虑而过于追求数量，或降低遴选标准搞"突击提拔"，或虽然标准未降但却把关不严，采取选聘上的"形式主义"，致使导师数量越来越多，但水平却无法保证。为营造"博导"选拔机制优化的外部环境，应严格控制博士生招生规模。当前，在国立科研机构，拥有一批常年奋斗在科研一线，接受过良好的科学训练，具有较高的科学素养和学术水平的研究人员。在研究生培养方面比大学里的导师拥有更多的科研实践经验。因此，通过"所校结合"方式，广泛吸纳研究所的高级研究人员充实导师队伍，对于促进"博导"选拔机制的创新有重要意义。

作者：张淑林　裴　旭
原载于《中国高等教育》2005年第18期

我国研究生导师聘任制的历史沿革和未来走向
——以中国科大博士生导师聘任制改革探索为例

导师制是研究生培养过程中的一项基本制度,又称导师负责制,是"由导师对研究生的学习、科研、品德及生活等各方面进行个别指导并全面负责的教学管理制度。"导师在研究生的培养过程中应履行基本的职责,这些职责包括研究生的招收与录取、培养方案的制定、课程教学、学位论文和科研的指导以及关心和了解所指导的研究生的思想道德和生活等方面的问题,做到教书育人。可见,导师在研究生培养过程中起着主导作用,是研究生培养体系的核心因素。因此,聘任合格的能履行职责的导师是导师制发挥育人作用的关键。

一、我国研究生导师聘任制的发展历史

我国研究生导师聘任制是伴随着研究生教育的产生、发展而逐渐形成并不断发展完善的。回顾中国导师聘任制的历史,最早可以追溯到20世纪初缘起于北京大学和清华大学的研究生教育。

1916年,蔡元培受命为北京大学校长,1917年正式上任后即着手按照西方资本主义国家的大学模式对北大进行改革,提出"大学者,囊括大典网络众家之学府也",即大学是研究高深学问的场所。鉴于至1917年底中国仍未培养出自己的研究生这一事实,出台了一系列关于研究生教育的举措,于1918年公布了《北京大学研究所章程》,其中对导师的资格及指导方式规定如下:"研究所以各门教员组织之,遇有特别需要,得加聘专门学者为研究所教员","研究员得自择特别研究之论题请教员审定,或由各教员拟定若干题听研究员选择之。择题既定,由各员自行研究,随时得请本所各教员指示参考书及商榷研究之法,即以所得结果,以一年之内作为论文,文成后由本门研究所各教员共同阅看,其收授与否由各教员开会定之。论文收授后,有本校发给研究所成绩证书,并将所收授之论文交付大学馆保存,或节要采登月刊。未经收授者,由各教员指出应修改之处,付著作者自修正之。"在导师的聘任方面,蔡元培主张"延聘纯粹之学问家",使其"一面教授,一面与学生共同研究",使得科学研究的成绩和能力成为衡量研究生导师的唯一标准。从以上的《北京大学研究所章程》规定和蔡元培关于导师聘任标准的观点分析,北京大学非常重视导师在学生独立研究中的作用,导师负责管理研究生培养的具体事宜,研究

选题、研究方向和范围完全由导师和学生自由选定,形成了一种与德国学徒式类似的导师指导制度。

作为北大近邻,著名的清华国学研究院便于这个时期建立。1925年2月12日,清华委任吴宓为国学研究院筹备处主任,成立清华国学研究院筹备处。吴宓上任后,即与当时清华校长曹云祥共聘一流学者为清华国学研究院导师,他们深深懂得一流学者的重要性。1925年3月之前,国学大师王国维、梁启超已欣然就任。1925年3月6日,二者共同参与拟定的《研究院章程》在清华学校校务会议通过,章程规定"以研究高深学术、造就专门人才为宗旨",对导师的资格及指导方式有明确规定。如第四部分规定教授及讲师的资格,"(一)本院聘宏博精深、学有专长之学者数人,为专任教授。常川住院,任讲授及指导之事。(二)对于某种学科素有研究之学者,得由本院随时聘为特别讲师。"从这些条文我们可以看出,清华在导师的标准上极其重视导师的学问,正如1931年就任清华校长的梅贻琦先生说:"大学之谓也,非谓有大楼也,有大师之谓也。"梅先生的这个看法是清华重视教师作用传统的精练概括。继王国维、梁启超之后,清华又聘请了语言大师赵元任、史学大师陈寅恪,王、梁、赵、陈并称清华国学院的四大导师。1929年秋,清华大学决定开办研究院,自此至新中国成立,清华大学历经抗战和内战,虽然研究院曾一度停办,但其研究生培养的导师聘任制一直继承着初创时期的模式。

1949年,新中国成立后,党和政府十分重视研究生教育的发展工作。1953年高等教育部发布了《高等学校培养研究生暂行办法(草案)》,正式确立了指导教师负责制,即导师制。具体要求有:"研究生指导教师必须由苏联专家担任或国内高等学校中学术水平较高的教师担任……研究生在导师指导下,学习专门课程,掌握某一专题范围内科学的最新成果,并进行科学研究工作。"可见,这是以苏联专家为主体的导师聘任制。中苏关系恶化后,中国走向了依靠中国专家的力量独立培养研究生的道路,研究生导师的聘任制逐渐形成了中国特色。

二、改革开放后我国博士生导师聘任制的沿革

博士生导师是导师群体的顶层,是指导博士研究生学位论文及培养计划实施、培养质量把关的第一责任人。遴选高水平的导师是确保博士生培养质量的关键。改革开放后,我国实行了新的学位制度,作为新学位制度的重要组成部分,博士生导师聘任制度经历了一个渐进的改革过程。

我国真正意义上的现代博士研究生教育始于1981年《中华人民共和国学位条例》的颁布。30年来,博士研究生导师(以下简称"博导")审批经历了国务院批准、国务院学位办审批、博士学位授予单位自行审定三个阶段。第一阶段自1981年至1984年,博导需经过国务院学位委员会审核,国务院批准,第一批、第二批博导遴选按照此审批权限分别于1981年、1984年进行。第二阶段自1985年至1993年,

博导由国务院学位委员会审核批准,第三、第四、第五批博导的遴选按照此审批权限分别于1986年、1990年、1993年进行。第三阶段自1993年至今,博导由学位授予单位自行审定。1993年、1994年先后两次由博士学位授予单位进行试点,1995年为适应博士生教育发展的需要和扩大博士学位授予单位的办学自主权,国务院学位委员会第十三次会议决定全面改革现行的博士生指导教师评审办法,从1995年起国务院学位委员会不再单独审批博士生指导教师,逐步实行由博士学位授予单位依据国务院学位委员会和国家教委的有关规定,在审定所属各博士学位授予单位招收培养博士生计划的同时遴选确定博士生指导教师。进入21世纪以来,相当一批博士学位授予单位根据本校学科建设需要,并结合国际导师聘任制的惯例开展了导师聘任制度的改革与创新,其基本趋势就是博导审定程序进一步简化,对导师的职称、科研能力、学历学位等学术性要求越来越高。

从新学位制度的建立到现行博士生导师聘任制度的确立,30年时间我国经历了从计划经济向市场经济的转型,博士生导师聘任制也经历了从国务院学位委员会审核、国务院批准这样高度的国家计划性管理模式到由学位授予单位自行审定这样具有一定市场特色的管理模式。现行博士生指导教师聘任制度的形成有其历史渊源,除了受我国经济体制的影响外,还受到当时我国高等教育发展状况的影响。20世纪80年代和90年代初期,高等院校除少数留学回国人员以外,绝大部分教师没有博士学位,因此将"教授或相当专业技术职称者"作为评审博士生指导教师的首要标准,而对博士学位没有提出具体要求。90年代中期,青年教师中具有博士学位者逐渐增多,在聘任博士生导师时增加了某年以后出生的必须有博士学位这一条件。进入21世纪以后,由于我国研究生教育的跨越式增长、博士生培养规模的扩大,以及大量海外留学生的回归,我国博士生导师没有博士学位的历史即将结束,目前,几乎所有的高校都把具有博士学位作为年轻学者申请博士生导师岗位的必备条件。

三、中国科大博士生导师聘任工作的三次改革与探索

博士生指导教师是承担和实现博士生培养任务的主体。实践表明,一个优秀的导师队伍是提高研究生培养质量的根本保证。如何积极有效地遴选博士生指导教师就显得尤为重要。中国科大在国家放权后的十多年时间内结合本校实际创造性对博士生导师聘任工作进行了三次大的改革,产生较为深远的影响。

1. 第一次改革——自行审批,规范聘任程序

1993年,国务院学位委员会批准我校为首批开展自行审批增列博士生指导教师试点工作的单位。从1995年起,我校开始了聘任程序改革。具体程序为:个人申请、同行专家评审、学科评审组评议、校学位评定委员会审核、无记名投票表决、公布名单、校务工作公议聘任上岗。经过1995年和1997年两次审核遴选新增博

士生导师工作,取得了显著的成效,较好地贯彻了博士生指导教师是培养博士生的一个重要岗位等原则,较大幅度地实现了博士生导师队伍的新老交替,积累了改革博士生导师审核办法的经验。然而这两次自审博士生导师的探索,也暴露出一些问题和困难。如有的博士生导师实际不指导博士生,真正指导博士生的是没有"身份"的"二导师"、"三导师";有的博士生导师长期没有科研经费支持;有的博士生导师长期招收不到博士生,却依然顶着"博导"的头衔,享受博士生导师岗位津贴等。在具体工作程序方面存在的问题就是:博士生导师的自行审核增列,成为类似评教授之外的另一层次的评审,声势较大,不自觉地给教师造成"博导"高于"教授"的错觉。因此,如何进一步淡化博士生指导教师这一"身份",而突出其岗位的重要性,始终是我们思考和探索的重点。经过一段时间的酝酿,我校从1999年1月开始对博士生导师选聘制度进行了第二次改革,将原博士生导师的"自行审批"改为上岗遴选聘任。

2. 第二次改革——实施上岗遴选聘任,遴选信息实行"四公开"

我校博士生导师上岗遴选聘任改革的要点为:一,根据学科建设需要设立博导岗位。校学位委员会每年对学校招收博士生计划进行一次审定,同时根据各学科、专业在社会上的需求情况,以及博士生导师队伍年龄结构、承接科研项目等情况,提出各学科、专业博士生导师的岗位数。主要原则是保证人才需求量大、生源好的学科招生数和导师岗位数,支持新兴、交叉、边缘学科的招生指标和导师岗位数。二,从学术水平、发表论文、承担的科研项目等方面严格上岗条件。学校对博士生导师上岗具备的学术水平制定了新的量化标准,如基础研究学科的博士生导师,要求近5年来在国内外核心刊物上发表论文不少于8篇或正式出版过学术专著。所发表的论文或专著曾被同行多次引用或曾获得过省、部级二等奖以上的奖励。同时要求承担有国家或省部级重点科研项目或攻关项目,在研经费不少于5万元等。量化标准是保证博士生导师评选质量的必要措施,同时也是使遴选工作易于操作、利于公平竞争,做到公开、公正、合理的重要保证。

在遴选程序上学校实行"四公开",即博士生导师岗位设立情况、博士生导师遴选条件、申请者材料及遴选结果均在校园网上公开,从而简化了原有的评审程序,增加了博士生导师遴选上岗工作的透明度,确保了遴选的质量。程序的规范,使遴选博士生导师工作真正融合为博士生培养制度中的一个有机环节,成为一种制度和惯例,从而彻底改变了过去那种自觉或不自觉地重称号而与具体培养博士生的任务联系不紧密的做法。对于准备新担任博士生导师的教授,需要根据实际需要,科学遴选。对于老的博士生导师也要进行核定和遴选,由此形成一种动态竞争制度。通过上岗遴选的教授在招收到博士生后,由校学位办公室向上岗教授颁发岗位聘任书,聘任上岗的教授称为中国科学技术大学博士生导师。本次招收到博士生的教授就称为博士生导师,没招到博士生的教授就不能称为博士生导师,从而真正将博士生导师作为一个特殊的工作岗位来对待,而非当作一个荣誉称号。

3. 第三次改革——进一步简化审核程序，建立上岗审定机制

2006 年以来，我校在总结前两次博导遴选改革工作经验的基础上，又对博导上岗聘任工作进行了第三次改革，进一步简化了审核程序，实行上岗审定机制。第三次改革的创新之处主要体现在以下几个方面：

第一，进一步简化审核程序。现在的"博导"之所以在社会上被许多人认为是教授之上的一个固定层次、称号，其实，很大程度上由于现行的层层审定的遴选制度造成的。由于数量的有限，遴选程序的复杂和严格，使"博导"这一正常的岗位变得神乎其神，似乎变成比教授还高等的另一种职称。例如，原来我校在"博导"选拔工作中实行的是层层审核的遴选制，要经过学科点推荐、院系审批、学位分委员会和学位委员会会议审核等多道程序。当然严格审核本身并无不妥，但问题的关键是如果程序过于复杂，声势搞得过大，那就会给人以错觉，认为"博导"水平高于教授。鉴于此，我校简化了审核程序，只需本人申请，通过条件审查后，经校学位委员会工作会议审议通过，即可上岗招收博士研究生。

第二，重点把好关键关口。合适的课题、充足的科研经费是保证学位论文完成的必要条件，这已成为博士生教育的共识。前些年在"博导"上岗审核中要对申请人的学术水平、发表论文、科研经费、学位、年龄等诸多条件都进行审核，这实际上是对现行职称评审的否定，只会增加管理成本。为此，我校目前在博导选拔工作中主要对关键条件——课题与科研经费进行审核。不过需要注意的是，要对课题的性质进行界定，如果课题层次较低、与学生的研究方向无关，经费再多，也不能允许上岗，因为这不利于提高学生的科研能力，无法保证学生完成学位论文。

第三，上岗条件柔性化。时下，不少学校对导师的上岗年龄、学位职称等条件要求得非常苛刻，如超过什么年龄、达不到什么学位就不能申请"博导"岗位，这实际上是"博导"聘任工作上的形而上学，是违背教育规律的。因此，我们认为上岗条件不宜过分刚性，要注意把握"度"。比如年龄问题，那些已退休仍承担有国家或省部级重点科研课题，科研经费充足，培养经验丰富，且身体健康的教授，应鼓励其上岗指导博士生。再比如学位问题，由于历史的原因，有部分导师错过了接受博士教育的机会，但确实具有指导博士生的学术水平和能力，还是应该允许其参与竞争"博导"岗位。当然，从长远来看，对年轻一代的导师要求其拥有博士学位是符合国际潮流的。应该说，经过这些年的过渡，随着专任教师队伍中博士学位获得者比例的上升，我国已完全具备了实施以博士学位为前提、以指导研究能力为主要标准的"博导"聘任制的条件。

四、完善我国博士生导师聘任制的几点思考

我国研究生导师聘任制是借鉴他国经验的结果，在短短的 30 年时间里，为我国研究生教育做出了巨大的贡献。今天，随着经济、科技以及研究生教育的大发展,导师聘任制度面临着新的考验,根据实践的需求,对导师聘任制进行改革和创新,势在必行。

1. 现行博导聘任制度存在的问题

探究改革开放后我国博导聘任制度沿革的历史轨迹可以发现,现行博导聘任制度主要还存在这样一些问题:

(1)"博导"作为工作岗位的属性在实践中未能得到真正确立,存在严重的职级化、功利化的倾向

博导,按照西方高等教育界普遍认同的观点,就是专指研究生教育中的指导博士生的一个重要工作岗位,而不是教授中的一个特定的层次和荣誉称号。然而,当前在我国的社会生活中博导似乎已经成为教授中的一个特定层次,成为介于教授与院士之间的一个过渡称号,成为行政化色彩很浓的一个职级。取得博导资格已成为相当一部分学界人士的毕生追求,至于取得资格后博导岗位该履行什么样的职责倒是其次。显然,博导原有的内涵已被扭曲和异化。在我国由于受传统文化中等级制思想的影响,博导被深深地打上了功利和等级烙印,在现实生活中被异化得面目全非,不少人为争得博导资格而不惜采取一切手段,以至于当前诸如"副博导"、"博士后导师"等之类的头衔比比皆是。深入探究这些表象可以窥见,现行的博导制度,其实已经异化为行政化倾向明显、功利化色彩颇浓的学术终身制。这种制度所衍生出的问题对学术风气、研究生教育的冲击很大,应引起我们的关注和重视。

(2)重视导师聘任的前馈控制,忽视后续监控

现行的"博导"聘任制度最大的一个特点就是重视导师聘任的前馈控制,忽视后续监控,即重视上岗前的学术水平审核,忽视上岗后的教育培训;重视上岗前的遴选程序,忽视上岗后的监督评估。在"博导"终身制下,有些人在获得"博导"资格后因缺乏竞争压力而丧失进取心,丧失终身学习的动力,不致力于创造性的研究,学术水平停滞不前。还有部分年龄偏大的导师在被聘任为"博导"后由于未能及时"充电"即进入科研低谷期,但"博导"终身制使其仍可以留在博导岗位上。显然,这种终身制度对于那些站在学术前沿而年龄、资历、职称不够"格"的年轻学者来说是不公平的,不利于真正确立和强化"博导"竞争机制,不利于"博导"队伍整体素质的提高。因此,加强对上岗后导师的终身教育以及监督评估是完善我国导师聘任制度的一项重要任务。

2. 完善我国博士生导师聘任制的几点思考

(1)积极借鉴西方国家博士生导师聘任制度的有益元素

西方人对"博士生导师"在中国可以被当作头衔印在名片上的做法无法理解。在美国,教授招收博士候选人没什么特别要求。只要你有课题项目,能申请到培养经费,同时也有人愿意做你这个课题的博士候选人,那么,你就是博士生导师了。说到底他们是在根据研究项目研究方向来招收博士生。以法国为例,1988年该国

颁布的《法国博士生教育法令》规定,博士论文指导教师由下列人员出任:教授和高级研究生;持有指导研究资格或国家博士文凭的教师、研究人员;由校长、院长根据科学委员会建议并视其研究能力遴选的其他知名人士,副教授或副研究员可以通过这一途径申请博士生指导教师资格。指导研究资格是一种高级文凭,授予这一文凭的基本条件是在某一学科领域具有独特的创新思维方式,能完全独立地从事科学研究,具备指导博士生和青年研究人员的能力。申请指导研究资格一般是在取得博士文凭后,经过几年的工作实践根据本人的研究成果撰写一篇高水平的研究报告,并通过学术评审委员会答辩。根据法国大学职称评审规定,申请教授必须具备指导研究资格,因此,只要是教授就自然具有博士生指导教师资格,而具备指导研究能力的副教授也可以成为博士生指导教师。可见,成为博士生指导教师,关键在于是否具备指导研究的能力。

(2) 建立导师聘任上岗后的培训制度

导师对研究生的培养,是一种个性化的行为,没有固定的模式可循。目前,在我国的研究生教育中,绝大多数博士生导师在获得指导资格之后,主要是根据自己在接受研究生教育时所获经验来指导自己的学生。老一辈导师有着丰富的指导经验,他们在教学生做学问、做研究的同时,无形之中也把如何指导学生做学问的方法传给了自己的研究生。能够模仿自己的恩师固然是一条不错的途径,但新导师指导能力的熟练需要一个过程,如何指导学生做研究需要一个摸索的经历,从这点看,如果实行导师岗前培训制度,则会大大缩减这个过程。其次,由于历史、国情所限,当前我国的许多博士生导师没有接受过博士学位教育,对于如何指导博士生不甚清楚,全靠自己在实践中尝试与摸索,这在无形之中降低了导师指导研究生的效力。再次,随着我国研究生教育规模的不断扩大,导师队伍也在不断的发展,导师自身的知识结构和素质结构都有待进一步提高。基于以上几点原因,在我国实施导师培训制度是非常有必要的。它不仅可以为新导师提供岗前培训,也可以为那些现任导师提供进修的机会。导师培训的形式可以是多样的,既可以开设培训班进行研讨,也可以在实践中进行。

(3) 健全导师聘任后的监督制度

导师遴选是保证研究生培养质量的重要措施之一。我们往往在遴选导师的时候非常严格,导师遴选出来以后就不闻不问了。我们缺少一套监督机制,对导师聘任期间的学术行为进行有效和合理的评价。这与长期以来受计划经济影响而形成的导师"终身制"不无关系。监督及对导师评价机制的缺失,导致了部分研究生导师在学术道德领域放松了对自己和学生的要求,不利于导师队伍的健康发展,从而影响研究生培养质量的提高。健全导师监督制度,实质上是建立起一套动态管理、跟踪评估的制度。应充分发挥研究生院、院系、研究生三级主体对导师的监督和评估作用。

参考文献

[1] 孙义燧.研究生教育辞典[M].南京:南京大学出版社,1995.
[2] 薛天祥.研究生教育学[M].桂林:广西师范大学出版社,2001.
[3] 李素琴,田逸平,胡宝利.研究生教育学[M].石家庄:河北教育出版社,2001.
[4] 孙敦恒.清华国学研究院史话[M].北京:清华大学出版社,2002:28.
[5] 李盛兵.研究生教育模式嬗变[M].北京:教育科学出版社,1997:156.

作者:张淑林　裴　旭　方　俊　朱玉春
原载于《学位与研究生教育》2010年第10期

关于我校学科点建设与发展的分析与思考

一、对我校学科点发展与现状的分析

我校是中国科学院所属的一所以前沿科学和高新技术研究为主的全国重点大学。1958年9月创建于北京,学校成立不久就开始招收研究生,1981年被国务院批准为首批博士、硕士学位授予单位,从此,我校就开始了学科点发展的新时期。改革开放20年来,伴随着国家8次学位授权审核,我国的学位授权审核制度在逐步的改革、发展和完善,我校博士、硕士学科点数量、影响力、结构也发生了很大变化。

1. 学科点数量迅速增长

1981年第一次学位授权时,我校有22个硕士点,9个博士点,现在有79个硕士点,60个博士点,13个一级学科博士点,如图1所示。

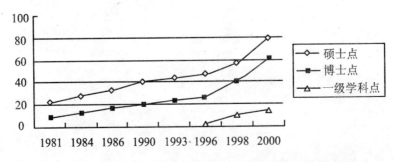

图1 博士点、硕士点、一级学科博士点增长示意图

整个20世纪80年代至90年代上半期,与同时期国内其他著名高校学科点发展迅速相比,我校学科点总体规模较小,增长速度较慢。但自1996年国家第6批学位授权审核到2000年第8批学位授权审核的短短5年时间,我校学科点数量增长呈现出迅猛的势头;学科点规模迅速扩大。

众所周知,学科发展有其自身规律,任何学科的发展都要经历一个起步、成长到成熟的过程。同国内外一些百年老校相比,我校建校历史太短。综观国内外知名高水平大学,它们一般都拥有悠久的历史、丰厚的文化沉淀和浓郁的学术氛围。我校始建于50年代末,至今只有40余年的历史,校址又经历搬迁,这些在一定程度上对我校学科点的发展产生很大影响。另外,当时我国处于改革开放的起步期,人们思想刚刚开始解放,对学科内涵的理解还很片面,对学科点建设的功能、作用认识不清。没有把学科建设作为高校建设中的一项系统工程看待,缺乏科学、周密的规划。学科申报前对国家、社会发展的需求调研不充分,对政府部门的决策动向把握不准,申报时校内职能部门组织乏力,从而造成申报成功率偏低。

90年代以来,由于全球经济一体化的进程步伐加快,人类知识的综合交叉程度愈发提高,大学本科教育已经不能完全满足社会对人才的需要,研究生培养和教育越来越受到各国政府的重视。因此,高校中以培养研究生为主的学科点的大发展成为一种必然趋势。1996年我校首批进入"211工程"建设,2001年我校又被教育部列为国家重点建设的9所高水平大学,这些为我校学科点的发展注入了强劲的动力,也带来了千载难逢的机遇。我校上下团结一心,抓住时机,以学科建设为龙头,在导师队伍、人才培养、科研经费、科研成果、科研目标凝练等方面狠下工夫。5年间我校共新增博士点37个、硕士点35个。

为适应学位授权审核制度改革的需要,1995年,我国开展了按一级学科行使博士学位授予权的审核试点工作。获得一级学科授权的博士学位授予单位,在该一级学科范围内不再审核新的二级博士点和硕士点,博士学位授予单位可根据自身的教学和科研条件以及学科特色和优势,结合社会需求,拓宽学科面招收培养研究生。学位授权制度的改革为我校学科点申报及发展带来新的机遇。我校确定了以一级学科申报为主的指导思想,充分发挥其以点带面的辐射作用。5年来,经3次学科申报,我校共获得13个一级学科博士学位授权点。可见,瞄准一级学科申报是我校近年来学科点飞速增长的重要原因。

2. 学科点布局渐趋合理

经40年的发展,我校学科点经历了由创立时单一的理工学科布局到现今的以理工为主兼有管理和人文社会科学的学科布局的发展过程。1981年我校只有8个理学学科和4个工学学科点。经20年发展,现在学科点布局发生了明显变化:除传统的理学、工学学科点布局发生了明显变化,又增加了管理学、哲学、经济学、法学、文学、教育学、历史学等学科点。这一变化是有充分的社会历史根源的,与我国社会、经济发展对高等教育的发展要求是基本适应的。1958年建校时根据当时国家的需要,以培养国家急需的高科技人才为目标,我校围绕"两弹一星"设置系和专业,从而形成了较为单一的以理为主兼有工科的学科结构布局。但八九十年代以来,随着改革开放的深入以及我国经济发展两个转变的要求,素质教育被提上教育改革的日程,社会要求高校不仅能培养传统的数理化方面的专才,更需要大量懂技术、善管理,有知识、有修养的通才。为适应社会对高层次人才需求多样化的要求,我校自1986年开始通过调整与重组,在继续巩固理科优势的同时,大力加强了工科的建设力度,适当地发展了管理学、法学、文学、哲学、历史学、教育学等新学科,在学位培养的类型上,增设了公共管理、工商管理、工程硕士等专业应用学科。

由于历史积淀下来的惯性的影响,尽管学科布局发生了较大变化,但我校学科结构布局单一、学科比例不平衡的格局仍没有根本改变。如图2所示,现有60个博士学科点中,59个学科点集中在理工学科,占整个学科点总数的98%;79个硕士学科点中,哲学、经济学、法学、教育学、文学、历史学、理学等学科点合计11个,只占硕士学科点总数的14%。

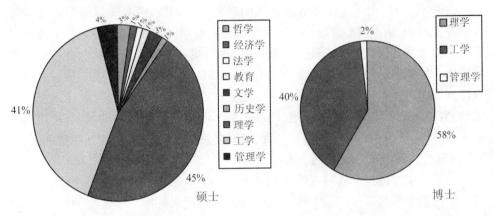

图2　2000年硕士、博士学科点结构分布图

3. 学科点导师队伍不断壮大

20年来,我校导师队伍无论数量还是结构分布都发生了巨大的变化,如图3所示,导师(博士、硕士)由1981年的80多名发展到现在的900多名,导师队伍以前过于集中在理科,现在渐向工科和其他学科扩散。80年代导师队伍发展之所以较为缓慢,有其深刻的历史原因。

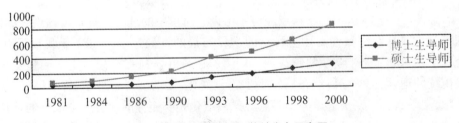

图3　导师队伍增长及学科分布示意图

1975年学校在全国范围内遴选的300多名1967~1970届本校毕业生,以及从全国各地选调的200名教师在当时各方面都处于发展期,担负研究生导师的条件还不够成熟。90年代中期,这批以年轻人才为主体的师资队伍正值年富力强之时,他们在教学能力、科研成果、科研经验、人生阅历等方面达到了相当的层次。恰在这一时期,国家又下放导师遴选的审核权,从1995年开始,我校教授、研究生导师数量每年以约25%的速度在增长。到2002年我校在岗博导已发展到300余人,导师队伍力量大大增强。快速成长的导师队伍大大加速了学科点的增长。

不过,目前我校博导队伍分布还不合理,如图4所示,我校博导队伍主要还是集中在数理化等传统理工学科领域,在国家急需发展的一些新兴学科,如信息、计算机、控制、材料、环境等交叉、前沿学科领域,导师队伍力量还不够强大,在国内外有重大影响的学科带头人还很少,没有博士学位的教授指导博士研究生的现象还存在,相当一批导师年龄偏大,年轻导师的学术水平还急需提高。有些学科点学科队伍过于分散,部分学科点人才流失。究其原因,既有客观因素,也有主观因素。

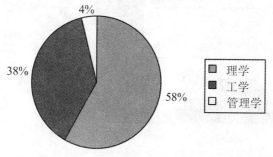

图4 2002年博导队伍按学科门类分布图

客观上讲,目前学科点经费来源一部分靠国家投入,一部分靠科研成果转化。但国家的投入总是有限,我校地处欠发达地区,科研成果就地转化率低,本地企业参与科研合作的很少,这在一定程度上对我校部分学科点冲击不小。结果一方面学科点科研条件难以改善,另一方面人才队伍不易稳定。

主观上讲,现行的校内管理体制不利于学科点在人才培养和科学研究方面发挥积极性。目前我校校内管理机构设置基本上沿袭计划经济时代校、院、系、教研室等纵向的行政管理模式。学科点属于系下的一个学术组织。学科点在责、权、利的架构方面极不平衡:即学科点在学科建设、学科申报、人才培养等方面负有重要的责任,但在学科队伍调配、科研经费处理、科研岗位设置等方面缺乏相当自主权。其结果必然影响学科点在人才培养和科学研究方面的积极性。

4. 学科点在国内外的影响扩大

在建校初期,我校有相当一批理科学科点在国内影响很大,培养了一大批在国内有影响的学术带头人,但后来由于种种原因,我校在80年代只有基础数学、计算数学、凝聚态物理、固体力学等4个学科进入国家级重点学科行列,与国内其他著名高校相比,我校重点学科在全国的占有比率较低,这在一定程度上影响了我校在全国高校的地位。经全校上下努力,2001年在国家组织的重点学科申报中,我校申报的23个学科中有19个进入国家重点学科行列,重点学科数由原来4个增加到19个(见图5),重点学科数跃升到全国第八,其中理学门类里重点学科数排到全国第三,物理学科重点学科数高达5个,居全国第一,这表明我校一些学科点的地位得到了国内同行的认可。更可喜的是我校物理、化学学科中的量子信息、单分子化学等方向、领域已达到国际前沿水平,在国际学术界产生了重要影响。不过,目前重点学科的分布仍过于集中,在19个国家重点学科中,理学学科点15个、工学学科点4个。显然,今后我校具有优势的理学学科发展新增为国家重点学科的空间已很小,而重点只能转向工科以及管理等学科领域。

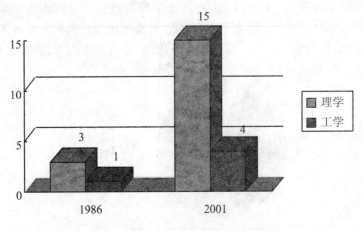

图5　重点学科增长及结构示意图

二、对今后我校学科点建设与发展的思考

1. 高度重视学科点建设与发展在学校建设中的地位和作用

学科建设是高等学校的一项战略性建设,只有以高水平的学科建设为基础和支撑,才能有效发挥高等教育的功能,提高办学质量和效益。"办一流学校,上一流学科",抓好学科点建设,促进学校发展,应成为校内上下的共识。今后,应高度重视学科规划,规划时要充分尊重学科带头人的意见,发挥他们的积极性,同时积极借鉴国内兄弟院校在学科建设中的经验,广泛开展学科建设与发展的研讨。学科申报前,要及时做好与上级主管部门的沟通以取得支持,同时组织专门人员对学科专业的社会需求进行广泛调研,对政府的决策动向进行预测;申报时,要及时调整原有的不景气学科,瞄准新的前沿学科,充分发挥校学位委员会、学位分委员会以及各学科点的职能。

2. 发挥理学优势,努力办出学科特色

在长期的办学过程中,各个学校都形成了自身的学科优势和办学特色。由于各种制约因素,任何一所大学都不可能包容所有的学科专业,也不可能使所有的学科在国内或国际处于领先地位,只能使某些学科具有一定的优势,使某些领域具有一定的特色。我校作为科学院创办的唯一一所为国家和中科院培养基础理论研究高级专门人才的研究型大学,建校历史短,不能走国内外那些百年老校的学科"大而全"之路,数、理、化、天、地、生是我校的支柱学科,在国内外有重要的学术地位和学术影响。目前学校19个国家级重点学科中理科占15个,理科重点学科点在全国排名第三,其中物理学科是我校在全国高校学科中最有影响的"拳头"学科,现有

5个重点学科,全国排名第一。我校物理学科在量子信息研究方面取得了重大成果。另外,我校化学、生物、信息、核科学等学科中的无机合成、单分子化学、结构基因组、细胞功能蛋白质组、药物基因组、个人通信、语音信号处理以及同步辐射应用和火灾科学等领域已达到国际前沿水平。可见,雄厚的理学优势是今后我校各学科强劲发展的基础。今后在工学、管理学、历史学、经济学、教育学等学科的发展中,应以雄厚的理学为依托,进行各学科领域中重大理论问题的研究,以弥补传统工科、管理学科、历史学科等在人才培养方面的缺陷。以使这些新兴的学科在未来的知识创新、科学研究以及人才培养方面形成国内高校独有的特色。

3. 鼓励学科交叉,积极培育新的学科

学校的活力在于不断创新,各个学校的学科建设要在保持原有特色和优势的基础上,寻找新的学科生长点,培育新的学位授权点。我校理学门类培育新的学位授权点的空间已不大,今后如何新增学科点,这是我校学科建设面临的一个新问题。我们认为,上点一定要顺应学科发展趋势,遵循学科发展规律,既要考虑到社会需求、学校整体规划,也要考虑学校的具体条件:师资力量、科研基础、实验室等软硬件条件。从我校学科发展的传统、现状和社会需求出发,今后几年应努力创造条件,加大学科交叉的力度,充分利用我校数、理、化、天、地、生等传统优势学科,带动一批新兴的交叉学科的发展:即优先考虑在国民经济和社会发展急需的信息、生命、工程、材料、环境等交叉学科领域,培育新的学科增长点,积极扶植与网络技术结合的金融与管理方面的学科点,适当发展以理工为背景的历史学、教育学、哲学等学科点,力争使我校的若干交叉学科达到国际水平,形成理、工、管、史、哲等学科互存、共长、融合的学科交叉体系。

4. 加强学科内涵改造,不断提高现有学科点的水平

在一定时间内,学科点数量的增长总是有限的。例如,我校理学门类现共有36个学位授权专业,一级学科博士学位授权点6个,覆盖33个二级学科学位点,一级学科覆盖率91.7%。也就是说,理学门类学科点数量增长的余地很小。因此,今后学科建设应把重点从外延扩张转移到内涵建设的轨道上,各学科点要踏踏实实采取措施,科学地凝练学科方向,使已有学科点始终充满活力。学科的原优势方向要始终瞄准国际国内的学科前沿,学科中内容陈旧、缺乏活力的方向要坚决予以摒弃,对处于学科前沿或具有良好应用前景的交叉方向、高新技术方向要大力予以扶持,积极鼓励基础研究向应用方向延伸,使各学科点的内涵不断得到革新与充实,水平不断得到提高。

5. 以重点学科点建设为龙头,充分发挥其示范带头作用

重点学科点是根据国民经济建设和社会发展对培养高级专门人才的需求、科技发展趋势,在学校择优确定并安排重点建设的学科点。在以创新为特征的知识经济时代,学科建设成绩如何,对高等学校的生存和发展至关重要。但学科建设不能普遍撒网,应有所为,有所不为,从现有条件出发,建设好一批重点学科,形成自

己的拳头产品,对提高学校的名声,为跻身国内外高水平的一流大学将会有重要的作用。今后,我校应通过加强现有19个国家级重点学科,6个国家"211工程"重点学科建设项目的建设,带动起相应学科的发展。具体说来,在当前要对重点学科实行倾斜政策措施:根据重点学科承担的任务和建设目标的需要,调整编制,充实力量,完善学科梯队;赋予重点学科点带头人相应的权力;优先保证重点学科点建设对人才引进的需要;加大对重点学科科研经费的投放力度。通过加强重点学科建设,形成龙头学科与支撑学科、传统学科与前沿学科、基础学科与应用学科并存、互长的良性学科生态环境,为我校到建校60周年前后,建成"规模适度、质量优异、结构合理、特色鲜明"的世界一流研究型大学奠定坚实的基础。

参 考 文 献

[1] 张喜梅,等.学科建设发展中存在的问题与对策探索[J].学位与研究生教育,2000(2).
[2] 陈阶智.加强学位授权点管理,推动学位授权点建设[J].学位与研究生教育,2000(2).

作者:张淑林　裴　旭
原载于《教育与现代化》2002年第4期

高校集约性学科平台建设的探索与思考

在高等教育资源相对有限的条件下，打破院系围墙，在全校范围内优化重组、构建"集约性"学科大平台，以发挥学科的综合优势，促进学科的交叉、融合，提高高校的原始创新能力是社会对高校学科建设模式转变的期望。本文通过对"集约性学科平台"建设中若干问题的初步探讨，以期抛砖引玉，引起更多的有识之士对高校学科平台建设的关注和重视。

一、集约性学科平台释义

一般来说，"学科"有两个层次的界定，一个是就教育而言的学科（subject），另一个是就大学而言的学科（discipline）。前者是指一种知识分支，后者是指一种研修分支。不过，当我们立足于学位与研究生教育层面谈论"学科"时，"学科"的概念往往变得相当宽泛。例如，当我们评价某校某一学科时，常常包括了学者的学术水平、取得的研究成果、使用的研究手段及设施等。再比如，在进行一级学科整体水平评估以及评选、审核重点学科时，其评价指标几乎都包括以下内容：学科带头人和学科梯队，学科方向和学科水平，课程建设和教学质量，学术交流和跨学科合作能力，教学、科研设施和图书资料藏量，等等。可见，学科既包含有主体"人"的要件，也有客体"信息"和"物"的要件。

根据上述对学科的认识，我们不妨将"学科"界定为一种由人、信息和物有机结合的"资源共同体"，这个"资源共同体"由三类资源有机地融合在一起，即，学者、学术信息和学术物质基础。学者主要指在学科带头人领导下的专家群和学术梯队（含在校研究生）；学术信息主要指学科知识及其载体（课程、教材、专著、论文、科研成果等）和信息交换水平；学术物质基础则指开展学科活动所必须依赖的场所、设备、设施、手段等，是学者进行开创性教学、科研工作的物质平台。这种学术物质基础，可称之为"学科平台"，其构筑的牢固程度将直接决定和影响"资源共同体"中其他两类资源的绩效，即关联到学者能否充分利用学术信息进行社会价值和科研价值的创造。高等教育实践证明，"学科平台"在高层次人才培养、高水平科学研究、高质量的社会服务等方面肩负着重要的使命，它能提供良好的研究条件和学术环境。从这个意义上说，大学中一般的教学、科研实验室均可以称之为"学科平台"。

不过，本文要探讨的不是一般意义上的"学科平台"，而是特指集开放性、共享性、经济性于一体,在地理空间、组织结构上独具特色,能够为不同学科、不同地域、不同年龄的研究者从事教学和科研而提供的一种共用共享的新型"学科平台",即"集约性学科平台"。该平台的特征就是通过科学研究的联合与协调,降低教学与科研的运行和管理成本,鼓励研究者自由探索,以期提高研究者的创新意识和创新能力,并借以取得原创性的成果。可见,它不仅仅是与学科建设密切相关的教学和科研活动赖以运转的场所、设备、设施、手段等,更重要的是它是人才的聚集地,是信息汇聚与交流的中心,是不同学科交叉、融合的结合带,是实践科技创新思想的最佳基地。按照这种解释,目前的国家实验室、国家重点实验室、省部级开放实验室以及部分高校建立的跨校、院、系的公共教学实验中心、交叉学科基地、仪器分析测试中心等开放性研究机构均属于"集约性学科平台"的范畴。

二、高校集约性学科平台建设的紧迫性和必要性分析

1. 构建集约性学科平台的紧迫性

(1) 学生人数迅猛增加使得学科平台硬件设施的数量显得捉襟见肘

众所周知,随着当前社会经济的持续发展,社会对高层次人才的需求不断增长,高等教育规模迅速扩大。以研究生教育的发展为例,据统计,目前我国在校博士生数量已位居世界前列,全国在校研究生为49万人,其中博士生达12万多人,仅次于美国和德国。特别是1998年以来,每年的研究生招生人数增长约2万人。据预测,到2005年,我国在校研究生将达到100万人(硕士生80万、博士生20万)。连续的大规模扩招使得学科平台硬件设施数量严重不足,并与学生人数迅猛增加的矛盾更加突出。由于国家财力有限,许多硬件设施不可能在短时间内得到大量补充,就使得实验仪器设备远远不能满足高校学科发展的需求。

(2) 学科平台硬件设施的陈旧落后成为制约创新能力提高的"瓶颈"

培养学生的思维能力、科研能力、创新能力是当代高等教育肩负的重要使命,这在客观上对学科平台建设提出了更高的要求。仅仅满足于让学生"验证理论、培养动手能力、掌握实验技能"的实验教育方式已经落伍,现代实验教学必须从传统的观察性、操作性与分析性实验向设计性、系统性与研究性的实验转变,而转变的关键在于平台上的实验仪器设备等物质技术手段要跟上时代步伐,尽快实现"现代化"。在科学技术日益发达的今天,很难想像依靠落后的研究手段能做出令人瞩目的创新性研究成果。然而国内高校的现实情况却是:由于运行体制、机制及经费等因素的制约,物质技术手段的更新滞后于教学内容的更新,不同专业的实验室多头购置设备现象严重,因而无法形成规模。另外,资金使用过于分散,使得一般的研究单位很难有足够的财力购置先进的仪器设备,实现研究手段的现代化,教育创新目标无法实现。事实上,学科平台硬件设施的陈旧与落后已成为制约创新教育目标实现的"瓶颈"。

2. 构建高校集约性学科平台的必要性

(1) 实现资源共享,提高资源利用效率

从经济学的角度来分析,任何一个经济主体(包括高校)永远无法摆脱一个基本经济矛盾,即资源的短缺与期望的无穷。而问题就在于,如何有效地做出安排和选择,在给定的资源条件下取得更大的福利、进步和成就。发达国家仍然孜孜不倦地研究如何在给定资源量下增进成就最大化,作为发展中国家的我国,没有任何理由在人均资源极度缺乏的条件下,不去提高资源的利用效率。在我国大学中,由于政策、集体或个人原因,而导致资源分散、浪费、无法利用规模经济和范围经济的现象非常普遍。在学科平台的建设中常常见到,一方面设备空闲无人利用,而另一方面却大量采购同类设备;一方面资金沉淀不知该购置什么设备,而另一方面却求资无门。凡此种种,无不告诉我们:这种极不经济的学科平台建设运作机制能够吞噬掉任何规模的经济支持。

实现资源共享,提高资源的利用效率是整个社会的呼声,也是学科平台建设的必然选择。在学校特别是在高等教育经费紧张的今天,如果能应用共享的思想,对学科协作、发展、资源利用实施统一设计、综合规划,尽可能地提高教学、科研资源的共享程度,尽可能打通直接相邻学科的人为阻隔,将教学、科研普遍性公用物质资源适当集中于校内公共服务机构,并向校内、校外全方位、全天候有偿或无偿开放,扩大公用资源的范围经济性,这将会给学科建设带来极大的益处。

(2) 鼓励自由探索,实现科技原始创新

诺贝尔奖被公认为科技原始创新的最显著标志。近代科学技术产生以来,对世界文明做出过重大贡献的我国在诺贝尔奖上的"零纪录",不能不说是一种遗憾,这应引起我们的深思。当然,造成目前我国科技原始创新不足的因素很多,但研究条件的落后,研究氛围的缺乏,研究基地的封闭,却是一个不争的事实。综观世界各国不难发现,诺贝尔奖获得者主要集中在一些一流的研究型大学。这些一流大学,除了拥有一流的大师、一流的学生、一流的办学理念等共性外,还都拥有一流的研究条件和研究手段,即拥有一流的开放的实验室。有关统计资料显示,在1901~1979年所授的诺贝尔奖中,实验室成果居多,美国曼哈顿计划(研制原子弹)领导小组成员大多是在一流实验室工作的大学教授。"原子弹之父"奥本海默这位加州大学教授,就是在该校的洛斯·阿拉莫斯实验室(世界著名实验室)完成其工作的。这些实验室不仅拥有一流的大师、先进的仪器设备,还对校内、校外开放。由于实验室具有开放性、共享性的特征,所以,每年都能吸引大量的具有不同学科背景、不同潜质的人才来实验室从事科研,正是在这种碰撞中产生的智慧火花,导致了创造性研究成果的产生。这就使人们更加容易理解,为什么1946~1981年科技方面的诺贝尔奖70%为著名大学的实验室的教授所摘取。可见,在学校资源有限的条件下,集中力量购置世界上最先进的仪器设备,建设能为不同学科共享的研究平台,将能吸引一流的大师、一流的学生。在这里,教师和学生可以借助先进的研究手段,相互交流,进行自由探索,产生出新的学术思想、观点和成果,萌发出新的研究方向。

(3) 促进学科交叉、融合

当前科技发展的一个重要趋势就是:学科在不断分化的同时,又在不断趋向融合。当代科技发展的许多重大成就都是发生在相近学科的交叉、结合地带,学科间的渗透、交叉和结合已成为促进学科建设,推动科学发展、科技创新的重要源泉。许多高校为推动学科交叉、融合,采取了许多积极措施,甚至出台了相关的激励政策。当然学科间的交叉、融合有其自身的内在规律,任何违背科学规律、任意嫁接的做法都将事与愿违。正如一位权威人士所说,在学科交叉的潮流中,管理者要做的只能是搭建桥梁、营造环境。目前部分高校尝试建立共用共享的"集约性学科平台"不失为促进学科交叉的一种理想手段,它为学科间的渗透、交叉提供了重要的"舞台"。在这个"舞台"上,没有传统的学科界限,师资、实验室、大型仪器设备、实验材料、科技资料、学术交流等教育科研资源实现了共享。另外,不同学科有不同的培养条件、培养环境、培养方式,不同导师有不同的学术思想和学术风格,这些差异的存在使研究人员在学科交叉中,能不断了解不同的学术观点,拓宽视野,扩大知识面,增强适应性,从而活跃和开拓学术思想,为产生新的理论和观点、形成新的学科生长点创造条件。

3. 集约性学科平台建设中若干问题的思考

当前国内许多高校都建立了诸如公共教学实验中心之类的共用"集约性学科平台",并对其运行机制进行了一定的探索。"集约性学科平台"的成立,打破了仪器设备的部门所有制,提高了仪器的利用率,对促进人才培养、科学研究和学科交叉有重要意义。但由于"集约性学科平台"的建设在我国才刚刚起步,有许多问题值得研究和探讨。

(1) 集约性学科平台建设的定位问题

"集约性学科平台"是一个能进行多门专业课实验,与学科建设、人才培养、科学研究等紧密结合,实行教学、科研、实验一体化,并对校内外开放的教学、科研大平台。因此,平台建设要进行科学定位,特别应根据高校学科建设的需要制定详细的规划和方案,内容应包括学科发展方向、课程建设及教学内容、科研项目、仪器设备购置计划等。同时,在规划、方案制定的过程中,要出校门、搞调研、请专家、查资料,突出学校的特色和实力。平台的定位要立足于高起点、高投入、高要求、高效率。高起点就是要站在学科建设的高度,实现实验技术、仪器设备装备的现代化和环境设施的标准化;高投入就是指建设资金投入大;高要求就是决不降低建设标准,要建就要建最好的;高效率就是要最大程度地利用平台资源,使尽可能多的学科受益。

(2) 集约性学科平台建设的指导思想问题

"集约性学科平台"的建设是一项造福学校的系统工程,涉及面广,受益面宽,在高校整个学科建设中具有举足轻重的特殊作用。因此,平台的建设必须突出其为学科建设服务的指导思想。根据目前高校学科发展以及资源现状的实际,笔者认为,"集约性学科平台"的建设应坚持:有利于增强基础研究的活力,促进基础研究成果的应用,使适用于多学科的大型仪器设备为多学科建设服务,促进学科之间相互交流和渗透,发展新兴学科和边缘学科;有利于在时间上、环境上、条件上为研究者开辟出一条高速、高效、高质量的知识创新和技术创新通道,进一步激发研究者利用平台的综合优势开展面向经济建设主战场的高新技术研究、应用技术开发和新产品研制等工作的积极性;有利于有组织、有计划地利用大型平台的综合优势开展系统的教学工作和高水平的教学和研究实习工作;有利于盘活大型仪器设备和从事相关工作人员的显性和隐性资源,增强平台的自我造血功能,提高大型仪器设备的利用率,确保大型仪器设备技术指标的稳定可靠,最大限度地延长大型仪器设备的使用寿命,更好地发挥大型仪器设备的经济效益和社会效益。

(3) 集约性学科平台的运行管理机制问题

伴随着高等教育的快速发展,部分高校结合以往研究平台建设的经验,对"集约性学科平台"的运行管理机制进行了不同程度的探索,出台了一些适合自己实际的管理办法,大大提高了平台的利用率。但由于长期以来的体制、机制问题的制约,目前有效的平台运行管理机制还未能完全建立起来。笔者认为,充分发挥"集约性学科平台"的效益,进一步提高设备应用的技术水平,更好地为教学、科研服务的关键在于创新,在于能否建立与社会主义市场经济接轨、具有约束力的平台运行管理机制。为此,可以在以往"统管共用"等管理模式的基础上,通过引入市场竞争机制,以"专管共用,资源共享"为指导思想,以经济杠杆为调控手段,通过设立"平台设备有偿使用维修基金",建立"平台贵重仪器设备资源共享服务信息网",对贵重仪器设备实行有偿管理和使用。该模式能够打破各自为政、闭关自守的管理格局,使主管部门能及时、准确、全面地了解和掌握设备的运行状况,并通过健全制度,引入激励机制等措施,进一步规范贵重仪器设备的操作规程,提高实验技术人员的业务技能和水平,从而在设备购置、人才培训、维修改造、使用管理等方面形成良性循环,最大限度地提高贵重仪器设备的使用效益。

(4) 集约性学科平台健康运行的队伍保证问题

要扩展和挖掘平台的利用率,真正实现资源共享,没有一支过硬的干部和管理队伍,是极其困难的,甚至是不可能的。目前,平台运行面临的一个重要问题就是实验技术人员仍存在思想不稳定、结构不合理、后继乏人的实际情况。为此,在共用学科平台的维护和建设中要突出"以人为本"的指导理念,完善和强化竞争机制和激励机制,充分调动和激发人的积极性,选拔一批爱岗敬业、忠于职守的管理人员,特别是要建立一支结构层次合理、精通业务、精干高效的技术物资队伍,来实施这一涉及面广、难度大的资源共享工程。因此,要完善用人机制,促使平台技术人员安心工作,并对他们在岗位聘任、岗位津贴、职称评聘等方面给予倾斜,充分发挥其积极性和创造性。

4. 中国科学技术大学构筑集约性学科平台的实践与探索

中国科学技术大学自20世纪80年代以来,在国家重点建设工程的资金支持下,利用国家在高校建设大科学工程——同步辐射装置的机遇,通过整合学科队伍,凝练科技目标,发挥学科综合优势,促进学科交叉、融合等手段,对高水平学科平台的建设进行了积极而又富有成效的探索。1984年11月,国家在高校建设唯一的大科学工程——同步辐射装置在中国科学技术大学奠基,1989年建成出光。这是我国自主建设的第一台专用同步辐射装置。经过一期、二期工程的建设,国家同步辐射实验室为国内外科学家、工程技术人员提供了具有世界先进水平的实验设备等研究条件,已成为不同学科(物理、化学、生物、材料、信息及微细加工等)科学家进行前沿交叉学科研究的重要基地。

近年来,随着信息科技、纳米科技、生物科技的迅速发展,迫切要求对微尺度下由量子力学原理控制的物质结构与性质有更深入的了解与认识。过去几年,在国家和中国科学院的支持下,中国科学技术大学充分利用"211工程"和"知识创新工程"的建设机遇,对中国科学院结构分析重点实验室、选键化学重点实验室、量子信息重点实验室和原子分子物理实验室进行交叉整合,积极筹建合肥微尺度物质科学国家实验室。实验室将紧密围绕国家需求,瞄准科学发展前沿,充分发挥原有实验室的积累和物理、化学、生物和信息科学多学科交叉的优势,发展和使用具有世界先进水平的单分子科学研究实验装置、纳米材料制备技术、量子结构和物性表征手段、量子信息实验平台、电子碰撞实验装置和各种极端实验条件,配合理论和计算研究,在纳米新材料与新结构的化学制备、单分子探测和操纵、选键化学基础与前沿、原子分子激发态和动力学、电子强关联体系和量子信息与计算的关键性理论和技术等方面取得有国际影响的突破,把实验室建成在国际上有影响的交叉学科科学研究与人才培养基地,并为全国微尺度体系研究提供材料制备、结构表征、物性测量和理论计算与设计服务的公用研究与开发平台。

2001年以来,学校按照集中投入、统一管理、开放公用的模式,先后投入1.2亿元人民币,建设了理化科学、生命科学、信息科学、工程科学等4个公共学科平台,购置了一批在相关领域内急需的、通用的,而靠一般科研课题经费又无力购买的大中型仪器设备,为全校的科研工作及重大项目研究和自由探索研究服务。这种集中管理、资源共享的新模式,避免了大型仪器的重复购置,显著提高了仪器设备的利用率和使用效益。同时,以这些中心为基地,培养和稳定了一支业务素质高、敬业精神强的实验科学和技术队伍,为科研和教学工作提供了先进的公共实验平台和良好的技术支撑服务。

参 考 文 献

[1] 王英.学科建设以合作为基础[J].高等工程教育研究,1999(3).

［2］刘浦泉.我国在校博士生人数达 12 万多居世界前列［N］.中国教育报,2002-10-11(1).
［3］姚毅,等.高校扩招后的实验教学改革［J］.理工高教研究,2002,21(1).
［4］柳御林.技术经济学［M］.北京:中国经济出版社,1993.
［5］杨宁,等.试论原始创新与一流大学的互动关系［J］.高教探索,2001(2).
［6］杨木清.学科专业综合实验室建设的探索与实践［J］.实验室研究与探索,20(3);22(1).
［7］赵军.关于测试中心可持续发展工作思路的讨论［J］.实验技术与管理,2000,17(1).
［8］应安明,等.提高贵重仪器设备利用率的途径探析［J］.南京理工大学学报(社科版),2002.

作者：张淑林　裴　旭
原载于《学位与研究生教育》2004 年第 6 期

基于创造学理论的研究生知识结构完善问题的探讨

一、创造学理论和知识结构的关系

知识结构，反映的是知识在个体大脑中的排列、组合以及增殖的次序状况。依照知识来源，知识结构可以分为言传知识结构和意会认知下的意会知识结构，前者能够通过语言表达，依靠逻辑推理得出；后者无法用语言言说，只能依靠个体的直觉领悟获得。对意会知识进行系统描述的是英国物理化学家、社会学家、哲学家波兰尼。他认为："人类的知识有两种，通常指的用书面的文字、图标或数学公式表达出的知识，仅仅是知识的一种形式，而非系统阐述的知识；像我们行为中的某些东西，是知识的另一种形式。如果我们称前一种为言传（Explicit）知识，后一种则为意会（Tacit）知识。可以说，我们总是意会地了解那些被我们确实看成言传的知识的。"波兰尼也试图说明不同的观察方式与不同的活动方式相互作用，产生不同的知识：集中觉察（Focal Awareness）与概念化活动结合产生言传知识，而附带觉察（Subsidiary Awareness）与身体化活动结合产生意会知识。在言传知识和意会知识的关系上，波兰尼表达了意会知识具有逻辑上的优先性的思想。由此可见，合理科学的知识结构是以言传知识为基础、以意会知识为主导，两者的相互作用、相互启发是做出新发现的关键所在。

以言传知识为基础、意会知识为主导的知识结构的建立，非一朝一夕之功，它需要系统的理论作为基础，而以"研究创造规律、开发创造潜能、提升创造境界"为宗旨的创造学，从创造境界、创造思维和创造技法三个方面为完善研究生知识结构提供了理论参考。

1. 对创造境界的积极体验是完善个体知识结构的境界基础和实践基础

创造学理论认为，创造境界并不是一种单纯写在文字上的知识，而是在实践的过程中对人生的体悟，具有"只可意会，不可言传"的特点。对某一领域创造境界的体验，使得创造个体能够掌握科学研究中以"诀窍"、"技巧"等形式出现的意会知识。通过这种体验，创造个体把言传知识转化成内在的整体领悟力，进而增强其探寻新事物的兴趣，从而为其不断创新提供不竭动力。

2. 创造性思维方式是优化个体知识结构的重要条件

创造学理论认为，概念思维和意象思维是创造性思维的两个方面。概念思维可以使创造个体在全面的掌握言传学问基础上建立系统的理论知识；而意象思维不仅能培养研究生的创造力,同时又能调动个体的直觉想像力,形成发散思维模式,推动个体对意会知识的把握,建构其活的动态的知识结构体系。个体通过概念思维模式和意象思维模式的互动,既能深化原有知识点的联系,又能形成解决问题的新方法和新途径,从而促进了新知识的萌芽。

3. 必要的创造技法的学习是发现新知识的有效手段

方法是创新之母,关于方法的知识是最重要的知识。创造个体只有在学习中掌握系统的创造技法,才能在吸收言传知识的同时,加强意会知识和言传知识的融会贯通,也才能提高其创造思维特别是意会认识能力,同时也只有在具体的科研实践中不断地解放想像力、拓宽思路,才能实现知识的迁移和增殖。

二、现行教育模式下研究生知识结构的缺陷

研究生是未来国家科技发展的战略人才,将来的去向主要是为科研服务的,但现行的研究生培养制度和教育模式使得相当一部分研究生由于缺乏有效的引导,在知识学习方面存在着片面性,因而无法建立完善系统的科研创新所需的知识结构,从而导致了创造力不足。概括起来,研究生知识结构中主要的缺陷表现在以下几个方面:

1. 重视言传知识学习,忽视创造境界的提升

当代研究生思想敏锐,能够积极地适应时代的需要,主动地学习和掌握外语、计算机以及专业理论知识,但在注重言传知识学习的同时,由于理论学习和实践环节存在脱节,研究生缺少对知识的意会认识,在整合知识的过程中无法达到举本统末、由博返约的创造境界。研究生群体在建构知识结构的过程中,往往忽视多学科知识的相互学习:理工科研究生缺乏文史知识,文科研究生科技思想贫乏,研究生群体普遍缺乏跨学科知识和创造所需的多学科的知识背景。

2. 强调概念思维的培养,忽视意象思维的发挥

研究生富有朝气,思维活跃,在身体和心理上日渐趋于成熟,并且在长期的学习中储备了一定的理论知识,这为创造思维的形成奠定了良好的根基。但现行的研究生的教学体系,往往重视概念逻辑的分析,忽视想像力的发挥,导致研究生群体意向思维能力弱化,直觉想像力发展滞后,甚至出现思维僵化的现象。这既不利于研究生吸收和消化新知识,也不利于研究生充分发挥想像力。而想像力恰恰是创造力的源泉,拥有想像力对从事科学研究的研究生来说比拥有知识更重要。而当前在教学体系中恰恰忽视了这一点。

3. 重视知识传授,忽视创造技法的获得

伴随着经验的增长和抽象能力的增强,研究生的自我概念正日趋成熟,在学习中表现出强烈的自主性。他们在此基础上对知识进行探索式的反思,但是在促进知识增长的同时也形成了另一种趋势,即任何不能得到他们认可的教学模式注定

是徒劳的。在当前的教育模式下,研究生的教学方式虽然进行了相应的改革,并且取得了不错的成绩,但是传统的教学方式在很多学校依然存在,而且影响深远。其结果是导致研究生不是在研究中学习,而是机械式的死记硬背,导师和研究生的关系松散,导师对研究生言教和身教的影响力降低,研究生对本领域感性认识不足,无法掌握专业领域内的创造技法。

三、完善研究生知识结构的几点建议

研究生是未来科技创新的中坚力量。应从创造境界、创造思维、创造技法几个方面去整合与完善研究生知识结构,从而全面提升研究生群体的创造力。

1. 要注重知识的整合,提升研究生对创造境界的体认

作为高层次人才,研究生不应是"一条腿走路"的迂生,而应是一专多能、具备广阔跨学科知识的复合型人才。在研究生阶段的学习中,既要让研究生注重对本专业理论和前沿动态的掌握,还应开设跨学科专业和创造学专业,使研究生能够掌握完整系统的跨学科方法。一方面通过学科交叉,促进研究生知识的融合;另一方面研究生也应该加强自身学习兴趣的培养以及在具体的科研实践中形成对知识整体上的理解和把握,体验创造境界,从而做出开创性的贡献。

2. 改革研究生教学方式,培养其创造性思维

充分的想像力不仅是创造性思维形成的重要标志,而且也是研究生进行科研创造的源泉。根据创造性思维产生的特点,在完善研究生知识结构的过程中,要依据准备阶段(Reparation)——孕育阶段(Incubation)——豁朗阶段(Illumination)——验证阶段(Verification)创造过程规律,为研究生提供充分的思考空间和时间,并结合研究生学习的特点,营造自由民主的学习风气。同时在研究生教学体系中,注重对其探索性学习的引导,加强实践实验的训练,充分发挥研究生的学术想像力,培养其意象思维的良好习惯。

3. 充分发挥导师的言传和身教,提升创造技法水平

导师在完善研究生知识结构中具有举足轻重的作用,导师的指导是研究生建立系统的科研方法的重要因素。通过研究生导师的言传和身教,特别是导师的身教在使其获得言传知识,掌握系统的科研方法的同时,也能够加强研究生对本领域意会知识的体会。因此,应加强导师和研究生之间的联系,保证导师有足够的时间和精力对研究生进行言传知识和意会知识的传授。同时研究生也应积极地参加导师领导下的科研项目,通过具体科研实践加深对知识的理解,从而能够在整体上把握言传知识和意会知识。

四、小结

研究生知识结构的完善以及创造能力的提升是一个紧密相连的系统,两者须

曳不可分离。完善的知识结构是基础,提升创造力是根本,它需要创造学为其提供理论支撑。但是,在一所工科院校对 200 多名研究生的随堂调查显示,几乎所有的研究生都缺乏创造学知识,更谈不上接受系统创造学的培训。这折射出研究生知识结构缺乏系统性和理论性,而研究生创造能力的培养更是任重而道远。因此,引入创造学的理论来完善和丰富研究生知识结构,具有重要的现实意义。

参 考 文 献

[1] 刘仲林.波兰尼"意会知识"结构及其心理学基础[J].天津师范大学学报:社会科学版,2004(2):67.
[2] 刘仲林.中国创造学概论[M].天津:天津人民出版社,2000:182-183.

作者:石 仿 裴 旭 崔 峡
原载于《中国高教研究》2006 年第 3 期

学士学位授予评定工作规范化管理探索

我国学位制度发展迅速，目前，我国的学位体系和运行机制已经形成。早在1981年，我国颁布的第一部高等教育法规《中华人民共和国学位条例》就明确了我国学位分学士、硕士、博士三级，并对三级学位的学术水平和授予标准作了规定。经过19年的发展与改革，学位授予体系也已基本建成。1999年，我校对学位工作的管理进行了调整，实行学士、硕士、博士三级学位统一管理，校学位委员会统一评定三级学位，校学位办公室办理三级学位的日常管理工作。本文仅就规范学士学位管理问题加以讨论。

一、规范学士学位评定过程

1. 实行学士、硕士、博士三级学位统一管理体系

实行三级学位统一管理，是我校学位评审与授予管理模式的一次变革，也是学位工作与高等教育发展的需要。三级学位统一管理后，校学位委员会的日常办事机构校学位办公室，统一受理三级学位的申请、推荐、申报和对申请者资格与材料审核、学位证书的发放等工作。新的学位管理体系建立后，强化了学位委员会的学位授权职能，完善了学位授予工作，保证了学位授予的严肃性。

2. 建立健全学士学位管理条例，制定学位工作的有关法规

为达到学士学位规范化管理，必须制定适合我校学士学位工作必需的管理条例。今年三月份，我校新一届学位委员会诞生，根据《国务院学位委员会学位工作条例》及有关法规，结合我校学士学位工作改革的需要，校学位办公室组织起草了一系列学位工作文件，如《中国科学技术大学学位授予实施细则》、《中国科学技术大学关于授予成人高等教育本科毕业生学士学位暂行实施细则》等。规定了学士学位申请者需掌握的基础理论、专业知识和基本技能，以及从事科学研究工作和担负专业技术工作的能力。明确了法定的学士学位推荐申报条件，学术水平、资格审查标准及学位授予程度。还对大学英语水平，必修课和限选课学分绩点，课程学习和毕业论文情况等均作了具体要求。使学士学位的申请推荐、申报审核及授予有法可依，有章可循，确立了我校学士学位工作的方向。

3. 制定措施，强化职责，做好学士学位的推荐申报工作

国务院学位委员会颁布的《学位工作条例》及有关法规，我校制定的一系列学位工作的规章制度,是我校进行学士学位审核的依据。为做好学士学位的授予评定工作,校学位办还制定了其他一些规章制度,如,对三级学位统一管理办法,学士学位推荐申报和审核授予时间安排、工作流程、操作规则、实施办法等均作了明确规定。这样做,一是加强学士学位评定的过程管理,规范学士学位的申请、推荐、审核过程,建立与之相应合理的管理流程,使学位申请、推荐申报、审核授予程序和时间安排更为科学;二是加强学士学位申请中如转学、留级、休学、试读及其他特殊情况的审批管理,以便认真审查,严格把关。

学士学位的申报采取集体推荐形式。毕业生所在系、室按照学士学位授予细则、申请条件,认真审查学士学位申请者情况,提供学士学位集体推荐书及全体申请者的学籍成绩表;学位办组织对申请者资格审查;教务处、学生处协助审查学籍、教学计划及校纪处分情况;校学位办将资格审查通过者材料提交学位分委员会及校学位委员会审议并投票表决,校学位委员会三分之二通过者授予学士学位。

成人高等教育本科毕业生申请学士学位由成教院集体推荐,除提供推荐书、学籍成绩表,还需提交与申请者有关的招生录取名册以及成教院的教学计划、课程设置、教学管理规定等有关材料。

4. 规范学士学位审核过程,做好相关职能部门协调工作

管理活动是一种控制活动,管理过程是一项控制过程。各部门之间能否相互配合,关键靠协调控制工作。1999年我校学士学位的申报评审工作启动以后,校学位委员会多次协调,并组织召开由教务处、学生处、成教院及各系、室本科教学秘书、分管本科教学的主任等有关部门负责人会议,就学士学位管理的工作调整,职责分工以及相关协调问题进行研讨。分解学士学位推荐申报及审核过程中的目标和任务,做到措施得力,任务明确,职责分明。这样,学位办、教务处、学生处、成教院、各系、室构成了目标层次相属,结构关联的相互协调、相互配合的学士学位管理系统网络。

5. 实现学士学位审核的计算机管理

学士学位的推荐申报工作量大,时间性强,要在不到一个月的时间内将全校一千多名申请者推荐材料审核完毕,还要完成学位授予各种统计、报表与证书打印工作,没有现代化的技术手段是难以完成的。

今年在第一次进行学士学位的申报审核管理中,我们初步使用计算机辅助管理,在对本科专业目录进行规范调整时,建立了专业目录数据库。并使用数据库技术和校园网络对学士学位申报材料和数据进行传送和规范化管理,为各学位分委员会及校学位委员会提供推荐申报信息,在学士学位评审授予过程中进行信息统计、学位证书自动编号、学位证书及发放名册打印等计算机管理工作。

二、有待改革的几个方面

学士学位授予评定是学位工作的一个重要组成部分,做好学士学位评定过程的规范化管理以适应学位工作的改革和发展。笔者就进一步做好学士学位的管理谈几点意见。

1. 增强学生对学位的认识

学士学位获得者表示受教育者在本科教育阶段其在某一领域已取得的成绩、能力及达到的水平,要保证学位的授予质量,确保学位授予的严肃性,认识学位授予的重要性,增强学生的学位授予意识,使学生一进校就了解"学位是授予个人的一种学术称号或学术性荣誉称号",学位的获得是对个人在学术及科研上获得的成绩的认可,也是个人所追求的目标,而这一目标是建立在以实施学位质量标准为培养目标的严格的教育训练及考核基础之上的。还应使他们了解学位授予对本学科所要求的学术水平及个人学习、工作的目标。使其充分发挥主动性,刻苦钻研、努力学习,积极参与毕业设计和科研实践,自觉在学术和科研上做出贡献,为达到学位学术要求及质量标准,有一种责任感和紧迫感。

2. 成人教育授予原则与培养要求

(1) 授予原则

成人高等教育各种办学形式和培养方式(脱产本科、自考本科、函授专升本、夜大专升本)培养的本科毕业生申请学士学位需遵循"择优推荐、择优受理、择优授予"的原则,其标准与普通教育本科毕业生相同。由于办学形式和培养模式的差异,成人高等教育的培养目标、业务规格、学制和课程设置与普通教育不同,学生的培养质量也不同,故成人高等教育本科毕业生授予学士学位人数与毕业人数的比例,一般远低于普通教育本科生,其具体的比例视实际的达标情况而定。

(2) 培养要求

成人高等教育办学单位在办理学士学位推荐时,除应提交省教育部门的招生批文及备案名册、学籍管理制度、培养方案外,应严格审查公共基础课、专业课程的教学计划与考核办法是否符合培养方案的要求,毕业生是否具备申请学士学位的条件。为便于规范,校学位委员会已做出规定,今后,各类成人学校所开课程的教学计划、教学大纲、教师资格及教材等须经相关学士学位点审查,以确定是否符合学士学位培养的要求,未经审查者,不得申请学士学位。

3. 规范课程考试以确保学位授予质量

规范学士学位课程考试是规范教学过程的一项重要内容。通过学士学位课程考试以检查本科应届毕业生是否符合学士学位培养目标及学术水平的标准,尤其是检查和考核成人高等教育本科毕业生学士学位申请者掌握外国语和本专业主干课程的情况,以确保其学位授予质量。普通高等教育本科应届毕业生的"英语过关考试"和学位课程考试,根据学士学位学术水平的要求,结合本科生培养方案和教学计划安排进行实施,并已经规范化。成人高等教育本科毕业生进行的三门课程考试,其考试课程名称、考题覆盖范围、难易程度及组织管理办法需进行修订。成人高等教育本科毕业生除省统考办公室组织的外语统一考试外,另两门学位课程考试由校学位办统一组织实施,考试课程名称、使用教材、参考书及考试标准由相关学位分委员会专业学科点,同时聘请有关专家命题,充分发挥学位分委员会的审查和把关职能,使成人学士学位课程考试更为公正、合理、规范。目前,已组织完成2000年成人教育四个学科八门学位课程考试的各项内容审定工作。

参 考 文 献

[1] 于北辰.高等教育管理学[M].上海:上海交通大学出版社,1988.
[2] 谢桂华.中国学位与研究生教育制度的发展与特色[J].学位与研究生教育,1998(3).
[3] 中国科学技术大学研究生院.学位与研究生教育手册[S].1999.

作者:贺文响 张淑林
原载于《教育与现代化》2000年第3期

加强博士学位授予质量管理的若干探讨

博士学位论文是博士生为申请学位而撰写的学术论文,它集中了作者在研究工作中获得的可行的发明及新的理论和见解,是评判申请人学术水平的重要依据之一。因此,博士学位论文的质量在很大程度上体现了一个单位博士生培养的质量。

受中国科学院人事教育局的委托,我校学位与研究生教育评估中心自1998年至2001年,分别对中国科学院所属博士学位授权单位(包括我校)的物理学科、化学和生物学科、数学和地学学科及工学门类学科的博士论文质量进行了抽样评估。通过对评估结果的定量和定性的统计分析,我们发现,中国科学院博士学位论文质量总体上较高,特别是"文献综述"、"论文选题"、论文反映的作者的"基础理论和专门知识"等几项指标均较好。但论文中也明显存在着一些问题:

(1)"创新性"不高这是影响博士学位论文质量的首要因素,无论是理学或工学门类的博士论文都有这方面的问题。

(2)作为"博士学位论文工作期间的科研成果"指标也偏弱。

(3)工学门类的博士学位论文"工程应用价值"指标有待进一步加强。

(4)论文撰写格式不规范、不统一,有些论文没有列出攻博期间发表的文章目录。

(5)论文中错漏字情况较多,公式、图表等不标准。评审专家建议应多注意培养博士生的严谨的科学态度。

我们相信这些问题不只局限于中国科学院,同时也是国内其他研究生培养单位想必也会存在类似的问题。如何有效地解决这些问题,进一步提高博士生培养的质量和学位授予水平,我们认为应从以下几方面着手。

一、加强学科建设,营造有利于博士生创新能力培养的学术环境

我国《学位条例》中对博士生应达到的学术水平的要求中,最重要的一条即是"在科学或专门技术上做出创造性的成果",这也是衡量博士学位论文质量的首要指标。然而从我们的评估结果可以看出,论文的创造性成果却恰恰不足。创造性成果取得的前提是博士生必须有创新能力与创新意识,而创新能力的培养需要有好的学科建设的支撑。因为学科是博士生培养的基本单位,也是博士生科研成果

产生的土壤。

实践证明,博士生创造性成果的产生,主要是靠学术氛围,靠好的研究集体的熏陶和启迪。在现代社会里,孤军奋战是难以做出创造性成果的。世界著名的贝尔实验室曾经出过7个诺贝尔奖获得者,平均每天发明一项专利,其中一个重要原因就是有一个生动活泼的学术集体和良好的学术环境。

加强学科建设的一个重要方面就是必须强调学科前沿和学科间的交叉渗透。随着当代科学技术的迅猛发展,学科前沿的不断延伸,不同学科之间的相互渗透、交叉和综合已成为当今学科发展的一个重要趋势。而学科前沿和学科间交叉渗透是博士生创新的两大领域。在目前学科建设经费和相关资源有限的情况下,应坚持"有所为,有所不为",选准突破口,集中人力和财力,积极发展新兴交叉学科,推进学科群的建设。这不仅可以提高资金效益,优化资源配置,更重要的是通过学科间的交叉、融合、交流,使博士生能不断了解不同领域的学术观点,从而拓宽视野,扩大知识面,活跃学术思想,增强适应性,为产生新的理论和观点创造条件。

此外,为营造良好的学术环境,应积极开展形式多样的学术活动,如学术讲座、学术交流等。学术活动能在研究生中营造一种奋发向上的精神,激发他们自觉主动地去发现新问题,解决新问题,逐渐提高获取知识,运用知识的能力。高水平的学术讲座不仅能让博士生了解国内外科学研究最前沿的课题,还可以帮助他们突破长时间钻研某一狭窄领域而形成的思维定势,学会从不同的角度去思考问题,培养乐于倾听不同观点的习惯。经常举办跨学科的学术沙龙、学术年会和学术论坛,不同思想、观点通过交流,能够进行碰撞,产生"火花",从而激发博士生的灵感,有利于他们创新能力的培养。

二、博士生培养应实行弹性学制

博士生的学位论文"必须在科学或专门技术上做出创造性的成果",而真正有创造性的成果没有较长时间持之以恒的刻苦钻研是绝不可能的。我国博士生现行的3年培养期限中,有将近1年用于课程学习,特别是其中外语一门的学习,就花费了学生大部分的时间和精力。因而,即使不计假期和求职所花时间,实际用于论文工作顶多不过2年而已,在这样短的时间内要真正做出创造性成果远非易事,除非有极好的素质、过人的勤奋和良好的机遇。事实上,发达国家攻读博士学位的年限多数都超过,甚至远远超过3年。受经济因素制约,国内非在职的博士生通常都须在3年内完成学业,其中难免有不少论文质量不尽如人意,却勉强答辩而毕业。

因此,我们认为,博士生培养应不受3年限制。如果在3年内,课程学习和论文质量未能达到要求,则必须适当延长学习时间(半年、一年甚至更长),延长期间的生活费用由博士生本人负担或由导师协助解决。另一方面,对个别特别优秀者,如确能在不足3年时间完成学业,且全面达到要求,也应当允许他们提前答辩。这样就能使博士生不遗余力、无后顾之忧地进行创造性课题的研究。

三、逐步建立"博士资格考试制度",实行"优胜劣汰、宽进严出"

在美国,博士生教育实行"宽进严出",即入学相对较易,但随后要通过严格的资格考试,而获取学位就更为艰难。美国大学通过第一学年课程考试和第二学年资格考试,实行淘汰筛选,其淘汰率很高。其中对学生威胁最大的要算资格考试,也是学校保证其博士生"严出"的主要手段。

资格考试属综合性考试,不仅考核博士生的知识宽度和深度,同时还审查其阶段科研成果及科研综合能力,包括笔试和口试两部分。前者为闭卷方式,考基础理论和工程应用的基础科学部分。工科部分因专业而异,其覆盖面较宽,而且要求能运用广泛的知识解决实际工程问题。口试部分则考核其科研和反应能力。这种资格考试以其苛刻的高淘汰率,迫使学生勤奋苦读,提高水平,早出成果,从而达到了"严出"的目标。

在我国,由于博士生优秀生源不足,博士生培养又要形成规模,在招收博士生方面采取的是"严进宽出"的办法以保证质量。但由于优秀生源不足,实际上成了"宽进宽出",其录取条件往往比硕士生还宽。

要想真正培养出高质量的博士生,应逐步将"严进宽出"的体制转为"宽进严出"的体制,并建立"博士资格考试制度",在博士生基本完成理论训练阶段进入论文工作之间,进行严格的系统综合考试,以检查博士研究生掌握的基础理论和专门知识是否符合学位标准的要求。凡没有通过"博士资格考试"者,不能进行博士学位论文开题报告工作,以实现"优胜劣汰"的竞争机制。

四、加大论文研究投入,设立风险课题基金

我们知道,与世界各国教育经费的投入相比,我国是年人均教育经费较低的国家之一。由于经费短缺,设备老化,仪器陈旧,得不到及时更新,不能添置新型器材,导致博士生从事科研工作的手段不足,进而影响效率,推迟获取科研成果的速率和进度。

纵观国外引人注目的创造性科学技术成果,无不是在优良的实验条件下取得的。越是创新性强的课题,所需的投入也越大,而目前我国的经费与实验条件与国外相比相差还很大,在这样的条件下要想做出大的成果的确不容易。

为了促进博士论文工作的创新性,可以建立优秀博士论文基金制度,博士生风险选题制度,优秀博士研究生奖学金制度,优秀博士论文奖励制度等,从而保证论文研究工作的高度投入,激励博士研究生努力做出创造性研究成果。

五、严格博士生培养的过程管理

博士生的培养是一个系统的过程,要想培养出高水平的博士生,提高学位授予质量,必须对博士生培养的各个环节加强管理。这主要包括四个阶段的管理。

第一阶段是确立培养计划和培养目标阶段。该阶段应确立好博士生的培养目标、学位课程,并由导师指导组、课题组、研究室等共同确认,做到"因人施教",为以后博士生的培养打下良好的基础。

第二阶段是论文工作开题阶段。在该阶段应认真组织做好博士生的学位论文开题报告,为写出高质量的学位论文做好充分准备。开题报告要充分论证所研究题目的理论意义和实践意义,说明这个题目在国内、国际上分别处于什么水平,需要解决的难点是什么;论文的主要研究内容、研究的具体方案、理论创新之处,以及欲突破的难点在哪里;还要说明本人已取得的与学位论文选题相关的研究成果以及已具有的研究工作基础等。大量的实践经验说明,论文开题报告搞好了,博士学位论文的一半就写好了。

第三阶段是中期论文检查阶段。该阶段是对博士生论文工作进度、完成的论文工作量、论文工作中遇到的困难、下步工作内容及目标进行集体检查和指导。是保证博士学位论文质量的重要环节。

第四阶段是论文评审和答辩阶段。博士生的培养质量最终体现在学位论文的学术水平上。如何把好论文的评审和答辩关,是保证博士学位质量的关键。博士学位论文不能只是一本教材,甚至也不能只是一般的专著。它原则上应是在所研究题目的范围内,其学术水平处于全国前列的、高水平的学术性专著。导师在论文送审前必须认真阅读博士生的学位论文,严格把好推荐关,不能迁就、保护。论文评审可采取随机选取专家、加大国际评审力度等方式,要规范博士学位论文答辩程序,尽量排除非学术因素对论文评审和答辩工作的干扰,确保博士学位授予的学术水平和质量,维护我国学位授予工作的严肃性。

六、强化评估手段,检查监督博士学位授予质量

加强对博士学位论文的检查评估是检验和保证博士生培养质量的有效途径。论文评估可以有实时和延后两种形式。实时评估是在博士学位论文评审答辩阶段,由教育管理部门对应届毕业博士生的学位论文进行抽样检查。这种抽样检查制度对博士生高质量地写作学位论文可以起到督促作用。同时通过抽样检查,管理部门可以对博士生的培养质量状态,特别是对于博士生培养和论文答辩各个环节中存在的问题有较为确切的估计。

延时评估是对已毕业的博士生的学位论文进行抽样评估。正如我们对科学院

各学科博士论文进行的评估。这种评估有利于对博士学位授予的质量进行动态地分析和管理。

无论是何种形式的评估,目前都没有得到足够重视,这是在今后的工作中应当注意的。

加强博士学位授予质量管理是一个系统工程,应当从各个环节、各个方面进行。博士研究生虽然也是学生,但不同于一般意义上的学生。对他们应该以培养创新意识、创新能力为主,激发他们自我创造的潜能,只有这样,才能培养出真正高水平的具有专门知识的高级人才。

参考文献

[1] 国务院学位委员会办公室,国家教委研究生工作办公室. 博士生培养纵横谈[M]. 开封:河南大学出版社,1998.
[2] 杨振洪. 论创新教育以及研究生创新能力的培养[J]. 学位与研究生教育,1999(5).
[3] 史元盛,等. 对博士生应实施创造教育[J]. 学位与研究生教育,1999(4).
[4] 程立生. 研究生教育实行弹性学制刍议[J]. 高等农业教育,2001(1).
[5] 唐卫东,等. 论全国优秀博士学位论文的评价方案[J]. 学位与研究生教育,2000(1).
[6] 杭祝洪,等. 以多元视角审视博士生的招生与培养[J]. 学位与研究生教育,1999(4).
[7] 杨同毅. 来自于博士论文审查报告的启示[J]. 学位与研究生教育,1999(5).
[8] 刘颖等. 博士学位论文评估的实践与思考[J]. 学位与研究生教育,2000(4).
[9] 陈伟,侯定丕. 学位与研究生教育质量评估的几个问题探讨[J]. 学位与研究生教育,2000(2).
[10] 侯定丕,陈伟,张淑林. 博士学位论文质量抽样评估的实践及有关问题的探讨[J]. 中国高等教育评估,1999(1).
[11] Clark Kerr. Higher Education Cannot Escape History:Issues for the Twenty First Century[M]. 王承绪,译. 杭州:浙江教育出版社,2001.
[12] 冯斌,袁惠新. 谈知识经济时代研究生培养质量的提高[J]. 引进与咨询,2001(2).
[13] 龙朝茹,刘笃喜,王争鸣. 研究生教育质量保证与监督体系研究[J]. 西北工业大学学报:社会科学版,2001(1).

作者:陈 伟 贺文响
原载于《教育与现代化》2004 年第 3 期

高级人才培养的新模式
——谈在职人员申请学位工作

1983年国务院学位委员会第五次会议决定,开展试行在职人员以同等学力申请学位的工作。经过一段时间的准备,全国先后有北大、清华等9个单位点相继进行了在职人员申请学位的试点。1986年9月,在总结前段工作经验的基础上,试点单位和学科门类又有所扩展。1990年国务院学位委员会正式批准了153个博士学位和51个硕士学位授予单位有权受理在职人员申请学位的工作。至此,高级人才培养的又一新模式——在职人员申请学位模式基本建立了起来。此项工作不仅对贯彻实施学位条例、完善我国学位制度起到积极作用,而且为快速培养高级人才,充分发挥和调动高级知识分子的主观能动性开辟了一条新路。

一、为坚持本职工作的同志提供了再学习和深造的机会

随着科学技术和经济建设的发展,社会越来越需要大批具有硕士、博士学位的高级专门人才。由于历史原因,现在在第一线从事教学、科研和管理的一大批同志(包括新近参加工作的青年同志)都没有获得过学位,没有受过严格的、正规的和系统的基本训练。而近年培养出来的一批硕士和博士短期内又很难满足日益增长的社会需求。这就迫切要求更新和提高现在正在第一线从事工作的同志的知识和业务水平。但是如果这批同志都脱离本职工作去专职攻读硕士、博士学位,那势必会直接影响到各项工作的顺利进展。因此,开展在职人员申请学位的工作正适应了改革开放和社会发展的需要,既为这批不便脱产学习的同志提供了学习、提高和深造的机会,也为他们开辟了一条在本职工作岗位上奋斗、成才的道路。

二、稳定了教学和科研队伍

前几年,随着知识的升值,一些同志,尤其是年轻的同志被"学位"这个字眼吸引,丢掉本职工作,一心复习、补习,考脱产研究生,也有一些人整天学外语,考出国研究生,使得本来经过十年动乱已出现人才短缺的我国教育和科研事业又面临着新的人才冲击。某些学科中,青年人难以留住,甚至连学术梯队也无法形成。在职人员申请学位工作的开展,无疑为众多的教师以及科技工作者开辟了一条无须通

过考取研究生而在本职工作岗位上获得学位的新路,对稳定教学和科研队伍起到了积极作用。

在职申请学位实施细则中规定,申请者首先必须在本专业或相近专业工作满三年,做出突出成果,才有资格申请学位。这就要求在职人员边积极从事本职工作边刻苦攻读,钻研相关的专业知识,以达到学位申请要求的水平。细则要求申请者在本专业工作中做出突出成果,更可防止少数人只读书,不从事本职工作的倾向。所谓"在职"就是要求想获得学位的在职人员,从一开始就必须正确处理申请学位与做好本职工作的矛盾,做到以本职工作为主,以在职自学为主,既要安心本职工作,又要积极做出突出成果。因此在职申请学位工作的开展很快就为稳定教学和科研队伍做出了较大贡献。

三、高级人才培养的新模式

开展在职人员申请学位工作是多渠道、多形式培养高级专门人才的重要途径。随着改革开放的深入,我国各行各业对高级人才的需求日益增加。在高校和科研机构中,师资和科研队伍的老龄化日趋严重,需要补充大量具有硕士、博士学位的年轻人以形成学术梯队。然而,一些特区以及沿边、沿海地区的涉外企业公司,也积极甚至以高薪吸收具有硕士、博士学位的人才充实他们的队伍。这样仅靠我们原有的招收脱产研究生来校培养的模式远远满足不了需要.加之我国目前教育经费十分紧张,高校和科研机构面临资金、设备和师资力量的多重困难,使得培养脱产研究生的规模和速度受到限制。为了解决这种需求和产出的矛盾,必须采取多种渠道、多种形式培养人才。在职人员申请学位工作的开展,对用人单位来说,既不影响本职工作,又稳定了教学科研队伍;对申请者本人来说,既能完成本职工作,做出突出成果,又能在工作实践中通过学习、提高而获得学位;对国家而言既解决了经费困难又培养了社会需要的高级人才。因此在职申请学位工作是多、快、好、省地培养高级人才的又一新模式,此项工作一开展即受到各界人士的热烈欢迎和高度重视。

四、研究生培养体系的重大改革

在职人员申请学位,强调的是在职,即不可脱离本职工作,因此就要求在职人员所学的课程,以及学位论文的选题都和实际工作紧密相连。以往的研究生培养是从教室到实验室的封闭式培养模式,培养出来的教科型人才在某些领域很难适应改革开放对高层次人才的特殊要求。有些专业国家花了钱,导师花了精力,培养的研究生却找不到用人单位。也就是说正规的培养模式还存在着供需不衔接的矛盾,这样造成的人力、物力和财力的浪费是十分可悲的。随着在职人员申请学位工作的开展,封闭式的研究生培养模式得到了改进。可以说将研究生教育从课堂推向四化建设第一线,把硕士、博士的培养从实验室推向社会,是我国教育史上的一大创举,也是研究生培养体系的一项重大改革。

在职申请学位人员由于是边工作边学习,考试分数可能比脱产研究生低。然而能力的衡量不能凭考试分数。一般来说在职申请者都远远超过在校研究生的实际工作能力。在校研究生每条原理、每个定义可能背得很熟,但工作起来却可能与实际联系不上,而对在职申请者来说,教授的十个原理中如果有一个被接受,可能马上就会在实践中产生效益。

近年来由于"出国热"的冲击,部分脱产研究生考试取得高分,做论文获得学位,仅仅是为了获得一块出国的"敲门砖"。从另一方面看,这也反映了我国研究生培养体制的一大缺陷,在职申请学位无疑使这一弊端得到改进。把研究生教育推向社会,既不用国家花钱,又能培养出扎根在华夏这块土地上并和祖国同呼吸共命运的四化建设的急需人才。所以说在职人员申请学位工作将随着改革开放的深入而引起研究生培养体系的重大改革。

五、必须在实践中不断发展和完善

在职申请学位工作是一项崭新的、开创性的工作,也是一项政策性很强的工作。由于具有很多优越性,所以从一开始就受到社会各界的欢迎和支持。但正如任何新生事物一样,在运行中难免会出现一些缺陷和漏洞,有些人不是潜心攻读、刻苦钻研,而是拉关系、混学位;有些单位不是授学位,而是卖学位;还有些单位在审核申请者资格时并不强调在职和实际工作成果,降低学位标准,对申请者课程考试不严格把关,使学位尊严受到了损害,给在职申请学位这项有意义的工作带来极为不良的影响。

质量是学位工作的生命,是维护学位声誉的根本保证。开展在职人员申请学位工作,只是培养渠道、途径和具体方法不同于全日制脱产研究生,而在业务水平和学位质量要求上则同脱产研究生一样,没有两种的授予尺度。要把在职申请学位工作搞好,只有在实践中不断地完善和发展。

首先,要严格把授学位和办班分开。各种大学后继续教育班是适应高层次人才培养和社会的需求而产生的,为在职人员的学习提高创造了条件。但是如果把这种班和授学位联系在一起,势必会导致学位授予的混乱。

其次,为了维护学位的尊严,各学位授予单位应从自己做起,对申请者严格进行资格审查。例如,在职工作态度,研究成果水平,授课方式,学分认可等。只有严格把关,才能保证学位授予质量。

第三,除了学位授予单位严格把关外,建议国务院学位办对在职人员申请学位工作进行宏观控制。例如把各地进行的五花八门的综合考试改为以大学科为范围的在职申请者全国统一的资格考试。外语也可实行统一的水平考试。这种资格考试可类似于成人自学考试,每年举行一次,通过者可获得资格证书,用作证明申请学位所具有的资格。

在职人员申请学位工作为高级人才的培养建立了一个新的模式,但由于这项工作进行时间较短,改革开放的大潮又不断带来新的问题,因此,如何将其和研究生教育、大学后继续教育有机结合起来,如何处理其间存在的矛盾,使在职申请学位工作既不会引起学位泛滥,降低学位标准,又能多渠道促进高级人才的培养以适应社会需求,是有待继续研究的新问题。

作者:张淑林
原载于《教育与现代化》1994年第1期

学位与研究生教育质量评估的几个问题探讨

目前,学位与研究生教育质量评估工作越来越受到各方面的重视。中国科技大学"学位与研究生教育评估中心"已完成了对中科院所属单位所有物理学科博士论文质量的抽样评估工作。下面是对评估中几个有关问题的陈述。

一、评估抽样

为了解较大范围内研究生教育的质量,以便及时发现问题、采取措施改进工作、提高教育水平,评估宜采取抽样方式。对于抽样评估,有几点必须注意:

(1) 要采用随机抽样。抽样时,要对所有单位独立进行抽样,不同单位的抽样比不一定全等,但差异不要过大;在每个单位内进行分层抽样时,例如在论文质量评估中按答辩通过的年份来分层,应力求在各层内的抽样比差异不要过大;在各单位每层中进行简单随机抽样时,可借助于随机数来进行。

(2) 如果抽样范围在地域上较大,可分阶段来进行。第一阶段试点,积累经验,第二阶段全面展开。

(3) 对于抽样调查得到的数据,除进行质量评估以外,还要进行评估专家可信度分析、评价指标体系适用度分析、评价方法效果分析等研究。

(4) 对于评估结果,尽可能到被评单位现场调查检验,进行必要的修正,最终结果要通报给被评单位。

二、评估表格

在博士学位论文质量抽样评估的第一阶段(评估试点),我们设计的表格如表1所示。

它和以往所用评价表的区别主要在于:① 有总体评价一栏;② 对每一指标,要求评价人在"优"、"良"、"中"、"差"四档中择一作为评价;③ 要求简述所作评价的理由;④ 没有列出权系数,评价者也就不必计算综合分。

这样设计的评价表,在第一阶段使用过程中发现的不足之处,主要是评估专家简述评价理由的情况极为分散,有的干脆不写,有的虽写了但信息量太小。比如有的专家以"论文工作期间的科研成果较多"为由给该指标评"优",有的则评"良",很不统一。为了克服这方面的不足,我们将评价表改为表2。

表1 中国科学技术大学博士学位论文抽样检查评估指标表(1)

论文编号_____ 论文题目_____

指　　标	在"优"、"良"、"中"、"差"中择一作为评价	做出如此评价的理由简述
文献综述水平　　　　　　　　(1)		
选题的理论意义与实用价值　　(2)		
基础理论和专门知识在论文中的体现　(3)		
科研能力在论文中的体现　　　(4)		
创新性　　　　　　　　　　　(5)		
论文工作期间的科研成果　　　(6)		
从论文看作者的学风　　　　　(7)		
中英文表达水平　　　　　　　(8)		
评价人对论文水平的总体评价		

表2 中国科学技术大学博士学位论文抽样检查评估指标表(2)

论文编号_____ 论文题目_____

指　　标	评价				说　　明
	优	良	中	差	
文献综述					阅读量,文献检索量,综合分析能力,了解本领域国内外学术动态程度
论文选题					理论意义或实用价值
基础理论和专门知识					基础理论的宽厚度、坚实度、专门知识的系统性、深入性
创新性					论文创造性研究成果与新见解
论文工作期间科研成果					发表论文数量、档次,取得专利或成果获奖情况
从论文看作者的学风					有严谨的科学态度,引用他人成果有说明,论据可靠充分,论文主要内容为本人独立完成
中英文表达水平					逻辑严密,表述清楚,文笔流畅,书写格式及图表规范,英文语句通顺,语法正确,语法正确,能正确概括文章内容
评价人对论文水平的总体评价					论文的总体水平和印象

注:请在相应的空格内划"√"。

续表

博士生姓名_____ 导师姓名_____ 论文题目_____
评价人对以上评价的理由简述及对论文存在问题的说明(请尽量充分阐述):
评价人(签名):

在第二阶段的评估中我们使用了这一表格,发现前面提到的不足很大程度上被克服了,而且操作简便,便于进行定性与定量分析。

表格的设计在评估工作中是值得研究的问题,而往往易被人们忽视。

三、评估专家

(1) 评估工作离不开专家,被聘进行论文评价的专家应该是同行,最好是现仍从事有关的研究并且有充分时间保证的人。要对被聘专家说明评价工作的目的以及评价表格的填写方法。如有可能,当面说明最好。对专家的意见和建议要认真听取,对他们的评价信息要科学利用,要给予合适的报酬。

(2) 专家评价结论的可信度我们提出,用

$$\sum_{k=1}^{t} \alpha_k (x_{ijk} - \overline{x_{jk}})^2$$

来量度专家 i 的可信度,其值越小,可信度越"高"。其中:

i——评估专家序数;

j——评估对象序数;

k——评价指标序数;

t——评价指标个数;

x_{ijk}——专家 i 对于对象 j 的指标 k 所评等级的对应分数;

$\overline{x_{jk}}$——所有专家对于对象 j 的指标 k 所评分数的算术平均值;

α_k——评价指标权系数,满足 $\alpha_k > 0, \sum_{k=1}^{t} = 1$。

例如,有一篇论文的评价结果如表 3 所示。

这里 $t=3$,偏差 $= x_{ijk} - \frac{1}{3}\sum_{i=1}^{3} x_{ijk}$,偏差平方和就是 $\sum_{k=1}^{8} \frac{1}{8}(x_{ijk} - \overline{x_{jk}})^2$。由表中计算结果可知对这篇博士论文的评价,可信程度由高到低的顺序是:乙、丙、甲。

评估质量的高低,最终依赖于专家的行为,因此对评估专家可信度的分析是很重要的,以往也被忽视了。

表3　一篇论文的评价结果

指标	评价分			平均值	偏差		
	甲	乙	丙		甲	乙	丙
1	3.25	5.00	3.75	4.00	−0.75	1.00	−0.25
2	4.50	4.75	5.00	4.75	−0.75	0.00	0.25
3	4.50	4.75	5.00	4.75	−0.25	0.00	0.25
4	3.25	4.75	5.00	4.33	−1.08	0.42	0.67
5	3.25	4.50	5.00	4.25	−1.00	0.25	0.75
6	4.50	4.50	5.00	4.67	0.17	−0.17	0.33
7	3.25	4.50	4.75	4.17	0.92	0.33	0.58
8	4.50	4.50	5.00	4.67	0.17	−0.11	0.33
偏差平方和					0.47	0.17	0.22

四、评估指标

指标是定量评估的基本要素,不同内容的评估项目要用不同的指标体系。迄今为止,评价指标都是从实际工作经验中整理、归纳出来的,但是缺乏强有力的统一的建立体系的方法。人们研究过指标的各种性质,提出过可测性、独立性、完备性等必备条件,但是在实践中应用起来不太方便。

我们认为,为提高评估工作的水准,应该注意评价指标的下列方面。

1. 指标的客观性

对同一篇论文,不同专家在同一指标上的评价不一定完全相同,因为他们考察的角度与评价经验未必相同。然而,如果评价值标准差不齐,指标量化就较困难。这当然是一种不确定性。因此,我们用

$$d_{jk} = \max_{1 \leqslant i \leqslant r} x_{ijk} - \min_{1 \leqslant i \leqslant r} x_{ijk}$$

来量度指标 k 对于论文 j 的客观性,其中:

i——评估专家序数;

r——评估专家人数。

又用

$$d_k = \sum_{j=1}^{s} d_{jk}$$

来量度指标 k 的客观性,其中:

s——评价对象个数。

两种度量都是值越小,指标客观性越高。

这种量度方法在实践中得到了很好的检验。例如在博士学位论文评估中,指标1,2,3,6,8 在 100%场合下有较高的客观性;指标 4,5,7 在 79.2%场合下有较高的客观性。指标 1 是"文献综述水平",它的客观性是明显的,人们能够轻易取得相同的认识;而指标 5 是"创新性",它的客观性就不像前者那样明显,因为人们的认识就有差别,其客观程度就不是十分高。

2. 指标的可区别性

对于能反映客观属性的指标,如果运用起来总是得到差不多的评分,这就不好,因为设立指标本意是要把被评对象区别开来。这种可区别性不高的指标就起不到应有的作用。因此,我们用:

$$\max_{1\leqslant i\leqslant r}\frac{1}{s_i}\sum_{j=1}^{s_i}x_{ijk} - \min_{1\leqslant i\leqslant r}\frac{1}{s_i}\sum_{j=1}^{s_i}x_{ijk}$$

来量度指标 k 的可区别性,值越大可区别性越高。其中:

s_i——第 i 位专家评价的对象个数。

在博士学位论文质量评估中的统计数据表明,所有指标的上述差都不小于 0.66,所以我们认为可区别性较高。

3. 指标的必达与争优

用于评价的指标可分为两类:一类指标是只要达到一定水平即可,不必追求其值尽量大,称为必达指标;另一类指标是值越大越好,称为争优指标。这两类指标性质不同,在实际应用中往往被混淆了,许多可区别性不高的指标是必达指标。在论文质量评估第一阶段的 8 个指标中,1,7,8 这三个指标是必达的。例如指标 8 是"中英文表达水平",不合格是不行的,但是否一定指标越高论文质量就越高呢?也未必,因此该项是必达指标。其他 5 个指标是争优的。

4. 指标的整合

(1) 指标的交互作用

指标之间是否有交互作用,决定指标的结合方式。何谓交互作用?这是从数理统计学中引入的概念,设有两个指标 z_1 与 z_2,把 z_1(或 z_2)单独改变 Δ_1(或 Δ_2)时评估结果的改变记作 δ_1(或 δ_2),而把 z_1 与 z_2 同时分别改变 Δ_1 与 Δ_2 时评估结果的改变记作 δ,如果总是有等式

$$\delta = \delta_1 + \delta_2$$

我们就说 z_1 与 z_2 这两个指标是无交互作用的。如果

$$\delta \neq \delta_1 + \delta_2$$

我们就说 z_1 与 z_2 这两个指标间存在交互作用。

在博士学位论文质量评估第一阶段工作中,我们可以发现有交互作用的情况。例如指标 $4(x_4)$ 为"科研能力在论文中的体现",指标 $5(x_5)$ 为"创新性"。恰巧有 4 篇论文,若把评估专家的最后综合评分,对 x_4、x_5 的算术平均评分分别记作 $y_i, x_{4i}, x_{5i}(i=1,2,3,4)$ 有以下数据:

论文 i	y_i	x_{4i}	x_{5i}
1	4.25	4.50	4.00
2	4.50	4.20	4.00
3	3.95	4.50	4.30
4	4.50	4.20	4.30

我们看论文 1 与论文 2，$x_{51}=x_{52}=4.0$，但 $x_{41}=4.5, x_{42}=4.2$，即仅有 x_4 在改变，其改变量为

$$\Delta_4 = 4.2 - 4.5 = -0.3$$

相应评估结果改变量为

$$\delta_4 = 4.5 - 4.25 = 0.25$$

对于论文 1 与论文 3 作对应考察，结果是仅有 x_5 在改变

$$\Delta_5 = 4.3 - 4.0 = 0.3$$
$$\delta_5 = 3.95 - 4.25 = -0.3$$

再考察论文 1 与论文 4，x_4 与 x_5 都改变了，且

$$\Delta_4 = 4.2 - 4.5 = -0.3$$
$$\Delta_5 = 4.3 - 4.0 = 0.3$$
$$\delta = 4.5 - 4.25 = 0.25$$

在这里

$$\delta_4 + \delta_5 = 0.25 + (-0.3) = -0.05$$
$$\delta = 0.25$$

两者并不相等，故 x_4 与 x_5 这两个指标从评价值来看存在着交互作用。实际上，它们之间也必然有相关的作用，如果创新性高，专家们自然会认同科研能力在论文中体现得充分，反之亦然。因此，在第二阶段的质量评估中，我们将这两个指标进行了合并简化。

我们认为，当两个指标之间不存在交互作用时，宜用线性组合方式来整合它们。而当存在交互作用时，宜用其他非线性方式来整合。

(2) 线性函数式

设 $x_j(j=1,\cdots,n)$ 是评价指标变量。如果根据公识的信息，若满足下述条件之一，则可考虑用形如 $\sum_{j=1}^{n} a_j x_j$ 的线性式来整合各指标，其中，$a_j > 0 (j=1,\cdots,n)$ 为常数，$\sum_{j=1}^{n} a_j = 1$。

条件1 当给任何 x_j 以改变量 Δ 时，评价结果的公识信息量的改变可用 $k_j \Delta$ 来表示，k_j 为常数，其值因 j 而定，很可能就等于上述的 a_j。

条件2 当 $j \neq i, x_j$ 与 x_i 在内涵上无重叠，又在外延上无交互作用时。

(3) 生产函数式

设 $x_j(j=1,\cdots,n)$ 是评价指标变量。如果根据公识的信息,若满足下述条件之一,则可考虑用形如 $\prod_{j=1}^{n} x_j^{a_j}$ 的非线性式整合各指标,其中,$a_j>0(j=1,\cdots,n)$ 为常数,$\sum_{j=1}^{n} a_j = 1$。

条件1 当给任何 x_j 以改变量 Δ 时,评价结果的公识信息量的相对改变可用 $k_j \dfrac{\Delta}{x_j}$ 来表示,k_j 为常数,其值因 j 而定,很可能就等于上述的 a_j。

条件2 当 $j \neq i$ 时,x_j 与 x_i 在内涵上无重叠,但在外延上有交互作用。

条件3 当给某个 x_j 以改变量 Δ 时,评价结果的公识信息量的改变不可能以 $k\Delta$ 来表示,不论 k 取什么值都如此。在具体评估问题中,指标间的整合也可能是以上两种方式的组合,或者是其他非线性函数关系式。

五、结语

根据我们所获得的资料,目前进行的各种教育评估,大多是线性评价,即带权综合平均法。人们往往把评价指标体系弄得十分庞大,许多指标界定很含糊,使得具体实施起来觉得负担很重。而把评价当成不确定性判别运用非线性方法来进行,尚未见成功的系统典范。我们致力于在系统原理的指导下采用非线性的评价方法,并在实践中不断总结经验,以求在理论上有所建树,从而促进教育评价水平的提高。

作者:陈 伟 侯定丕
原载于《学位与研究生教育》2000年第2期

基于"任务导向"的高校分类评价方法初探

一、问题的提出

高等学校的办学水平评估是一个复杂而又重要的问题,近年来受到广泛关注。据不完全统计,目前全国共有13个单位发布了30个大学排行榜,有关中国大学排行榜的网站多达32万余个。这些五花八门的排行榜虽然源于不同的评价机构,但其基本思想是一致的,那就是在统一的指标体系下对各高校进行单项或综合评判,以得分多少排出大学优劣,并通过发布大学排行榜影响个人对高等教育服务的选择,同时帮助高校找到自己在整个大学系统中的位置。毫无疑问,这种以数据为依据的大学评价方法不仅在研究手段上有可取之处,而且在实践上也对高校的发展起到了一定的推动作用。但这类评价方法也存在两大缺陷:一是将各种不同类型的高校不加区别地放在一起按同一个指标体系排序、比较,有失公平;二是评价指标及其权重的选取有很多的人为因素,不能保证其客观公正性,以致会出现同一所高校在不同机构发布的排行榜中位次相差很大的尴尬局面。上述问题的存在使得"大学排行榜"普遍缺乏公信力和权威性。但对于社会大众来说,由于缺乏对评估指标的了解,一般会认为排名在前面的学校比排在后面的好。公众对评估信息采纳的盲动在客观上会影响高校办学资源的获取,因此一些高校不得不关注排名所依据的一些重要指标,在制定发展规划时忽视自身的特色和市场的取向,盲目追求高层次办学,从而可能误导高等学校对自身发展的定位,形成学科趋同、千校一面的发展模式。这种现象的蔓延势必破坏高等教育的生态平衡,造成严重的人才结构欠缺。要消除"大学排行榜"的误导,关键是要建立一个科学、有效的大学分类及评价体系。基于以上认识,笔者提出一种新的大学分类评价方法。

二、基于"任务导向"的高校分类评价系统设计

1."任务导向"的基本思想

党中央根据我国的国情和世界经济社会发展的现状和趋势,在十六大报告中提出要着力培养三种人才,即高素质劳动者、专业人才和拔尖创新人才,并对这三类人才的结构关系做了明确的界定,即"数以亿计的高素质劳动者、数以千万计的专门人才和一大批拔尖创新人才"。大学具有传授知识、创造知识和服务社会三大

职能。根据我国社会经济发展的需要,结合高等教育发展的情况,我们认为,高等学校应该更多地承担起培养上述三类人才的责任。为引导高校更好地为培养"三类人才"服务,应该以高校承担和完成任务的情况为依据进行分类评价,实施"资源与任务挂钩"的管理模式。其基本思想来自以下三点认识:

① 我国高等教育是分层次进行的,不同层次的高校完全可以结合实际办出自己的特色和水平。在服务国家经济建设、促进社会进步这一大目标上高校之间无差异。

② 在国家教育投入不足的情况下,从战略上考虑,采用"计划"的手段,安排专项经费重点支持少数高校加快发展是明智的,但仅仅是一种辅助手段,教育资源的配置最终要按"市场法则"进行。

③ 高校的人才培养目标和办学定位可以不同,但在评价其对社会和经济发展所做的贡献方面应有某种统一的"尺度"。

2. "任务导向"的高校分类评价应遵循的原则

为了使评价结果能够与不同类型高校的资源分配结合起来,分类评价应遵循以下原则:

(1) 多元化原则

高等教育关系到国家的长远发展以及公民的切身利益,要服务于多方面、多层次的社会需求与个人需要。因此高校的分类要从"以人为本"的理念出发,体现出社会与个人多元化的需求。按照多元化的原则对高校进行分类,目的在于引导高校分类型、分层次发展。

(2) 易界定原则

高等学校分类宜粗不宜细,类型和层次划分越多,引发恶性竞争的可能性越大,评价越困难。粗线条的划分,有利于高校在一个较大的范围内制定战略、获取资源、竞相发展。但不管按什么方式分类,必须用基本标准来衡量,即根据高校的基本信息,来判定它应该属于哪一类。

(3) 可比较原则

高等学校分类的目的不是使各校间的差距拉大,而是让每个高校都办出特色、办出水平。为了使同一类型的高校办学水平具有可比性,评价指标的设计应统一、规范,有关统计指标口径应与现行标准一致。

三、分类方法及分类评价系统的构建

1. 高校的分类

在社会主义市场经济的今天,以培养人才、创新知识、服务国家发展和市场需求为导向的高校定位应该成为必然的选择。这样的定位反映到大学分类上就是要求按"三类人才"的培养情况对高校进行分类。据此,我们认为,公办大学可按人才培养目标可分为以下三类：

(1) 研究型大学

以培养、造就"拔尖创新人才"为主要任务。一般应具备以下两个特征：拥有较多的国家级科研机构，承担国家重大科学研究项目，科研业绩突出；设有研究生院，承担较大规模的研究生、特别是博士生培养任务。

(2) 应用型大学

以培养、造就各行各业所需的"专门人才"为主要任务。一般应具备以下特征：承担国家和地方科学研究项目，拥有应用技术成果；以本科教育为主，有较高的教学质量。

(3) 职业型大学

以培养、造就"高素质劳动者"为主要任务。一般应具备以下特征：按市场需求设置专业；以专科层次的职业教育为主，有较稳定的教学质量。

必须指出，以上分类是从有利于资源与任务挂钩的角度提出的，在不影响公平竞争的情况下，完全可以有多样化的分类方法。同时，还要强调，类型划分，仅仅是一般定位及确定发展方向的前提，具体到一所高校，如何定位、如何确定发展方向，还必须根据其所处环境、自身条件，扬长避短，充分论证。

2. 评价模型的构建

(1) 效用及定义

在经济学中，效用(Utility)是指商品或劳务满足人的欲望或需要的能力。一种商品或劳务有无效用、具有多大效用，取决于它能否满足和在多大程度上满足人的欲望。这里引用此概念描述大学评价中某项指标的分值。设高校的优劣由多种评价指标综合衡量，依评价者的主观愿望和价值取向，每项指标对评价者均有不同的值和作用，反映指标对评价者价值和作用大小的量值称为效用。某项指标的效用值可建立效用函数或在一定的规则下通过专家咨询的方式(Delphi法)一次性确定。经过数学上的归一化处理，其数值范围在 0～1 之间。

(2) 评价结构图

以下分研究型大学、应用型大学和职业型大学三种情况来说明其评价层次结构图。

研究型大学不仅是传播知识的地方，更是创造知识、培养高级创新型人才的基地。其办学水平和实力由师资队伍、科研业绩和研究生培养三个方面评价。评价层次结构图如图 1 所示。

应用型大学以传播知识为主，是培养各类应用型专门人才的基地。其办学水平和实力由师资队伍、科研业绩和本科生培养三个方面评价。评价层次结构图如图 2 所示。

职业型大学是传播知识和培养、造就"高素质劳动者"的基地。其办学水平和实力可由师资队伍、专业特色和人才培养三个方面评价。评价层次结构图如

图 3 所示。

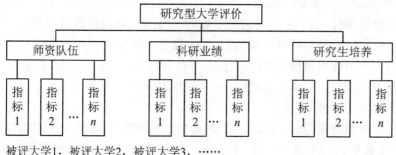

图 1 研究型大学评价层次结构图

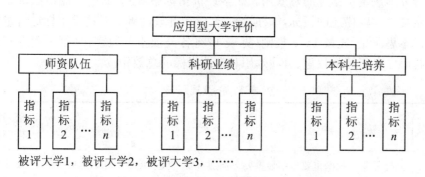

图 2 应用型大学评价层次结构图

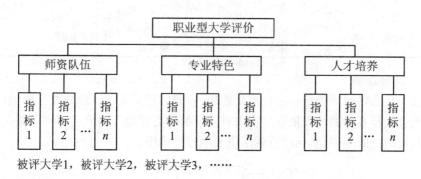

图 3 职业型大学评价层次结构图

(3) 评价模型的构建

① 评价指标的选取

在三类大学中,研究型大学和应用型大学均由师资队伍、科研水平和人才培养质量三方面评价,但侧重点不同;职业型大学由师资队伍、专业特色和人才培养质量三方面评价。为了尽可能客观地评价各类大学的实际办学水平,评价指标选取应该考虑四个方面结合,即资源与成果(产出)结合、规模与效益(质量)结合、主观与客观结合、普遍性与特殊性结合。据此,可先将评价指标分成定性和定量两大类,再根据办学类型确定一组统一的指标。定量指标应选取那些最能反映学校基本情况的统计指标,如国家重点实验室数、人文社科基地数、科研经费数、本、专科专业数、硕士及博士学位点数、教师数、学生数等。定性指标应选取那些对办学有较大影响但却不能用数量反映的指标,如学校管理水平、校长名望、学术声誉、科研成果影响力、论文水平、学校开放性、办学潜力、生源广泛性等。

② 多维效用的合并

大学评价的数量指标,如学生数、教师数、经费数、论文数等虽然可用数据表示,但由于其单位和意义不一样,不能简单相加,必须转换为可比较的无量纲数。基本思路是先求出各分项指标的效用值,再按某种规则,如加法规则、乘法规则等进行合并形成定量指标的总效用。大学评价指标中,还有一些不能用数量表达而只能定性地加以描述的指标,如办学声誉、学校开放性等。对这类指标进行量化处理的基本思路是,先按1～9规则(见表1)将各分项指标数字化(可采用专家咨询法),再确定各指标的权重、分项效用和定性指标的总效用。

表1　1～9规则表

标度	1	3	5	7	9	2、4、6、8	前列标度倒数
定义	同样重要	稍微重要	明显重要	强烈重要	极端重要	相邻标度中值	反比例
含义	两元素相比,一样重要	两元素相比,另一稍微重要	两元素相比,另一明显重要	两元素相比,另一强烈重要	两元素相比,另一极端重要	表示相邻两标度之间折中时的标度	与前列相反

③ 评价模型

按上述思路对评价指标做规范化处理后,即可建立大学评价的数学模型(见图4)并通过设计有效的计算机程序实现对大学的分类评价。评价的基本思路是分别计算高校的总效用值,然后按总效用值大小分类排序。

图4　大学评价的数学模型

3. "任务导向"的资源分配模式

为了有效引导教育资源向同类高校中的出类拔萃者倾斜,政府有关部门在给高校划拨经费时,可以按年度考察该校在同类学校中的办学状况(计算其效用值),

再决定其投入的增减。这种资源分配与高校承担任务及实际贡献挂钩的模式,可以给不同类型的高校创造一个较为公平的发展环境,从而避免高校间的盲目攀比和办学目标的趋同化,有利于各类高校结合实际确立自己的发展模式。

参 考 文 献

[1] 傅林,胡显章.以科学发展观指导高校的分类与定位[Z].高校分类定位发展与学科队伍规划建设会议资料汇编,2005.
[2] 潘懋元,吴玫.高等学校的分类与定位[J].复旦教育论坛,2003(3).
[3] 彭勇行.管理决策分析[M].北京:科学出版社,2000.
[4] 教育部高等学校与科研院所学位与研究生教育评估所.学科评估综述[J].中国研究生,2004(增刊).

作者:黄志广　张淑林
原载于《中国高校研究》2005年第8期

关于大学排名有关问题的讨论

曾几何时,大学排名成为人们普遍关心的话题和热点,各种各样的大学排名像音乐排行榜一样引人关注。与此同时,也引起了广泛的批评和争议。对中国大学排名的争议,涉及如何对其正确看待的问题,本文即对此进行一些探讨。

一、我国大学排名的历史演变

我国政府虽然一直没有明确提出对大学进行排名,但是政府对大学投资的多少实际上就暗含了行政主管部门对大学的排名。自1985年《中共中央关于教育体制改革的决定》提出对高等学校的办学水平进行评估后,我国的某些机构和媒介在对国外大学排行榜进行介绍、比较和综合分析的基础上,开始依据国内大学的科技论文数、获奖情况等而排定针对中国大学科研能力的××强。

1992年国务院批转的《国家教委关于加快改革和积极发展高等教育的意见》中要求"社会各界要积极支持直接参与高等学校的建设、人才培养、办学水平和教育质量评估"公布后,民间的大学排名活动开始活跃,影响也越来越广泛。

总体来讲,我国已有的大学排名可以分为三类:

1. 由政府或有关部门选择部分大学进行重点建设或给予特殊政策而形成的排名

如在某些大学设立研究生院;审批"211工程"重点建设的大学等。我国政府对大学的这些评估是只选优不排序的行为,是对重点与非重点,先进入重点和后进入重点的一种行政划分。

2. 由某些研究机构或媒体依据科学计量指标对大学进行的排名

如中国科技信息研究所自1989年开始每年公布一次的上一年度的"中国科技论文统计与分析"简报;高等学校与科研院所学位与研究生教育评估所进行的一级学科选优评估等。这种类型的评估,采用国际公认的科学计量指标等评价高等学校的基础研究实力,其结果是客观的。但是,这种排行所选取的指标较单一,只反映产出等某一方面的情况,不能反映高校的整体水平。

3. 由个人或社会团体对高校开展综合评价研究形成的大学排行

其中最为典型的是广东管理科学研究院的武书连及其课题组自1993年即开始进行的"中国大学评价"及网大公司(www.netbig.com)从1999年开始推出每年

一度的中国大学排行榜。这类排名的特点是选择指标较全面，以产出为主，投入为辅，着眼点在于全面反映高校间整体实力的差异，在方法论上也给人以启发。由于是对大学综合水平的排名，因此排名结果影响广泛，争议颇多。

二、我国大学排名日兴的原因分析

从我国大学排名的历史演变可以看出，大学排名逐渐由官方的选择性排序扩展到民间机构的服务性排序；由单项指标的统计排序扩大到多指标的综合排序，由零散的试验性排序转变为某些机构定期的常规性排序。究其原因，我们认为主要有以下几点。

1. 高校职能的转变使其需要接受社会的监督

过去很长一段时间我国实行的是计划经济体制，高校的办学包括招生、经费拨付、毕业生分配完全由国家决定，高校的办学自主权较小。改革开放后随着市场经济体制的建立和教育事业的不断发展，高校越来越多地直接或间接地消耗社会的公共资源，尤其是国民的税赋资源，其支出者（政府）或支付者（纳税人）要求高校证明公共经费得到了有效利用和取得了与投入相吻合的成就的需要也越来越强烈。所以，高校有责任也有义务接受社会的监督与评估。其次，随着高等教育规模的不断扩大，高校最主要的社会功能已经由"精英教育"向"大众教育"转变，这使得人们更加关心高校究竟在多大程度上满足了社会的需要，究竟哪所高校的产品（人才）质量更好，大学接受社会的评估成为一种必然。

2. 国外大学排行的示性效应

自20世纪80年代美国出现民间对大学的选优排序活动以后，大学排行便在世界范围蔓延开来。1983年，《美国新闻与世界报道》周刊（US News and World Report）以民间评价的形式率先推出全美本科院校排行榜。由于它向社会昭示了简单而又强烈的高校信息，产生了社会助教资金导流和宏观调控高校发展的作用，因而使美国民间评估机构纷起效仿。

1984年，法国设立"科学、文化和职业公共高等学校国家评估委员会"，代表国家对大学选优排序。1986年，英国政府与民间相结合的半官方组织"大学基金委员会"开始对大学选优排序，并由《泰晤士报·高等教育副刊》逐年推出其评定的大学排行榜。此外，日本的《钻石周刊》、加拿大的《麦克林》杂志、德国的《明镜周刊》等每年都发布本国（地区）的大学排行榜，而且大都是由民间机构完成的。

在种类繁多的排行榜中，《美新》一年一度的大学排名被公认为最具权威性，该排行榜以学术质量为核心，评价指标体系包括学术声誉等18项，在美国国内及世界各地有着广泛影响。

在大学排名逐渐成为一种国际高等教育评估潮流和趋势的情况下，我国呼唤自己的大学排行榜的产生也就成为历史的必然。

3. 国家和社会团体投资决策的需要

近年来我国高等教育的竞争日趋表面化。国家有选择地资助高校成为一种新的需要,而其前提是要对高校有一个较为公正合理的评估。一方面,高等教育的主办者——政府要对高校进行评估;另一方面,高等教育的需要者和最终经费承担者——社会也要对高校的运行情况进行比较和评价。随着市场经济体制的建立,高等教育不仅需要国家财政的支持,而且还要更多地通过其他途径获得社会法人、团体和个人的资助。而他们在提供资助时,自然希望有高校运行情况的评估信息。

4. 社会个人求学的需要

目前,我国高等教育正处在急速扩张期,随着招生人数的扩大和教育市场的完善,个人接受高等教育的选择余地也越来越大;另一方面,人才市场的竞争使高校的作用越来越突出,选择一所合适的学校,从某种程度上说也是对个人前途的一种选择。另外,随着国家教育成本分担制度的实施,个人接受高等教育(包括研究生教育)的费用将逐渐提高,这使得求学者不得不考虑上学投入的回报和收益。而大学排行则可在一定程度上给个人提供大学的信息,帮助他们选择合适的高校。

5. 传媒炒作的结果

由于我国官方机构没有进行过统一的大学排名,而社会和个人又长期渴望能有一个中国的大学排行榜,因此任何民间机构所做出的大学排行都格外引人注目。特别是网大公司近年来连续推出的大学排行榜,更是凭借其网络传媒的优势,使大学排名一时间成为家喻户晓的名词,也引来众多媒体的关注和议论。网大的中国大学排行榜选在考生填报志愿之际发布,很大程度上也是一种炒作行为。

三、对目前我国综合性大学排名存在问题的分析

我国民间对大学的排序热既反映了我国高等教育规模迅速扩张、社会参与意识日益增强的良好态势,又代表了市场经济要求高等教育加速发展的呼声。然而问题是民间对大学的排序热正呈现一种无序、不规范状态。任何未经政府资质认证的社会组织机构甚至个人,都可以采用线性化的评价指标体系,通过简单的量化打分,以小样本调查的方法对不同的大学进行综合排序,并将之公布于媒体,这显然偏离了大学选优排序的本来意义,并且因为媒体巨大的社会影响力,这些大学排序对高校可能产生误导,从而偏离自己的定位和发展目标。

1. 大学排名不在同一"起跑线"上进行

我们知道,排序比较应在条件基本相同或类别基本相同的对象间进行,而各大学背景不同,发展历史和沿革不同,如北京大学、清华大学、南京大学等学校都是百年老校,与一些建国后才成立发展起来的学校相比,显然具有先天的优势。即使不进行各项指标的综合分析,这些大学的领先地位也是不言自明的。正如我们不能拿中国甲A联赛的球队与意甲联赛的球队相比一样。

2. 大学排名掩盖了大学的办学特色

放眼国外的综合性大学排行,基本上都是建立在为公众所认可的大学分类基础上的,所谓综合性排行不过是对同类大学的综合性比较而已。而我国的综合性大学排行恰恰是未对不同使命和目标的高校进行分类就试图建立综合性排行榜,并未达到使排名结果更具公信力的初衷。因为当今社会对大学的需求是多元化的,而这种多元化的需求仅靠单一类型与层次的大学是难以满足的。不同类型的大学由于所承担的任务与培养目标不同,在办学的特色、方向和文化背景等方面存在着较大的差异。因而用同样的指标体系衡量不同类型与层次的大学显然是不科学的。如清华大学的工科教育最为突出,中国人民大学则以文科教育为主。又如中国农业大学和南京农业大学等为我国培养了大批农业科学专门人才,中央民族大学和云南民族大学等为我国少数民族地区培养了大批有用之才,但如果将它们与清华大学、北京大学等院校置于同一指标之下去比较,结果只能是以偏概全。

3. 大学排名"政出多门"

目前发布的大学排名由于没有统一的客观评价标准,致使各家的排名结果往往大不相同。如网大2003中国大学排行综合指标排名中"南开大学"排在第7位,"华中科技大学"和"武汉大学"分列第16、17位;而在武书连课题组的2003中国大学排序中,"南开大学"却排第19位,"华中科技大学"和"武汉大学"则分列第5和第7位。其他许多学校的排名也都大相径庭。即使是同一机构所做的排行,不同年份的变化也令人吃惊。如网大2003中国大学排行榜中,中国医科大学和中国矿业大学分别排在43和44位,湖南大学排在62位,但在网大2002大学排行榜中,前两校分别排在144和56位,湖南大学则在48位,相差很大。实际上大学的变化是很缓慢的,其质量排名不可能忽上忽下。这种差异使人们对排名的可信性和可靠性产生疑问。

4. 大学排名没有得到官方的认可

由于我国教育部一直以来不提倡对高校进行排名,对民间机构所做的排名不予承认,持不支持态度,而被排名的高校对排名结果也多有诘难,使得已出现的大学排行榜缺乏权威性,很难获得普遍认同。

四、有关建议

建立在对大学科学评价基础之上的大学排名,目前已成为高校评估的热点问题,社会意义是非常显著的。但是,目前对大学的排序正呈现一种无序、不规范的状态,偏离了大学评价的本意。为此,政府有必要规范民间的大学选优排序行为,建立健全社会监督评估高等教育的机制。

(1) 应整顿大学选优排序的秩序,建立认证民间高等教育评估中介机构的资质审定制度,分级别认证一些中介机构,并对其评估结果进行鉴定和采信。中介机构的评估是社会评估的重要组成部分,建立独立、公正、专业性的中介机构是保证社会评估有序发展的重要基础。

(2) 在目前情况下,可以区别不同定位、不同类型的大学,分层次进行单项性选优排序,就大学的某一侧面或某一学科进行排名。如 2002 年 4 月全国学位与研究生教育发展中心开展的一级学科整体水平评估,在数学、物理、化学等 12 个一级学科进行,通过采集客观数据和学术声誉调查相结合的方法进行评估。评估结果公布后,取得了较大的反响和肯定。

任何大学排名都是围绕一定目的进行的,也就是所做的排行是"为谁服务"的。出于对大学排名应有价值的理解,仅仅得出一个综合性的结论对高校的发展也许并没有多大的帮助,对政府和社会也很难讲有多少针对性的启示。在许多情况下,我们可以根据不同的目的,或针对学生的入学选择,或针对用人单位的需求,或针对大学的科学贡献,对大学做出各种排行。如可以排出最好的科研大学、最好的育人大学、最好的社会服务大学,也可排出学费最高的大学、办学条件最好的大学、出国率最高的大学、毕业生最受欢迎的大学等。

我们相信,通过各方的努力和不同途径的探索,我国的大学排名活动一定会朝着越来越健康、科学、公正、繁荣的方向发展。

参 考 文 献

[1] 武书连."中国有多少排行榜"[OL]. http://www.edu.cn/20010917/3001903.htm.
[2] 辛彦怀,胡小元. 我国大学排序的历史与现状[J]. 高等教育研究,1998(2).
[3] 戚业国. 试论我国大学排行评估[J]. 中国高等教育评估,1996(1).
[4] 武书连,等. 中国大学研究与发展成果评价(节录)[J]. 科学学与科学技术管理,1997(7).
[5] 武书连,等. 中国大学评价(1998)[J]. 科学学与科学技术管理,2000(7).
[6] 薛天祥,侯定凯. 大学评价应科学规范[J]. 教育发展研究,1999(2).
[7] 李志仁. 我国应开展高等学校综合评估及选优排序[J]. 中国高等教育评估,1998(4).
[8] 张晋衡. 大学排行:以注重内涵质量为导向[J]. 中国高等教育评估,2001(1).
[9] 李田. 大学评价中的导向性问题:兼评《2001 中国大学评价》[J]. 中国高等教育评估,2002(1).
[10] 章仁彪. 对开展大学排行榜活动的三点认识[J]. 中国高等教育,2001(7).
[11] 蔡言厚,等. 完善"中国大学评价"的若干建议[J]. 中国高等教育评估,2000(3).
[12] 王战军,等. 美国、英国大学排名及特点[J]. 科研管理,2001(5).
[13] 许建领. 中国大学排名的"是"与"非"[J]. 教育与现代化,2002(3).
[14] 周晓慧,霍国庆. 中美大学排名的比较研究[J]. 学位与研究生教育,2003(6).

作者:陈 伟 裴 旭
原载于《中国高教研究》2003 年第 12 期

工科全国优秀博士学位论文获奖者情况的统计分析

一、研究目的及意义

全国优秀博士学位论文(以下简称"优博")的评选工作始于1999年,随着社会各界对于科教事业特别是高等教育质量的关注,优博的评选结果也成了各个研究生培养单位教学、科研成绩的重要指标之一。优博论文的篇数在高校进行招生宣传时往往作为培养能力的证明而屡屡出现。各地方的教育部门也常将本地区内所有高校获奖论文的篇数作为科教事业进步的成果而进行展示。可见,与获奖者的科研能力、优博评选的特点相关的调查分析对各个培养单位的教学工作具有一定的现实意义。

当前分析优博评选结果的论文或者是从评选本身出发,就评选工作的意义、方法进行讨论;或者是从评选结果的总体情况出发,就培养单位、学科的分布特点等进行分析。其结论往往只是对培养工作宏观性的指导意见,较少涉及具体的培养措施,特别是具体到具有不同特点的各个学科。刘艳琼等(《1999~2003年全国优秀博士学位论文相关性分析及启示》,2003)对获奖者自身情况,如性别、有无工作经验进行了统计;王则温等(《从优秀博士学位论文获得者的基本情况探讨博士生培养问题》,2003)对获奖者的培养情况有了更细致的分析,如学习方式、学位论文课题等,特别是对发表学术论文篇数进行了初步的统计。博士研究生在读期间发表的学术论文是其学位论文的重要组成部分,也是其科研能力的重要指标。因此,对获奖者发表论文情况的调查分析可以将获奖者的学术水平进行一定程度的量化,从而为培养单位的自我测评、质量控制提供参考。但是对于学术论文的评价,数量显然不是唯一的指标,仅仅对论文篇数统计不能构成对其学术水平的评价。通常将论文所发表的刊物等级作为论文质量的指标。此外,申请的专利、获得的奖励(科技类)等也是其科研能力的体现。本文正是基于以上的观点,通过对获奖者在读期间发表论文的数量、期刊级别、专利数量、受科技进步奖励次数等情况的调查,分析了各个学科获奖者的科研水平;利用聚类分析对具有相近特点的学科进行了分类;分析总结了工学学科的获奖者在培养单位、导师等学术环境方面的特点,并讨论了这些环境因素对不同学科获奖篇数的影响。

二、研究对象

对1999～2006年12个工学学科获全国优秀博士学位论文者(共159人,见表1)的有关情况进行了调研,共搜集到138人的信息,占总数的86.79%。搜集的信息,具体而言是:历年获奖者就读期间发表的学术论文、申请的专利、受到的奖励、获得项目资助情况等(见图1)。信息的来源是获奖者提交的博士学位论文中附上的发表论文列表、致谢、摘要与网络上的公开信息。就学术论文而言,对作者在提交论文、申请学位时仍然没有正式发表的学术论文,都将根据作者提供的信息在各种网络数据库中进行确认。最终分析的是获奖者为第一作者的、在读期间正式发表的、已接收经过确认已发表的学术论文。具体分析的是期刊论文及国际会议论文集上的论文,对于发表在期刊增刊上的论文及国内会议论文集上的论文都没有记入。

表1 各学科历年获全国优博论文篇数

学科	电子科学与技术	信息与通信工程	控制科学与工程	计算机科学与技术	核科学与技术	生物医学工程	力学	仪器科学与技术	材料科学与技术	动力工程及工程热物理	矿业工程	环境科学与工程
获奖篇数	21	13	12	14	1	8	17	7	35	15	9	7

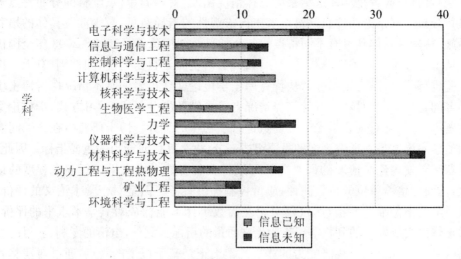

图1 各学科历年获奖论文信息收集情况

三、各学科获奖特点分析

1. 人均发表论文数量

根据期刊收录情况,将各个学科获奖者发表论文的期刊分为SCI收录期刊(以下简称 SCI 期刊,同时被 SCI 及 EI 收录的期刊只计入 SCI 期刊)、EI 收录期刊(以下简称 EI 期刊)、既不被 SCI 也不被 EI 收录的期刊(以下简称其他期刊)。SCI 收录期刊及 EI 收录期刊的影响因子以 2005 年公布的为依据。文中的 SCI 期刊分区是指中国科学院文献情报中心按年度和学科对 SCI 期刊进行的 4 个等级的分区。当获奖者有论文被收录在其他出版物时将该论文统计入论文总数,但不计入"其他期刊"。

(1) 各类论文数量

对各个学科获奖者人均发表的论文总数进行统计可以得出图 2,人均发表的各类期刊论文数见表 2,其中 SCI/EI 期刊指 SCI、EI 期刊论文数量之和。各个学科人均发表的论文总数存在着差别,最多者"电子科学与技术"是最少者"力学"的 2.66 倍(核科学只有 1 位获奖者,不比较);且"电子"也是发表 SCI/EI 论文最多的学科,为最少者"矿业"的 4.25 倍。

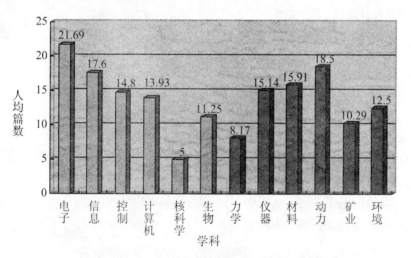

图 2 各学科人均发表的论文总数(含出版物等)

表 2 各学科人均发表的期刊论文数

	电子	信息	控制	计算机	核科学	生物	力学	仪器	材料	动力	矿业	环境
SCI 期刊	11.94	5.83	5.2	3.29	4	6.125	5.33	4.14	11.09	4.5	0.86	7.33
EI 期刊	3.88	4.08	5	4.36	0	1.375	0.33	4.28	1.67	6.64	2.86	2
国际会议	3.13	3.08	3.3	4.71	1	2.875	1.75	3.57	1.38	2.76	1	1
其他期刊	2.44	3.1	1.5	1.29	0	0.875	0.5	2.86	1.67	4.14	4.86	1.33
SCI/EI 期刊	15.82	9.91	10.2	7.65	4	7.5	5.67	8.42	12.76	11.14	3.72	9.33

(2) SCI 一区期刊论文数量

SCI 一区期刊是该学科内较权威的学术刊物,对获奖者发表在此类期刊上论文篇数的统计可以体现出其学术研究在整个学科领域的水平。各个学科人均发表的 SCI 一区期刊论文数最多的仍然是"电子科学与技术"(1.31篇/人)(见图3),可见电子学科获奖者的某些研究成果在国际上也是具有影响的。其次是"材料科学"(0.70篇/人)。而"控制"等近半数学科的获奖者其论文水平与国际一流水平还存在着差距。

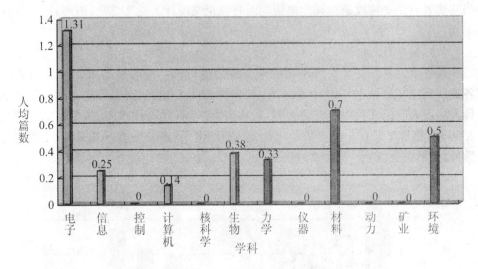

图3 各学科人均发表的 SCI 一区论文数

(3) 各学科每年获奖者人均 SCI/EI 论文数量

为了解获奖者人均发表的论文数量是否具有某种时间趋势,对 11 个学科(核科学只有 1 位获奖者,不做统计)每一年的获奖者人均发表的 SCI/EI 论文数进行统计,可以得出图4、图5。从图中可知,从 1999 年到 2006 年间各学科的获奖者平均发表 SCI/EI 论文的数量并没有明显的趋势:

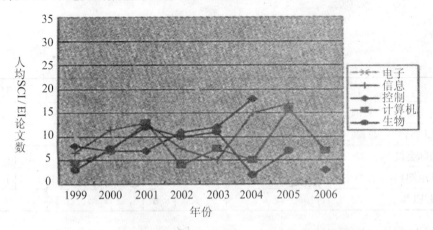

图4 显示各学科每年获奖者人均 SCI/EI 论文数(1)

注:信息 2006 年没有获奖者;控制 2005 年没有获奖者;生物 2006 年没有获奖者。

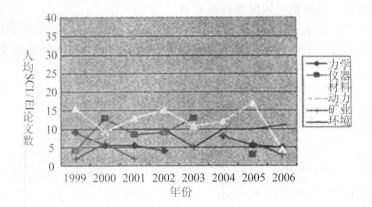

图5 显示各学科每年获奖者人均 SCI/EI 论文数(2)

注：力学03年获奖者的信息缺失；仪器04、06年没有获奖者；矿业02年没有获奖者，04年获奖者信息缺失；环境99年获奖者信息缺失，00年没有获奖者。

(4) 电子等学科每年获奖者人均发表的 SCI 一区论文数量

电子、材料、环境学科获奖者人均发表的 SCI 一区论文都在 0.5 篇以上，论文质量较高。为进一步讨论论文数量的时间趋势，统计这3个学科每年获奖者人均发表的 SCI 一区论文数，见图6。由图可知，从1999年到2006年间电子、环境学科的获奖者平均发表 SCI 一区论文的数量没有明显的趋势；但是材料学科平均发表的 SCI 一区论文数则有逐年增加的趋势。

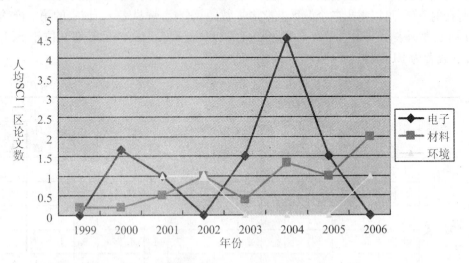

图6 电子等学科每年获奖者人均 SCI 一区论文数

注：环境1999年获奖者信息缺失，2000年没有获奖者。

2. 根据论文及其他科研成果特点分类

以各个学科人均发表的 SCI 论文、EI 论文、国际会议论文、其他期刊论文数量作为指标,使用聚类分析中的离差平方和法(WARD 法),可将所分析的 12 个学科分为 3 类(图 7)。

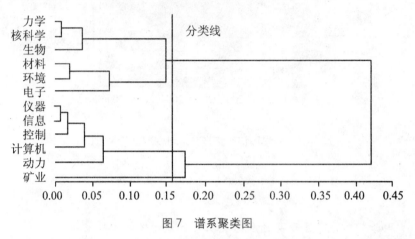

图 7 谱系聚类图

对获奖者发表论文的 SCI 期刊所在的分区及所属的学科进行统计,可以得出表 3。从表中可知,1999 年到 2006 年力学学科的获奖者在 SCI 工程类 1 区期刊上共计发表论文 3 篇,在物理类 1 区期刊上共计发表论文 1 篇。进一步统计获奖者论文发表的最好期刊(若获奖者在 SCI 收录期刊上发表了论文,则其 SCI 分区最高者为最好期刊;若获奖者仅在 EI 收录期刊上发表了论文,则 EI 期刊为最好期刊)所在的分区,可以得出各个分区获奖者人数的百分比,详见表 4。该表的第 i 行、第 j 列元素 x 表示:i 学科中有 x(百分比)位获奖者发表论文的最好期刊位于 SCI j 区(或者为 EI 期刊)。

表 3 获奖者在 SCI 各学科各分区期刊上发表论文数

类别	学科	1 区					2 区				3 区						
		工程	物理	化学	环境	综合	工程	物理	数学	化学	工程	物理	数学	化学	医学	环境	农林
第一类	力学	3	1				5	8			7	10					
	材料	17	2			4	52	43		8	30	34		5			
	电子	21					17	34	1		10	27					
	生物	3					7			3	1	4		9	1		
	环境			1	2				3		1	11				3	2
	核科学						4										

续表

类别	学科	1区					2区				3区						
		工程	物理	化学	环境	综合	工程	物理	数学	化学	工程	物理	数学	化学	医学	环境	农林
第二类	仪器						1				5	1					
	动力						1				12	5					
	控制						10	2	1		6	8	2				
	信息	3					6				14						
	计算机	2					2	5			6	1					
第三类	矿业																

类别	学科	4区									未知分区
		工程	物理	数学	化学	生物	医学	地学天文	环境	综合	
第一类	力学	7	20	1					2		
	材料	84	41		32		1		9		4
	电子	44	34			1			1		1
	生物	2	1		8	1	3				6
	环境				15			6			
	核科学										
	仪器	19	3								
	动力	26	14	5							
第二类	控制	10	2	4				1		5	
	信息	38	1	2			2			4	
	计算机	29		1							
第三类	矿业	6									

注：部分 SCI 收录期刊分区未知，将其归入"未知分区"。

表4 最好期刊各分区的人数比率

类别	学科	1区	2区	3区	4区	EI
第一类	力学	25	41.67	25	8.33	0
	材料	39.39	39.39	9.09	12.12	0
	电子	31.25	62.5	6.25	0	0
	生物	25	62.5	12.5	0	0
	环境	50	16.67	33.33	0	0
	核科学	0	100	0	0	0
第二类	仪器	0	14.29	42.86	28.58	14.29
	动力	0	7.14	42.86	35.71	14.29
	控制	0	70	20	0	10
第三类	矿业	0	0	0	14.29	85.71

综合表2、表3、表4的内容及对获奖者申请专利、获科技奖励情况的调查，可以对三类学科获奖者的特点进行如下总结：

(1) 第一类

力学、核科学与技术、生物医学工程、环境科学与工程、材料科学与工程、电子科学与技术这6个学科的获奖者发表的各类论文中SCI期刊论文数量最多，明显多于其他类型的论文，其他类型的论文相对较少。

获奖者中有2/3以上在2区及2区以上SCI期刊上发表了论文，其中"环境科学与工程"学科有半数的获奖者发表了1区论文，这是所有学科中发表1区论文比率最高的。除了"环境"学科发表1区论文的获奖者比率高于其他区、"材料"学科发表1区、2区论文的获奖者比率相等以外，其他学科都是在2区期刊发表论文的获奖者最多。其中"核科学"学科的获奖者都没有发表1区论文。

此外，这些学科研究成果的主要形式都是科技论文，专利及科技进步奖项较少。其中获专利比率最高的是环境科学与工程学科，该学科三分之一的获奖者申请了专利，而这些学科获得科技进步奖项的比率更低，不到20%。

(2) 第二类

仪器科学与技术、信息与通信工程、控制科学与工程、计算机科学与技术、动力工程及工程热物理。这5个学科的获奖者发表的各类论文中SCI期刊论文、EI期刊论文与国际会议论文的数量都比较接近。

但是计算机学科有一个不同于其他学科的特点，该学科的获奖者发表论文最多的是国际会议论文,其次是 EI 期刊论文,最少的是 SCI 期刊论文,而其他学科通常是期刊论文数量较多。

与计算机学科相反,动力学科的获奖者发表论文最多的是 EI 期刊论文;其次是 SCI 期刊论文及不被 SCI/EI 收录的期刊论文,且这两类论文数量接近;最少的是国际会议论文。

除了"控制"学科以外,获奖者中有 70% 以上只在 3 区及 3 区以下的 SCI 期刊或者 EI 期刊上发表了论文。并且"仪器"、"动力"、"控制"学科的获奖者都没有发表 1 区论文。"信息"学科的获奖者中发表 1 区论文的比率最高,也只有 16.67%。该类所有学科都有获奖者发表论文的最好期刊是 EI 期刊。

就其他科研成果而言,除了动力学科以外,其他学科研究成果的主要形式也是科技论文,专利及科技进步奖项也很少。就获得专利或者科技奖项的获奖者比率而言,甚至比第一类还要低。但是动力学科的获奖者中有 57.14% 申请过专利或者获得过省部级及以上的科技进步类奖项。可见该学科研究成果的表现形式比较丰富。

(3) 第三类

矿业工程。该学科获奖者发表论文最多的是其他期刊论文;其次是 EI 期刊论文;SCI 期刊论文与国际会议论文数量接近,都是最少的,且它们的数量均只占其他期刊论文的五分之一左右。

该学科只有 1 位获奖者发表了 SCI 期刊论文,其他获奖者发表论文的最好期刊都是 EI 期刊。

矿业工程学科的获奖者虽然申请专利的比率不高,但是获得过省部级及以上科技进步类奖项的比率却高达 83.33%。

此外,所有学科的获奖者发表论文的 SCI 期刊都属于多个学科,出现了学科交叉现象(除了核科学与技术,该学科只有一位获奖者,只在一份期刊上发表了论文)。从表 3 可知,就获奖者发表论文的期刊等级而言,SCI 期刊中位于 4 区的比较多。

3. 培养单位、导师等因素的影响

(1) 不同培养单位的学科优势

各个学科获奖者所在的培养单位相对集中在某几所高校或者科研院所。其中清华大学在 4 个学科中获奖篇数最多,西安交通大学在 2 个学科中获奖篇数最多。此外,中科院的研究所在 4 个学科中也是获奖篇数最多的培养单位。

根据 2006 年高校学科评估排名结果,计算培养单位的获奖篇数与一级学科排名的 Spearman 秩相关系数。结果见表 5,其中"所占比例"指的是该培养单位获奖篇数与该学科总获奖篇数的百分比。核科学与技术、环境科学与工程没有进行学科评估,所以没有计算秩相关系数。科研院所及部分高校没有参与统一的学科评估,所以在计算秩相关系数时将这些培养单位删除。

表5 获奖篇数与培养单位的学科水平相关性

学科	获奖最多的培养单位	获奖篇数	所占比例	学科排名	Spearman秩相关系数	P值
力学	清华大学	8	47.06%	1	−0.33	0.43
材料科学与工程	中国科学院金属研究所	8	22.86%	未评	−0.69	0.02
	清华大学	5	14.29%	1		
电子科学与技术	中国科学院上海技术物理研究所	3	14.29%	未评	−0.36	0.30
	西安交通大学	3	14.29%	8		
生物医学工程	东南大学	3	37.5%	1	−0.89	0.04
环境科学与工程	中国科学院生态环境研究中心	3	42.86%		未评	
核科学与技术	清华大学	1	100%		未评	
仪器科学与技术	哈尔滨工业大学	4	57.14%	3	−0.26	0.74
动力工程及工程物理	西安交通大学	5	33.33%	1	−0.67	0.22
控制工程与工程物理	中国科学院自动化研究所	3	25%	未评	−0.58	0.13
	清华大学	2	16.67%	1		
信息与通信工程	清华大学	4	30.77%	1	−0.94	0.00
计算机科学与技术	清华大学	4	28.57%	1	−0.40	0.37
矿业工程	中国矿业大学	5	55.56%	1	−1	0
	中南大学	4	44.44%	2		

从表中可知,取置信度90%时,信息、生物、材料及矿业工程学科的Spearman秩相关系数显著不为0,且是负数;也就是说获奖篇数与学科排名(最好者排名第一)相关,排名越高获奖篇数越多。可以认为在这些学科中,获优博的篇数与该培养单位整体的学科水平是一致的。

控制、计算机、力学、动力学科Spearman秩相关系数的P值均大于0.1,即相关系数不显著不为0。此时,虽然获优博的篇数与培养单位的学科水平不具有一致性,但是这些学科中获奖最多的培养单位在一级学科的排名均为第一;可见学科整体水平的影响还是有所体现,只是其他方面对获奖与否的影响也很大。而电子、仪器学科具有一定的特殊性:获奖篇数与学科排名没有显著的相关性,学科排名第一的培养单位也没有最多的获奖论文。但是,在随后的分析中可以发现在这两个学科中导师是影响获奖篇数的重要因素。

(2) 导师、同门的影响

同一位导师指导的多名学生（通常是2名或者3名）获奖，这样的"集聚"现象在11个（核科学与技术只有1人获奖）学科中出现了9次，只有控制工程与工程热物理、信息与通信工程学科中没有出现。而电子科学与技术、矿业工程、仪器科学与技术学科这样的现象则十分突出，其中电子学科有5位导师曾经指导过两位获奖者，矿业工程、仪器科学与技术均有1位导师指导过3位获奖者。

可见除了学校在某些学科具有的整体优势以外，导师、同门等联系更密切的研究环境对于研究者学术水平的提高也有积极的影响。

(3) 科研项目及境外学术交流

大多数获奖者在论文研究期间都参与了"国家自然科学基金"、"985"等较高级别基金资助的科研项目。进行了国际间的学术交流也是某些学科获奖者的特征，如动力、生物、控制学科都有2位获奖者在国外的实验室完成了研究工作或者论文得到了国外专家学者的指导。而力学学科2002年的获奖者孙东科是在大连理工大学的林家浩教授和香港理工大学的徐幼麟（Y. L. Xu）教授的合作指导下完成博士论文的；计算机科学与技术学科的获奖者孙富春、王意洁在论文写作的过程中与国内外的博士进行了交流；雍俊海博士论文的第五章则是在香港科技大学完成的。

四、讨论

不同学科的获奖者其科研能力的侧重点有所不同，科研水平与世界较高水平的距离也有所不同：某些学科侧重基础研究能力，并且高水平的学术论文通常发表在SCI收录的较高分区期刊上（如电子、环境等第一类学科）；某些学科要求基础研究与应用研究的综合能力，其论文发表在SCI、EI收录的期刊上，但是发表在SCI高分区期刊上的论文篇数较少（如仪器等第二类学科）。矿业工程学科的科研能力主要体现在技术革新上，大部分获奖者都受过省部级以上科技进步类奖项的表彰，但是学科整体的基础研究、应用研究水平与国际先进水平存在一定差距。获奖者科研能力的这种结构与学科自身的特点、学科建设的历史等诸多因素有关，因此具有某种程度的必然性；但是这种现状的合理性值得思考。

博士研究生培养质量受到多个因素的影响，如培养单位的学科建设水平、导师的学术水平、境外学术交流情况等，而且这些因素对不同的学科产生的影响也不同。电子、仪器学科优博论文的评选中培养单位整体的学科水平不足以影响到获奖篇数，而导师的影响则较大。对此类学科，如何充分发挥个人的示范作用从而带动、提高整体水平值得探讨。

参 考 文 献

[1] 谢安邦,潘武玲.全国优秀博士论文评选结果分析[J].教育发展研究,2003(12):45-47.

[2] 谢安邦,潘武玲.提高博士生培养的重大举措[J].中国高教研究,2003(7):36-39.
[3] 刘琼艳,黄朝峰.1999~2003年全国优秀博士学位论文相关性分析及启示[J].教育研究,2003(11):81-84.
[4] 杨中楷,孙玉涛.1999~2004年全国优秀博士学位论文分布研究[J].科技进步与对策,2005(7):26-29.
[5] 王则沮,张君,等.从优秀博士学位论文获得者的基本情况探讨博士生培养问题[J].学位与研究生教育,2003(9).
[6] 教育部学位与研究生教育发展中心:http://www.cdgdc.edu.cn.

作者:丁　澍　陈　伟　缪柏其
原载于《中国高等教育评估》2008年第3期

提高博士生科研绩效的途径探析

知识经济时代不仅要求人才具有深厚的知识基础,还要有较强的科研和创新能力。博士生是高层次人才,其科研能力提升对国家整体科研实力的提高有重要意义。我国2007年招收的博士生数已经达到5.8万人,2009年继续上升,已经超越美国,博士生年培养数量跃居世界首位。但是数量毕竟不等于质量,教育部发布的《中国教育与人力资源发展报告(2005~2006)》指出:56.9%的硕士生导师和47.8%的博士生导师认为研究生质量在下降。2007年9月28日,国务院学位委员会、教育部、人事部下发开展全国博士质量调查工作的通知,提出"随着研究生教育的快速发展,进一步提高博士质量已成为当前我们面临的主要任务。"博士生的科研绩效是培养质量的重要指标,本文重点分析与研究影响博士生科研绩效的主要因素,并在分析研究的基础上,提出相应的对策建议。

一、博士生科研绩效及其测量

1. 科研绩效的内涵

何为"绩效",单纯从语言学的角度来看,绩效包含有成绩和效益的意思。用在科学研究方面,是指科学研究活动的结果和成效。绩效是一个组织或个人在一定时期内的投入产出情况,投入指的是人力、物力、时间等资源,产出指的是工作任务在数量、质量方面的完成情况。"科研绩效"是指一个科研组织或者个人在一定时期内所完成的科研成果,与科研能力、资源投入、管理等有着非常密切的关系。对于博士生而言,科研绩效最直接的反映窗口就是学术论文,包括数量和质量。

2. 文献回顾

评价科研绩效的方法概括起来主要分为定量方法、定性方法和综合方法三种测量方法。关于定量方法,其中最普遍的方法是学术产出的数量,如学术期刊上发表的文章数量,或者多重指标,包括会议论文、学术文章、专著的数量。Braxton和Bayer对上述方法进行了批判,认为这些方法只考虑了数量,却忽视了学术产出的质量因素。Theoharakis和Hirst提出期刊的质量反映了发表在其上面的学术文章质量,认为高质量期刊上的文章具有高的学术质量。因此,为了改进科研绩效的测量方法,一些学者运用文章引用量来衡量学术文章的质量。Garfield提出了学术文章质量可以通过被科学引文索引SCI收录及引证的情况来反映,SCI是由美国科学信息研究所创办出版的引文数据库。

关于定性方法,目前运用最广泛的方法为同行专家评议法,如国家自然基金评议等。同行专家评议法主要用于某种指标分数的同行专家评议,利用专家打分,然后经过一系列统计学处理、检验后确定具体的值。专家评议可以将一些抽象的、难以用统一标准表示的概念数字化,使评价内容能够较直观地表现出来,在一定程度上保证结果的权威性和科学性。

关于综合方法,Theoharakis 和 Hirst 认为应该综合考虑用学术文章的数量和质量来衡量科研绩效。Carter 认为单独用定量或定性方法都不是最好的方法,而应该用综合方法来测量科研绩效。

3. 科研绩效的测量

综合考虑过去学者的研究成果,本文对博士生科研绩效的测量包括数量和质量两个方面,即博士生在攻读博士学位期间发表在学术期刊上的文章总数和相应学术期刊的影响因子。影响因子(Impact Factor,IF)是美国科学信息研究所的期刊引证报告中的一项数据,即某期刊前两年发表的论文在统计当年的被引用总次数除以该期刊在前两年内发表的论文总数。该指标是一个国际上通行的期刊评价指标。影响因子的计算公式为:

$$IF = CIT/PUB$$

其中,CIT 是该期刊前两年发表的论文在统计当年的被引用总数;PUB 是该期刊在前两年内发表的论文总数。

因此,定量化的博士生科研绩效,即是以学术期刊的影响因子为权重对学术文章总数求和的计算结果。

二、博士生科研绩效的影响因素分析

本研究选取 2002~2003 年入学,现在已经毕业的中国科学技术大学理学院的 136 名博士生为研究对象。将影响博士生科研绩效的因素分为个体因素、导师因素和培养方案三大方面,其中个体因素包括性别、年龄和原毕业院校(指博士生攻读硕士学位时的学校),导师因素包括学术经验、学术身份和指导量,培养方案在本文主要指课程设置。

1. 影响博士生科研绩效的个体因素

早期一些学者研究了性别、教育背景、年龄与博士生未来的科研绩效的关系,故本研究收集个体因素中性别、年龄和原毕业学校的相关数据。

为了研究博士生个体因素对科研绩效的影响,本研究随机抽取了已毕业的理学院博士生,其中 121 名男性和 15 名女性。分别对男性和女性博士生的科研绩效进行评价(如表 1 所示)。从均值来看,女性博士生平均科研绩效为 24.86,高于男性博士生的平均科研绩效 14.05。但是从科研绩效排名来看,排名第一名的是男性博士生,其科研绩效为122.84。这说明了女性博士生相对于男性博士生平均有着较高的科研绩效,但是科研绩效最优秀的博士生依然是男性。同时,通过统计分析表明,性别对博士生科研绩效存在着显著影响。

表1 科研绩效与个体因素统计

影响因素		人数	百分比	科研绩效均值	显著性
性别	女性	15	11.0	24.86	0.025*
	男性	121	89.0	14.05	
年龄	20~25	91	66.9	17.70	0.250
	26~30	34	25.0	10.38	
	31~35	5	3.7	10.94	
	36以上	6	4.4	9.01	
毕业学校	本校	80	58.8	15.24	0.042*
	外校—重点院校	23	16.9	11.96	
	外校—普通院校	33	24.3	11.01	

为了简化研究,本研究将博士生年龄划分为4个区间,如表1所示,20~25岁的博士生最多,占总数的66.9%,其次是26~30岁的博士生,占25%,其余两个区间合计仅占总数的8%左右。20~25岁博士生的平均科研绩效最高,并且随着年龄的增长,平均科研绩效呈现出递减的趋势。但是各年龄段博士生科研绩效的均值差异未达到显著性水平,可能由于样本数量的局限性,故年龄对博士生科研绩效没有表现出显著影响。

教育部为发展高等教育选择一批院校列入"211工程"重点建设大学,并重点支持国内部分高校创建世界一流大学,即"985工程"。本研究将毕业学校划分为本校(即中国科学技术大学)、外校——国家重点院校和外校——普通院校3类,其中国家重点院校包括被列入"211工程"和"985工程"的院校,其余院校均为普通院校。如表1所示,本校的科研绩效均值最高,为15.24,其次是外校——重点院校为11.96,最差的是外校——普通院校为11.01。从统计分析结果来看,毕业院校对博士生科研绩效有显著影响。

综上研究分析,可以发现个体因素中性别和生源质量对博士生科研绩效有显著影响。女性平均有较高的科研绩效,但最杰出的博士生仍为男性。相对于从外校招收的博士生,从本校研究生中选拔攻读博士学位的学生,有较好的科研绩效;从外校招收的博士生中,原毕业院校综合实力较强的博士生倾向于有较高的科研绩效。分析发现,博士生的年龄对其科研绩效没有太大影响。

2. 导师因素对博士生科研绩效的影响

本研究定义导师的学术经验是以该博士生入学年份为基准点的,导师学术经验为博士生入学年份与该导师被评为教授年份两者之差。并把导师的学术地位分为院士、杰出青年基金获得者或长江学者、普通教授,认为院士代表最高的学术身份,其次为杰出青年基金获得者或长江学者,然后是普通教授(3=院士,2=杰出青年或长江学者,1=普通教授)。另外,显然导师所指导的博士生数量越多,对每位博士生的指导量越少,同时为了数据可测量性,本研究假设给予每位博士生的指导量是均匀相等的。因此,导师给予博士生指导量用该导师两年内在读的博士生数量的倒数来测量。

根据博士生科研绩效的高低排序情况分别对排在前 10 名和后 10 名的博士生进行了分析比较,以发现两组博士生的差异主要表现在哪些方面(见表 2)。

表 2 科研绩效与导师因素统计

	学术经验	学术地位	指导量
前 10 名均值	13.1	1.6	0.172
后 10 名均值	7	1.3	0.125
Sig. 值	0.044	0.033	0.289
显著性	*	*	

注:* 显著水平为 0.05。

科研绩效排在前 10 名的博士生与排在后 10 名的博士生相比,在 3 个导师因素中的差异大小依次是:导师学术地位、导师学术经验和给予的指导量。学术地位方面,导师的学术地位越高,其所指导的博士生倾向于表现出较高的科研绩效,这说明导师的学术地位对博士生科研绩效有重要影响。在导师学术经验方面,导师的学术经验对其指导的博士生的科研绩效有正向效应,即学术经验越多,博士生科研绩效越高。而研究表明给予的指导量对博士生的科研绩效没有显著影响,但是从均值角度来看前 10 名组的均值略高于后 10 名组。指导量对博士生科研绩效没有显著影响,这可能是由于在中国科学技术大学理学院每位导师指导的博士生数量基本上都控制在合理的区间内,因此没有出现因为指导量不足而导致学生的科研绩效的显著差异。但是这个问题在国内其他高校则可能有不同的情况。陈至立国务委员在国务院学位委员会上曾说:"最近几年,平均每个导师指导的研究生人数增加较快,平均每个导师指导的博士生由 2001 年不到 4 人增加到 2005 年的约 5 人。还有少数导师指导的学生达几十人之多,对这种现象要高度重视。"在欧美,很少有导师指导 10 名以上的博士生,国外高校对每位导师指导的博士生人数有严格的限制。因此我国对每位导师指导博士生的规模可能需要制定一个指导性意见。

3. 课程学习对博士生科研绩效的影响

在中国科学技术大学,不同学科的博士研究生选修的课程是不同的,而且在选修课程方面有较大的自主性,导致不同的博士研究生(即使是相同专业的),其所学习的课程都存在着较大的差异。胡蓉等认为课程的设置和学习主要涉及课程量和课程前沿性,对研究生培养质量有重要影响。本研究选取博士生所修课程数量和课程学习成绩两个指标来研究课程学习与博士生科研绩效的关系。

通过数据分析,在显著性为5%的情况下,课程数量和课程学习成绩两个指标对博士生科研绩效的影响均没有达到显著性,也就是说目前培养方案中的课程设置对博士生科研绩效没有起到显著的促进与帮助作用。之所以出现这样的结果,可能的原因是:博士生所开设的课程缺乏科研导向,侧重于知识的传授而不是科研能力的提升;为博士生开设的课程内容的前瞻性与引领性不足,对科研选题及深入拓展帮助不大;博士生课程的授课教师中一流科学家比例较小,授课质量有待提高;所开设课程中研究方法类的课程不足,对博士生开展科学研究指导不够。

三、结论与政策建议

博士生科研绩效受多方面因素影响,其中导师的学术地位、学术经验是影响博士生科研绩效的外部推动因素。其次,博士生自身的性别和原毕业学校是影响博士生科研绩效的内部推动因素。因此高校提升博士生科研绩效的对策如下:

(1) 要加强导师队伍建设,提高导师科研能力

对高等院校的建议有:① 努力招聘科研和学术能力卓越的导师;② 为博士生导师提供良好的科研支持和充足的科研资源;③ 高等院校的行政人员和服务机构应树立服务意识,为博士生导师的科研活动提供足够的便利和周到的服务。

(2) 加强博士生的招生工作,争取更多的优质生源

目前国内高校很多,在学生的培养上既有学科的差异,也有质量的差异。"985工程"高校与"211工程"高校,其培养的学生质量平均水平相对高一些,因此一流研究型大学在博士生招生过程中要努力争取这些优质的生源。

(3) 要进一步优化博士生培养方案

从目前的研究来看,博士生所学习的课程数量与课程成绩对其科研绩效没有显著影响,所以需要重新分析与研究如何设计一套面向科研能力培养的博士生培养方案,包括课程设置、课程内容设计、授课教师的选择等。

参 考 文 献

[1] 李玉萍,许伟波,彭于彪.绩效·剑[M].北京:清华大学出版社,2008.
[2] 边国英.科研过程、科研能力以及科研训练的特征分析[J].教育学术月刊,2008(5):22-25.
[3] GRIGG L, SHEEHAN P. Evaluating research: the role of performance indicators[M]. Brisbane: University of Queensland, 1989.
[4] HARTLEY J E, MONKS J W, ROBINSON M D. Economists publication patterns[J]. American Economist, 2001(45):80-85.
[5] BRAXTON J, BAYER A. Measuring faculty research performance[J]. New Directions for Institutional Research, 1986(50):25-42.

[6] THEOHARAKIS V,HIRST A. Perceptual differences of marketing journals: a worldwide perspective[J]. Marketing Letters,2002,13(4): 389-402.

[7] GARFIELD E. Citation indexing: its theory and applications in science, technology, and humanities[M]. New York:Free Press,1979.

[8] 龚旭. 同行评议公正性的影响因素分析[J]. 科学学研究,2004(6):613-618.

[9] 杨锋,梁樑. 同行评议制度缺陷的根源及完善机制[J]. 科技管理与知识管理,2008,26(3): 569-572.

[10] CARTER C R. Assessing logistics and transportation journals: alternative perspectives [J]. Transportation Journal,2002,42(2):39-50.

[11] KYVIK S,TEIGEN. Child care,research collaboration,and gender differences in scientific productivity[J]. Science,Technology,and Human Values,1996(21): 54-71.

[12] BAIRD L. Publication productivity in doctoral research department: interdisciplinary and interdisciplinary factors[J]. Research Higher Education,1991(32): 303-318.

[13] 胡蓉,魏永祥. 谈研究生培养质量影响因素及其改善[J]. 中国高等教育,2008 (40): 40-42.

作者:张淑林　彭莉君　古继宝
原载于《学位与研究生教育》2009 年第 8 期

经济危机背景下理工科大学女研究生就业观调查与分析
——以合肥地区理工科高校为例

随着我国高等教育规模的扩大,女研究生的数量也稳步增长,1999年在校女研究生占总数32.4%,而到了2007年,在校女研究生占研究生总数已上升至44.74%。扩招以后,研究生"就业难",特别是女研究生"就业难"已成为各个高校谈论的热门话题。女研究生作为同龄女性中的精英,她们的就业观与其他层次女性相比有自己的特点,对其就业观进行详细的调查分析有助于更好地开展女研究生的就业指导工作。

本次调查采用抽样调查法,以问卷形式对女研究生的就业观进行了统计分析。所有调查问卷经核实后进行编码,利用Excel软件进行数据处理。分析类型主要为单变量的描述性统计、变量间的相关分析和回归统计。

一、调查对象的总体情况

本次调查主要面向中国科学技术大学、合肥工业大学在读女性硕士、博士研究生,通过问卷调查和个别采访相结合的方法,保证了采样的代表性和随机性。共收集问卷422份,其中有效问卷400份,合格率94.79%。本次抽样样本中,硕士372人,占93%;博士28人,占7%。其中大部分硕士研究生入学攻读学位年龄在22~25岁之间,毕业时在25岁左右;博士入学攻读学位年龄在25~28岁左右,毕业年龄在28岁或以上。硕士毕业时是女性婚嫁高峰,而博士毕业时则是女性生育高峰。生理因素和传统社会分工使女性年龄成为困扰女性研究生就业的一个重要因素。本次调查以理、工科类女研究生为主要对象,其中理、工科类女生占78%,文科类女生占22%。

二、调查结果及分析

1. 女研究生对就业前景的估计

对于就业前景的看法,统计显示被调查的女研究生们并不乐观。如图1所示。共有69.5%的人对就业前景表示担心,其中有60%的人表示"有些担心",还有9.5%的人表示"非常担心"。近七成的女研究生对就业前景的担心符合当前就业市场的境况,席卷全球的金融危机比较严重地影响了我国劳动力就业市场,使一些本以为毕业就可以找到一份待遇不错职位的同学下调了自己的择业标准,甚至有些同学以继续读博来推迟就业,以期将来就业形势的好转。还有30.5%的同学对就业前景表示"不担心",她们认为目前就业市场出现的情况只是暂时现象,凭借她们自身的努力可以获得理想的职位。这也反映出目前社会上流传的"女生就业难"的论调并没有对女研究生产生绝对的影响,她们仍然对自身的竞争力有一定的信心。

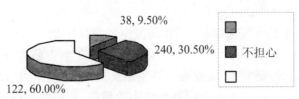

图1 就业前景看法调查图

2. 女研究生择业标准及参考因素

女研究生的择业标准和考虑因素无疑会对其就业产生重要影响。择业是对职业性质、特点的认识以及对自己将要从事何种职业做出抉择的过程,在这个过程中会受到多方面因素的影响。调研的结果如图2所示。

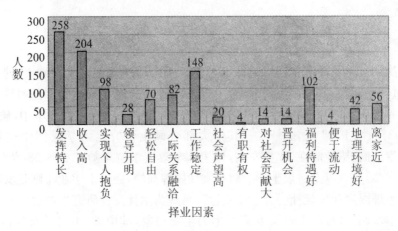

图2 女研究生择业的首要标准

本次调查中发现,影响女研究生择业的主要因素是:发挥个人特长和符合个人兴趣、收入高以及工作稳定。同时,通过问卷分析和与被调查者的深入交谈,虽然本项最多可选择三项,但是我们发现女研究生们择业的第一标准还是能够发挥个人的特长与兴趣,这与我们在进行本课题前的理论调研得到的结果比较相符。

但是,选择"实现个人抱负"的人还不到四分之一,说明女研究生的成就动机不高。同时,对"工作稳定"项的选择达到37%,说明她们比较重视职业的稳定性,这与男性研究生有较大区别。究其原因,由于文化和生理的影响,女性相比于男性,会更多地感到周围环境的不安和敌意,恐惧和焦虑情绪较多。"她们会更多地偏向于情绪型或理智-情绪型,偏向于顺从型……性格表现中会有守旧、依赖、动摇、易受暗示……她们的意志力相对比较薄弱,在遇到巨大困难和挫折的时候往往缺乏顽强的坚持精神,容易自卑自弃、优柔寡断、缺乏主见、盲目顺从。"女性所特有的脆弱心理在女研究生身上也一览无余,她们自我认同意识较差,成就动机很低,害怕困难和变故。再加上一直接受纯粹的学校教育,社会经验和阅历比较缺乏,造成了很多女研究生社会适应和语言表达能力相对较弱。

3. 女研究生对择业区域的选择

在就业区域的选择上,沿海发达地区仍是女研究生的首选之地,但是计划到内地就业的女研究生也不在少数。随着沿海地区的经济发展模式转型以及内地经济的快速发展,内地对她们的吸引力有不断增大的趋势。就业区域的选择调查结果如图3所示。

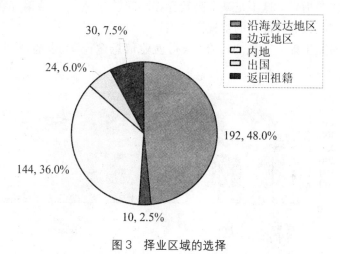

图3 择业区域的选择

调研中,让我们感到意外的是,女研究生的"出国"意愿并不强烈,这与女本科生有很大差异,女本科生更愿意出国深造。通过与调研对象的访谈,我们发现造成这一结果的原因是:年龄偏大和已有一定的学术教育背景让她们出国的意愿降低。此外,还有部分女研究生认为攻读国外名校的学位难度更大。

4. 女研究生就业途径及获取就业信息渠道

在"就业途径"的选择上,绝大多数都选择了"通过自己竞争"项,显示了女研究生相信自己能力的态度,仅有4人次选择"依靠男友帮助"。具体情况见图4。

从图4中可以看出,两校的女研究生的独立性很强,对自己的能力比较有信心,相信能够通过自己的努力克服困难,获得就业机会。特别是中国科技大学的女研究生,在科研能力和学术水平上比一般院校的学生有相对优势,这也是她们选择"通过自己竞争"择业的主要力量来源。而对"导师推荐"和"学校指导"这两项的选

择总共才138人次,可见女研究生对导师和学校的推荐与指导并不十分注重,甚至

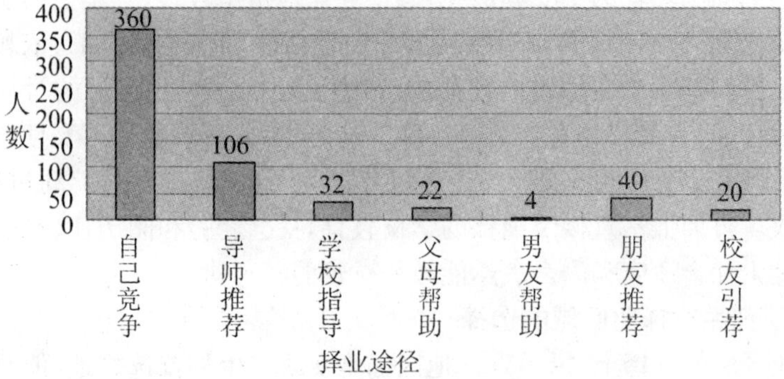

图4 就业途径的选择

选择"朋友推荐"的人次比"学校指导"的还多,说明学校有必要进一步加强对女研究生就业工作的指导。这不是某个高校存在的问题,而是一个普遍存在的问题,应该引起高校和高校管理部门的重视。

两校女研究生择业的独立性在"获得就业信息途径"上也能得到很好的体现(见图5)。

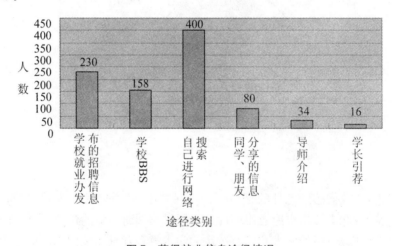

图5 获得就业信息途径情况

如图5所示,被调查的女研究生们全部都选择了"自己通过网络搜索"来获得就业信息,可见网络搜索在女研究生就业过程中起到非常重要的作用。而通过"学校就业办发布的招聘信息"和"学校BBS上发布的就业信息"来获得就业信息的也不在少数,说明中国科大和合肥工大的就业办在就业信息发布方面获得了女研究生们一定程度的认可。

对调研结果进行分析,可以发现两校女研究生获得就业信息的渠道比较单一。我们认为是理工科类女研究生的生活、学习方式比较特殊,她们经常以个体活动为

主,生活在从宿舍到实验室的单调圈子中,接触到的都是导师和学术同门,交往人群较为封闭,没有机会与其他圈子的人交流,缺少沟通,使得就业时信息来源途径较为单一。通过深入访谈,还发现她们在择业中遇到问题时也常常自我封闭,不知找谁倾诉,往往会出现焦虑、急躁、自卑等情绪。

5. 女研究生对职业稳定性的看法

在被问到"您是否愿意选择收入高,但有失业危险的工作?"这个问题时,共有226名被调查的女研究生选择"不愿意",174名同学选择了"愿意"。这与我们在前期理论调查的情况不太相符(一般认为女性大多对职业的稳定性有偏好),所以在调查的过程中还采取了对选择"愿意"的同学追加提问的方式来探索深层原因。通过她们的回答,我们了解到是因为对自己有信心或是急于经济独立才让她们愿意从事"收入高、稳定性差"的工作的。这一方面说明现在女研究生的独立意识增强,从另一方面说明学校在女研究生的培养上也比较成功,使她们获得了独立的能力。

6. 女研究生对择业单位性质的看法

在对择业单位的选择中,有30.5%的女研究生选择了政府机关。以往女研究生在选择职业时更注重经济收入和社会地位、社会声望,三资企业、国有大企业和高校往往是求职人员首选,而此次调研中选择三资企业的只占19.5%,选择国有企业的仅为24.5%。由此可见,在此次全球性经济危机中,女研究生对职业的风险意识越来越强,其求职倾向趋于更稳定的工作单位。统计结果如图6所示。

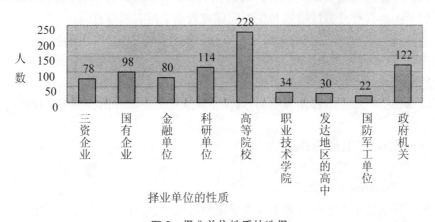

图6 择业单位性质的选择

"女研究生自身对性别角色差异的认同度较高,认为男女在社会角色分工上有着明显的不同。女性的性别角色意识深入人心,她们在访谈中都流露出了认为男性应该从事高投入、较有风险和回报的行业,而女性则倾向于高稳定、较轻松的工作。"劳动强度低而风险小、收入相对高、压力小、福利待遇好且又容易满足女研究生兴趣与爱好需要的单位,如高等院校、科研单位和政府机关成为当前女研究生的主要选择对象。高等院校能够贴合女研究生当前的生活环境与生活习惯,而且工作环境相对宽松、稳定,也较能受到社会尊重,是她们的择业首选。随着竞争压力的逐年增加,公务员考试和在政府机关就职已成为目前的热门。另一方面,选择政府机关就业能够有更广阔的社会接触面和为大众服务的机会,能为实现人生价值提供更为广阔的舞台。而科研单位能让女研究生继续发挥她们的专业优势,激发她们的爱好与兴趣,也有部分的被调查者希望到科研单位工作。

7. 女研究生对婚姻和生育的态度

女研究生作为社会上的特殊群体,具有社会角色和家庭角色两种属性。女研究生就业时年龄偏大,又恰逢婚姻和生育的年龄段,一方面期望拥有事业,另一方面期望维持幸福的家庭,这就会产生就业矛盾。因此,在就业上往往不被就业单位所看好。关于女研究生婚姻观的调查结果见图7。

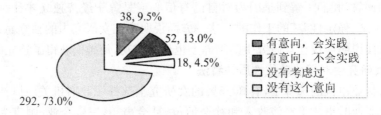

图7 女研究生婚姻观调查

在此次调研中,"有意向在读研期间解决婚姻和生育问题"的女研究生共占27%,其中"愿意付诸实践"的占9.5%,而"为学业考虑放弃婚育"的占13%。有73%的学生还没有考虑过婚姻和生育问题或者完全没有婚育意向。

调研结果表明:新时期的女研究生有较强的自信心、独立自主的性格和对事业的追求,以贤妻良母形象出现的传统女性不再是当代女研究生的追求。她们大多数、选择全身心地投入学业,而不愿意在读研期间解决婚育问题。但在现实中,用人单位往往把婚姻和生育作为限制,这是造成女研究生就业困境的主要原因之一。

三、女研究生择业的 SWOT 分析

1. 优势(Strengths)分析

中国科学技术大学和合肥工业大学都是部属的、以理工科为主的国家"211"重点高校。中国科大还是"985 工程"重点院校,拥有雄厚的教学与科研力量。两校的研究生不仅能够接受系统的专业教育、使用先进的试验设备,而且能够经常接触到本领域的顶尖专家和学者;不仅具有较强的专业和科研能力,而且也比较受企业及事业单位的认可与青睐。与本科生相比,在工作层次和专业对口程度等方面都有明显优势。同时研究生在读研期间多有兼职实习经历,有一定的社会阅历。两校都有硕博连读和保研、直博的政策,使得两校的女研究生平均年龄较小,在竞争中有较强的年龄优势。两校的女研究生以理科和工科为主,在科技主导生产力的社会背景下,有显著的职业竞争优势。被调查的女研究生在择业上的独立性和较

强的自信心正是这些优势的反映。

2. 劣势(Weaknesses)分析

两校坐落在合肥,地处内陆腹地,是经济欠发达地区,思想观念比较落后,当地的实习和就业机会相对沿海和发达地区较少。在目前研究生就业形势日趋严峻的情况下,两校女研究生对就业地区、单位和薪酬的期望都比较高,存在理想化倾向,这不利于女研究生成功就业。同时,女研究生相对于女本科生失去年龄优势,就业面较窄;女研究生在体力和精力上普遍不如男性,心理承受力相对较差,婚恋家庭等客观原因也都制约女研究生就业;特别是婚姻家庭的原因,用人单位认为未婚未育的女研究生在工作后短期内要求婚假、产假,会增加雇佣成本。另外,理工科女生自我表露程度较高的比例不如文科女生,在现实生活中表现为理工科女生性格较内向。这些都使理工科女研究生在就业市场上处于劣势。还有,理工科大学的人文氛围不强,使得理工科院校的女研究生知识面、人文素养及社交能力与综合类院校的女研究生相比有一定差距。

3. 机会(Opportunities)分析

中国经济近年来保持持续快速稳定发展,虽然当前受到全球经济危机的影响,但是国家对高层次人才的需求仍然旺盛,社会高级专业人才缺口很大。我国科教兴国战略和科技强国方略是一贯的,这为两校女研究生的就业提供了良好的时代机遇。此外,国家和高校都很重视对研究生就业的指导,并已经出台了相关的指导文件,对女研究生了解当前国家政策和就业形势,做好择业前的心理、知识、能力等方面的准备有指导作用。随着当前就业市场体系的逐步优化,就业市场信息化水平的逐步提高,研究生择业的盲目性和偶然性也在不断减少,寻找工作的途径相对增多。

4. 威胁(Threats)分析

蔓延至全球的经济危机正在深入影响中国,这使得未来几年的研究生就业形势逐渐严峻,而大幅度的研究生扩招使整个就业市场竞争激烈,女研究生就业压力加大。市场上还存在研究生供求不平衡现象。主要表现为:专业之间的供求不平衡;地区供求不平衡;个人择业期望与社会供给不平衡。由于传统文化的性别歧视和偏见,部分用人单位持有"男主外、女主内"的传统思想,对女性参与社会活动及工作能力表示怀疑,加上女性存在着生理条件的制约,而我国法律规定女性在生育期间的工资及福利由用人单位承担,使得多数用人单位在招聘时避免录用女研究生。

5. 总结

结合以上分析,可见理工科大学女研究生面临的就业优势和机会不少,同时就业的劣势和威胁也很明显。这就需要采取有针对性的措施来发挥女研究生的优势,尽量克服劣势和威胁,充分利用外部存在的各种机会来获得就业的成功。

四、对策探析

1. 学校就业指导部门、导师与女研究生应该加强沟通、互相配合

在调查中发现,两校的女研究生对"导师推荐"和"学校指导"这两项的选择总共才138人次。可见,导师和学校就业指导部门在女研究生择业过程中并没有发挥重要作用。而在就业竞争日益激烈、经济形势严峻的背景下,导师和学校更应该采取有效措施提高女研究生的就业机会。在调研过程的深入访谈中,我们发现许多女研究生并没有在就业问题上与导师和学校有关部门进行沟通,导师也很少过问她们的就业事宜。即使导师有时会过问,也表现得并不上心,这阻碍了女研究生与导师在就业问题上的进一步沟通。此外,许多女研究生的导师是男性,由于性别差异常会引起对同一问题的不同看法,这也会让双方的沟通产生障碍。加之理工科女生性格较内向,与导师的沟通也就较少。所以,理工科院校的就业指导部门和导师需要更加关注女研究生的就业问题,要常与她们沟通,及时传递就业信息,加强就业指导,以提高女研究生的就业率。

2. 拓宽就业信息的获取渠道

在调查中发现两校女研究生获得就业信息的渠道比较单一,主要是通过自己和学校有关部门来获得就业信息。调查显示,仅有16人次准备通过"学长引荐"来获得就业信息。而在两校每年一度的校园招聘会上,许多用人单位的招聘人员都是本校的毕业生,而他们对师妹们也是十分关心、爱护的。女研究生应该利用这层关系详细了解用人单位的实际状况,增加就业机会。

3. 增强职业素质,做好知识与技能的储备

许多女研究生期望自己能做高校教师,那就应该注意在平时的学习生活中,使用普通话,提高自己的普通话水平;积极参加学校组织的讲课、评课、演讲比赛、辩论赛等活动,锻炼自己的表达、应变能力,向任课教师虚心请教教学技巧等。如果想成为公务员,就要注意多参加学校的社团活动,加入研究生会,与社会多接触,培养团队精神和合作意识,磨炼自己的意志,提高自己的管理能力和信心。有了知识和技能的双重储备,女研究生在求职时才能积极应对。

4. 提供针对理工科女研究生的人文素质教育和就业前培训

理工科大学相对于综合性大学和文科类大学缺少人文氛围,学生的人文素养也相对较弱。而在就业时主要依靠整体素质的竞争,人文素质的缺乏会影响理工科女研究生的就业竞争力。因此,要加强对理工科女研究生的人文素质教育。

尽管女研究生整体上看专业水平相对较高,但礼仪失范现象却屡见不鲜。在毕业就业前,培养院校应集中时间对理工科大学女研究生的职业形象礼仪、应聘技巧、就业权益进行强化辅导;对不同场合所需的不同礼仪进行指导,以满足不同需要;进行形体训练、心理辅导等综合素质的训练,使女研究生增加就业的竞争力。

5. 提高女研究生的成就动机

在调查中发现理工科女研究生的成就动机较弱，许多女研究生并不期望能在专业上取得多大的成就，这导致她们的就业动机也不强，会直接妨碍她们的就业活动。学校有关部门和导师应该注重增强女研究生的自信心，激发她们的成就动机，提高其就业、创业欲望，从而提高女研究生的就业机会。

参 考 文 献

[1] 见《中国社会统计年鉴》中"各级各类学历教育学生情况（2007年）"部分.
[2] 赵树勤.女性文化学[M].南宁：广西师范大学出版社,2006:218.
[3] 宋寒.女研究生就业中的性别歧视与角色认同[J].青年探索,2006(4):72.
[4] 金义华.理工科和文科女大学生性格特征的差异及成因[J].山西大学师范学院学报,2002(1):81.

作者：燕京晶　裴　旭　戴耀华　等
原载于《学位与研究生教育》2009年第12期

启示篇

"他山之石,可以攻玉"。国际化是我国学位与研究生教育改革与发展的趋势,它不仅是教育发展全球化的需要,更是创建世界一流研究型大学的必然要求。现代学位与研究生教育是在西方发达国家产生并发展起来的,迄今已有近200年的历史,其理念和实践对世界其他国家的研究生教育产生了广泛影响。因此,我国的学位与研究生教育有必要借鉴与学习他国的先进经验与理念。

《从国际研究生教育改革与发展的若干趋势评析当前我国研究生教育中的变化》一文通过研究发达国家学位与研究生教育的改革发展历程,总结出六大新态势:研究生规模稳步增长;硕士和博士研究生比例呈梯度发展;研究生教育模式日益多样化;研究生教育资源集聚现象明显;研究生教育经费来源渠道多元化;实施教育专项工程和计划成为发达国家培养拔尖创新人才的战略选择。在国际化背景下,我国学位与研究生教育也发生了很多值得关注与思考的新变化。该文在对我国学位与研究生教育发展中出现的新变化评析的基础上,指出我国学位与研究生教育应顺应国际改革与发展潮流,积极进行战略调整和布局。

立足国内培养高层次人才是我国学位与研究生教育工作的一贯方针,同时积极参与国际合作与竞争也是我国学位与研究生教育发展的一项基本政策,只有坚持面向世界,学习发达国家学位与研究生教育的先进经验,与国际研究生教育接轨,才能更好地立足国内培养拔尖创新人才。《与国外联合培养博士生是立足国内培养的重要补充》认为,在立足国内,独立自主地发展具有中国特色的博士生教育和学位制度的同时需要面向现代化、面向世界、面向未来,不能走闭关自守办教育的道路。尽管该文的发表已经过去十多个年头,但其中对于研究生联合培养新模式和高级人才培养基地建设的讨论对当前我国的研究生培养仍然具有启示作用。

研究和总结与我国国情相近的多人口发展中国家的学位与研究生教育状况及其发展政策,对我国研究生教育改革与发展具有重要的借鉴和启示作用。印度、巴西、墨西哥和中国同为多人口发展中国家,研究生教育体系的发展具有一定的相似性,《多人口发展中国家研究生教育比较研究及启示》从研究生教育的发展历程、地位、招生模式、培养机制、经费投入机制和质量评估机制等方面对印度、巴西、墨西哥等国的研究生教育进行了分析并与我国进行了比较研究,在此基础上对我国学位与研究生教育体系改革提出了有针对性的政策建议。

《美国高等教育认证制度及其对我国的启示》介绍了美国的高等教育认证制度及我国的高等教育评估与认证现状,就美国的高等教育认证制度对我国的若干启示进行了分析。认为我国的认证和评估组织应多元化、民营化;认证和评估工作应经常化、制度化;评估的标准应多样化、特色化;高校应建立和健全自我评估的机制;评估认证工作应加强与国际的接轨。

目前,中国科大在借鉴国际学位与研究生教育先进经验的基础上,通过研究生国际访学、联合培养、资助博士生参加国际学术会议和交流等系列举措,为研究生搭建了国际交流的平台,激发了研究生的科研和创造活力,提高了中国科大研究生教育的国际竞争力。

从国际研究生教育改革与发展的若干趋势评析当前我国研究生教育中的某些新变化

一、国际研究生教育改革与发展的若干趋势

作为高等教育结构中的最高层次,研究生教育对一个国家的政治、经济、军事、文化等方面的发展,对一个国家综合国力的增强,对于高水平研究型大学的建设等有着举足轻重的影响,其发展日益受到各国的重视。20世纪80年代中期以来,伴随世界政治、经济、科技、文化发生的剧烈变化,各发达国家对研究生教育进行了深刻的改革,使得研究生教育发展呈现出新的态势。

1. 研究生规模稳步增长

二战后,各发达国家都在根据政治、经济、军事、文化以及社会发展的需要不断扩大研究生教育的规模。以美国为例,1950年美国研究生注册人数为237572,1960年增加到35.6万,1970年增加到103.1万,1980年增加到134.3万,1990年增加到158.6万,2000年增加到185万,年增长率为4.2%。再以日本为例,1960年全国共有硕士研究生8305人,1970年增加到27714人,1980年增加到35781人,1990年增加到61884人,2000年增加到142830人,年增长率为7.4%;1960年全国博士研究生7429人,1970年增加到13243人,1980年增加到18211人,1990年增加到28254人,2000年增加到62481人,年增长率为5.5%。其他国家研究生规模的增长情况与上述两个国家的情况也差不多。当然,由于种种因素的影响这期间不同阶段也表现出了不同的发展速度,但总的来说增长率还是较为稳定的。

2. 硕士和博士研究生比例呈梯度发展态势

近年来,各发达国家研究生教育发展都呈现出梯度发展态势,即硕士研究生的发展速度要比博士研究生的发展更快。从各国学位授予数来看,一般博士学位与硕士学位授予比在1∶10左右。如美国博士、硕士学位授予比在2000年基本达到1∶10,据美国教育统计中心预测,直到2013年将基本维持这一比例。应该说,硕士研究生的快速发展与世界范围的高等教育大众化有较为直接的关系,一方面硕士研究生的生源规模迅速扩大;另一方面在知识经济的刺激下,大众对自身专业知识的要求在不断提高。硕士研究生和博士研究生的梯度发展也符合教育和人才选拔的规律。

3. 研究生教育模式日益多样化

长期以来,由于受德国研究生教育模式的影响,许多国家都把培养学术型人才作为研究生教育的唯一价值趋向。但随着几次工业革命的发生和当代知识经济的兴起,原有模式的弊端日益凸显,很难适应生产实践和科技发展的需要。为了提高人才培养的适用性,确保人才培养的多样性,各国都在调整与改革传统的研究生培养模式,特别是注意把研究生的培养过程与生产实践以及社会需求紧密结合起来,积极探索教学、科研、生产的一体化。目前,研究生教育培养模式已呈现出研究型、教学型、应用型、专业型并存交融的多样化趋势。

4. 研究生教育资源集聚现象明显

研究生的培养需要大量的人力、物力、财力和先进的仪器设备,遍地开花式地发展研究生教育特别是博士生教育,不仅会造成人力、物力和财力的浪费,而且会降低研究生教育的水平和质量。因此,各国一般都加大对少数高水平大学的投入,集中力量培养高层次人才。从美英日三国情况看,整体的研究生教育非常集中,例如,根据2000年卡内基教学促进基金会的分类,美国3856所高等学校中,能授予博士学位的大学只有261所,能授予硕士学位的大学只有872所。另外,科研经费的集聚也非常明显。例如1999年,美国获得联邦科研经费的大学(主要是以培养研究生为主的研究型大学)中,超过2000万美元的只有154所,这些学校获得的经费占大学获得联邦科研经费总数的80%以上。在英国,牛津、剑桥、伦敦大学和帝国理工学院4所大学就获得1999~2000年度8.55亿英镑科研经费的1/3。可见,研究生教育资源在发达国家集聚的态势非常明显,日趋指向研究型大学。

5. 研究生教育经费来源渠道呈多元化趋势,但政府投入依然是主体

研究生教育的发展需要大量的科研经费来支撑。从西方各国大学科研经费来源结构来看,近年来呈现出经费来源渠道多元化的发展趋势,但是政府投入依然是大学获取科研经费的主渠道。如德国、法国的大学科研经费中有80%以上来自政府投入,而美国、英国、日本等,虽然私立大学占了很大的比例,但是依然有50%以上的经费来自政府。大学获得来自企业等社会资金的比例并不是特别高,只有英国达到20%以上的比例。这说明大学获取科研经费更依赖于政府的投入,因为只有政府才会愿意为基础研究进行持续的大量投入。

6. 实施教育专项工程和计划成为发达国家培养拔尖创新人才的战略选择

进入21世纪以来,全球战略资源争夺的重大转变表现在,由物质资源转向人力资源,由自然资源转向科技资源。任何国家如能在拔尖创新人才的争夺中取得主动,也就等于占据了全球竞争的战略制高点。为此,许多国家启动实施了教育专项工程和计划,大力培养拔尖创新人才。如德国提出建设"精英大学"计划,对全国遴选出的5所高等院校,通过连续5年每年5000万欧元的专项政府拨款,将其打造成德国的"精英大学";日本通过COE计划(卓越研究与教育中心),提出在未来30年要培养出30名诺贝尔奖获得者,建设30所世界一流大学;韩国提出了

"KB21"(21世纪韩国大脑计划)。可见,通过实施教育专项工程和计划,已成为许多发达国家培养拔尖创新人才的战略选择。

二、对当前我国研究生教育发展中出现的一些新变化的评析

跨入新世纪之际,在研究生教育国际化潮流的影响下,我国研究生教育也发生了一些新的变化,值得关注与思考。

1. 研究生规模"跳跃性"增长,我国已成为名副其实的研究生教育"数量大国"

20世纪90年代末以来,我国的研究生招生规模以每年约30%的速度"跳跃性"增长,从1995年的年招生规模5.1万人增长到2004年的33万人,增长5.4倍,此间硕士生规模增长更快一些。再加上同等学力人员,以及专业学位人员,我国目前在册研究生规模已近100万人,基本上是20世纪末期的两倍,也即翻了一番。这个规模已接近美国的年招生规模,可以说我国已成为名副其实的研究生教育"数量大国"。可以预见,随着研究生教育收费制度的实行,研究生规模还将进一步扩大。应该说,研究生教育规模的扩大是整个世界范围内的大趋势,但由于国内高等教育生态系统存在的诸如定位不明、争上层次等问题,扩张数量已经成为许多学校发展研究生教育的主要趋势,这应引起我们的重视。

2. 博士与硕士研究生的比例成不均衡状态

值得关注的是,最近几年,我国不仅硕士研究生教育在大幅度扩大,博士生教育规模也有了一个大的增长,至2004年,我国博士生招生规模(含计划内和计划外)已近6万人,博士生与硕士生之比已达1∶5。一般来说,博士生规模增长应滞后于硕士生规模增长,国际研究生教育发达国家的博士生与硕士生的比例一般为1∶10,如美国2000~2001学年博士与硕士学位授予数之比是1∶10.4,英国2001~2002学年授予的博士与硕士学位数是1∶10。显然,我国博士生规模的增长速度值得深思。应当说在我国目前的科技水平和教育资源条件下,博士生教育还应以培养"科技和学术精英"为第一宗旨,严守质量第一的原则。简单模仿西方学位制度,批量制造博士学位,最终并不能真正培养大批具有真才实学的学术精英。

3. 研究生单一培养模式的"坚冰"开始被打破

随着我国就业市场对人才需求的变化,大学的理念与研究生价值观的多元化正在形成尖锐的矛盾。在这种矛盾的碰撞中,研究生教育的理念也呈现出多元化倾向。培养单位、研究生、管理者、导师之间的关系正在发生变化,创新意识、公平意识、权利意识、个性意识已悄然"走"进校园,多元质量观念、市场观念、效益观念已渐形成。这一切都昭示着以个性培养为核心的多元差异的教育理念已初现雏形,研究生教育理念正在发生一场变革。伴随着研究生教育理念的悄然变革,过去培养模式单一的"坚冰"开始被打破,研究生教育培养目标日益呈现出多样化趋势:非传统的专业学位及各种类型学位比例上升,科学学位相对下降;僵硬的专业设

置、刚性的学制已开始松动;培养工作与社会需求的联系已越来越紧密。

4. 研究生教育资源投向的"马太效应"越发明显

随着科教兴国战略的实施,我国教育经费投入保持了较快增长。1997年至2002年,教育投入平均每年增幅达16.7%。2002年,国家财政性教育经费占GDP的比例已上升至3.41%。在投入的经费总量中,对研究生教育的投入增加也很大,用于研究生教育的经费占相当比重,但对大多数学校来说,目前国家拨付的研究生教育经费只能覆盖实际在校研究生培养费用的50%左右,远远不能满足需要。在有限的教育经费中,由于学校层次的差异性,各个学校所获经费差异明显,一般来说,研究生教育水平高的大学所获得的经费支持远远多于其他学校,教育资源投向呈现出明显的"马太效应"。受"985工程"、"211工程"、"知识创新工程"等的专项经费资助,以北大、清华等为代表的"985工程"学校、"211工程"学校以及研究生院学校获得的研究生教育经费远远多于其他非重点建设学校。客观地说,在当前资源有限的条件下,对一些学术水平高、研究生教育基础好的高校进行重点投入,对发展中国家建设高水平大学具有重要探索意义。

5. 教育专项工程和计划对研究生教育的影响作用日益彰显

"211工程"、"985工程"、"知识创新工程"实施以来,受到了社会各界的广泛瞩目。这些教育专项工程和计划的实施,大大提高了项目建设学校研究生教育的水平,使这些学校成为我国研究生教育的主要培养基地。以"211工程"建设为例,据统计,"211工程"学校数量占全国高等学校比例虽然不到10%,但目前在校硕士生、博士生占全国的比例分别为69%、84%,科研经费、仪器设备值占全国高校的72%、54%,"211工程"学校中有博士学位的教师占全国高校中有博士学位教师的87%,覆盖了全国96%的国家重点实验室和85%的国家重点学科,在我国高等教育发展中具有举足轻重的地位。

6. 政府拨款成为影响研究生教育发展的重要宏观调控手段

通过拨款等方式对研究生教育进行调控是当代各国研究生教育发展的普遍现象。最近几年,我国政府在下放部分办学自主权的同时,逐渐借鉴国际上的通行做法,围绕国家目标,通过拨款数量与拨款方式的改变,不断地影响着国内学校的办学体系。典型的如最近几年实施的"211工程"、"985工程"等专项计划,使得一些高水平大学的研究生教育条件迅速改善;而一些非重点学校只能依赖规模获取经费,并努力提高学校的办学层次,以争取政府更大的财力支持。应该说,现有的拨款方式对构建层次较为分明的研究生教育办学体系具有相当的积极意义。如目前已基本形成了"985工程"学校、研究生院学校、"211工程"学校、省属重点大学等层次较为分明、结构较为合理的研究生教育办学体系。但是从完整的高等教育生态系统来看,还须改革和优化现有的拨款机制,进一步扩大各高校资金来源的渠道,建立学校与社会更加密切的联系,以形成政府、企业、个人共同参与研究生教育发展的互动机制。

三、顺应国际研究生教育改革与发展潮流的战略选择

从一定程度上说,新世纪我国研究生教育中出现的这些新变化,是国际研究生教育改革与发展潮流的一个缩影,总的来看,积极的方面大于消极的方面。当前,研究生教育的国际化趋势越来越明显,"逆水行舟,不进则退"。因此,与时俱进,积极顺应国际潮流,坚持改革与创新,使研究生教育在规模、层次、规格、质量、效益上得到协调发展,是我国研究生教育发展的必然战略选择。

1. 根据社会发展的需要和个人教育需求的增加,稳步发展研究生教育

我国研究生教育在经历了几年的持续高速增长后,已暴露出不少问题,如不少高校师资力量跟不上,宿舍、食堂、图书馆拥挤不堪,教育质量出现不同程度的下降。那么,现有的研究生教育规模是否还需进一步扩大呢?从理论上说,研究生教育的发展取决于研究生教育的社会需要和个人需要,取决于研究生教育的投资水平。根据发达国家稳步发展研究生教育特别是博士生教育的客观事实以及我国的国情,当前应正确处理好数量与质量的关系,应将"稳步发展研究生教育规模,特别是博士生规模,切实把研究生教育的发展从数量增长转到提高质量的轨道上来"作为一项重要的战略任务。

2. 继续深化研究生教育改革,积极推进教育创新,全面促进研究生培养模式的多样化

发达国家研究生教育在产生与发展过程中通过改革形成了多样化的培养模式。随着我国研究生教育规模的进一步扩大,以及全面建设小康社会对人才需求多元化的需要,在已有改革与发展成绩的基础上,应继续深化研究生教育改革,积极推进教育创新,全面促进研究生培养模式的多样化,如在学位类型上应突破以学术性学位为主的局面,要在现有专业硕士学位的基础上,扩大专业硕士学位的种类和招生规模,提升专业学位的层次;研究生的培养过程应进一步与科技发展、生产实践、社会需求相结合;高校与科研机构应进一步探索联合培养研究生的新机制,等等。

3. 坚持"有所为,有所不为",集中优势兵力,以高水平大学为依托发展研究生教育

在发达国家,各级各类高等学校共同构成高等教育体系。在整个高等教育体系之中,不同层次、不同类型的高等学校既有一定的分工,又有一定的协作,共同完成培养高级专门人才的任务。在研究生教育方面,各国都是采取"有所为,有所不为"的策略,集中优势兵力,在高水平的大学中发展研究生教育。今后,我国研究生教育的发展,也要坚持这样的发展思路,以进入"985工程"、"211工程"重点建设的高等学校,特别是经教育部批准设置研究生院的56所高等学校为重点,建设一批高水平的研究生教育基地,使之在研究生教育方面发挥主力军和示范作用。

4. 深化办学体制与投资体制的改革与创新，不断扩大教育投资渠道，建立以政府办学为主体、社会各界共同关注与参与研究生教育发展的体制和机制

近年来，实施研究生教育专项工程和计划的成效是有目共睹的，但对于构建完整的研究生教育生态系统来说是远远不够的。当前，我国研究生教育发展所面临的一个突出问题，就是投入有限与教育快速发展之间的矛盾，其根本原因就是单一的办学体制和投资体制导致的结果。为此，在深化办学体制与投资体制改革与创新方面，要改变政府包揽办学的格局，不断扩大教育投资渠道，逐步建立以政府办学为主体、社会各界共同关注与参与研究生教育发展的体制和机制，如提高市场准入程度，扩大和提升民办学校的发展空间，推进研究生教育收费制度的创新发展。

参 考 文 献

[1] 王一川,等.发达国家研究生教育发展的趋势、经验和问题[R].中国学位与研究生教育发展规划战略研究报告(2004～2020)(讨论稿).

[2] 杨颉,等.国际研究生教育的规模、财政与政策选择[R].中国学位与研究生教育发展规划战略研究报告(2004～2020).

[3] 许为民,等.中国学位与研究生教育发展战略布局与结构优化研究[R].中国学位与研究生教育发展规划战略研究报告(2004～2020)(讨论稿).

[4] 中国学位与研究生教育发展规划战略研究总报告(2004～2020)(讨论稿)[R].国务院学位委员会第21次会议参阅资料之一.

[5] 我国教育投入的相关情况[OL].中国炎培信息网,2003-10-23.www.yanpei.com.

[6] 为科教兴国战略奠定坚实的基础："211工程""九五"建设取得重大成效[N].中国教育报,2002-09-03(1).

作者：裴　旭　张淑林

原载于《中国高教研究》2005年第4期

多人口发展中国家研究生教育比较研究及启示
——以印度、巴西、墨西哥研究生教育改革发展为例

近年来,印度、巴西和墨西哥三国政府高度重视本国研究生教育,不断增加经费投入,突出其对推动国家经济和社会发展的重要作用,在招生培养、经费投入和质量评估等方面实施了一系列卓有成效的改革,研究生教育发展迅速,取得了令人瞩目的成就。研究和总结与我国国情相近的多人口发展中国家的研究生教育状况及其发展政策,对我国研究生教育改革与发展具有重要的借鉴作用。

一、印度、巴西、墨西哥研究生教育改革发展研究

1. 发展概况及地位

20世纪七八十年代,印度、巴西和墨西哥开始大力发展研究生教育,取得巨大成就。1961年,印度高校开始建立研究生部,负责研究生培养和科学研究。20世纪80年代,印度研究生教育迅猛发展,到2005年底,在学研究生总数达747787,相当于每万人中有6.92个研究生。1968年巴西政府颁布"大学改革法",开始重视发展研究生教育,此后研究生教育高速发展,硕士点从1974年的451个增加到1979年的717个,博士点从157个增加到257个。如今,巴西已成为拉丁美洲地区研究生教育的领头羊,平均每万人中有5.37个研究生,其中学术型研究生达10万余名,博士生占研究生总数的38%。墨西哥现代意义上的研究生教育发端于1940年,但直到20世纪60年代,才正式形成研究生教育体系。70年代墨西哥研究生教育开始快速发展,其显著特点是来势猛、发展快、数量大。1970年墨西哥提供研究生教育的院校有13所,1980年达98所,1990年增长到152所,而2004年已达1361所。1970年墨西哥设有研究生课程点226个,1980年达1232个,1990年增长到1604个。研究生人数增长更快,1970年墨西哥共有研究生5763名,1980年达16459名,1990年增长到42655名,而2004年已达15.08万人,平均每万人中有10.77个研究生。

在经济全球化的时代背景下为在世界经济领域中争得一席之地,印度、巴西和墨西哥都亟须高素质专业人才,因此都特别重视研究生教育。印度政府重视发挥研究生教育对国家经济、政治的推动作用,近十年来政府对高等教育经费投入已超过200亿卢比,其中研究生教育预算为40亿卢比,而这些资金仅用在占全国人数

1/1400 的研究生教育上。在巴西,研究生教育被奉为教育的珠宝。巴西政府积极鼓励有条件的大学和研究机构都开设研究生课程,政府在财力上给予资助。研究生教育的快速发展使巴西成为世界上科学论文数量增长最快的国家之一,在国际出版物上发表的科学论文占世界研究论文的比重从 1990 年 0.64% 增加到 2004 年 1.73%,增长近 2 倍。墨西哥也将发展研究生教育看作是国家持续发展和国民全面进步的助推器,充分发展研究生教育,不断提高其质量。

2. 招生模式

在印度、巴西和墨西哥攻读硕士学位,一般需要通过硕士研究生入学考试。巴西研究生招生政策与美国模式类似,申请入学者需推荐信、书面意见和面试。三国研究生入学考试的内容主要包括研究生专业学习所需的基础知识考试和与各专业相关的外语阅读能力考试。

三国博士研究生招生差异较大。在印度,课程硕士和论文硕士想继续深造,需考哲学硕士,获得学位后,可以直接申请博士学位。而博士生入学则无须考试,只要符合条件通过面试即可。但在巴西和墨西哥攻读博士学位,必须具备硕士学位或同等学力,通过博士班入学考试,或经申请入学录取。不过,直接攻读或推荐免试攻读博士学位的比重不断加大,博士生导师招收博士研究生的自主性在不断提高。取得学位前,研究生应按规定多次注册,博士生需全日制投入学习活动,但学习期限不应超过教学计划中规定的最长期限(不超过规定学习期限的一倍时间)。

3. 培养机制

印度、巴西和墨西哥硕士研究生学制通常为两年,但不同学科并非整齐划一。例如,印度攻读工程技术硕士学位一年半即可获得,攻读农学和计算机技术等学科的硕士学位的学习年限则由各学校确定。但三国对其硕士研究生教育质量控制严格,并非所有硕士研究生都能获得学位,据统计印度获得学位的研究生仅占入学学生的 50%~60%。

上述三国硕士研究生均采用分类培养模式。其中,印度硕士学位分为课程硕士和论文硕士,课程硕士仅须通过考试便可获得,而论文硕士还要通过论文答辩。墨西哥硕士研究生教育包括专业化课程和硕士学位课程两种类型。其专业化课程主要培养能研究和处理某学科领域中具体问题的人才,而硕士学位课程侧重培养能参与分析具体问题、进行革新开发并能将成果运用于实践的人才。巴西研究生教育培养模式总体上与墨西哥类似,硕士生培养也主要包括应用型和研究型两类。

三国的博士研究生学制一般都在 4 年以上。印度攻读博士学位无需进行入学考试,但在硕士研究生和博士研究生中间增加了副博士课程,其学制一般为 2 年。从副博士升为博士研究生还必须通过课程学习成绩和专题论文能力两方面测定。博士生最终获得博士学位一般需要 5 年时间,但整个攻读博士学位的过程长达 7 年。巴西和墨西哥攻读博士学位通常也需 4 年的全日制学习。

总之,在三国获得博士学位都是相当困难的。印度每年只有约两千人可获得博士资格。为了保持博士生水平,印度国家科技研究委员会主持了一年两次的联合择优考试。博士生的论文答辩若被答辩委员会否定,此博士生将不得再进行二次答辩,也就是说其丧失了获得博士学位的机会。在巴西,博士生必须完成更深层次的研究生课程学习,并通过博士资格考试,博士论文答辩需通过至少由5名教授构成的答辩小组(答辩小组中必须有2名是校外专家)主持的公开口试,论文的结论一般要达到在专业杂志、国际会议论文集上发表或专著形式出版的水平。墨西哥博士学位课程具有扩展知识面、深化知识体系的特点,要求博士生掌握专业领域的全面知识,并创造性地深化某研究领域,直至触及专业顶点。

4. 研究生教育的集聚态势

印度、巴西和墨西哥研究生教育都有向经济发达地区和优势研究生院集聚的态势。根据对印度人力资源部高等教育司发布的《2005~2006年度选定教育统计数据》中的相关数据研究,表明印度研究生教育存在明显邦际差异:截至2005年,印度经济排名前11的邦(印度理工学院等名校均集中在该区域)在学研究生数为596597,占全印研究生总数的79.78%,剩余地区仅占不到21%的份额。在学研究生最多的是北方邦,有208102人,而米佐拉姆邦等4地区却无一人,可见在学研究生人数的邦际差别之大。巴西的研究生教育同样存在地区差异。2003年,巴西共有39所博士研究型大学,54所硕士学位授予大学。就博士研究型大学分布来看,经济发达的南部和东南部有26所,贫穷的东北部仅有7所,而在亚马孙区域仅有1所。巴西东南部是全国最发达的地区,博士生的72.6%和硕士生的54.6%都集中在此地。从墨西哥研究生分布地域来看,在首都墨西哥城地区无论是研究生课程点还是人数均存在高度集中现象。50%的研究生集中在首都地区的公私立大学,有5个州占32%,其他22个州仅占18%,甚至有3个州没有开设研究生课程。首都地区集聚了全国40%的研究生和85%的博士生。三国在研究生教育经费投入上同样存在优势资源集聚现象。巴西教育部对研究生教育的资助在各地区的分配如下:东南部地区为37.6%,东北部地区为28.0%,南部地区为18.7%,中西部地区为10.0%,北部地区为5.7%。巴西教育部对各地研究生院的资助差异,虽然加剧了地区间的不平衡,但越高水平的研究生院获得的资助越多,使"强者更强",形成了优势资源集聚的态势,这有利于集中资源建设国际一流的高水平研究型大学。

5. 经费投入机制

三国研究生教育经费主要依靠政府拨款,特别是1990年以前,研究生教育实行免费教育,并对学生住宿和食品供应进行补贴。但随着研究生教育规模的扩大,仅依靠政府拨款的投资模式已不能适应研究生教育发展需要。为此,在继续加大对研究生教育经费投入的基础上,各国积极寻求新的研究生教育经费融资渠道。主要措施有:

① 提高研究生教育收费标准和收费学生比例,达到培养成本的完全回收或部分回收。

② 提高学费标准同时,采取多种奖学金激励制度。如印度高等教育机构广泛实施优秀成绩与贫困生奖学金、博士奖学金、政府奖学金等。

③ 实行研究生贷款制度。实行贷款制度将研究生教育融资渠道从政府逐渐转向学生和家长。

④ 扩大和增加研究生教育经费的社会来源,各研究生院开始努力争取社会各界的捐助和提高自身收入。

当然,不断扩大的政府直接投资依然是研究生教育经费的支柱。如表1所示。

表1 各国高等教育政府投资表

国家	年度	公共教育投资占GDP比例	高等教育占公共教育投资比例	高等教育投资占GDP比例
巴西	2006	5.10%	17%	0.867%
墨西哥	2006	5.5%	17%	0.935%
印度	2005	3.20%	19%	0.608%
中国	2006	2.54%	19.84%	0.504%

数据来源:根据UNESCO Institute for Statistics (http://stats.uis.unesco.org/unesco)提供的数据计算。

从表1可以看出,拉美两国对高等教育的投资比例明显大于印度和中国,而我国高等教育投资占GDP的比例最低。巴西甚至在宪法中明确规定,每年联邦政府提供给教育的公共经费不得少于18%,相当于国民生产总值(GDP)的5%。联邦区、州政府和市政府必须把其财政税收的至少25%投资教育(包括那些来自于联邦政府的经费)。这三级政府投资教育的比例大致为联邦政府20%;州政府50%;市政府30%。

6. 质量评估机制

印度、巴西和墨西哥在研究生教育快速发展时期都存在着不同程度的研究生教育质量下降问题,三国均通过教育评估机制改革促进研究生质量的稳定和提高。三国都成立了专门的研究生教育质量鉴定评估机构。1986年印度成立研究生教育质量鉴定委员会,负责全印度研究生教育质量鉴定与评估工作。1994年印度大学拨款委员会倡导建立了国家认证委员会,对研究生课程进行评定,改进研究生教学和科研模式。1988年巴西重建国家高等教育委员会,对公立大学特别是以研究生教育为主体的研究型大学教育质量予以系统化的评估。从1997年开始,巴西教育部组织专家对巴西各研究型大学实行教育机构评价体系,对研究生院的导师队伍、创新课程开发、大型实验室建设等进行评估,并分等级进行公布。墨西哥于

1989年成立全国高等教育评价委员会,旨在以持续的评价工作作为指导研究生体系改革的基本手段。

三国对研究生教育质量的评估方式、政策有所不同。2004年印度国家评估与鉴定委员会确定了对研究生教育评估再鉴定的框架,从质量的维持、质量的提高及第一次鉴定报告对研究生院的作用这三个方面,考察高校在第一次鉴定结束后5年内为发展核心价值所做出的努力。这种综合评估的实施对研究生教育质量起到了良好的监督和提高作用。巴西国家高等教育委员会对研究生教育的评价,范围包括对个人、部门、项目、院校系统4个层次,由自我评价、内部评价及外部评价多层次进行。其中,对各院校及特定项目的外部评价由学术界知名人士组成的专家小组进行。在墨西哥,研究生教育在不同的学校和地区存在较为明显的多样性和差异性,加之学校之间缺乏联系,使得墨西哥研究生教育评估机制具有相对的灵活性。评估中会更多地考虑各学校发展的程度、各课程发展的阶段以及研究生课程的实效及影响。

二、对我国研究生教育发展的启示

近年来,我国研究生教育发展很快,现已跻身于世界研究生培养数量大国之列。截至2008年底,全国在学研究生已达128.3万人,平均每万人中已有9.66个研究生,可授予硕士学位的高等学校795所,可授予博士学位的高等学校近300所。借鉴上述三个多人口发展中国家的研究生教育改革和发展模式,实现我国研究生教育从数量大国向质量强国的转变,具有重要的现实意义。

1. 发展研究生教育应成为我国国家战略的重要组成部分

印度、巴西和墨西哥都非常重视研究生教育在经济和社会发展中的作用,将其作为国家战略的重要组成部分。研究生教育作为现代国民教育的顶层,直接关系知识经济时代一个国家的竞争力。我国研究生教育起步较晚,对其体系的改革与发展直接影响创新型国家建设的进程。作为"人才强国"和"科教兴国"战略重要结合点和制高点的研究生教育无疑应成为我国国家战略的重要组成部分。

2. 重点扶持一些具有比较优势的研究型大学

通过对三国研究生教育政策的研究,发现三国政府都采取集中资助那些基础好、科研强的研究型大学的措施,重点发展其博士生教育,而这些受资助的大学也确实成为国家高校科研发展的中坚力量。我国也应进一步发挥优质研究生院在我国学位与研究生教育中的骨干和示范作用,在财力有限的情况下,博士生教育层面应重点资助那些具有比较优势的、拥有较为雄厚科研实力的研究型大学,把它们建设成高水平的研究生培养基地,充分发挥优质研究生教育资源的效益,让办学水平高的研究型大学在研究生教育改革中发挥示范和引领作用;在硕士生教育层面,应考虑区域布局的协调,对于中西部地区应适当予以政策倾斜。

3. 建立和完善研究生教育质量保障体系

对印度、巴西和墨西哥研究生教育的研究表明,三国在扩大研究生招生规模的同时出现了不同程度的研究生教育质量下降的问题,三国政府通过形成和完善科学、合理的教育质量评估体系等改革措施保障了研究生教育的质量和效益。

当前,我国研究生教育持续大规模增长已经对研究生培养质量提出了挑战。要解决这一问题,建立和完善研究生教育质量保障体系势在必行。研究生教育质量评估体制应逐步由以政府为主体的单一的行政监控模式转向以教育主管部门宏观指导、社会中介质量评价机构参与、培养单位自律和社会用人单位评价的多元、多层次的质量评估机制,让社会参与监督和评估研究生培养质量,这既有助于研究生教育适应社会的需求,也增强了质量评估的公正性和科学性。在研究生培养单位内部,应逐步下放研究生院的行政权力,建立以导师为核心和第一责任人的微观质量把关体系,真正建立研究生培养激励机制和淘汰机制。

4. 改革研究生教育培养模式,优化研究生教育结构

研究表明,印度、巴西和墨西哥在研究生培养模式方面有许多可供借鉴的环节,它们的研究生教育理念和培养模式与欧美等先进国家的研究生教育有诸多异曲同工之处。当前我国研究生教育环境和形势(如规模、社会需求、就业环境等)已经发生了重大变化,研究生培养模式改革势在必行。借鉴三国研究生培养模式的成功经验,在研究生培养模式改革方面应适应形势发展的需要,增加应用型硕士生的比重,扩大专业学位硕士生教育规模,稳定博士生培养规模,优化研究生教育的学科结构和层次结构;重点发展博士生教育,适当延长博士生学制,增加硕博连读的比重,突出对博士生创新能力的培养,努力构建与我国高等教育和社会、经济发展相适应的精品博士生体系,提升我国博士生教育的国际地位。

5. 加大对研究生教育的投入,创新筹资手段,形成多渠道融资格局

对三国研究生教育经费投入机制的研究表明,虽然研究生教育经费来源渠道呈多元化趋势,但政府投入依然是主体。从表1中数据可看出,巴西、墨西哥、印度三国对高等教育的投资比例明显大于中国,而我国的高等教育投资在GDP所占的比例最低。研究生教育发展的进程、高校科研能力和水平的发展与政府投入增长的快慢呈直接正相关。我国创新型国家建设和科教兴国战略,为研究生教育提供了历史的发展机遇。当前,国家应加大对高等教育包括研究生教育经费投资力度,增加高等教育投入经费在GDP中的比重。与此同时,需要进一步优化研究生教育经费来源结构,要充分抓住研究生培养机制改革的契机,解放思想,转变观念,构建一个以政府投资为主体,社会、企业、家庭捐助多元化的融资体系,实现研究生教育的快速、持续、健康发展。

参 考 文 献

[1] Selected Educational Statistics[OL]. 印度人力资源部高等教育司官居方网站,2005-6. http://education. nic. in/stats/statpub. asp.
[2] 黄志成. 巴西教育[M]//顾明远,梁忠义. 世界教育大系. 长春:吉林教育出版社, 2000:197.
[3] Programa Nacional del Posgrado(1959～1994)[Z]. Modernización Educativa Ⅵ. México: SEP,1990.
[4] 何亮姬,王根顺. 印度高等教育评析及启示[J]. 中国农业教育,2008(2).

作者:燕京晶 裴 旭 陈 伟
原载于《中国高教研究》2009 年第 7 期

与国外联合培养博士生是立足于国内培养的重要补充

作为立足国内培养高层次人才的重要补充,和国外开展联合培养博士生在短短的几年中已收到了良好的效果,培养出了一批我国急需的高级人才。然而由于某些不完善之处,使得这一措施在具体贯彻运行中出现了一些问题,发生了部分人才流失和浪费现象。

一、联合培养模式的提出

随着我国博士生培养的经验积累,在原来的培养模式上,国家教委于1987年提出与国外联合培养的模式,即在国内学完基础课程,在国外利用发达国家先进的仪器设备、科研条件完成部分或全部博士论文,然后回国答辩申请学位。这是根据我国现有的培养条件,在充分肯定和分析国内外博士生培养的利与弊的基础上提出来的。在博士生课程的学习上,我们往往要求比国外严格,而在一些高新技术学科,就目前水平和实验条件,限制了这些学科博士生论文的水平,影响了此类学科高级人才的培养。和国外先进国家联合培养博士生,是一种独立自主培养自己博士的新模式。这一模式的建立,弥补了我们立足国内培养的不足,为尽快培养出急需要的高级人才开辟了一条新路。

二、联合培养和立足国内培养的关系

在博士生培养上,强调立足国内,就是强调独立自主地发展具有中国特色的博士生教育和学位制度。然而要面向现代化、面向世界、面向未来,就不能走闭关锁国办教育之路。中国是一个发展中的国家,比起发达国家的研究生教育,博士生培养仅有十几年的历史。要想立足国内迅速培养出我们自己的高级人才,起步总是要借助先进国家的力量。日本的研究生教育即是如此。

早在50年代初期,我国就向苏联派遣了大批留学生,后来正是这些人学成回国后加强和充实了我国高等学校的师资队伍。要立足国内培养博士,关键在于导师队伍的建设,而目前我国导师队伍老龄化严重。由于历史原因,很多导师自身并无学位。要使我们培养的博士面向世界、面向未来,如果不首先在一些较弱的学科,通过和国外联合培养的方式,迅速培养出一批跨世纪的未来"博导",那"立足国内培养"将是一句空话。

目前我国的科学技术与发达国家相比还是落后的。特别在一些新兴的边缘学科,如微电子学、激光、生物工程等需要大力发展。而那些发达国家有雄厚的资金、先进的科研设备,我们的博士生在国内完成课程学习,到国外利用发达国家的科研条件来完成部分或全部论文,然后回国答辩、申请学位,这样我们既学到了别人的先进技术,又培养了自己急需要的科研人才,符合某些新兴学科建设的需要。

众所周知,目前由于国家还很贫困,仅靠教委每年下拨的博士生培养经费,对一些实验学科要完成一篇高质量的博士论文几乎是不可能的。况且受到一些实验条件限制,使得论文达不到较高水平。

联合培养博士生为一些新兴学科发展开辟了新途径,也为这些学科立足国内培养博士生奠定了基础。

在博士生培养上,强调立足国内,并不是闭关自守。我们希望通过和国外联合培养的方式,使一些博士生在做论文期间就能到国外进行一段研究工作,从而扩大视野,博采众长。如果能在世界上某些高水平的学术中心受到熏陶、培养,则将会有更大的收获。这样做与立足国内培养并不矛盾,我们最终目的是在国内建立起自己的高水平人才培养基地。国家教委和国务院学位委员会关于《研究生教育和学位工作"八五"计划和十年规划要点》在确定了"实现立足国内培养与国际水平大体相当的博士"的同时,指出了20世纪90年代我国研究生教育与学位工作的总目标是建立一个适应社会主义建设需要的面向21世纪的具有中国特色的研究生教育体系与学位制度,实现高层次人才的培养。所以立足国内培养具有中国特色的研究生是21世纪我国研究生教育发展的总体目标。要实现这一目标,我们必须用和国外联合培养的方式,尽快为一些急需发展的学科培养人才,以弥补立足国内培养的不足。五年来,我们联合培养博士生取得了一些成功的经验。实践告诉我们,通过这种新的模式培养出来的"杂交博士"是土洋结合、中西兼有的产物,具有很强的杂交优势。这些人不仅具有较洋博士更扎实的基础理论,而且论文也达到了国际公认的高水平。

三、目前联合培养存在的不足

联合培养博士生作为博士生培养的一种模式,由于具体执行过程中的一些失误,使该项工作在运行时也出现了一些问题。如一些公派的联合培养博士生,国家花了钱送出去学习,学成后逾期不归,有的甚至转换国别,导致联合培养博士的回国率不高。中国科大先后通过各种渠道派出联合培养博士56人,目前学成回国12人,仅占派出人员的20%。

由于管理中的一些漏洞,也使一些人钻了空子,有的学科本来并不是较弱的学科,但有些博士生入学后,就希望通过联合培养的渠道达到出国的目的。这些人甚至不顾专业是否对口,对方的科研条件是否比我们强,只要得到资助就利用自费公派,通过联合培养渠道出去,结果造成人才的不必要流失。

五年来，通过联合培养的途径我们确实也培养了一批高质量的博士。他们在国外学成后，怀着一腔报国之情回到养育他们的国土上。这些人有的已成为本学科的第二梯队、第三梯队的人物。但有些单位由于使用不当，使这些人不能很好地发挥作用。这些人抛弃了国外优厚的物质条件，放着"洋博士"不要而取了我们的"土博士"，理应得到重用，但其中许多人取得学位后除了工资低、生活困难之外，可悲的是连自己的实验室也没有，更难谈科研经费。在到处碰壁的情况下有些回国的博士生感叹，申请科研经费简直比申请国外老板的资助还困难。这样逼得有些人取得学位回国后，再度出了国。这种人才的浪费不亚于前者的人才流失。

四、联合培养模式要在发展中不断完善

联合培养博士生中存在的问题，归纳起来都是由于运行过程中的失误造成的。作为一种新的培养模式，需要在不断总结经验中加以完善和发展。我们认为，在今后工作中，对公派联培博士生要加强爱国主义和国情教育，使他们认识到国家在经济困难条件下，拿出钱来送他们出国学习是何等的不容易。要让他们树立为国效劳的责任感，对一些学成不归者应采取强制性措施，追究经济责任。对自费公派联合培养博士生，主管部门应严格把关，堵住漏洞，真正做到按需派遣。这部分人出国时，应交付培养费押金，如能按协议学成回国，退回押金。这样做也能和研究生自费出国接轨，以防有人借联合培养钻空子。

要做好联合培养工作，决不能忽视做好联合培养学成回国的博士的工作。国家对他们应给予高度重视，用人单位对他们的生活、职称等问题应给予关怀、倾斜，使他们有一种获得中国学位的自豪感。同时在科研上，应为他们创造良好的科研环境，不要让这些人再苦于为实验室、仪器、科研经费而奔波，使他们有施展自己才华的地方。他们都是国家花大钱培养出来的急需人才，都是 21 世纪我国科技的栋梁，他们怀着一颗报国之心回来，决不能让他们感到失望而第二次离去。因此做好现有联合培养回国人员的使用工作非常重要，不仅能充分发挥他们的才能，而且有可能吸引更多的学成博士回国。我们花钱培养了这些人就是为了使用这些人，否则这种人才的浪费比流失更可悲。

联合培养工作开始仅五年，和任何新的事物一样，总存在一些不足，但必定是利大于弊。我们相信这种培养模式会在发展中不断完善。联合培养仅是目前适合我国国情的一种培养模式，我们的最终目标还是在国内尽快建立起自己的人才培养基地，立足国内培养高水平的具有中国特色的博士。

作者：张淑林
原载于《学位与研究生教育》1994 年第 6 期

创造力战略下台湾高校通识教育的发展及启示

二战以来,通识教育在哈佛大学等著名高校的推动下成为世界各国大学进行的一项重要教育改革。欧美高等教育中的 General Education,在我国台湾地区通常被译为"通识教育"。通识教育在方法与见解上与完全专业教育迥异,它指向共同性与整体性教育的目标,同时给我们提供一个对事物整体性看法的教育理念,其核心价值就是要通过主体与客体的和谐互动激发、培养主体的内生创造力。台湾高校的通识教育经历了学习西方通识教育的理念精神,到各高校积极推动其制度化,再到对其理念的反思,以至形成在创造力战略下的新的尝试。通识教育日益成为台湾高校教育中的重要政策。笔者拟介绍创造力战略下台湾地区通识教育在内容、途径、组织制度等方面所呈现的特色,以期为推动我国大陆高等教育的健康发展提供借鉴。

一、台湾创造力战略方针的确立

20世纪中后期在取得经济高速发展的同时,台湾高等教育也在迅速壮大。这种状况所带来的弊端日渐凸显:高校教育的功利化、学生知识面狭窄等等一系列问题严重限制了台湾社会的发展。台湾教育界亦在此时意识到只有将提升民众创造力作为持续发展的战略,才能不断迎接新的挑战。在此背景下,台湾岛内先后出台了《科学技术基本法》、《新世纪人力发展方案》、《知识经济发展方案》、《台湾创造力白皮书》等法案,意在培育具有创新能力的优质人才。尤其值得关注的是2000年12月颁布的《台湾创造力教育白皮书》,该法案突出强调学生创造力的培养,指出创造力是提升民众素质、发展知识经济的前提,明确创造力教育为未来教育工作的推动重点,并针对创造力教育的特点,对台湾高校提出了三点要求:一是草拟有利于建立创造力社会的教育政策;二是营造创造力教育的课程与学习环境;三是孕育创意蓬勃的生态文化。对于学校在创造力教育中所应承担的任务,《白皮书》做了非常明确的规定:以经营创新的学习环境与活泼的教学氛围为主体工程,提升教育视野,发展各校特色;让包容与想像力无限延伸,营造尊重差异,欣赏创造的多元教育学习环境。《白皮书》肯定了各高校在提升学生创造力中的作用。这种作用主要体现在相关教育政策的制定,课程与学习环境的改善以及高校文化建设上的和谐动态的互动三个方面。以激励学生创新能力为己任的通识教育,在《白皮书》颁布后,又找到了新的发展动力。通识教育承担着创造力教育目标能否顺利实现的重任,创造力战略的实现依赖于台湾各高校通识教育执行的效果,而创造力教育战略目标的提出又为台湾高校通识教育的发展提供了新的契机。

二、创造力战略下的台湾高校通识教育概况

1. 基本理念

不断提升学生的创造力是目前台湾高等学校通识教育发展的重要任务。台湾通识教育强调大众与精英并重的原则,培养具有特定能力的人才,发挥其潜能;同时基于人人都能创造的理念,在创造力教育内容上,提倡情义、知识和技能并重,科学和人文之创意并重;提出培养学生的多元技能,使学生具备创新所需的系统的整体的创造力知识。为适应台湾当局的创造力战略,台湾教育界对通识教育的目的做出了明确界定:

(1) 通识教育的目的,就个人而言是培养健全的人,就团体而言是培养共识,即生命意义、历史文化、政治素养和人类前途的共识。

(2) 通识教育的方法是运用人所具有的特质——理性、道德、价值、观念、自由意志等,帮助个人充分发展潜能、发挥人性。

(3) 通识教育乃在培养一个健全的人应有的知识、技能与情义。

(4) 通识教育注重知识的广博性、统整性,它包括人文、社会与自然科学的基本知识。

(5) 通识教育要培养的良好技能,包括表达、沟通、综合、分析、了解与批判等能力。

(6) 通识教育要陶铸的情操,包括追求自我实现、尊重他人价值、热心社会问题、珍视民族文化、善尽国民义务以及关怀人类前途。

对通识教育所要达到的目标也做了明确的规定:

(1) 培养学生基本的能力,使学生具有基本沟通、思考、批判的能力以及进一步研究学问所需要的各种基本能力。

(2) 培养学生各种主要知识领域的认识与了解。

(3) 培养学生对自身的了解,启发人文素养,提高个人的生活品质,并对人生意义及价值有完整的概念。

(4) 培养对世界的关怀,使学生成为积极参与并解决社会问题的现代公民。

(5) 培养具有世界观的公民,不仅了解自己所生存的社会,更要对其他文化包容和探索,并了解自身与他人、与宇宙自然的关系。

(6) 让学生对人类过去的历史、文明有所了解,并进而鉴往知来,为未来预做准备,学习各种所需的知识与技能。

(7) 强调对伦理与道德的思考,使之面临道德问题时,能做出敏锐的判断与正

确的选择。

2. 基本框架

台湾地区的通识教育从早期注重开设一些人文科目并逐渐过渡到注重课程的统整性,开设综合性课程或在课程设计上强调对学科的整合。让学生在广泛的知识基础上,发展独立思辨与批判的能力,具有在整合知识的基础上发挥创造力的能力。1998年由台湾大学黄俊杰教授主持的"国科会研究项目"全面规划了大学通识教育课程体系。他认为在课程设置上要贯彻"拓展时间的深度"和"加强不同领域或部门间的联系"的原则,要把过去、现在和将来在时间上连接起来,就要加强中国文化的学习,而要实现各个领域的整合,就需要对不同的课程进行总体设计和综合。他把这两个原则贯彻落实到具体的学科中,在不同学科中都体现德育、智育、体育、群育及美育的基本原理,并将通识教育课程划分为四大领域:人文学、社会科学、生命科学、物理科学。这一课程体系反映了台湾地区高校通识教育发展的趋势。为台湾各院校采纳的主导课程方案如表1所示。

表1 台湾地区各院校采纳的主导课程方案

人文学	"自我"的建构	生命伦理探索;逻辑推理与哲学思考;美感经验与文学欣赏;音乐欣赏与理论;中国(西方)艺术史;世界宗教与文化
	"自我"的开展	中国文化的发展;台湾地区历史(文学)与文化;现代世界的形成;东亚文明的发展;儒家经典名著选读;佛教经典名著选读;道家经典名著选读;西方文学经典名著选读
社会科学	入门性课程(Ⅰ)	社会科学导论
	互补性课程(Ⅱ)	文化与文明(人类学取向);个人与社会(社会学取向);适调与互动(心理学取向);生产与消费(经济学取向);自律与他律(法律取向)
	综合性课程(Ⅲ)	宗教与社会、群族与文化、文化与生活、当代社会思潮;家庭与婚姻、两性、文化与社会、社会问题分析、科技(学)与社会;知识与行动(人性探讨)、人与环境、心理现象与社会行为、资讯社会与媒体传播;沟通与表达(含道德推理)、社会变迁与发展、经济与社会;法律与社会、民主政治与现代社会
生命科学	生命科学基本原理	生命科学概论(生命科学原理、生命科学与人类文明);生物的演化
	生命科学与人类	基因概论;生态与环境;生物与文明;生物科技;性与社会;食品与营养;医药与卫生;心与脑;人口与粮食;环境保育;生命与人

续表

物理科学	科学方法导论	数量推理；数量与文明；量测技术
	基础科学概论	化学与生活；基础物理；电子学入门
	资讯科学与现代生活	电脑与生活；资讯与教育；自动化；电脑与艺术
	资源与能源	核能技术；能源与交通系统；高分子概论
	环境认识与保护	认识宇宙；认识海洋；河川污染与防治；自然观察
	科学与文化	中国科技史；西洋科技史；近代物理学之演进；专业伦理

3. 具体举措

为推动通识教育，培养学生创造能力，使通识教育系统化、制度化，台湾地区各高校纷纷设立了独立的通识教育中心，作为推动通识教育的专门机构。通识教育中心是台湾各高校规划通识教育的独立的教学研究单位，其职责就是推动、协调通识教育与共同教育中的相关事宜。该委员会的委员主要负责全校的通识课程和共同选修课程，它的主要成员有一名主任委员，下设几名委员，其中：专设通识教育委员，负责全校通识课程的编制；设立通识教育行政人员，具体处理与通识教育课程有关的行政业务。除此之外，台湾各高校中还出版了通识教育的刊物，如"国立清华大学"的《通识教育季刊》、"中山大学"的《中山大学通识教育学报》等等，这些举措促进了通识教育在高校的稳定发展。

台湾高等学校开展通识教育的方式也多种多样，如设置选修课程，开展通识讲座、通识活动，院校合作开展通识教育，建立区域网络，开展校际互选。各校普遍重视名著导读，开设导读性课程较多。以台湾大学为例，台湾大学的通识教育大致以选修通识教育课程、参加通识教育讲座、参与通识教育讨论、参加通识教育活动为主。由于选课人数通常较多，给举办活动和讨论带来很大困难。于是，通识课程教师往往根据课程的特点，限定选课人数，以便有目的地在课堂中开展讨论，启发学生学习的兴趣，开拓其视野和思维。

三、对我国大陆高校教育改革的重要启示

在科教兴国的目标下，创新型人才已经成为我国建立自主创新性国家、实施可持续性发展所依赖的重要人才资源。我国台湾地区通识教育在培养创新型人才方面的成功经验，对我国大陆的高校教育改革具有重要启示：一是要不断学习和借鉴国外以及台湾地区通识教育的先进理念。通识教育目的是为了扭转功利化的大学教育带来的弊端和缺陷，使学生具有"忧天下之忧"的人文情怀以及不断创新的创造动力。目前我国大陆高校通识教育改革取得了一定的成效，但对通识教育理念还缺乏本质上的深入认识，仅仅通过开设一定量的文化课程并不能解决问题，甚至会让目前的高校教育改革走向误区。因此结合我国大陆现阶段高校教育的特点，

不断深化对通识教育的认识,形成适合的通识教育体系,才能为培养创造型人才提供有利条件。二是要使通识教育向体制化、程序化的方向过渡。目前我国大陆通识教育的开展还处在起步阶段,许多高校开始推行通识教育,但是也存在着诸多问题,其中管理体制和评定制度的缺乏是比较突出的方面。在我国大陆高校中,通识教育往往依附于各院系,依据院系所需来设置通识课程,通识课程成了专业课程之外的补充。但通识教育相对于专业教育而言,并不是可有可无,它应当和专业教育一样规范化和体制化,因此在我国大陆的高校教学改革中也应设立独立的通识教育专门机构,这样才能有力保证通识教育的推广。三是要从整体思想出发来设置通识课程。通识课程是体现通识教育效果并使其深入人心的最重要保障。近几年来我国大陆高校纷纷设立了相当多的文化素质教育选修课(如清华大学、北京大学、复旦大学等),加强了在校学生的人文方面的修养,但也出现了很多亟待解决的问题,如课程设置不均衡,课程内容的80%是关于人文素质修养方面的,而且课程设置随意性大。其实通识教育并非知识的简单叠加,通识课程的设置是科学精神和创新精神的体现。黄俊杰教授提出的通识课程规划更能适应新形势下对提高当代大学生创造能力的要求。另外,通识教育的开展除了可以通过课堂教学实现外,专家讲座、社会实践、学术沙龙等都是开展通识教育的有力形式。

经过20多年的实践,通识教育的重要性,已经逐渐被台湾地区各大学、学院的教师、校长及教育主管机构所认识和肯定,并得到了研究经费上的支持。此外,台湾通识教育的理论和实践探讨也开展得非常深入,在教育思想的转化、课程内容的规划、教学方法的改进等方面都有许多值得借鉴和学习的经验。

参 考 文 献

[1] 台湾创造力教育白皮书[R]. 2000-12.
[2] 台湾通识教育学会.关于台湾大学院校通识评鉴理论与实施之研究:第一阶段的研究报告[R/OL]. http://www.ncu.edu.tw/cage/study/study0102.htm. 1997-06.
[3] 台湾大学通识教育四年提升计划[Z/OL]. http://edtech.ntu.edu.tw/course/common. 2000.

作者:石 仿 裴 旭 万洪英
原载于《中国高教研究》2007年第1期

国外大学评估及其对我国的借鉴意义

大学的评估、排名是高等教育发展到一定阶段的必然产物。在高等教育比较发达的国家,如美国、英国等,几乎都有民间机构或大众传媒对大学进行排名评价,评价规则相对成熟,因而能得到较普遍的认同,并直接影响着国家的教育政策、教育投资和学生对学校的选择等。我国的大学排名起步较晚,但发展迅猛,据报道,目前全国共有十几个单位发表了30多个大学排行榜,有关中国大学排行榜的网站更多达32万余个。这些五花八门的排行榜,虽然远谈不上科学、合理、可信,但不可否认的是,它们正以一种特别的方式影响着高等教育的方方面面,包括大学、各级政府及教育行政部门、学生及用人单位等。因此,我们必须正视这一现实,加强对世界各国大学评估制度、评估理论和评估技术的研究,通过博采众长,不断完善我国的大学评估体系和评估方法,使各类大学排名朝着有利于促进我国教育资源合理配置的方向发展。

一、国外大学评估简况

美国是世界上高等教育最发达的国家,其高教评估已形成较为完整的体系,不仅有学校自评和外部评价相结合的机制,而且有众多的高校评估机构。在美国,对学科专业进行评估有专门的认证机构,其认证条件分一般标准和专业标准两部分。而在大学排名方面,主要有《美国新闻与世界报道》、《时代周刊》、《金钱》等媒体。其中,《美国新闻与世界报道》每年一次对美国大学的排名最具有权威性。这种权威性不仅在于它以教学质量为标准,更在于它采用一套科学的方法对大学进行评估,即以"卡内基分类法"为基础,无论公立、私立,均划分为4个层次和8个类别,再进行分类评价。该杂志的评价标准主要包括同行评价和学校声誉(25%)、在校生的回返率和毕业率(20%～25%)、师资质量(20%)、新生质量(15%)、学校资金(10%)、毕业率的增长(5%)、校友捐款人数的百分比(5%)等7项评价标准。

英国的大学评估也是按学科专业进行分类评价,其评估标准包括教育体制,人才培养模式,各专业人才培养目标以及课程的教学内容、教学大纲、实施计划、条件保障等多项指标。著名的《泰晤士报》一年一度对英国大学进行排名,并出版一册《泰晤士报好大学导引》。此外,还有《金融时报》、《每日电讯》、《卫报》等对英国的大学进行排名。英国大学评价通常选用的15项指标是入学标准、学生/教师比率、获得哲学博士的教师数量、教师中具有教授职称的比率、图书馆经费、政府对研究的资助、合同研究、大学提供的学生贷学金、毕业生长期就业、毕业后暂时就业、研究或继续学习、一等奖获得情况、毕业率、研究生占学生百分比以及外国留学生占全部学生百分比。

德国最先介入大学排名的机构是《明镜周刊》,1989年推出大学排行榜。2004年,该国著名的《焦点》杂志也推出了10所大学的最新排名。在德国,主要的排名系统有两套:一是洪堡排名法,主要强调大学的研究能力和研究水平;二是《经济周刊》排名法,主要强调就业机会的大小。洪堡基金会把能吸引多少拿洪堡奖学金的外国顶尖人才当作衡量一所大学科研地位与声望的重要评价指标,而《经济周刊》每三年一次的排名则是由400家企业的人力资源部门经理评选的。这个排名对学生选择大学更实用,因为还没有进入大学就可以知道将来企业录用的机会了。

加拿大主要有《麦克林》杂志对大学进行排名。该刊于1991年首推大学排行榜,第一次对本国46所大学进行排名。《麦克林》把学校归纳为三类:基础大学类,主要侧重于本科教育,研究生教育不作重点;综合性大学类,主要侧重于在本科和研究生层次上从事研究活动花费的金额,课程数量的广泛性等方面,并包括职业课程学位;医学博士类,侧重于是否提供广阔的博士课程和研究,以及是否设有医学院及医学院的质量。评选标准主要包括生源质量(占总分的21%～22%)、师生比(占总分的17%～18%)、师资水平(占总分的17%)、办学经费(占总分的12%)、图书资源(占总分的12%)和声望(占总分的20%)等。不同类型的高校指标统计方法不同,但总体来说,基础类大学细分为22个方面进行评比,综合类大学分为23个方面进行评比,医学博士类则在24个方面进行评比。

日本的大学评价分排名和非排名两种,其中大学排名常常成为全社会关注的一个焦点。在日本,有关建立大学自我评价制度的内容已于1991年列入大学的法定义务。从1995年起,东京大学等少数大学开始实施校外评价。2000年,日本成立了专司高等教育评价工作的大学评价与学位授予机构。该机构主要对国立大学进行评价,包括以大学整体为对象的评价和按学科分别对教学和研究进行的评价。目前日本有许多大学排行榜,其中最著名的是朝日新闻社所推出的《大学排行榜》,它不仅在报刊上摘要介绍,而且汇编成书,供考大学的学生参考。此外,日本的《钻石周刊》每年也发布本国(地区)的大学排行榜,但影响相对来说要小一些。

二、我国的大学评估及其存在的问题

我国的大学评估始于20世纪80年代后期。自1985年《中共中央关于教育体制改革的决定》提出"对高等学校的办学水平进行评估"后,中国的大学评估开始进入探索阶段。在政府方面,原国家教委决定从1995年起分期分批对高等学校进行本科教学工作评估,后教育部延续了这一做法,目前这项工作已经历了两个阶段,评估指标体系正在不断完善。

从社会评价来看,最先对中国大学进行排名的是中国管理科学研究院科学研究所,它们在1987年9月13日的《科技日报》上发表了《我国科学计量指标的排序》,对国内87所大学进行排名。

1992年12月23日,国家科委在《人民日报(海外版)》上发表了《中国排出大学四强》,公布了国家科委排出的中国大学四强排名以及另外10所大学的名次。这是迄今为止唯一以中国政府部委名义发表的大学排名。

1993年以后,广东管理科学研究院《中国大学评价》课题组的中国大学排名榜开始在有关报刊发表,后又按年度出版成书,形成较大影响。

1995年10月,《中国高等教育评估》杂志,以《中国研究生院评估排行榜》为标题,公布了国家教委委托学位与研究生教育评估所对全国33所大学研究生院的评估结果,这是中国第一个大学研究生院综合排名。

2000年以后,"网大"、"中国校友会网"则利用其举办的网络传媒发布年度《中国大学排名榜》,引起广泛关注。

2003年上海交通大学高等教育研究所开始推出"世界大学学术排行"。

此外,《光明日报》、《中国科技期刊研究》、《科学学与科学技术管理》、《中国科学报》、《中国教育报》、《中国青年》等还发表过不同机构对中国大学某些单项实力的排序。

目前我国较有影响的大学综合评价民间机构主要有三家:一是广东管理科学研究院武书连课题组的《中国大学评价》;二是深圳网大有限公司的《中国大学排行榜》;三是中国校友会网的《中国大学排行榜》。他们各有千秋,并在一定程度上影响着高校的办学行为和公众对大学的选择。

从总体效果来说,我国教育部门组织的高校办学水平评估是比较成功的,它在促使高校坚持正确的办学方向、着力提高教学质量方面起到了重要作用,而由民间机构推动的中国大学排名在教育界则褒贬不一。从正面来看,它有以下几个方面积极意义:一是强化了办学水平高低可通过某种标准加以评价的意识,从而提醒高校管理者要重视办学效益,特别是人才培养质量;二是有效吸引了公众对高等教育的关注,从而部分实现了公众对高等教育的监督;三是促进了大学之间的竞争,因而有利于我国高等教育整体水平的提高;四是激发了人们对高教评估理论和评估技术的研究热情。从负面来看,我国的大学排名还很不成熟,首先是评估指标体系缺乏科学性,有的只考虑产出的目标评估,重视现在的"硬指标",忽视积累性指标和质量性指标,甚至不考虑"办学声誉"之类的重要"软指标";有的虽综合考虑了软、硬两方面的指标,但在有关指标的权重选取上颇有争议。其次是评估数据来源不一致,所依据的标准、运作的规则和程序等不够透明,因而可信度令人质疑。最后是将不同类型的大学不加区别地放在同一个指标体系下评估,既不公平,也不能真实反应不同院校的复杂特性。以上问题的存在,使得我国的大学排名现阶段还只有象征意义,远不能发挥引导教育资源合理配置和帮助学生正确择校的作用。

三、国外大学评估经验对我国的借鉴意义

从国内外大学评估的实践来看,一个完整的高等教育质量评价体系应该包括三个层次:一是高校内部的自我评估,它偏重于对教学过程的质量监控;二是官方和半官方的专业机构的权威评估,它兼顾过程监控和结果评价;三是包括大众传播媒体在内的民间评估机构,它以结果评价为主,注重社会大众对教育的满意度。就上述三个层次来看,我国的高教评估工作基本上已与国际接轨并带有明显的中国特色,但在评估制度、指标体系和数据平台建设等方面尚有较大差距。考察发达国家高教评估的实践模式对我国有以下借鉴意义:

(1) 在西方国家,大学排名评估,基本上是由民间机构进行的。它的评估结果能够获得较普遍的认同源于两个事实:一是这些国家的院校基本情况数据是规范、可靠、公开透明的;二是分类评价且指标体系设计得较为科学。我们应该加强高校评估理论和技术研究,加大高教评估制度、指标体系和评估方法研究力度,尽快建立国家统一管理、规范、真实而又动态更新的院校基本情况数据库,以便为各类大学评价研究提供统一的数据平台。

(2) 我国各种大学排名虽然也是民间评价机构所为,但在评估数据的可信度和指标体系的科学性方面不能与发达国家同日而语,其排名结果不可能做到客观、公正。为防止那些不负责的大学排名误导公众,政府有必要加强教育监督的法制化建设,通过颁布大学评估行政法规,对各类评估、排名机构进行资格认证,并规定发布大学评估的媒体及发布形式和主要内容。

(3) 大学排名是对大学教育质量进行评估的一种手段,其目的是为了提供教育信息咨询服务,形成激励机制。对我国大学排名评估在发展过程中的长与短、功与过,人们应以宽容的态度对待。我们的大学应提高自身对评估结果的承受能力,坚持按教育规律办事,绝不能让宝贵的办学资源"围着排行榜转"。

(4) 学校自评在国外颇受重视,它有利于形成教育质量自我监督机制。我们应学习日本的经验,将有关建立大学自我评价制度的内容规定为大学的义务。同时,加强评估组织工作,进一步转变政府职能,建立健全国家和省一级的评估机构,促进评估工作的专业化、制度化和规范化建设。

(5) 教育也是一个生态系统,国家应鼓励不同层次的高校主动面向市场需求、立足校情办出自己的特色和高水平。在目前大学排名的评价体系还不成熟的情况下,首先应坚持对大学进行分类评估,并在分类的基础上建立以学科、专业为基点的评估模式。只有这样,才能让大学排名真正形成可持续的积极效应,促进我国高等教育事业的蓬勃发展。

参 考 文 献

[1] [美]王竞. 剖析美国大学排名榜[N]. 中国教育报,2004-05-14(6).
[2] 武书连. 中国大学排名综述[J]. 科学学与科学技术管理,2001(8).
[3] 张志英,张彦通. 发达国家教育评估的特色与借鉴[J]. 中国高等教育评估,2005(1).
[4] 武书连,等. 2001 中国大学评价[J]. 中国高等教育评估,2001(2).
[5] 蒋继宁,等. 2003 网大中国大学排行榜指标体系[EB/OL]. http://rank2003.netbig.com/mk003.htm.

作者：黄志广　张淑林
原载于《中国高教研究》2005 年第 11 期

美国高等教育认证制度及其对我国的启示

所谓教育认证(Accreditation),是指某个权威组织或机构对一所学校或学校的某一学科是否符合一定的教育质量标准的承认或评价,简单地说,就是资格认定。教育认证不仅对政府进行教育投资提供决策依据,还可以为学生择校、用人单位选择人才提供参考信息。本文将就美国及我国的高等教育认证、评估制度进行一些分析。

一、美国高等教育认证的概况

美国的高等教育认证制度是一种以自我评估和同行评估为基础的质量保障机制,同时也是美国高校自我管理的重要手段之一。认证主要是由非政府的、自愿参加的院校协会或专门职业协会下的独立认证机构负责进行。这些机构制定认证准则,应邀进行院校认证和专业认证,主要的工作是评估学校和专业的质量,协助他们提高质量,并向公众公布所有获得认证的院校和专业的名单。

由于美国的联邦宪法禁止教育部等政府机构直接管理或控制本国的高校,政府对教育的管辖权分散归各州所享有。联邦政府仅是通过对学校和学生个人提供资助等方式对高等教育施加影响。高等学校主要是向州政府承担社会教育责任。这就造成了美国的高等教育从规模到质量,均有极大的差异。直到19世纪后期,才开始建立起一种质量管理体系,即高等教育认证体系。

1. 美国高等教育认证的发展简史

美国的高等教育认证制度独具特色,它是从两个方面逐步发展起来的。一个方面是院校认证。1885~1924年间,新英格兰中部等6个地区的院校相继建立协会。这些协会为其会员院校制订共同质量标准并代言共同关心的问题。1913年,中北部院校协会开院校认证之先河,院校认证从此逐步发展起来。另一个方面是专业认证。专业认证是由专门职业协会会同该专业领域的教育工作者一起进行的,它为学生进入专门职业界工作之前的预备教育提供质量保证。专业认证的首例开创于医学领域。1906~1907年,美国医学会下属医学教育委员会与美国医学院协会联手公布了第一批医学院名单,这些医学院经鉴定被承认能为医学专门职业提供适当的预备教育。此举一方面促使其他医学院不断提高入学标准、改进教学;另一方面也为停办一些被医学会视为不能提供适当教育与训练的医学院埋下了伏笔。在20年代结束之前,专业认证在法律、林学、园林建筑、图书馆科学、音乐、护理、验光配镜和师范等专业建立起来,并继续扩展到许多其他专业中去。

20世纪中期以前,各认证组织一般都倾向于独立运作,彼此间不大来往,各组织的活动也不受什么监督。到了1949年,才成立了一些协调机构,其中之一就是全国认证委员会(National Commission on Accrediting, NCA)。它是由7个以院校为背景的主要高等教育组织所建立的。NCA十分担心专业认证组织的数量过多及其带来的影响,并试图削减专业认证组织的数量,将它们的活动合并到地区性认证组织中去。NCA的这一主要目的虽然没有达到,但它确实制定了一套审查认证组织的办法,并为多数专业认证组织所接受。

在1949年还出现了另一个不同的组织,叫做全国地区性认证机构委员会(National Committee of Regional Accrediting Agencies, NCRAA)。它是由各地区性院校认证委员会共同组建的,以促进彼此间的合作,并制订共同的互补政策与程序。NCRAA每年公布一份年度一览表,列出所有经地区性认证通过的院校名单。

全国性组织之间原本是很少联系的,但随着时间的推移,认证越来越显得重要,联邦政府也逐渐用到它。等到认证成了取得某些联邦经费的必要条件时,显然就需要有一个全国统一的机构来负责协调和认可各认证组织了。

1975年NCA和NCRAA合并,成立了高等教育认证委员会(Council of Postsecondary Accreditation, COPA)。

从1975年到1993年,近20年的时间内,美国高等教育认证形成全国统一的局面。

COPA在全国各地区、各行业中,成了院校认证和专业认证的总代表,在教育认证方面起了领导作用。它负责审查和承认各认证机构,同时又为它们服务。COPA在美国高等教育认证及其管理方面做了大量的工作,但也有所失误。此间认证工作取得了长足的进展,但同时也孕育了不少矛盾。

90年代初,由联邦学生贷款归还问题引发了各种矛盾,并一发不可收拾。COPA陷入矛盾的漩涡之中,终于于1993年底解散。此后,认证进入一个多变的过渡期。1993~1994年间出现了三个全国性机构。

(1)高等教育认证认可委员会(Commission on Recognition of Postsecondary Accreditation, CORPA)

对各认证组织进行评审并给予承认的职权本来是由COPA掌握的。COPA解散后,必须立即有一个后继组织来接替。为此,COPA任命的一个特别委员会决定于1994年1月成立临时过渡性的CORPA。CORPA是一个非政府组织,它的任务是制定评审和认可各认证组织的准则和条例、程序和方法;对各认证组织进行评审、认可和协调;为各认证组织提供服务,以帮助它们改进工作。实际上,原来

COPA 对各认证组织的认可状态,均由 CORPA 继续认可,并未中断,甚至原来 COPA 的认可委员会成员仍继续在 CORPA 从事同样的工作。

(2) 全国高等教育院校认证决策委员会(National Policy Board on Higher Education Institutional Accreditation,NPB)

NPB 的任务是研究院校认证面临的主要问题,提出解决办法,就接替 COPA 的新组织提出建议,并为未来的美国认证构思可供选择的方案。NPB 于 1994 年 10 月提出第一份名为"自主、认证和公众利益"的特别报告,对未来的高等教育认证提出了一个初步设想,广泛征求意见。之后,在 1995 年 3 月 NPB 又重新提出了一个新方案,见于第二个报告"NPB 关于高等教育认证的声明",并再次征求意见。但是 NPB 的两个报告均遭到高等教育界的强烈反对,始终未能就是否建立或建立怎样的全国性组织提出能为大多数所接受的建议,从而实际上失去了它本身存在的价值。

(3) 专业认证协会(Association of Specialized and Professional Accreditation, ASPA)

COPA 原来是院校认证和专业认证的总代表。它解散以后,CORPA 仅具有承认院校认证和专业认证机构的功能。而 NPB 基本上只管得到院校认证。于是在专业认证方面,1993 年 8 月成立了 ASPA。ASPA 是一个非营利的自治组织。它是目前美国专业认证方面的总代表。

1994 年 7 月由 24 所高等院校的校长等人组成了一个校长鉴定工作组。1996 年 3 月工作组将关于成立新的高等教育认证委员会(Council for Higher Education Accreditation,CHEA)的建议,连同 CHEA 理事会的选票分送 2990 所院校的校长,从而实现了美国高等教育史上第一次全国性公决,成立了 CHEA,并投票选出了理事会。新的高等教育认证委员会于同年有序接管了 CORPA 的职权。

1997 年 3 月,ASPA 加入 CHEA,成为其附属组织。至此,CHEA 成为美国高等教育认证的总代表。CHEA 继承了美国高等教育认证的非政府、教育界自我管理的传统。在许多方面,CHEA 与以往的全国性组织是相似的,所不同的是,CHEA 理事会的权力可能比以往的全国性组织更强、更广、更明确。它可能会实行更强有力的统辖和控制。CHEA 声称自己的总目标是:增进高等教育认证的效用,提高教育质量,向公众负责。

2. 美国的高等教育认证体系

很多国家的高等教育认证都是由校外的,而且通常是政府的认证机构进行的。而美国都是由教育界或专门职业界自己组织和承认的几十个认证机构分头进行的。美国的认证同时倡导两种方法,即全国性的和地区性的。认证以自评和同行评审为主,基本上是一种自治行为,这种做法与美国高等教育的多样性和自治特性相呼应。其认证体系如图 1 所示。

其中地区性认证机构共有 8 所,详见表 1。它们分属 6 个地区性院校协会管理。这8所认证机构分工负责美国各州和其他政区的院校认证,担负了全国几千所高校的认证工作,在美国的认证体系中占有重要地位。

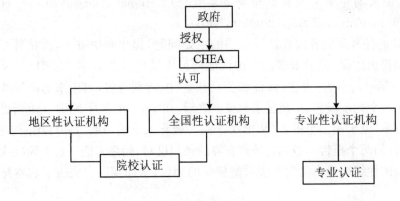

图1 美国高等教育认证体系

表1 美国地区性认证机构

Middle States Association of Colleges and Schools(MSA)	中部各州院校协会,高等教育委员会
Northwest Association of Schools, Colleges and Universities(NWA)	西北部院校协会,高等教育委员会
North Central Association of Colleges and Schools(NCA)	中北部院校协会,高等教育委员会
New England Association of Schools and Colleges(NEASC-CHE)	新英格兰院校协会,高等教育委员会
New England Association of Schools and Colleges(NEASC-CTCI)	新英格兰院校协会,技术与职业学院委员会
Southern Association of Colleges and Schools(SACS)	南部院校协会,高等教育委员会
Western Association of Schools and Colleges(WASC-ACCJC)	西部院校协会,社区与初级学院认证委员会
Western Association of Schools and Colleges(WASC-ACSCU)	西部院校协会,高级学院与大学认证委员会

全国性的认证机构共有6所,详见表2。这些机构负责对少数特定的院校进行认证。

表 2 美国全国性认证机构

Accrediting Association of Bible Colleges (AABC)	圣经学院认证协会
Accrediting Commission of the Distance Education and Training Council(DETC)	远程教育与培训认证委员会
Accrediting Council for Independent Colleges and Schools(ACICS)	独立学院认证委员会
Association of Advanced Rabbinical and Talmudic Schools(AARTS)	高级希伯莱语和塔木德经学馆协会
Association of Theological Schools in the United States and Canada(ATS)	美国和加拿大神学院协会
Transnational Association of Christian Colleges and Schools(TRACS)	基督教学院协会

美国的专业性认证机构名目繁多,各组织覆盖的学科范围大小不一。目前被CHEA认可的专业认证机构约有44所,分布在医药卫生、工程、人文、社会科学、农业等领域,例如ABET(工程和技术认证委员会)、AACSB International(国际商学院联合会)、ACEJMC(新闻学与大众传媒教育认证委员会)、APA(美国心理学协会)、ACF(美国营养学协会)等。美国的专业认证覆盖高等教育中的各个层次,包括副学士、学士、硕士和博士学位层次。

二、中国高等教育评估、认证的概况

1. 中国高等教育的管理体制

根据《中华人民共和国高等教育法》,中国高等教育的管理由政府负责。教育部主管全国高等教育工作,管理主要为全国培养人才的高等学校。各省、自治区、直辖市人民政府统筹协调本行政区域内的高等教育事业,管理主要为地方培养人才的高等学校。中国的高等教育分为专科、本科和研究生(硕士生和博士生)教育三个层次,实行学位制度,学位分为学士、硕士、博士三级。中国学位管理实行国家、地区、学校三级管理体制。国务院设立学位委员会,负责领导全国学位授予工作。国务院学位委员会组织和领导国务院学位委员会学科评议组,评议和审核有权授予博士、硕士学位的高等学校和科研机构及其学科、专业,对新增授予硕士、博士学位单位的整体条件进行审核。

省级学位委员会负责本地区经国家教育行政部门批准建立的全日制普通高等院校申请学士学位授予单位及学士授予学科、专业进行审批,报国务院学位委员会备案。

2. 普通高等学校的资格认证

中国的普通高等学校,必须经过国家教育行政部门的审批才能成立,并有1~5

年的筹建期限。这里所称的高等学校,是指以通过国家规定的专门入学考试的高中毕业生为主要培养对象的全日制大学、独立设置的学院和高等专科学校、高等职业学校。普通高等学校的设置,由国家教育行政主管部门审批。经国务院授权的省、自治区、直辖市人民政府可以审批设立高等专科学校和高等职业学校。设置普通高等学校的审批程序,一般分为审批筹建和审批正式建校招生两个阶段。普通高等学校的筹建期限,从批准之日起,应当不少于1年,但最长不得超过5年。教育部设立高等学校设置评议委员会,对申报设置的高等学校进行评议。教育部最后做出是否准予筹建或正式建校招生的决定。

20世纪80年代以来,中国的高等教育有了较快的发展,目前有高等学校1500多所,其中可以授予博士学位的高等学校230多所,可以授予硕士学位的高等学校450多所,可以授予学士学位的高等学校620多所。

3. 中国高等教育的质量评估

与美国不同,中国对高等教育的质量保证主要通过评估来进行。中华人民共和国高等教育法第四十四条明确规定:"高等学校的办学水平、教育质量,接受教育行政部门的监督和由其组织的评估。"

随着高等教育规模的不断扩大,如何保证和提高高等教育质量成为中国政府和社会关注的热点。从20世纪80年代开始,中国陆续开展了一系列的高等教育质量评估活动,这些活动对促进高等教育改革,提高教育质量起到了积极的作用。近期中国开展的高等教育质量评估主要有:

(1) 普通高等学校教学工作水平评估

教育部部长周济同志日前宣布,从今年开始用5年左右的时间,对中国所有普通高等学校教学工作进行一次全面的评估,并形成5年一轮的教学评估制度,以全面提高中国高等教育的人才培养质量。教育部从1994年开始,即以合格评估、优秀评估、随机性水平评估等形式,对254所大学进行了教学工作评估,取得了良好的效果。

(2) 全国优秀博士学位论文评选和博士学位论文抽查

为了提高中国博士生教育整体水平,培养和激励博士生创新精神,促进高层次人才脱颖而出,从1999年开始,教育部每年在全国范围内评选100篇优秀博士学位论文,并给予表彰和奖励。从2000年开始,在每年评选全国优秀博士学位论文的同时,随机抽查100多篇博士学位论文,并在媒体上公布抽查结果。

(3) 专业学位的认证与评估

专业学位教育是中国高等教育中的一个重要组成部分。中国自1990年设置和试办专业学位以来,目前设置和试办的专业学位共有11种,分别为:工商管理硕士专业学位、建筑学专业学位、法律硕士专业学位、教育硕士专业学位、工程硕士专业学位、临床医学专业学位、农业推广硕士专业学位、兽医专业学位、公共管理硕士专业学位、口腔医学专业学位、公共卫生硕士专业学位。各专业学位成立教育指导委员会,指导该专业学位教育工作,制定专业学位参考性培养方案、指导性课程教学大纲,并组织师资培训等。普通高等学校开展专业学位教育一般要经过申请、专家评估、试办、水平评估、批准正式招生等步骤。

三、美国高等教育认证制度对我国的启示

美国的高等教育认证制度经过一百多年的发展,在政府和市场的双重规范下,已经比较成熟,为保证和提高美国高等教育质量做出了巨大贡献。我国的高等教育评估与认证制度则起步较晚。在新形势下,借鉴和吸收美国高等教育质量认证方面的成功做法,对提高我国高等教育的质量,建立规范的监督评估机制,无疑具有积极的意义。

1. 认证和评估组织应多元化、民营化

美国的认证、评估组织既有地区性的,又有全国性的,还有专业性的,且无一例外都是非政府、非营利性的中介组织或民间机构。认证或评估以学校或专业自愿参加,并通过行业协会进行自我质量管理为特征,认证的目的就是保证质量(Quality Assurance)和提高质量(Quality Improvement)。

我国的高教认证和评估工作则完全由政府部门管理,是国家对高等学校实行监督的重要形式。国家及其教育管理部门是评估的主体,学校是被评估的对象,教育界、知识界和用人单位是国家及其管理部门组织的对高等学校办学水平进行评估时依靠的社会力量,处于从属地位,民间机构和社会团体参与教育评估只是一种补充。这种单一主体的、由政府一手包办的评估模式是长期以来我国实行的计划经济体制所决定的。随着社会主义市场经济体制的建立,政府的职能也在发生转变,对高等教育的质量评估应更多地鼓励社会各界的参与。因为高校培养的人才最终要服务于社会,受社会的检验,社会对人才质量的评估最具权威。而中介机构的评估是社会评估的重要组成部分,建立独立、公正、多元的中介机构是推动社会评估得以实施的基础。

2. 认证和评估工作应经常化、制度化

美国的认证工作不是一劳永逸,得到认证资格的学校也不是终身制,而是经过一个周期以后还要重新进行评审。如美国的地区性认证机构每10年审查一次学校的情况,学校每年都向认证机构提供一次报告,每5年提供一次非常详细的评估报告。与此同时,认证机构还不定期地对学校视察,如果发现大学没有达到标准,认证机构的审查委员会就会给大学限期改进的警告,如果大学到期还没有改进,它的认证资格就会被取消。美国专业性认证的周期则为5~10年不等。

我国对于高等学校的认证(审批)一旦通过,以后几乎不再进行重新认证。虽然自1985年以来对本科教学工作陆续开展过一些评估工作,1997年对前四批博士、硕士学位授权点进行过基本条件合格评估等,但至今尚未建立起有关高等教育

的规范化评估制度,评估工作在一定程度上存在着随意性。建立对高等教育进行周期性评估的制度,已经迫在眉睫。

3. 评估的标准应鼓励多样化、特色化发展

美国的认证组织和机构20世纪90年代提出新的理念,充分考虑到不同层次学校的不同特点,鼓励学校自己制定办学宗旨和目标,自己提出应该如何实现并达到这些目标。机构认证首先从学校自评(Self-study)开始。同行专家的评审和检查工作则重在考察目标是否合理、恰当,措施是否得力、有效,最终是否达到了目标。这种重事实、重表现、给学校留出足够发展空间的认证评审有利于调动学校的积极性,促进学校改进工作,提高教育质量,使学校办出特色,实现多样化发展。

我国的教育评估由于是自上而下进行的,无论是学校整体水平评估,还是专业评估,都倾向于采用同一标准,用相同的指标体系去衡量不同的学校,从而忽视了学校的特色。如目前开展的普通高校本科教学工作随机性水平评估即是一套指标体系涵盖多种学校类型。这种评估对具有不同起点、不同层次的学校用一个标准衡量,不仅有违水平评估的宗旨,也会影响评估的科学性与公正性。而且评估大多注重结果,至于如何通过评估诊断问题,为学校提供服务,提出改进工作的办法,从而促进教育质量的提高却没有得到重视。

4. 专业学位的认证、评估工作应加强

美国有专业性认证机构40多个,其中有的机构下面又分设若干分支性认证机构。如果把这些分支机构也计算在内,专业认证机构有60多个。这些专业性认证机构分别负责教育、医疗、公共卫生、护理、兽医、音乐、舞蹈、戏剧、建筑结构、景观设计、航空、工程、技术、法律、工商管理、公共事务管理等专业或学科的认证工作。专业认证不仅可以监管和督促学校按照行业的要求培养出有专业能力的合格人才,还可以使学生有目的地选择学校,从该校取得的学分和学位能够为社会和行业所承认,将来能够取得从事这一行业的资格证书。

我国对专业性学位的评估认证目前已有一定基础,11个专业学位指导委员会分别负责各专业学位教育工作。但专业学位教育发展时间较短,对专业学位人才培养规律本身还处于探索阶段。专业学位的认证也只针对硕士层次的教育,而且缺乏与相关行业协会的联系和合作。在专业学位教育思想的转变、培养目标的确定、培养方案和课程体系的优化、教师队伍的建设、教学方法的改进、论文标准的设定、管理模式的探索等方面还有很多工作待加强。

5. 高校应建立和健全自我评估的机制

美国人用遍及全国的非政府的认证体系作为高等教育的一种自我管理手段,以此保证学校和专业的健全、有效及对社会的责任感。其中学校的自我评估在认证过程中起着十分重要的作用。自评使学校或专业(Programs)具有明确和适当的教育目标,也具备实现目标的财力、人力、物力等条件,实际上已为实现目标取得相当大的成就,并在今后一段时期内继续取得新的成绩。

我国高校由于对政府组织的外部评估的权威性的高度重视,因而忽视了学校内部的自我评估。事实上,真正持久的教育质量应当是学校全体师生员工共同努力的结果,单靠外界的监控是难以保证教育质量的。因此,学校内部建立有效的自评机制是促使学校自我约束、自我发展的基础。要不断激发学校内在评估的积极性,变"要我评估"为"我要评估"。

6. 评估认证工作应加强与国际的接轨

我国的高等教育事业目前已进入一个全新的发展阶段,这个阶段的特点表现在办学模式多样化,民办教育迅速发展;教育方式个性化,素质教育逐渐成为社会和政府关注的热点;教育市场国际化,国际互访与合作不断增多。特别是我国加入WTO后,高等教育将面临更严峻的竞争和挑战。

为此,我国的高等学校除了要更广泛地开展国际学术交流与合作外,应该在一些优势专业上积极争取国际认证。这样,被认证的学校不仅可以更好地进行国际交往与合作,取长补短,还可以吸收国际教育先进管理经验,加强创新教育研究,同时国际教育认证可以形成学校的强大品牌优势,增强学校的国际竞争能力,进而提升我国高等教育的整体水平。

参 考 文 献

[1] 李延成. 美国高等教育认证制度:一种高等教育管理与质量保障模式[J]. 高等教育研究,1998(6).
[2] 陈秀兰. 美国高校非官方特点分析与思考[J]. 江苏高教,1999(1).
[3] 毕家驹. 美国高等教育鉴定及其管理机制的变迁[J]. 同济大学学报,1996(1).
[4] 刘显进. 加入WTO对我国研究生教育的影响及对策[J]. 学位与研究生教育,2002(11).
[5] 夏天阳. 各国高等教育评估[M]. 上海:上海科学技术文献出版社,1997.
[6] Bogue E Grady, Saunders Robert L. The Evidence for Quality[M]. San Francisco: Jossey-Bass Publishers, 1992.
[7] About Accreditation[OL]. http://www.chea.org.
[8] Directories[OL]. http://www.chea.org.

作者:陈 伟
原载于《中国教育经济与管理》2005年第3期

中外"跨学科学"研究进展评析

当代科技发展的突出特点,是在学科高度分化基础上的综合跨学科趋势,学科交叉的力度和广度,已成为影响创新的一个重要因素。许多著名科学家指出,我们已进入了一个交叉科学的时代。

学科数量成千上万,交叉浩繁广阔,如何探索学科交叉的整体发展动向,把握交叉的一般规律和方法,充分发挥学科交叉在创新中的作用,是当前哲学、科技、教育、管理界共同关注的一个重要而迫切的现实问题。早在 1970 年就在法国召开了首届国际跨学科问题研讨会,国际《交叉科学评论》杂志 1976 年在英国创刊,1979 年在德国成立国际"跨学科学研究会"。对跨学科现象整体规律与方法的研究已形成一门方兴未艾的新领域——跨学科学。

在英文中,表达"跨学科学"的术语有两个:一是较正规的术语:Interdisciplinology,它是在 Interdisciplinary(跨学科)一词的后边加"学科"后缀而构成的,符合英语学科术语构词规范,具有正规性,有些学者使用但并没有流传开;二是较宽泛的术语:Interdisciplinarity,它是 Interdisciplinary 的名词化,原本含义是跨学科性,后来演变成一种研究跨学科现象的学问,即跨学科学,这一表达流传较广。这多少有点像英文术语 Communication,既有"传播"之意,亦有"传播学"之意。换言之,今日较流行的"跨学科学"一语,是由名词 Interdisciplinarity 一词引申而来的。

30 多年来,"跨学科学"研究发展从小到大,由浅入深,道路曲折,内容丰富。由于篇幅关系,我们重点评析一下该领域研究专著发展态势,以"管中窥豹,略见一斑"。

一、国外跨学科学研究进展

20 世纪 60 年代以前,还没有纯粹的跨学科学著作。60 年代末,对跨学科科研与跨学科教育进行理论探讨和实验分析的文献越来越多。1968 年,第一次国际跨学科研讨会召开,会后由柯斯特(Koester)编著了《超越还原论:阿尔巴赫问题论丛》一书。1970 年 9 月 7~12 日,一个以"跨学科"为主题的国际学术讨论会在法国尼斯大学召开,标志着对"跨学科"的研究进入一个新阶段。该会议是由国际经济合作与发展组织(OECD)下属的"教育研究与改革中心"(CERI)与法国教育部合作召开的,21 个国家的代表和部分跨学科专家共 57 人参加了会议。会议对跨学科研究、跨学科教育问题作了系统、全面探讨,会后出版了文集《跨学科学——大学中的教学和研究问题》。该书在国际学术界影响很大,已成为跨学科学发展史上的经典之作。

1979年,关于跨学科的第二本重要著作《高等教育中的跨学科》(美国宾夕法尼亚州立大学出版社出版)问世。该书包括对跨学科定义研究、跨学科方法论问题探讨、自然科学和社会科学对人文科学跨学科程度的研究报告,以及从跨学科角度,对结构主义、一般系统论、科学一体化运动的评论。该书是宾夕法尼亚大学1975~1976年度"人文科学跨学科研究生计划"主办的研讨会的论文集。

1980年国际跨学科学协会正式成立,该组织以跨学科科研和跨学科管理的研究为中心,已成功地组织了多次跨学科国际学术研讨会。第1届研讨会1974年4月在德国召开,出版文集《跨学科研究群体:管理和组织》;第2届1981年7月在英国召开,出版文集《驾驭跨学科研究》;第3届1984年8月在美国召开,出版文集《管理高技术》;第4届1986年在美国召开,出版文集《国际跨学科研究》,等等。

美国科学促进协会1981年年会在加拿大多伦多举行,在年会中就跨学科研究举行了专门讨论会,对跨学科的概念、历史、界限、社会作用、科学意义、政策与实施经验以及进行跨学科研究的组织形式、人员组成、领导、过程、得失、教学、发展前景等作了深入探讨。在会议上宣读的论文水平较高,有的在实践中做了大量调查,其数据分析对跨学科学研究有重要参考价值。如美国印第安纳州立大学伯恩鲍姆副教授的《大学跨学科研究——成功科研项目的特点》论文,是在调查了美国13所大学和一所加拿大大学84个跨学科研究项目基础上写成的。该论文对跨学科研究的性能、有效活动条件、管理人员配备以及领导和管理方法进行了多方面探讨。这次专题讨论会推动了跨学科学理论的深化发展。

1981年由雷斯韦伯著的《跨学科方法》一书由法国大学出版社出版,该书由三个部分11章组成。1986年美国洛蒙德(LOMOND)出版公司出版了一部跨学科问题专著《跨学科分析和研究》,标志跨学科学已经发展到一个新的水平。该著作是数十位不同学科专家集体成果的结晶,主编是4位知名的跨学科教授:美国佐治亚技术学院的查宾(D. E. Chubin)、波特(L. Porter)、罗西尼(F. A. Rossini)以及亚利桑那大学的康诺利(T. Connolly)。

1990年美国跨学科学专家克莱茵(J. T. Klein)出版了第一部由一个人执笔的完整的跨学科学专著:《跨学科学——历史、理论和实践》标志着跨学科学进入了一个系统全面发展的新时期。该书共分3卷10章。总的看,该书前两卷讨论的是跨学科基本理论问题,主要包括跨学科发展的历史、规律和方法;第三卷讨论跨学科的应用,主要包括跨学科科研、跨学科保健、跨学科教育三大方面。从笔者目前了解的国外跨学科学著作来看,经过编辑加工的文集式著作较多,而由一人执笔贯通全书的则很少。克莱茵的专著不仅出自一人之手,而且结构严谨、内容全面,充分利用历史学、社会学、经济学、政治学和哲学等多学科视角系统分析跨学科问题,比较鲜明地体现了90年代跨学科研究的新趋势。

迎接21世纪的一部跨学科学专著《实践中的跨学科学》,由两位德国教授Peter Weingart和Nico Stehr主编,加拿大多伦多大学出版社2000年出版。该书体现了跨学科学立足实践的务实潮流,对我国跨学科学发展具有重要借鉴意义。

二、国内跨学科研究进展

我国的"跨学科"研究源自20世纪80年代。1985年4月17～19日,我国首届交叉科学学术讨论会在北京召开。这次会议是由中国科协技术培训中心会同国内17个有交叉色彩的学会、研究会共同发起召开的,参加会议的共150余人。在会上,钱学森、钱三强、钱伟长等著名科学家就交叉科学问题发表了重要讲话。会议代表对当代交叉科学的形成、历史、地位和未来发展趋势,对我国发展交叉科学的重点选择,以及交叉科学如何在四化建设中发挥作用等问题,进行了广泛深入的讨论。"交叉科学"一词在这次会议上叫响,并迅速在国内传播、普及。会后出版了会议文集《迎接交叉科学的时代》(光明日报出版社1986年出版)。

自1987年起,有关跨学科学、交叉科学的专著陆续问世。1987年学林出版社出版了徐纪敏的《科学的边缘》一书,该书以"自然科学的学科结构及其演化"问题为中心,分10章进行了论述,提出了自然科学学科结构的发展动力学规律,如按指数曲线波动规律、相关生长律、不平衡规律等。该书在附录中列出自然科学学科4162门。

1989年湖北人民出版社出版了李光、任定成主编的《交叉科学导论》。该书共分7个问题,就交叉科学的历史、形态、作用、功能、机制、方法、趋势进行了探讨。该书朝着跨学科学(科学交叉学)方向迈出了可喜的一步。1989年四川大学出版社出版了吴维民主编的《科学的整体化趋势》文集,其中重点是吴维民的《交叉科学研究》一文,该文长达100多页,共分7个问题,其中涉及交叉科学历史、现状、特征、意义、展望,并具体分析了物理、化学、数学以及文理交叉等领域的交叉科学情况。

1990年浙江教育出版社出版了刘仲林主编的《跨学科学导论》一书,这是国内首部以跨学科学为名称的专著。共分基础论、关系论、方法论三篇16章内容。分别论述了跨学科的定义概念、结构分类、历史沿革、跨学科认识论、跨学科思维论、跨学科科研、跨学科教育以及各类常用的跨学科方法等。英国《交叉科学评论》杂志1991年第4期发表专评,对《跨学科学导论》给予较高评价。

1991年安徽教育出版社出版了徐飞编著的《科学交叉论》,该书由科学交叉源流、科学交叉机制探微、科学交叉方法运作、科学交叉结构解析、科学交叉背景透视等5章构成。全书旁征博引,对科学交叉问题作了系统的全方位研究。同年,武汉工业大学出版社出版了万海滨主编的《交叉科学研究与应用》,该书由基本理论研究部分、应用研究部分、附录三部分组成,共收录58篇文章。该书内容贴近现实生活,涉及的交叉科学应用行业较多。

1991年山东教育出版社出版了解恩泽、赵树智、刘永振主编的《交叉科学概论》,该书共分13章,分别论述了交叉科学的特征、类型、机制、功能、管理、人才、发展趋势,以及交叉科学与系统科学、软科学、思维科学、潜科学学、技术革命的关系。

1994年山东教育出版社出版了解恩泽主编的《跨学科研究思想方法》,该书收入文章14篇,分为跨学科的特点与规律、从学科角度剖析跨学科研究思想方法、对跨学科活动进行个案分析三个方面。

1991年河南教育出版社出版了刘仲林的《跨学科教育论》,该书共分6章,从教育学的逻辑起点开始,运用跨学科观点和方法,提出了以跨学科为背景的彩色教育原理和思想,并对跨学科教育理论和实践进行了探讨。

1997年中央编译出版社出版了金吾伦主编的《跨学科研究引论》,该书分11章,分别就当代科学新特征、跨学科研究历史与现状、交叉学科图式性结构分析、跨学科研究方法论以及计算机科学、信息科学、混沌研究、超导研究、环境科学、未来研究中的跨学科问题等进行了深入细致的分析研究。附录收入了"美国跨学科研究考察报告"。

1998年浙江教育出版社出版了刘仲林主执笔的《现代交叉科学》,该书分三部分,共18章。

三、中外跨学科学成果比较分析

以上我们简要介绍了中外跨学科学部分有代表性的著作,下面我们作一总结和比较分析,从中得出一些有趣而令人深思的议题。

(1)从著作出版时间上看,中国(跨学科学)出版物比国外晚约15年。国外跨学科学文献从1970年起呈指数级快速增长,克莱茵教授《跨学科学》一书附该领域英文基本文献目录约100页,达2000项。中国增长也较快,80年代著作2部,90年代即达8部。

(2)从著作类型上看,无论是国外还是国内,总的来说,论文集及多人合著作品占大多数,反映了跨学科学发展处在探索期,体系尚不成熟,严谨专著较少。

(3)从著作结构及风格上看,个人专著一般结构严谨,风格统一。国外出版的论文集大多设计精巧,构思严谨,文风一致,蔚然一体;国内论文集或合作出版物,编排较粗放,结构欠严密,文风不大统一,主编的作用有待进一步发挥。

(4)从著作内容上看,国外理论研究与实践探索结合密切,许多理论概括建立在大量科研和教学实践基础之上,材料充实,说服力强,引人注目,特别是2000年出版的《实践中的跨学科学》,突出了跨学科学的实践性,代表了21世纪跨学科学发展动向。我国的跨学科学理论与实践尚没有密切结合起来,缺乏实践总结,不少内容有泛论和思辨倾向。

（5）从著作彼此影响上看,国外跨学科研究信息交流较广泛、及时,各出版物之间相互作用和影响,促进研究不断深化;我国跨学科研究信息交流闭塞,至今国外著作尚没有一个中译本,国内研究人员很少且各自为战,缺乏学术交流和相互联系,影响了研究水平进一步提高。

（6）从著作背景看,国外出版物有国际学术组织协调,有项目研究资金资助,出版较顺利;由于我国科研与教育体制均以传统学科为基础,跨学科学没有立足之地,缺乏学术组织,又难以申请到基金,出版相当困难。

（7）从著作作者看,国外多来自科学研究（包括科研管理）和教育研究两大领域;我国主要来自科学哲学及科技管理领域,科技和教育界关注甚少。

（8）从著作的出版社来看,国外有4部著作出自大学出版社,其余6部为其他出版社;国内主要出自地方出版社,特别是省级教育出版社占相当大比重。这说明,由于多数省教育出版社资金雄厚,在新兴学科学术著作出版中确实发挥了重要作用。

以上的比较分析结果显示,虽然从表层上看,我国的跨学科学研究与国外差距不大;但从深层看,由于观念和体制原因,我国的后劲严重不足,差距将越拉越大。这不仅表现在力量分散,规模微小,更重要的是,由于现有科研和教学体制均建立在传统学科分类基础上,"跨学科学"则因其奇特的跨学科性而无法找到自己的应有位置,以致形不成自己的专门队伍和组织,落实不了培养基地和基金,发展不得不长时间停留在"业余"的水平上。

因此,"跨学科学"能不能在现有科研和教育体制中立足,必须作"打破科学割据的旧习,作一种彻底联合的努力"（李四光语）的重大观念变革,进行如国外跨学科学专家所说的"一场深刻的认识革命"。尽管人们可以批评今日跨学科学理论的幼稚和不成熟,但没人会怀疑跨学科学未来发展的巨大潜力:没有跨学科学,人们就无法认识和适应面临的交叉科学时代。可以说,跨学科学是一门反映21世纪科学发展特色和潮流的科学。这一学科的深化和普及,将使各个学科受益,推动千百种学科生机勃勃发展,带来我国科研和教育的全新面貌。

我们高度重视跨学科和跨学科学,最根本的原因,是因为它们的发展是竞争时代的必然。国外文献表明,一些有远见的跨学科学专家正在研究跨学科与创造力的深层关系,揭示跨学科运动与开发人类创造力的内在联系,很显然,在守旧和模仿的环境中,不必突破已有的学科界域,用不着跨学科之举;在竞争和创造的环境中,必然要通过跨学科,开拓新的认识和实践空间。可以说,跨学科与创造是一对孪生兄弟:深刻的跨学科,必然导致深刻的创造;壮观的创造,常常伴随着壮观的跨学科。中华民族要屹立于世界民族之林,就不能没有经济创造、科学创造、技术创造、文化创造、教育创造,而要推动和实现这一切创造,就不能没有跨学科运动和跨学科学的深入发展。

参 考 文 献

[1] 李光,任定成. 交叉科学导论[M]. 武汉:湖北人民出版社,1989.
[2] 刘仲林. 跨学科学导论[M]. 杭州:浙江教育出版社,1990.
[3] 解恩泽. 交叉科学概论[M]. 济南:山东教育出版社,1991.
[4] 万海滨. 交叉科学研究与应用[M]. 武汉:武汉工业大学出版社,1991.
[5] 徐飞. 科学交叉论[M]. 合肥:安徽教育出版社,1991.
[6] 金吾伦. 跨学科研究引论[M]. 北京:中央编译出版社,1997.
[7] 刘仲林. 现代交叉科学[M]. 杭州:浙江教育出版社,1998.
[8] OECD-CERI. Interdisciplinarity[M]. Paris:Organization For Economic Cooperation and Development,1972.
[9] Chubin D E, et al. Interdisciplinary Analysis and Research[M]. Lomond Publication Inc.,1986.
[10] Klein J T. Interdisciplinarity[M]. Detroit:Wayne State University Press,1990.
[11] Mar B W, et al. Managing High Technology:An Interdisciplinary Perspective Amsterdam[M]. North Holland,1985.
[12] Weingart P, Stehr N, et al. Practising Interdisciplinarity[M]. Toronto:University of Toronto Press,2000.

作者:刘仲林　张淑林
原载于《科学学与科学技术管理》2003年第9期